당신의 진심이
밝게 드러나기를
기원드립니다.

일인 두손 Wolin

Nirvana

니르바나,
번뇌의 촛불이 꺼지다 中

진심직설 강의

번뇌즉보리 총서 5

Nirvana

니르바나,
번뇌의 촛불이 꺼지다 中

진심직설 강의

월인越因 지음

HERENOW
히어나우시스템

차 례

제7장 진심식망眞心息妄

제8장 진심사의眞心四儀

제9장 진심소재眞心所在

용타 스님
재단법인 행복마을 이사장

이 책을 낸 월인 거사와는 오랜 세월 전화로, 혹은 만나서 많은 법담을 나누어 왔다. 담박한 나눔 속에는 늘 정스러움이 있어 왔다. 월인 거사는 깨끗하고 바르며 사려가 깊다. 진국 중 진국이다. 나는 이 분을 이 시대의 현자 한사람으로 본다.

사람은 대체로 세 구동축으로 산다. 지성축, 감성축, 의지축이다. 곧 지정의知情意다. 많은 영성가들은 이 세 축중 다른 두 축을 두루 아우르되 어느 한 축에 방점을 둔다. 석가모니는 단연 지성축에 방점을 둔다. 8정도의 1~2번을 정견正見과 정사유正思惟로 정하신 것을 봐도, 삼보, 5계, 사성제, 12연기, 3법인, 3학 등의 논리적인 체계를 봐도 지성축에 방점을 두고 있음을 알 수 있다. 그러함에도 불구하고 무수한 영성가들 중 지성축에 방점을 두는 분을 찾아보기가 어렵다. 그래서 이성理性으로 사유해서 깨닫는다는 지성축의 영성가들은 외로울 수밖에 없다. 월인거사와 나는 단연 지성축 명상문화를 가풍으로 삼고 있다는 점에서 의기투합하고 있다.

반야경이든 금강경이든 이성적 사유 없이는 수긍할 수 없듯이 진심직설도 그러하다. 사유력이 깊으신 월인거사가 보조지눌의 진심직설을 해설해 놓았다. 쾌거가 아닐 수 없다. 필독을 권한다.

이 책은 우리 마음의 본질이라 할 진심眞心에 대해 체계적으로 설파한 '진심직설'을, 체험에 기반해 쉽게 풀어쓴 강의록이다. 진심직설은 그 내용이 진심에 대한 바른 믿음인 진심정신眞心正信에서 시작하여 진심의 본체와 작용, 진심을 발견하는 10가지 방법인 진심식망眞心息妄 등을 거쳐 육신의 사후에는 진심이 어디로 돌아가는지에 대한 진심소왕眞心所往으로 끝난다.

또 불교는 마음의 작용을 표층에서 심층까지 깊이 있게 탐구하는 종교인데 그 불교의 핵심을 말한 진심직설에서 '바른 믿음'이라는 장으로 시작하는 것은 큰 의미가 있다. 탐구는 의문을 가지고 관찰하며 본성을 알고자 하는 작업인데 왜 의심없이 헌신하는 '믿음'으로 시작하는 것일까?

무언가를 이루려면 강력한 힘과 에너지가 필요하다. 부처님의 길을 따라가면 깨달음에 이를 수 있다는 강력한 믿음이 바로 그 에너지이다. 그래서 멈추지 않고 끝까지 이 길을 가겠다는 올바른 믿음이 필요한데, 그 올바름이란 정확한 방향을 의미한다. 특히나 어떠한 '앎'마저 넘어가는 선종禪宗에도 믿음이 있으니 그에 대해서도 시원한 깨침을 준다. "다만 자기가 본래 부처라는 것을 믿는다[只要信自己 本來是佛]는 말은 뭔가가 되기 위한 원인이 있음을 믿지 않는다는 것, 여러분은 이미 그것이라는 말입니다." 그것이 올바른 믿음이다.

진심식망을 설명하는 부분에서는 구체적인 연습을 곁들여 진행하는 것이 흥미롭다. 단순히 이론으로 끝나지 않는 것이다. 예를 들면,

질문자가 묻습니다, 어떻게 망심에서 나와 진심으로 가겠는가?

그런데 이렇게 묻는 그 마음이 바로 망심에 싸여있음을 볼 수 있습니까? 그는 차라리 이렇게 물어야 할 것입니다.

"지금 나는 어떤 질문을 하려 한다. 그런데 이 질문이 나온 곳은 어디지?"

여러분도 이렇게 자문해보십시오... (잠시 침묵)

그러면 여러분의 마음은 잠시 질문하는 마음을 '멈추고' 자신의 내면을 살펴볼 것입니다. 이때 질문하는 마음이 잠시 멈추는 순간, 그리고 '살펴보려는 마음이 나타나기 전', 바로 그 빈틈의 마음은 무엇이었을까요?

이렇게 질문할 때 우리는 글을 통해 자신의 마음을 살펴보게 된다. 그 빈 마음은 과연 무엇일까? 진심은 사실 찾아서 알 수 있는 것이 아니라 망심을 쉴 때 '드러나는 것'임을 진심식망眞心息妄이라는 글에서 보여준다. 10가지 망심을 쉴 수 있는 방법을 통해 진심을 드러낼 수 있도록 안내한다. 이러한 구체성이 또한 이 책의 한 장점이다. 그리고 저자인 월인은 단순한 이론으로 설명으로 하고 마는 것이 아니라 진심에 한발 더 다가갈 수 있는 실질적인 방편을 쓰고 있다.

거듭 이르거니와 필독을 권한다.

본질을 추구하는 많은 이들이 도움을 받으리라 여겨진다.

지리산 천령칠봉에서
용타합장

월인 님의 《니르바나, 번뇌의 촛불이 꺼지다: 진심직설 강의》는 선어록의 백미白眉인 《진심직설》을 쉽고 명징하게 풀어 놓았습니다. 읽으면서 바로 진심에 접속하여 체화할 수 있는 방법으로 강설합니다.

《진심직설》은 첫 장인 진심의 바른 믿음[眞心正信]에서 시작해서 마시막 장인 진심이 이르는 곳[眞心所往]까지 진심의 구조, 체계, 이명, 본질, 쓰임 등 진심의 핵심을 직결하게 체계적으로 정리해놓은 선의 학술서입니다.

진심은 사람의 마음을 움직여 감동하게 합니다. 왜냐하면 번뇌와 열반이 둘 아님이 드러나는 순간이고, 이것과 저것, 안과 밖을 구분하는 경계가 사라지는 찰나이기 때문입니다. 있다/없다, 좋다/나쁘다, 옳다/그르다, 이분법으로 나누는 분별의 마음은 경계 구분의 기본값 설정default value set이 항상 켜져 있습니다. 삶을 왜곡과 불신의 수렁으로 빠져들게 합니다. 괴로움의 굴레에서 빠져나올 수 없게 만듭니다.

이 굴레에서 빠져나오는 방법은 "번뇌 망상이 바로 깨달음 성품[佛性]임이 사실이야!"라고 믿어 이 상태로 기본값을 재설정하고, 늘 바르게 유지되도록 합니다. 바른 믿음이 지속되면 균형을 잡아주는 정밀하고 치밀한 통찰이 일어납니다. 이 몸과 마음의 현상은 원인과 조건들에 의해서 형성되며 환화공신幻化空身임이 분명하지만 진여법신眞如法身과 다르지 않음의 확연한 앎이 현전합니다.

　월인 님은 이런 과정을 다음과 같이 선명하게 정리해줍니다. "지식적인 앎이 청사진이라면, 믿음은 그 청사진을 실천하며 나아가는 에너지입니다. 청사진이 현상화되려면 에너지가 실려서 움직여져야 합니다."

　바른 믿음은 안락安樂과 정락淨樂, 그리고 해탈락解脫樂을 선물해줍니다.

　이러한 즐거움은 끊임없는 에너지를 제공해주어 왕성한 정진력精進力을 생성하게 합니다. 이 정진력은 몰입하게 하는 힘과 짝을 이루는데 믿음과 앎의 균형에 의해서 생성됩니다. 편안하고, 맑으며, 자유로운 즐거움의 보상 체계에 의해서 선정이 유지될 수 있는 조건이 만들어집니다. 진심을 알고자 하는 절실함의 지속이 집중력을 만들어 저절로 삼매에 들게 합니다. 그래서 정진력과 집중력은 균형과 조화를 이루게 됩니다.

　중심축은 진심에 깨어있는 마음, 즉 정념正念입니다. 교문에서는 다섯 가지 힘[五力]의 균형 잡기라고 합니다. 정념이 중심축이 되어 믿음[信]과 지혜[慧], 그리고 정진과 삼매[定]가 힘의 균형을 잡아야 수행이 효과적으로 진전됩니다. 믿음과 정진은 정과 혜를 함께 수행할 수 있는 정혜쌍수定慧雙修 토대를 만들어 줍니다.

　월인 님은 이러한 면을 다음과 같이 쉽게 정리해줍니다. "애쓰는 측면과 자기를 편하게 쉽게 하는 측면이 적당히 균형 잡혀야 된다고 해서 석가

모니는 중도中道를 제창했습니다. 마찬가지로 이해와 믿음도 균형이 잡혀야 합니다. 이해만 너무 커서 아는 것이 많아지면 머리가 무거워서 어디 둘 곳이 없어요."

"태초에 느낌이 있었다. 그리고 이 모든 것을 이루었다!" 신경과학자 안토니오 다마지오는 《느낌의 발견: 의식을 만들어 내는 몸과 정서》, 《느낌의 진화: 생명과 문화를 만든 놀라운 순서》, 《느끼고 아는 존재: 인간의 마음은 어떻게 진화했을까》라는 3권의 저서에서 다양한 임상 사례를 근거로 몸과 정서가 긴밀히 상호 연관되어 느낌으로부터 우리의 의식과 자아가 어떻게 형성되는가를 밝힙니다.

월인 님은 《진심직설》 강설에서 진심에 접속하는 구체적인 방법으로 시종일관 느낌이 일어나는 곳에 유도합니다. 다섯 감각 정보와 생각과 감정들은 모두 접촉하는 순간에 일어나는 감지로부터 시작되고, 이 감지는 내면에서 몸, 에너지, 의식 세 가지 형태의 느낌으로 발현된다고 봅니다. 감지의 발견 과정 중 마지막인 미묘한 의식적 감지에 '나'라는 느낌이 포함되어 있음을 알아차리도록 합니다. 머리로 이해하는 차원에 머물지 않고 즉석에서 '나 없음'을 몸으로 체득할 수 있도록 구체적으로 안내합니다.

현대신경과학자들도 개념화된 언어를 해체하면 끝자락에서 느낌과 만난다고 말합니다. 언어에서 개념이 해체되면 범주화가 사라지고, 범주화가 사라지면 감각 이미지가 모습을 드러냅니다. 감각 이미지로 입력된 정보들은 느낌을 기반으로 하고 있습니다. 느낌은 주관과 객관을 나누고 느끼는 자와 느껴지는 대상을 만들어 이분화된 세상을 형성하는 시발점이라고 봅니다.

마음챙김명상 혁명이라고 부를 정도로 세계화되어 있는 명상과학 Contemplative Science은 이러한 뇌신경과학적인 정보를 활용하여 날로 발전하고 있습니다. 하지만 항상 과학이라는 틀 안에서 한땀 한땀 검증을 통해서 진리의 세계에 접근합니다. 고대 지혜 전통이 현대 명상과학의 뿌리이고 자양분을 제공해주는 원천입니다. 《진심직설》은 아직 명상과학계에 알려지지 않은 선어록의 명저입니다. 월인 님의 《니르바나, 번뇌의 촛불이 꺼지다: 진심직설 강의》의 출판을 계기로 명상과학을 더 심화된 차원으로 이끌어 주기를 기대합니다. 명상과학을 연구하는 뇌신경과학자들, 현대 명상의 근원을 밝히고자 하는 분들과 불교수행과 심리치료의 접점을 모색하는 분들에게 일독을 권합니다. 좋은 이정표가 되리라 믿어 의심치 않습니다.

망심妄心은 분별하는 마음입니다. 그런데 처음에는 마음을 살피고 미세하게 분별하고 구조를 파악하라고 하는데, 사실 이것은 다 망심입니다. 그럼 그런 공부는 모두 쓸데없는 일일까요? 아닙니다. 그렇게 하는 작업이 전부 다 분별을 통해 이루어지고 있음을 알면서 하면 됩니다. 모든 의도는 분별을 통해 작동합니다.

이 공부는 마음을 써서 공력을 사용하는 공부가 아닙니다. 오히려 그런 의도를 쉬는 것이 제일 먼저 필요합니다. 그 어떤 의도라도 다 망심인 이유는 무엇입니까? 심지어 공부를 하려는 의도마저도 망심이에요. 모든 의도는 어딘가를 향하는 원심성의 주의를 동반합니다. 그리고 그 의도 아래에는 자기를 위하려는 구심성 주의가 생겨납니다. 그렇게 원심성 주의와 구심성 주의를 통해 허구적인 자아를 계속 유지하게 하는 것이 바로 의도입니다. 이런 구조를 파악하게 하는 것이 진심직설의 열가지 방법입니다. 그 의도 속에 매몰되어서 끌려가지 말고, 의도는 뭔가를 이루려는 나와 나 자신을 위하려는 마음을 기반으로 한다는 작용을 보면서 해가는 것입니다.

눈을 감고 오늘 자신이 했던 일 중의 하나를 떠올려보세요. 지금 내적인 대상을 바라보고 있습니까? 대상을 떠올리면 대상을 보고 있는 내가 즉각 생깁니다. 그리고 대상을 향해 주의가 움직입니다. 이쪽에서 저쪽을 보고 있다는 느낌이 있어요. 이때 이쪽에는 구심성 주의가 형성되고, 또 대상을 향하는 원심성 주의도 형성됩니다. 그리고 이것은 고정되어 있지 않아서 눈을 뜨고 돌아오면 즉각 사라집니다. 마음은 이렇게 바로 바뀝니다. 참으로 놀라운 기능입니다. 그 중에서도 '나'라고 느껴지는 이 마음은 참으로 놀라운 기능이에요. 잠들 때나 몰입할 때는 사라져서 없지만, 누군가 자극을 주면 순식간에 올라와 반응합니다. 놀랍고 유용한 기능이지만 동시에 자기를 괴롭힙니다. 그러나 괴롭지 않을 수도 있어요. 거기서 힘만 빼면 되는데 그러지를 못해서 계속 스스로를 괴롭히죠. 우리는 힘주는 것만 배우고 힘 빼기를 배우지 못했어요. 힘을 빼면 진실이 아닌 것 같거나 이상하게 느껴집니다. 힘을 빼면 나도 아픔도 사라져 거짓처럼 느껴져서 항상 힘을 주는 상태가 자연스러워졌어요. 그래서 자신을 괴롭히는 것이 자연스럽게 되어버렸죠. 물론 공부를 시작하는 사람이나 내적인 생각이나 감정, 느낌에 괴롭힘을 당하고 있는 사람이라면 처음 의도를 갖는 것은 매우 중요합니다. 방향성을 유지해주기 때문이죠. 그러나 공부가 한참 되어서 본질에 다가서려는 사람, 진심에 다가가려는 사람은 모든 '의도'가 자아를 계속 유지케 한다는 점을 통찰해야 합니다. 그래서 이 공부는 마음을 써서 공력을 사용하는 공부가 아니라고 말하는 것입니다. 마음을 써서 공력을 사용하는 공부는 의도를 사용합니다. 진심에 대한 공부는 모두 내려놓고 쉬는 공부입니다. 그것이 바로 망심을 쉬는 것입니다. 이번 중권에서는 그를 위한 10가지 방법을 설명합니다.

2024년 8월
월인越因

감사의 말

이 책은 지난 2014년 5월부터 2015년 5월까지 오인회 회원들을 위해 진행한 강의로 보조국사 지눌*의 진심직설을 세심히 다룬 것입니다. 진심眞心이란 우리 의식의 본질로서 진심직설에서는 그것의 본체와 묘한 쓰임을 잘 표현해주고 있습니다.

이 글은 많은 분들의 도움으로 출간이 이루어졌습니다. 먼저 한결같은 정성으로 녹취해준 온비, 시유, 우리, 은빛과 그것을 취합해 정리하고 다듬어 준 해연, 거위 그리고 원문 대조와 2차 교정을 해준 쎄이, 최종적으로 3차 교정을 해준 다르마, 마지막으로 4차 교정과 레이아웃 등으로 책의 모습을 갖추게 해준 연주, 그리고 책 발간 비용을 후원한 오인회 회원들인 강병석, 김규선, 김선화, 남인숙, 다르마, 문대혁, 민은주, 박치하, 송미경, 송정희, 신주연, 엄해정, 이경아, 이도연, 이미숙, 이미영, 이상진, 이승구, 이지연, 전영지, 종익스님, 최진홍, 황정희 님(이상 가나다 순)의 도움으로 이 책이 나오게 되었습니다. 모든 분들께 깊이 감사드립니다.

여러분의 진심眞心이 드러나 번뇌의 촛불이 말끔히 꺼지고 자유로운 새 불빛으로 환히 빛나기를 소망하며...

---

* 《진심직설》은 종래 고려의 보조 지눌(1158~1210)의 대표적 저술로 알려졌으나 2000년에 최연식, 남권희에 의해 진심직설의 저자에 대한 의문이 최초로 제기되었다. 이후 2001년 김방룡의 반론이 있었으나 동국대학교에서 2015년에 간행된 《한국불교전서편람》에서 금金나라 정언선사의 저서로 공식화되었다.

제6장
진심재미
眞心在迷

이번 강의부터 진심재미眞心在迷를 살펴보도록 하겠습니다. 재 있을 재在와 어두울 미迷이니 진심이 미혹 속에 있다는 뜻입니다.

或이 日 眞心體用이 人人具有어늘
혹 왈 진심체용 인인구유

何爲聖凡이 不同耶잇가
하위성범 부동야

묻기를, 진심체용이 사람마다 다 갖추어있는데
왜 성인과 범인으로 다른 것입니까?

진심체용眞心體用이 모든 사람에게 다 똑같이 있는데, 왜 어떤 사람은 성인聖人이 되고, 어떤 사람은 범인凡人인지 묻고 있습니다. 성인은 진심眞心이 자기의 주인인 사람이고, 범인은 일시적이고 때때마다 다른 진심의 '작용'을 주인으로 여기고 있는 사람이죠. 그런데 진심은 보이지 않고 잡히지도 않고 느껴지지도 않는다면서, 그것을 주인으로 삼는다는 말은 대체 무슨 의미일까요? 그 어떤 작용에도 '머물지 않기' 때문에 작용을 주인으로 삼지 않는다는 뜻입니다.

작용이라는 것은 마음에 일어나는 모든 '내용과 움직임'입니다. 내용과 작용을 구별해야 한다고 이야기했어요. 매 순간마다 다른 손짓의 모양이 바로 내용이에요. 작용은 손을 펴고 오므리는 것입니다. 손의 작용이 두 가지밖에 더 있습니까? 오므리고 펴서 만들어지는 다양한 모습들이 내용이라면 작용은 메커니즘입니다. 오므리고 펴는 작용을 가지고 손은 다양한 움직임을 만들어내죠. 그러니까 우리는 작용에 초점을 맞춰야합니다. 각각의 내용에 초점을 맞춰서 아무리 관찰하고 살펴봐야, 느낌이 조금만 바뀌면 내용은 달라지기 때문입니다. 내용이 달라지면 또 뭔가 달라진 줄 안다는 말이죠. 그런데 작용에 초점을 맞추면 그 어떤 손짓이라도 다 작용으로 파악할 수가 있습니다.

　마음의 작용은 기본적으로 움직인다는 것입니다. 목적이 있고, 그 목적을 향해 가는 에너지가 있어요. 즉, 목적을 향한 방향이 있고, 그 방향을 향해 나아가는 힘이 있는 벡터vector입니다. 물리학에서 쓰는 이 표현을 내면에 적용하면 쉽게 이해할 수 있어요. 다양한 벡터 즉, 낙엽이 떨어지는 것, 꽃이 피어오르는 것, 나비가 나는 모습 등은 모두 벡터의 내용입니다. 그리고 그 모든 것들이 방향과 에너지를 가지고 있다는 것이 벡터라는 작용의 모습이지요. 마음을 관찰할 때 '내용'이 아니라 '작용'에 관심을 기울이라는 것은 좀더 근본적인 모습에 초점을 맞추라는 뜻입니다.

　그래서 '이래야 되겠다. 이렇게 하고 싶다'라고 의도를 가진다면 벌써 작용이 일어난 상태입니다. 그러한 작용을 왜 자기라고 여기냐는 말입니다. 무언가를 향한 움직임일 뿐이에요. 본체를 알기위해 "어떻게 행해야 합니까?"라고 물을 필요가 없습니다. 그 묻는 마음 자체가 하나의 움직임이라는 것을 알아채고 그 움직임으로부터 떠나있으면 가장 적절한 움직임이 보입니다. 그러나 하나의 움직임 속에 들어있으면 자꾸 갈등하면서, 이런 움직임으로 갔다가 저런 움직임으로 갔다가 합니다. 그런데 움직임을 다 떠나있으면, 어떤 것이 지금의 상황과 조건에서 가장 적절한 움직임인지가 보인다는 것입니다. 어느 하나와 동일시되어있으면 안보여요. 그래서 작용 속에 있지 말고 작용을 파악하고, 내용 속에 있지 말고 느낌을 내용으로부터 작용으로 옮겨오라는 말입니다.

'감지'라는 것은 내용과 작용을 파악하기 위한 기본준비입니다. 마음에서 일어나는 모든 것을 잡아내는 것입니다. 깨어있기 초반에는 호오好惡가 붙지 않은 감지만을 감지라고 했습니다. 마음의 내용들에 경계를 그리고 느끼는 연습을 했었죠. 그렇게 끌림도 밀침도 없이 그냥 분별만 되는 느낌을 감지라고 했다가 점차 감지가 분명하게 파악되면, 생각과 감정 그리고 여러 느낌 등 마음에 일어나는 모든 것을 감지라고 표현합니다. 포괄적인 감지죠. 이렇게 마음에서 일어나는 모든 것을 일종의 느낌인 감지로 잡을 수 있게 되면, 그때부터 그것이 '어떨 때 어떤 모습으로 일어나는지'를 발견할 수 있습니다. 그런데 나타나는 모든 것이 감지임을 안다 해도, 계속해서 느끼고 파악하고 바라보고만 있으면, 바라보는 나 또한 일종의 감지이기 때문에 자신도 모르게 끌려들어가는 일이 자꾸 일어납니다. 그래서 감지를 명확하게 파악한 후에는 감지가 어떤 구조로 발생하는지 그 작용기전에 초점을 맞추어야 합니다.

마음의 최초 작용

　마음의 최초의 작용은 나와 나 아닌 것으로의 나뉨입니다. 그 다음에는 나 아닌 것을 다양하게 구분해요. 지금 여러분들도 이 방을 의식하면서 다양하게 구분하잖아요. 그리고 그것들의 이름이 있죠. 그런 이름이 붙기 전에 대상을 구분하는 것을 감지라고 하는데, 그 감지들은 여섯 가지 단계를 거치며 분화합니다. 나 아닌 것들, 즉 대상들의 비교가 일어나고, 좋고 나쁜 것이 구분되고, 좋은 것에 머물고 싶어서 집착하는 의식현상이 일어납니다. 우리가 뭔가를 의식한다는 것 자체는 이미 마음이 나와 나 아닌 것으로 나뉘어져 있고, 그 중의 무엇과 동일시되어있다는 뜻입니다. 무엇으로서 보고 있어요. 어느 한 관점을 취하고 있는 것입니다. 그렇게 되면 벌써 어딘가에 머물고 있는 것입니다. 바로 '나'라는 놈에 무게중심이 실려 있습니다. '나'라는 놈을 통해서 대상들을 보고 있지만, 사실 진정한 나는 이쪽도 저쪽도 아닙니다. 둘 다 내 마음에 나타난 모습이에요. 이런 것이 바로 작용입니다. 그리고 내용은 이 다양한 것들이 일으키는 수많은 손짓과 모습이에요. 그러니 내용은 수도 없이 많습니다. 그런 내용에 관심을 기울이지 말고, 어떤 과정으로 그 많은 것들이 펼쳐지는지 작용의 메커니즘을 봐야 해요.

日 眞心은 聖凡이 本同이언마는
왈 진심   성 범   본 동

답하기를, 진심은 성인과 범인이 본래 같지만

성인과 범인의 진심은 원래 같습니다. 다만 성인은 모든 '의도'가 진심에 '나타난 마음'이라는 것을 아는 것입니다. 움직이는 마음을 움직이는 마음으로 아는 것입니다. 벡터를 벡터로 아는 것입니다. 여러분이 감지를 다 파악한다면 여러분도 벡터를 벡터로 아는 마음이 된 것입니다. 그렇지만 자기라고 여겨지는 동일시된 벡터는 아직 못보고 있는 상태입니다. 동일시된 벡터가 있고, 드러나는 벡터가 있어요. 처음 감지 연습을 할 때, 명확하지 않은 사람은 드러나는 벡터만 주로 느낌으로 파악합니다. 그런데 드러나는 모든 벡터를 다 살펴보고 느껴도 여전히 뭔가 더 있는 것 같죠? 내 마음에 일어나는 벡터를 다 멈추고 빼냈는데, 여전히 관찰하고 있는 벡터가 남아있는 것입니다. 그래서 관찰하는 놈을 살펴보니까, 관찰하는 놈이 하나의 대상으로 잡히는 것입니다. 그런데 예전에 내가 관찰할 때는 관찰만하고 끝낸 것이 아니라, 관찰한 후에는 그것을 지워버렸어요. 그래서 지우는 삭용이 완전히 자동화됐죠. 마음에 컵이 보이면 컵을 잡아서 지우고, 탁자도 지우고. 그렇게 내 마음의 공간에 있는 모든 것을 다 지웠어요. 그리고서는 더 지울 것이 있는지 두리번거리며 찾고 있는 것입니다. 그러다가 그렇게 찾고 있는 놈이 알아채졌어요. 그러면 어떻겠어요? 그 순간 또 내가 생겨났겠죠. 그리고 그 순간에 지우는 작용이 이놈을 지우면서 관찰자도 사라진 것입니다. 우리는 지금 관찰을 통해서만 작업을 하니까 계속 관찰자가 생겨나는데, 이렇게 해도 상관은 없습니다. 우리는 또 다른 작업을 하고 있는 것입니다. 우리는 관찰자와 대상이 항상 동시에 생겨난다고 파악하고 있어요. 대상이 희미해지면서 사라지면 관찰자도 같이 사라지죠. 그런데 관찰자도 사라진 것을 보겠다고 마음을 먹으면 다시 생겨납니다. 보려고 마음먹지 않으면 같이 사라져요. 대상이 사라지는 순간, 대상을 보는 나도 사라지고 마음은 그냥 비어버려요. 그러면 의식하는 놈이 없기 때문에 통찰이 일어나기가 쉽지 않습니다. 그래서 그런 놈이 있는 상태와 없는 상태를 왔다 갔다 해보라고 했어요.

지금 한번 해볼까요? 앞에 있는 컵이나 사물을 바라보세요. 컵이 보이고 탁자가 보입니다. 이제 주의에 주의기울이기나 감각상태로 갑니다. 그러면 눈앞에 보이는 것이 흐려지거나 사라지거나 옅어집니다. 그렇죠? 그렇게 마음이 비어갑니다. 자 그 상태에서 천천히 나오세요. 천천히 조금씩 나오면 마음에 다시 컵이 보이기 시작합니다. 탁자도 흐릿하게 보이기 시작하죠? 뭔가 보인다는 것은 내 주의가 지금 움직인다는 의미입니다. 마음에 있는 컵이라는 상相을 향해 주의가 모이고 있어요. 마음이 움직인다는 말이죠. 그때 마음은 주객으로 분열되기 시작하지요. 그러다가 다시 주의에 주의기울이기를 하면 조금 전에 마음에 보였던 것들이 또다시 흐릿해지고 사라져갑니다. 주의를 주의에 집중해버리기 때문이에요. 주의만 거둬들이고 약화시켰는데 마음에서 왜 컵이 사라지는 걸까요? 마음이 멈췄기 때문입니다. 마음이 어디로도 가고 있지 않아요. 마음의 중립상태라고 할 수 있습니다. 다시 조금씩 나와 봅니다. 그러면 컵이 선명해지죠. 그리고 컵과 연관된 도자기, 그 안에 담긴 커피 등 다양한 것들이 떠오릅니다. 마음이 또 움직이면서 경계를 그리고 나누는 중이에요. 다시 주의에 주의기울이기를 하면 또 마음은 비어버립니다. 이렇게 마음은 순식간에 비어졌다가 순식간에 다시 경계를 짓고 다양한 현상들을 일으킵니다.

이런 마음의 움직임이 '진심에 나타난 모습'이라는 것을 파악한 사람이 성인聖人입니다. 범부는 희로애락과 같이 마음에 나타난 강력한 느낌을 자기라고 여기죠. 범인은 어떤 의도를 가진 마음이 나타나면 그것을 자신으로 여깁니다. 성인과 범부의 다른 점은 이런 것이지, 진심 자체는 원래 같습니다. 범부는 나타나고 움직이는 마음 중의 하나를 취해서 자기라고 동일시합니다. 마음이 최소한 둘 이상으로 나눠질 때 동일시가 일어나는데, 범인은 그 중의 하나를 자기로 여기는 것입니다. 그런데 성인은 마음이 나눠져도 그 둘 다 나타난 모습이라는 것을 알아요. 그래서 그것들을 따라가거나 지우려고 하지 않습니다. 지우지 않아도 괜찮아요. 나타난 그 어떤 것도 자신의 주인이 아니기 때문입니다. 나타난 마음은 진심의 표현이고, 표현된 것들은 다 일시적입니다. 손의 움직이는 모습이 일시적이듯이.

그런데 흥미롭게도 우리는 마음이 '움직일 때'만 그것을 '알고 느낄 수' 있습니다. 자기 마음을 들여다보세요. 마음이 움직이면 뭔가가 잡힙니다. 안다는 것이에요. 그때 마음은 움직이고 있는 중이에요. 뭔가를 생각하고 해결책을 찾을 때는 그냥 가볍게 움직이는 것이지만, 내가 옳다고 생각하며 에너지를 강하게 두고 있는 것에 누군가 틀렸다고 말하면 부딪히는 소리가 강하게 나면서 분노라는 감정이 일어납니다. 감정은 마음에서 일어나는 강력한 움직임이에요. 그리고 이 생각과 저 생각이 서로 싸울 때는 머리도 아프고 열이 납니다. 갈등하는 두 생각이나 느낌에 49:51 또는 50:50으로 비등하게 에너지를 주면서 둘 다 포기하지 못할 때 머리가 아파오죠. 내가 옳다고 믿고 있는 생각의 강도가 둘 다 비슷해서 어느 하나가 이기지를 못하니까 부딪혀서 싸우는 것입니다. 물론 진짜 육체적인 두통도 있지만, 심리적인 두통은 대부분 그런 것입니다.

'이 생각이 옳아.'라는 내면의 어떤 현상이 있을 때 그것을 마음의 움직임으로 보는 사람이 성인이고, 움직임 중의 일부인 '이 생각'에 동일시되어 그것을 자기라고 여기는 사람이 범인입니다. 그러니까 진심은 아무런 차이가 없는데, 진심으로 인해 나타난 모습들에 대한 관점만 다를 뿐입니다. 성인과 범인이 특별히 다른 것이 아니에요. 에너지 흐름만 다릅니다. 마음에 나타난 어떤 모습에 에너지가 확 쏠려서 그것이 주인 노릇을 하면 자꾸 부딪히죠. 부딪힘이 일어나면 그냥 힘을 빼면 되는데 범인은 그렇게 하지를 못해요. 성인은 필요하면 그것에 머물러서 잘 사용하지만, 부딪히거나 필요 없다고 생각하면 저절로 힘이 빠집니다. 왜냐하면 그것들이 자기가 아니기 때문이죠.

　모든 나타난 마음은 벡터입니다. 방향을 가진 힘이죠. 스칼라는 나타나지 않고 잠재되어 있는 힘이에요. 드러나지 않았지만 없다고 할 수도 없습니다. 우주에는 에너지보존법칙이 성립합니다. 만약 +10과 −10의 에너지가 만나서 0이 되어 에너지가 없어진다면 에너지보존법칙이 성립하지 않겠죠. 그래서 생겨난 개념이 바로 스칼라입니다. 우주는 무한한 에너지로 가득합니다. 영점장Zero Point Field이라고 하죠. +10과 −10이 만나면 제로가 되잖아요. 그런데 그냥 제로가 아니라 충만한 제로라는 것입니다. 무한한 에너지장이라는 것입니다. 그런데 감각에 나타나려면 어딘가로 움직여야합니다. 물리세계에서는 '어딘가'라는 방향과 '거기로 향해' 가는 힘이 있어야만 움직이듯이, 우리 마음속에서도 똑같은 일이 벌어집니다.

　의도意圖는 무엇인가요? 어딘가[圖]로 향하는 마음의 뜻[意]이죠. 거기에 에너지가 많이 쏠리면 의지意志가 됩니다. 의도는 마음이 그림을 그린 것입니다. 어디로 가겠다고 청사진을 그렸어요. '부산에 가야지.'라고 그림을 그리면 그것이 의도입니다. 거기에 에너지가 실려서 '꼭 가야지.'하고 힘이 많이 실리면 의지意志입니다. 의도도 의지도 다 마음의 움직임입니다. 어떤 형태로든 '나타난 모습'이니까요. 이런 것이 벡터인데, 이렇게 어딘가를 향하여 움직이는 마음이 나타나면 범부는 그것이 자기인줄 압니다. '부산에 가야지.'라는 의도가 나타나면 그것이 자기인 줄 알고, 기쁘면 자기가 기쁜 줄 알고, 두렵고 슬프면 자기가 두렵고 슬픈 줄 아는 것입니다. 그러나 성인은 기쁨이 '느껴지고' 슬픔이 '느껴질' 뿐, 자기는 그 어디에도 없다는 것을 압니다. 왜냐하면 에너지가 어디에도 머물지 않으니까요. 그냥 일어나면 일어나는 대로 둡니다.

그런데 마음의 움직임은 왜 일어나는 걸까요? 내 마음과 몸에 뭔가 쌓여있어서 그렇습니다. 이 세상에 나타나는 모습은 다 마음에 경험의 흔적이 쌓여있기 때문인데, 만약 그 경험의 흔적들을 다 없애버린다면 백치가 되겠죠. 그러나 성인이 백치는 아니거든요. 그러니까 당연히 슬픔과 기쁨과 괴로움이 다 일어나요. 어떤 사람들은 초연한 사람의 마음에는 아무것도 안 일어날 것이라고 여기지만 그런 것은 기능 불능일 따름입니다. 마음의 장애예요. 마음의 흔적들이 작동하지 않는 것입니다. 마음의 흔적이 작동한다면 희로애락은 있을 수밖에 없어요. 예를 들어 친구들과 놀다가 집에 들어갔는데, 가족들 표정이 굳어있고 우울해보여요. 밖에서 즐겁게 지내다 기분 좋은 마음으로 들어왔지만, 가족들을 보는 순간 '이것이 무슨 일이야?'하고 느껴져야 될 거 아니에요. 상황 파악이 되어야죠. 희로애락이 강력하게 증폭되는 이유는, 생각이 자꾸 에너지를 활성화시키기 때문인데, 그렇게 진행되지 않을 뿐 성인들도 희로애락을 다 느낍니다. 다만 괴로움은 자기라고 여겨지는 것이 있으니까 생겨나는 것이라서 조금 다르지만, 기쁨과 슬픔과 공포와 분노는 성인에게도 나타납니다. 다만 그것 때문에 괴로워하지는 않아요. 그것들을 느낀다는 것과 그것들로 인해 괴로워 한다는 것은 다른 문제입니다. 괴로움은 그것을 자기라고 여기기 시작한 때부터 생겨납니다. 다른 사람이 기뻐하는 것을 보면 여러분에게도 기쁨이 느껴지잖아요? 다른 사람이 슬퍼하면 슬픔이 느껴지죠. 그렇지만 저 사람이 슬퍼서 죽을 듯해도 나까지 죽을 지경으로 슬프지는 않습니다. 일어난 슬픔에 동일시되지 않으면, 그것은 옆집사람의 슬픔처럼 느껴집니다. 슬프지만 그것이 자기는 아니기 때문에 괴롭지는 않아요. 범인과 성인은 이렇게 다르지만 진심만은 본래 같습니다.

망심妄心, 움직이는 마음

凡夫는 妄心認物하야
범 부   망 심 인 물

범부는 망령된 마음이 사물을 인정하여

망령된 마음은 움직이는 마음입니다. 움직이는 마음은 사물이 있다고 인정합니다. 컵을 보면서 '컵이 있잖아. 컵이 눈에 보이는데 왜 없다고 해. 있어.'라고 인정하는 것이 바로 인물認物인데, 이는 망령된 마음 때문이에요. 움직이는 마음이 왜 망령된 마음일까요? 움직임에는 항상 시작점과 도착점이 있습니다. 어딘가에서 어딘가를 향해 움직이죠. 내비게이션에 목적지를 찍으면 어디에서 시작해서 어디로 가라고 안내하죠. 길 찾기의 과정입니다. 우리의 망령된 마음 또한 길을 찾는 마음입니다. 움직이는 마음은 시작점을 주체라고 느끼고 도착점을 대상이라고 느껴요. 그러니까 움직이는 마음은 주체와 대상으로 나눠질 수밖에 없습니다. 여러분들이 뭔가를 위해서 마음을 쓰면, '무언가'가 목적이 되니까 그것이 곧 대상입니다. 또 거기를 향하는, 아직 거기에 도착하지 않은 자기를 상정하게 되죠. 그것이 바로 주체입니다. 그래서 본질을 찾는 마음도 '주체'와 '대상'으로 '분리된 마음속'에 있는 것입니다. 다만 본질을 찾는 마음은 다른 것을 추구하는 마음과는 달리, '찾는 마음 자체'도 일종의 허구임을 나중에 발견하게 되지요. 자기가 자기꼬리를 찾으려 애썼다는 것을 발견해요. 그러나 그 외의 다른 것을 찾는 마음 즉, 부와 명예, 물질을 찾고 구하는 마음은 그 '대상과 나'의 분리를 계속 유지하면서 현상이 존재한다고 믿습니다. 방향과 힘이 있는 움직이는 마음은 주체와 대상으로 필연적으로 나눠집니다. 그렇게 대상이 생겨나면 차차 다양한 대상으로 나눠지고 비교와 호오好惡, 그리고 고락苦樂이 생겨나서 마음에 사물이 나타납니다. 당연한 수순이에요.

失自淨性하야 爲此所隔일세
실 자 정 성   위 차 소 격
깨끗한 자기 본성을 잃어버리고 이런 거리가 있게 된다.

사실 본질과 현상 간에는 아무런 거리도 없어요. 손과 손짓사이에는 아무런 거리도 없잖아요. 손이 곧 손짓이죠. 손짓은 손이 없으면 일어날 수가 없습니다. 우리는 마음에서 일어나는 마음의 짓 밖에는 볼 수가 없어요. 마음이 움직이는 모습, 기쁜 짓과 슬픈 짓, 주인 노릇하고 손님 노릇하는 짓을 봅니다. 마음에서 다 느껴지고 잡히잖아요. 이런 마음의 짓이 곧 본질과 다르지 않습니다. 물론 다른 측면도 있죠. 손짓이 손은 아니듯이. 그렇지만 또 손짓이 손이 아니라고 할 수도 없지요. 왜냐하면 손이 있어야 손짓도 있으니까요. 그래서 현상은 본질이 아닌 것도 아니고, 본질인 것도 아니라고 말합니다. 그런데 우리는 나타난 하나의 모습을 본질이라고, 자기라고 착각한다는 겁니다. 여기에 모든 문제가 있습니다. 마음을 잘 살펴보세요. 지금 이런저런 생각이 떠오른다면 그것들은 모두 마음이 움직이는 '모습'이에요. 그런데 움직이는 그 모습 중의 하나를 자기라고 여깁니다. '집에 가야하는데.' 이런 생각이 떠오르면 그 생각이 자기인 줄 안다는 것입니다. '내일 나 시험 봐야 되는데. 중요한 시험이야.'라고 중요성을 부여하면 할수록 더 많은 초조와 불안이 생겨납니다. 그 중요성을 부여하는 건 누굽니까? 나도 모르게 주입된 신념들, 사회적인 상황과 조건에 의해 나에게 들어와 쌓인 많은 흔적들, 주변사람들의 압력, 수많은 상황과 조건이 만들어내는 가치관들이 중요성을 부여합니다.

깨끗한 자기의 본성을 잃어버리면 현상과 본질의 거리가 멀어집니다. 현상을 주인 삼아버리면 본질과 현상이 완전히 달라져버리는 것입니다. 주인삼지 않으면 현상과 본질은 다르지 않을 수 있습니다. 성인은 마음에 나타난 어떤 현상에도 머물지 않고 마음의 짓이 마음의 본질은 아니라는 것을 알아요. 그러나 마음의 어떤 모습을 주인 삼아 거기에 묶여버려서 그것을 자기라고 여기거나 본질이라고 여기는 사람은 본질에서 천리를 떨어져나간 사람입니다. 이미 진심이 거기에 있지만, 망심妄心을 주인삼음으로써 그는 본성에서 멀어진 것이에요. 어디에도 묶이지 않고 마음의 짓에 머무르지 않는 사람은, 애초에 마음의 본질을 직접 목도하는 것은 불가능하지만, 마음짓을 마음짓으로 알기 때문에 본질과 멀리 있지는 않은 것입니다.

깨끗한 자기의 본성을 잃어버린다는 말은, 마음에 나타난 어떤 모습인 망심에 머물러서 그것을 주인으로 삼았다는 말입니다. 그래서 망심과 진심 사이에 거리가 있게 되죠. 그런데 망심을 망심으로 알면, 망심과 진심 사이의 거리는 없습니다. 그러니 잘 보세요. 아무리 본성에서 멀어졌다 해도, 이미 그 자리에 본성이 있습니다. 망심을 주인삼지만 않으면 이미 그 자리가 본성이에요. 즉각적으로 본래자리에 이르는 것이 어렵지 않다는 말입니다. 그 자리에 이미 있기 때문에 즉각 알아채면 됩니다. 망심을 망심으로 아는 작업만 하면 이미 우리는 진심의 자리에 있는 것이나 마찬가지입니다. 물론 처음에는 약간 애매하게 느껴질지 모르지만, 가면 갈수록 분명해질 것입니다.

所以로 眞心이 不得現前하야
소 이   진 심   부 득 현 전

그래서 진심이 앞에 나타날 수 없어

진심은 드러날 수가 없습니다. 드러난 모든 것은 망심이죠. 진심이 앞에 나타난다는 것은 진심이 드러나서 보인다는 말이 아니라, 망심을 망심으로 보는 마음이 생긴다는 말입니다. 그러나 망심을 하나의 임시적인 느낌으로 보지 않고 주인 삼으면 진심이 드러날 수 없는 상태가 됩니다.

마음을 살펴보면 다양한 생각, 감정, 느낌이 나타납니다. 이렇게 나타난 마음은 모두 구별되는데, **나타나지 않는 마음이 자리 잡고 있기 때문에 구별이 가능한 것**입니다. 무슨 말을 해야 할지 모르는 마음을 **자기라고 믿고 있으면** 당황스럽고 창피하겠지만, 그 마음을 **보고 있으면** 그러거나 말거나 상관없겠죠. 어떤 마음이 내가 되어버리는 것이 곧 망심입니다. 어떤 생각이 일어나는 것은 괜찮지만 그것에 사로잡히면 동일시됩니다. 거기에 에너지가 꽉 뭉치면 그 생각이 자신의 전 존재가 되어버리니 그것이 바로 망심이에요. 마음에 뭐가 나타났다는 것만 알면 돼요. 알면 이미 중심이 거기서 떨어져 있습니다. 진심이 앞에 나타날 수 없다는 말은 그런 의미입니다.

진심은 '있는' 마음이 아니다

但如暗中樹影과 地下流泉이 有而不識耳라
단여암중수영　지하류천　유이불식이

마치 어둠속의 나무 그림자나 땅속의 샘물과 같아, 있지만 알 수 없을 뿐
이다.

　캄캄한 어둠 속의 그림자는 보이지 않죠. 그림자 자체도 어두우니
까요. 진심은 있지만, 우리가 평상시 사용하는 의미의 있고 없음이 아
닙니다. 일종의 비유죠. 경전을 잘못 읽으면 '있다'고 생각할 수도 있
는데, 우리가 있다거나 없다고 느끼는 마음은 모두 나타난 마음입니
다. 그래서 불경에서는 진심은 있는 것도 아니고 없는 것도 아니라고
둘 다 부정하죠. 어떤 마음에도 머물지 말라는 의미입니다. 본질이라
는 것이 있다고 믿으면 그 마음에 머물러서, 누군가가 "본질이 어디 있
어? 그런 건 인식되지도 않아."라고 말하면 화가 납니다. 현상이 있다
는 것은 본질이 있다는 증거라고 주장할 수도 있습니다. 하지만 이런
말은 모두 비유입니다. 이해하고 고개를 끄덕이는 순간 **나타난 마음을
주인으로 삼는 것**입니다. 하지만 일단은 마지막 밧줄 하나는 붙잡고
가야하기 때문에 그렇게 말하는 것입니다. 그러나 밧줄에 의지하지는
말라고, 이것도 아니고 저것도 아니라고 말하는 것을 잊지 않습니다.

故로 經에 云하사대
고　경　운

善男子야 譬如淸淨摩尼寶珠가
선남자　비여청정마니보주

映於五色하야 隨方各現이어던
영어오색　수방각현

그러므로 경에 이르기를

선남자야 마치 청정한 마니보주가
오색에 비추어 그 각각의 방향으로 나타나면

마니주摩尼珠는 아무런 색이 없지만 빛을 비추면 여러 색이 나타납니다. 프리즘과 비슷하죠. 프리즘에 빛을 비추면 일곱 가지 색이 갑자기 나타나죠. 이것을 보고 빛에 일곱 가지 색이 있다고 생각할 수 있습니다. 하지만 그것은 빛과 프리즘이 만나서 일어난 현상이죠. 다른 것을 비추면 여덟 가지, 아홉 가지 색이 나타날 수도 있을 것입니다. 자외선이나 적외선도 표현해낼 수 있는 프리즘이 있다면요. 우리 눈은 일곱 가지 색만 보니까 그렇게 보이는 것입니다. 빛에 프리즘을 갖다 대면 빨주노초파남보가 보이지만, 그런 빨주노초파남보가 빛에 존재하는 것은 아니죠.

마니보주가 오색의 빛에 비추어 각각의 방향에 나타난다고 했습니다. 이것을 마음의 경험으로 따져보겠습니다. 모든 경험은 나타났다 사라지는 하나의 과정입니다. 빛은 그 어떤 색도 아니지만 빨주노초파남보가 나타났다 사라지는 것처럼 말이에요. 우리 마음의 본질은 어떻게도 경험되지 않지만, 마음의 작용으로 주체와 대상이 나누어지면 희로애락이 경험됩니다. 어린아이에게는 쾌快와 불쾌不快만 있지만 나이가 들면서 어느 순간 희로애락이 생깁니다. '나'라는 것이 생겨나면서요. 세 살까지가 가장 많은 정보를 받아들여서 뇌의 용량이 증가하는 시기입니다. 미운 네 살이라는 말이 있죠? 그때쯤 되면 자기주장을 시작하기 때문입니다. 3년간 쌓인 마음의 흔적이 유전적 내용과 생명의 흐름이 합쳐져 마음의 주인 노릇을 하는 것입니다. 이렇게 마음의 주인 노릇을 하는 것이 없으면 희로애락도 없습니다. 맞으면 어린 아기도 아프지만 분노 같은 감정은 없습니다. 그러나 거기에 '내'가 끼어들면 이제 분노나 좌절감이 생깁니다.

마음에 어떤 현상이 생겨나 주인 노릇을 시작하면서 의식적 경험 과정이 생겨납니다. 사물의 느낌을 느껴보면, 이름이 붙었을 때와 이름을 떼어냈을 때 느낌이 변하죠? 죽은 감지에서 살아있는 감지로 바뀝니다. 생생하게 살아서 계속 바뀌는 그 느낌에서 주의를 빼버리면 감각적인 자극으로만 다가옵니다. 이름과 생각이 그것을 '무엇'으로 경험하게 합니다. 그 느낌을 계속 유지하게 해요. 이름을 붙이지 않고 느낌으로만 느끼면 강도强度나 느낌, 형태가 끊임없이 바뀌면서 90초 있다가 사라집니다. 그래서 의식적인 감정은 90초 이상 유지되지 않는 것입니다. 그 이상 지속되는 것은 생각이 불을 지르기 때문이에요. 이름과 생각만 떼버리면 느낌은 끊임없이 바뀌는데, '나'라는 생각 또한 마찬가지입니다. 변함없이 고정된 것처럼 느껴지지만 생각 없이 느낌으로 바라보면 그것 또한 끊임없이 바뀝니다. 그러나 주의가 생각과 느낌에 가 있으면 '나'라는 것이 변함없는 것처럼 여겨지죠. 이처럼 '나'라는 느낌에만 주의를 기울여 살펴봐도 자기가 바뀐다는 것을 알 수 있습니다. 더 집중하면 모든 경험은 나타났다 사라지는 과정인 것도 알게 됩니다. 더 섬세해지면 현상의 밑바닥에 경험의 과정을 일으키는 구조가 있고, 그 구조는 에너지의 불균형 상태이며, 에너지가 습관적이고 무의식적으로 강하게 뭉친다는 점이 파악됩니다. 그러면서 그렇게 에너지가 뭉쳐도 그것을 자기라고 여기지 않게 되는 통찰이 일어나죠. 나라는 것이 없다는 것을 발견해요.

이름 붙여서 고정시키지 않고, 모든 느낌에서 이름과 생각을 떼어내면 경험은 곧 사라집니다. 어떤 느낌이 계속 유지되면 피로해서 못 견려요. 탁자에 손을 올려놓고 있는데 딱딱하고 차가운 느낌이 장시간 유지된다면 내 손이 계속 똑같은 느낌을 신호로 보내고 있다는 얘기입니다. 에너지가 많이 쓰이는 일이죠. 의식은 어느 정도 시간이 흐르면 더 이상 작용하지 않습니다. 의식 작용은 변화를 알아차리는 것이지, 똑같은 것을 계속 전달하는 것이 아니라서 그래요. 그래서 모든 느낌과 경험은 곧 사라지게 되어 있습니다.

현식現識(호오 없는 분별) 차원의 느낌인 감지를 발견하고 자기 안의 느낌을 느낌으로 보기 시작하면, 느낌이 특정한 구조로 움직이며 그 구조로 인해서 관계가 맺어져 스토리가 생겨나고, 스토리의 특정한 부분에 에너지가 뭉쳐져서 그것이 주인역할을 하며, 느끼고 감각한다는 것을 알게 됩니다. 무언가를 의식한다는 것 자체가 이미 스토리 속에 들어있는 것입니다. 그리고 스토리라는 것은 존재하지 않는 것을 존재하는 것으로 믿는 마음입니다. 즉, 존재하는 것들에는 주객이라는 것이 따로 없는데 마치 주인이 있고 객이 있는 것처럼 여기는 마음입니다.

예를 들어 이 탁자 위에 있는 것이 내 마음이라고 가정해봅시다. 그것 중에 어느 하나를 주인 삼으면 그것이 기준이 되어 다른 것들이 멀거나 가깝게 느껴집니다. 어느 하나를 주인삼지 않으면 멀고 가까운 것이 없어요. 가까운 사람은 친하게 느껴지고 먼 사람은 남처럼 느껴지는 것은, 마음의 어떤 부분을 주인 삼아서 스토리가 펼쳐지기 때문입니다. 스토리가 있다는 것은 자신이 마음의 일부분과 동일시되어 있다는 증거입니다. 모든 마음의 과정을 알아채면 그 어디에도 걸리지 않지만, 일부를 주인 삼으니까 화가 나고 두려운 것입니다. 그 어떤 것도 주인이 아니면 무언가에 부딪혀도 강한 자극으로 와 닿지 않습니다, 상황만 파악될 뿐이죠.

예를 들어 슬픔이 나타난다면 그 아래에는 슬픔이 일어날 구조가 이미 형성되어 있습니다. 그리고 그 구조 중의 일부가 주인이 되어있어요. 그 주인이 무언가를 뺏기거나 잃어서 상실감을 느끼는 것이 바로 슬픔의 스토리입니다. 새 차를 샀는데 그 차에 흠집이 생기면 화가 나는 것과 마찬가지예요. 그 차를 주인 삼았기 때문입니다. 고물차는 망가져도 아무렇지도 않잖아요. 감정에 끄달리지 않으려면 아끼고 보존하되 그것을 자기로 여기지 말라는 말입니다. 마음에 일어나는 것들은 다 아끼고 꽃피워야 해요. 하지만 그 어떤 것도 자기 삼지 말라는 것입니다. 금강경에 응무소주이생기심應無所住而生其心이라는 말이 나오지요? 어디에도 머물지 말고 마음을 내어 쓰라는 것입니다. 선사들은 마음을 쓰지 않고 고요한 상태로 있으라고 하지 않았어요. 마음을 가라앉히려고 애쓰고 먼지 일어나는 것을 두려워한다면 먼지를 자기라고 여기기 때문이에요. 요점은 먼지를 먼지로 여기라는 것입니다. 먼지가 좀 일어나면 어떻습니까? 감정이 자주 일어나고 감정에 거세게 휘말리면 가라앉히는 작업을 해야 하지만, 그것이 핵심은 아닙니다. 먼지가 수없이 날린다 해도 그것은 나타난 모습이지 본질 자체는 아니라는 것이 핵심이에요. 수많은 먼지를 모두 제거하려니까 수천 번의 윤회에 대한 얘기가 나오는 것입니다. 그것은 마음의 내용을 바라보는 것입니다. 마음의 작용을 보고 거기서 벗어나는 것은 아주 간단합니다. 마음이 나와 나 아닌 것으로 나뉘어서 그중 한 가지를 나로 삼고 있다는 것을 보고, 거기서 힘을 빼면 됩니다.

구조를 이루는 재료들은 모두 의식적 감지들입니다. 감정은 감지 즉, 경험이 남긴 흔적들인 느낌의 관계구조 속에서 서로 다른 둘이 부딪혀 일어나는 의식적 경험이죠. 이런 의식적 경험 속에서 어떤 느낌이 일어난다면 이미 그 구조 중의 하나에 동일시되어, 또는 그것의 관점에서 보고 경험하는 중인 것입니다. 이때 그 느낌에서 이름이나 생각을 빼면, 느낌은 고정된 것이 아니기에 점차 흐려지죠. 그것이 특별히 존재하지는 않는다고 밝혀져요.

마니주는 특정한 색깔을 가지고 있지 않지만, 거기에 오색五色이 있다고 믿는 망심妄心은 오색의 존재를 인정하고 그 세계에 파묻히게 됩니다. 오색이라는 현상이 본질적으로 존재한다고 믿는 마음이에요. 무언가를 믿는다면 이미 '움직이고 있는 마음'속에 들어있는 것입니다. 그럴 때 '움직이는 마음'이라고 인식하는 것이 매우 중요합니다. 물론 어떤 것도 믿지 않는 마음으로 살아가면 삶에 생동감이 없습니다. 그래서 종교를 굳게 믿는 사람들은 땅 끝까지 목숨을 걸고 움직이죠. 그에너지는 대단합니다. 다만 그것을 자기라고 믿는 것이 문제지요. 겨자씨만한 믿음만 있으면 산을 움직인다고 했어요. 이처럼 믿음은 생명력의 화신입니다. 문제는 그 믿음이 생명의 힘을 사용하는데 쓰이지 않는다는 점이죠. 자기라고 믿어요. 진짜 믿는 사람은 자신이 했다고 하지 않고, 하느님께 영광을 돌린다고 말합니다. 그때 자유가 있습니다. 즉, 믿음은 동일시된 마음입니다. 믿음은 강력한 힘을 발휘하지만 자기라고 여긴다면 고통이 이어집니다. 거기에 믿음의 큰 맹점이 있습니다.

무언가를 바라고 욕망하는 마음은 어떤 방향으로 움직이는 마음입니다. 오색의 빛이 일어난 것이니, 그때는 진정한 관찰이 일어나지 못합니다. '내가 이렇게 하면 뭔가 이루어진대.'하는 기대를 가진 마음은 이루고자 하는 목표에 마음이 쏠리기 때문에, 무슨 일이 일어나는지 투명하게 보지 못합니다. 그래서 순수한 호기심이 중요해요. 뭔가를 얻기 위해서 공부하면 금방 지칩니다. 재미로 하세요. 여러분은 손짓을 자기로 여기는 손입니다. 손으로 태어났으면 손이 뭔지 알고가면 좋잖아요. 그래서 공부하는 것입니다. 손짓을 자기라고 여기고 살아도 자기는 이미 손입니다. 무엇을 얻거나 터득하려고 탐구하거나 관찰하지 하지 말고, 그저 흥미롭고 신기하게 여기면 그때부터 진짜 공부가 시작됩니다. 관찰을 하다보면 환희심歡喜心이 일어나기도 하는데, 그것을 자기라고 여기기 쉽습니다. 그러나 그것은 잠깐 빨간색이 비춘 것이나 마찬가지예요. 우리가 별견하고자 하는 것은, 빛은 그 어느 색도 아니라는 것입니다. 경험은 모두 나타났다 사라질 뿐입니다.

諸愚痴者는 見彼摩尼에 實有五色하나니
제 우 치 자   견 피 마 니   실 유 오 색
어리석은 이는 저 마니주에 오색이 있다고 여기니

오색이 있다고 여기는 것은 마음의 내용입니다. 마음에는 희로애락이 있죠. 어리석은 사람은 다양한 생각과 감정들이 마음에서 일어나면 그것이 '있다'고 믿습니다. 빛의 분열로 인해 임시적으로 나타난 다섯 가지 색인데, 오색이 있다고 믿는다는 것입니다. 그러나 나타났다 사라지는 것은 있는 것이 아니에요. 햇빛이 프리즘에 닿으면 부분으로 갈라지며 일곱 가지 색의 무지개를 드러냅니다. 어리석은 사람은 이것을 보고 무지개가 있다고 여기죠. 그러나 그것은 빛이 상황과 조건에 따라 다르게 나타나는 모습일 뿐입니다. 마찬가지로 우리가 경험하는 슬픔과 기쁨, 두려움과 분노 또한 원각圓覺이 경계 지어져서 구조를 이

루어 만들어내는 다양한 모습일 뿐이라는 것을 보아야 합니다. 프리즘에 닿은 투명한 빛과 눈이라는 감각기관이 만나서 일으킨 관계가 일곱가지 색깔입니다. 진짜로 무지개의 일곱 색깔이 있다면 모두에게 농일하게 보여야하는데, 남태평양의 어느 부족한테는 무지개색이 빨강, 노랑, 파랑 밖에 없다고 합니다. 그 사람들은 주황을 빨강으로 치는 것입니다. 그들은 주황색을 의식하지 못합니다. 분별을 안 하니까요. 분별을 해야만 세상이 생깁니다. 강아지는 적록색맹이에요. 움직임에는 민감하지만 색에는 민감하지 않습니다. 그래서 강아지의 세계는 거의 흑백의 세계죠. 그렇다면 강아지에게 초록색 잔디밭은 있는 겁니까, 없는 겁니까? 잔디가 정말로 초록색이라면 강아지에게도 초록색으로 보여야죠. 모든 것은 잠시 나타난 모습입니다. 원각이라는 투명한 빛에 금이 그어져 나타난 일시적인 모습이에요.

마음의 본성은 나타나지 않는다

善男子야 圓覺淨性이
선남자　원각정성

선남자야 원각의 맑은 본성이

움직이는 마음, 나타난 마음은 오염된 마음입니다. 무언가가 나타나려면 주체와 대상의 분열이 있어야 해요. 그러나 원각圓覺은 주체와 대상을 넘어서 있습니다. 여기서 말하는 주체는 나라는 느낌에서부터 모든 것을 보는 미묘한 관찰까지, 마음에서 느껴지는 주인 되는 느낌들을 모두 포함합니다. 모든 행동 속에 들어 있는 자기라고 여겨지는 무의식적인 주체, 그런 자기를 바라보면서 그 또한 대상이라고 알아차리는 주체, 그 다음 모든 것을 바라보고 있는 투명한 관찰자로서의 주체, 이 모든 것들은 원각이 아니라는 말입니다. 원각은 그 모든 것을 다 넘어서 있습니다. 그러니 여러분의 본질은 주체도 대상도 아닙니다. 오직 그 모든 것이에요. 그리고 나타나지 않는다는 측면에서 그 어떤 것도 아니죠. 우리의 감각기관으로는 결코 마음의 본질을 볼 수 없습니다. 왜죠? 마음의 본질에 의해 감각기관이 쓰이기 때문에 감각기관이 작동되고 있어요. 그러니 어떻게 마음의 본질을 감각할 수 있겠습니까? 손을 어떻게 손짓으로 잡아내겠어요? 눈이 어떻게 눈 자신을 바라볼 수 있겠습니까? 거울로 눈을 본다면 거울 속에 있는 눈을 보는 것이지, 눈이 자기 자신을 진정으로 보는 것이 아니잖아요. 눈은 결코 자기를 볼 수 없죠. 그런 것처럼 마음은 결코 자기 자신을 알 수 없습니다. 그런데 이때 '알아낼 수 없다'는 말에는 약간의 함정이 들어있습니다. 우리의 개념적인 '앎'과는 다른 앎이 존재하니까요. 그런 직관적인 앎을 통해 우리는 마음의 존재를 터득할 수 있어요. 그것을 불교에서는 반야Prajñā라고 합니다. 지금까지 인류의 성인이라고 하는 사람들은 그렇게 원각을 발견해왔습니다.

자 보십시오. 여기에도 '원각'이라는 글자로 표현되어 있습니다. 그러면 '원각이라는 것이 있구나' 하는 느낌이 들죠? 마음에 어떤 상相이 생깁니다. 투명하고 맑은 어떤 것이 있는 듯한 느낌이에요. 하지만 그것은 원각이 아닙니다. 원각은 결코 마음의 상으로 나타나지 않아요. 그래서 마음으로는 마음을 알 수 없습니다. 원각은 보통의 의식으로는 나타나지 않습니다. 여러분의 본질은 주체도 대상도 아니기 때문이에요. 오직 그 모든 것이고 나타나지 않는 측면에서는 그 어떤 것도 아닙니다. 그렇기 때문에 원각은 잡을 수도, 알 수도, 의식적인 작용으로 나타나지도 않아요. 그렇지만 길은 있습니다. 우리 인류의 조상들이 뭔가를 발견했다고 기록을 남기고, 원각을 보는 방법들을 전수하고 있잖아요.

現於身心하야 隨類各應이어든
현 어 신 심　　　수 류 각 응
심신에 나타나 종류별로 각각 응하는 것이니

원각은 대상을 따라 각각 나타난다는 말입니다. 여러분의 마음을 보면 바로 알 수 있어요. 집에 가서 부모님을 보면 부모님을 대하는 마음으로, 친구를 만나면 친구를 대하는 마음으로 싹 바뀌죠. 그런데 우리는 그것을 의식하지 못해요. 대상을 대하는 순간 즉각 그 마음으로 바뀌고 그것과 동일시되기 때문입니다. 그 마음이 가장 큰 부분을 차지하고 있기 때문에 그것 자체는 의식이 되지 않아요. 그때 관찰하는 마음을 중심에 두고 있다면 내 마음이 대상에 따라 바뀐다는 것을 알 수 있죠. 이렇게 대상에 따라 마음이 바뀐다는 것을 알게 되면 어떨까요? 마음의 느낌은 대상에 따라 여러 주체의 모습으로 바뀐다는 것, 그리고 최종적으로 이 모든 것을 바라보며 관찰하는 놈도 나타난 주체라는 것을 알아차리게 되죠. 바라보는 놈이 모든 것을 관찰하고 대상마다 다르게 나타나는 주체를 모두 잡아냅니다. 이 주체들이 진짜 주인이 아니라 대상에 따라서 주인 노릇을 하고 있다는 것을 알아차려요. 주인 노릇을 하는 여러 주체들과 대상 사이의 관계를 통해 구조를 파악하고, 지금 그것들을 관찰하고 있는 자기와 그것들 사이의 관계도 즉각 알아챕니다. 이런 것이 바로 통찰이에요. 보이지 않는 자기와 전체의 관계를 통찰해 내죠. 보이지 않는 자기를 대상을 통해 알아채면 구조는 명확해집니다.

　다시 한 번 살펴보겠습니다. 내가 나 자신을 살펴봅니다. 내 마음에 관찰자를 만들어서 살펴보는데, 처음에는 내가 보는 친구, 후배, 부모님과 같은 대상들만 살펴보다가 그 다음에는 그들을 그렇게 보는 '주체'를 살펴봅니다. 대상을 만날 때마다 그 대상에 적절한 태도, 기억, 경험들이 나타나서 그들에 대해 주인 노릇을 하는 주체인 '나'의 모습들이 보이죠. 나보다 잘 못하는 사람 앞에서는 잘난척하는 나, 나보다 더 똑똑한 사람 앞에서는 위축되는 나, 나보다 나이가 많은 사람 앞에서는 예의를 갖추는 나, 나보다 어린 사람 앞에서는 윗사람 노릇하는 나, 이런 다양한 '나'들이 생겨나는 것이 보입니다. 그리고 이놈들이 진짜 내가 아니라 그저 주인 노릇을 하는 마음의 작용일 뿐임을 발견합니다. 그렇게 발견되는 것을 살펴보다가 '이것을 아는 것은 누구지?'라는 궁금증이 떠오릅니다. 그래서 그것들을 살펴보는 자신을 바라보기 시작합니다. 그리고 그것 역시 주체와 대상간의 관계와 똑같다는 것을 알게 되죠. 살펴보고 있는 '이놈'도 발견되었다는 측면에서 즉시 '대상'이 되고, 보이지 않는 그 무언가가 다시 주체가 되는 그런 관계를 파악하면서 즉각적으로 통찰이 일어납니다. 모든 관계는 이 둘 사이에 동시에 생겨나고 동시에 사라진다는 마음의 구조에 대해 명확히 알게 되면, 이어서 무의식이 계속해서 작업을 합니다. 더 이상 애써 의식적으로 알려고 하지 않아도 됩니다. 그래서 마음의 작용과 구조에 관심을 가져야 합니다. 주객이 동시에 생겨난다는 말이 어떤 의미인지 느낌으로 체득해야 해요. 그리고 마음에서 느껴지는 모든 것들은 나타난 모습이라는 점이 분명히 체득되면, 그 이후에는 무의식이 작업을 이어나갑니다. 무의식은 대단한 놈이에요. 그러니 애쓰지 말고 마음의 구조, 마음의 작용에만 관심을 가져 보세요. 그렇게 되면 원각이 대상에 따라 각각 나타나 적절히 응대하고 있다는 말의 의미가 툭 알아차려지게 될 것입니다.

彼愚痴者는 說淨圓覺에
피 우 치 자   설 정 원 각

實有如是 身心自性도 亦復如是라 하시고
실 유 여 시 신 심 자 성   역 부 여 시

저 어리석은 이는 깨끗한 원각에
신심자성도 이와 같이 있다고 말하니 이것도 그와 같다.

원각이 종류별로 각각 응대하는 것뿐인데, 어리석은 사람은 깨끗한 원각에 본질적으로 이런 마음과 저런 마음이 존재한다고 말합니다. 원각은 대상에 따라 모습으로 나타날 뿐인데, 어리석은 사람은 원각에 나타난 심신心身이 '있다'고 말해요. 오색五色이 있다고 말하는 것처럼 우리의 몸과 마음도 있다고 여긴다는 말이에요. 지금 이 순간 '내'가 있어서 이렇게 앉아서 뭔가를 생각하고 보고 듣는 '자'가 '있다'고 여기는 마음을 보세요. 그 마음이 '있는 것'이 아니라 '나타난 것'으로서 잠시 후 다른 것에 주의를 기울이면 즉시 지금 그 마음은 사라지고 다른 마음으로 '나타난다'는 것을 보아야 합니다.

여러분이 '있다'고 여기는 자신의 몸과 마음은 마음속에 들어있는 '자기 이미지'입니다. 어리석은 사람은 몸의 이미지와 '나는 이런 사람이야'라는 심리적인 이미지를 자기라고 여기며 그것이 '있다'고 생각합니다. 그리고 마음이 작동하면 마음에 뭔가가 있다고 믿죠. 마음에 뭔가가 있다고 믿는 마음이 바로 몸과 마음에 자성自性이 있다고 여기는 마음입니다. 잘 보십시오. 여러분의 몸이 진짜로 있습니까? 눈에 몸이 '보일 뿐'이죠. 그런데 눈에 보이는 것도 느낌이라고 했습니다. 몸에 대한 시각적인 느낌이죠. 그러면 눈을 감고 몸을 촉감으로 느껴보면 어떻습니까? 시각적으로 볼 때와는 다르게 몸이 일관적으로 느껴지지는 않습니다. 모든 시각적인 느낌을 지우고 오로지 촉각적인 느낌으로만 살펴보세요. 발가락에 주의를 주면 좀전까지 없던 발가락의 느낌이 생겨납니다. 머리카락이 느껴지지 않다가 주의를 주면 느껴지죠. 몸의 촉각적인 느낌은 어디는 느껴지고 어디는 툭툭 비어있습니다. 그런데 눈을 뜨고 시각으로 자신의 손을 보면 비어있지 않다고 여깁니다. 손의 경계선이 끊어져있지 않기 때문이에요. 그런데 이 경계선은 사람의 눈한테만 연속된 선으로 보이는 것입니다. 3000배 현미경으로 보면 울퉁불퉁하게 곳곳이 비어있어요. 그러다가 다시 눈을 통해 손을 보면 연결된 선으로 보이죠. 이제 보이는 것 또한 느낌이라는 것을 알겠습니까? 사람에게는 눈보다 강력한 감각기관이 없으니까, 눈으로 보는 것이 가장 세밀하고 정밀하니까 이것을 사실이라고 여기지만, 사실은 자신의 손을 보면서 느껴지는 느낌일 뿐입니다. 이렇게 심신心身이라는 것은, 있는 것이 아니라 지금 내 마음이 느껴내고 있는 하나의 감각적이고 감지적인 느낌이에요. 그러므로 임시적인 것인데, 어리석은 사람은 자기 눈에 보이는 것이 진짜 존재한다고 믿습니다.

예를 들어 두려움이 일어나면 그것에 '두려움'이라는 이름을 붙입니다. 그러면 두려움이 정말 존재하는 것 같아요. 하지만 이름을 빼고 느껴보면 뭔가 쪼이는 느낌, 시커멓고 무겁게 짓누르는 느낌이죠. 그것도 조금만 지나면 이런 저런 느낌으로 변하다가 사라집니다. 이름을 붙이지만 않는다면 그것은 나타났다가 사라져요. 그런데 이름을 붙이면 그와 관련된 과거의 모든 느낌들까지 불러일으키죠. '두려움'이라는 말은 언어만으로 존재하지 않아요. 메모리 번지수와 같아서 말 뒤에 수많은 느낌들이 붙어 있습니다. '두려움'을 떠올리면 그와 연관된 모든 느낌들이 밑바닥 배경에 나타납니다. 그래서 '두려움'에 집중하면 지금 이 순간에 느껴지는 것뿐만 아니라, 모든 과거 경험이 불러일으켜져서 더 크게 느껴집니다. 그러니까 정말 실제로 존재하는 것처럼 느껴져요. 지금 100개나 되는 가파른 계단을 올라가야 한다면 느낌이 어떨 것 같습니까? 아직 올라가지도 않았는데 벌써부터 숨이 차오릅니다. 예전에 올라본 경험이 지금 느껴지는 것입니다. 그 앞에 서서 올라가야겠다는 생각만 했을 뿐인데도 어떤 느낌이 올라오죠. 다리가 후들거립니다. 과거의 경험이 생각으로만 떠오르는 것이 아니라, 그 이름에 붙은 느낌도 지금 불러 일으켜져서 몸에 영향을 미치고 있는 것입니다. 그래서 두려움이란 이름을 붙이면 지금 이 순간의 느낌을 고정시킬 뿐만 아니라, 그와 연관된 모든 과거 경험을 재생시키기 때문에 아주 공고하게 존재하는 것처럼 느끼게 되는 것입니다. 그리고는 그것과 동일시됩니다. 왜냐하면 느낌이 너무 크기 때문이에요. 느낌이 너무 크다는 것은 에너지가 강력하게 묶여있다는 뜻입니다. 무게감이 크지요.

내적인 의식적 경험에서 무게감이 강하게 실려 있는 느낌은 주인 노릇을 합니다. 지구 주위로 달이 움직이고 있는데, 지구가 주인 노릇을 하고 있잖아요? 달에 비해서 중력이 더 세니까요. 태양계에서는 태양의 중력이 가장 세니까 태양 주변으로 행성이 끌려 들어와 돌고 있죠.

이때는 태양이 주인 노릇을 하고 있는 것입니다. 행성들 각자의 궤도가 있기는 하지만 태양계 안에서는 행성들이 도망가지 못하죠. 이처럼 에너지가 강력하게 집중된 현상에 다른 현상들이 묶여요. 우리 마음도 마찬가지입니다. 강력한 느낌이 고정되어 유지되면, 다른 것들은 부수적으로 느껴지고 강력한 놈이 주인으로 느껴집니다. 우리는 그렇게 주인으로 느껴지는 것을 깨부수려는 것이 아니에요. 그것도 필요하니까 생겨나는 겁니다. 태양이 주인 노릇을 한다고 해서 없애버리면 어떻게 될까요? 지구 위의 생명체도 사라지고, 행성간의 여러 질서도 없어지겠죠. 현상 자체가 사라져버립니다. 이처럼 마음의 '자아' 현상을 없애자는 것이 아니라, 마음의 주인 노릇을 하는 그것도 무한한 마음의 공간에 나타난 하나의 현상임을 발견하면 그만입니다. '나'라고 느껴지는 느낌이 주체로서 활동하게 두라는 것입니다. 하지만 그것도 마음에 나타난 '현상이며 느낌'이라는 것을 철저하게 '파악'하라는 말입니다. 관찰되고 느껴지기에 그것도 진정한 주체가 아닙니다. '나'는 그냥 나라는 '느낌'입니다. 진짜 내가 아니에요.

주인 노릇은 동일시를 통해 이루어집니다. 그런데 동일시가 일어나려면 마음이 둘 이상으로 나뉘어져야 해요. 내 몸과 타인의 몸이 나눠져야 이 몸과 동일시되어 이 몸이 나 같다고 느껴지겠죠. 나라고 느껴지지 않는다면 누구를 나라고 하겠어요? 마음이 최소한 둘 이상으로 나누어진 후에 그중 하나와 동일시가 일어납니다. 이런 동일시가 주체와 대상과의 관계와 두려움이라는 현상을 유지시키는 중요한 요소 중의 하나입니다. 두려움이란 상대에 대비된 '나'를 지키려고 하기 때문에 생겨요. 그런데 이 '나'라는 것은 지금까지 쌓인 수많은 경험들 중에서 주의가 많이 쏟아지는 일부분이에요. 이놈을 누군가가 공격하면 지키려는 마음이 올라와서 두려움이 생겨납니다. 두려움과 분노는 자기를 지키기 위해 생겨나는 느낌이에요. 내가 망가질까봐 두려운 마음이 느껴지죠. 그리고 나를 지키기 위해서 공격하려는 마음은 분노입니다. 지켜야할 것이 없는 사람에게 두려움은 없습니다. 예를 들어 여러분이 터미네이터라고 해봅시다. 누가 여러분을 망가트려도 곧바로 다시 재생됩니다. 그러면 누군가가 아무리 자신을 공격한다 해도 전혀 두렵지 않겠죠. 금방 또 다시 생겨나는데 뭐가 두렵겠습니까? 망가질 무언가가 있는 사람에게만 두려움이 있습니다. 그래서 동일시가 현상을 유지시키는 중요한 요소가 되는 것입니다.

그리고 느낌에 이름이 붙으면 그 느낌은 더욱 고정되어 현상이 오래 유지됩니다. 이름이 붙지 않으면 느낌은 이리저리 흩어지는 연기와 같아서 곧 사라지게 됩니다. 고정된 입자적인 형태가 있을 때에 동일시가 유지되는데, 그 역할을 하는 것이 바로 이름과 생각입니다. 감지연습을 하라는 이유가 바로 이 때문이에요. 감지에는 이름과 생각이 없죠. 느낌은 자세하게 들여다보면 이내 흐려지고 사라집니다. 느낌은 끊임없이 변해요. 모든 것에서 이름을 떼어내면 실은 이것들이 가변적이라는 것을 점차 의식하게 되고, 모든 느낌들이 의타적依他的이라는 것도 체험됩니다. 그러면 자아의 존재 기반이 흔들리고 무너지기 시작하는 것입니다. 느낌은 의타적입니다. 지금 바람이 부는데 어떤 사람은 춥다고 느끼고, 다른 사람은 시원하다고 느낄 수 있겠죠. 왜 이렇게 다를까요? 두 사람이 가지고 있는 기준이 다르기 때문입니다. 그런 기준에 '나'라는 이름을 붙여 놓으면 진짜 자기인 것처럼 느껴지겠죠. 그런데 그 기준에 붙은 이름을 떼면, 그 기준의 느낌이 자꾸 변하는 것을 느낄 수 있습니다. 그래서 그 기준에 의해 생겨나는 모든 느낌들은 의타적이고 가변적일 수밖에 없습니다.

무아의 경험에 대한 태도

모든 느낌들이 다른 것에 의존하고 있음을 체험하고, 자아라는 것도 느낌에 기반을 두고 있다는 점을 눈치채면 자아는 점차 흔들리고 무너집니다. 그렇다 해도 우리의 본질에는 아무런 문제도 없다는 것을 발견하면 전혀 두렵지 않습니다. 그러나 자아를 자기라고 믿고 있는데 그것이 무너지면 두려움이 오겠죠. 그래서 백척간두진일보百尺竿頭進一步라는 말이 생겨나게 된 것입니다. 그 높은 곳에서 떨어지면 얼마나 무섭겠어요? 정말 떨어지는 것도 아닌데 말이죠. '나'라는 것이 없다는 것이 그렇게 두렵게 느껴집니다. '나'가 있다고 믿으면서 살아왔기 때문이죠. 그런데 막상 떨어지면 아무렇지도 않아요. 변함이 없습니다. 자아의 기반이 무너질 때 깨어서 그 현상을 경험하면 우리의 본질에는 아무런 일도 일어나지 않는다는 것을 체험하게 됩니다. 그래서 그런 사람들과 함께하면 그 일이 일어나도 두렵지 않습니다. 그러나 그런 것을 배우고 있지 않은데도 자기도 모르게 그런 일이 일어나는 사람들이 가끔 있어요. 이번에 〈지금여기〉 잡지를 보면 '무심으로의 충동'이라는 글이 실려 있습니다. 이 사람은 어느 날 버스를 타고 있다가 자기도 모르게 무아를 경험했어요. 무한이 되어버린 것입니다. 그리고는 나머지 인생을 두려움 속에 살다가 죽습니다. 그 두려움은 자아의 흔적이 만들어낸 것입니다. 그 사람이 죽기 전 몇 년간 "아, 두려움이라는 것이 있어도 무한한 나의 본질은 바뀌지 않는구나. 세상에게 이런 말을 하려고 나에게 이런 경험이 일어나는 것 같다."라고 말했습니다. 동양적인 수련을 한 사람들은 자아가 사라질 때 그렇게 큰 두려움에 맞닥뜨리지는 않아요. 왜냐하면 자기가 사라지는 것을 추구해왔기 때문입니다. 서양인들이 보면 참 이상하죠. 서양적 사고로 살아가는 사람에게는 자기가 없어진다는 것은 엄청난 두려움입니다. 이번 오인회 소식지에서 인터뷰를 한 ○○님도 그래요. "'나'라는 것이 없는 거예요? 그건 싫은데..." 그런데 우리 오인회원 중에는 많은 사람들이 무아無我를 경험하고 싶어 합니다. 이처럼 어떤 조건과 환경 속에서 공부하고 경험했느냐에 따라 그 경험에 대한 태도에 차이가 있습니다. 무아無我을 추구하지 않던 사람에게 자아가 무너지는 일이 일어나면 아주 극도의 두려움을 느끼지만, 그것을 추구하던 사람들 사이에서 그런 일이 일어나면 두려움이 일어나지 않습니다. 백척간두진일보百尺竿頭進一步를 흔히 자아의 마지막 두려움이라고 합니다.

이 모든 것들이 심신心身이 고정적으로 존재한다는 마음의 상에 매달려서 그것이 주인 노릇을 하도록 두기 때문에 생겨납니다. 그래서 어리석다고 말합니다. 여기서 말하는 원각圓覺이란 모든 것들이 일어나는 지금 이 자리의 마음입니다. 마음에서 일어나는 내용이나 마음의 작용이 아니고 마음 그 자체에요. '그것이 도대체 뭐야?'라는 생각이 일어난다면 그것은 지금 마음에서 일어난 것이죠? 이때 그것이 '일어난 놈'이라고 빨리 알아차려야 합니다. '그래도 모르겠는데?' 하는 생각도 일어난 생각이죠. 눈길을 걸어가면서 바닥에 찍히는 발자국을 보는 것은 '생겨난 나'를 바라보는 것입니다. 발자국과 같은 '나'가 도대체 어디 있는지 알려고 걸어가면서 발자국을 봅니다. 그냥 멈춰있으면 발자국이 생기지 않는데, 걸어다니면서 발자국을 계속해서 봅니다. 마찬가지로 '나'라는 것을 찾으려고 하면 계속해서 '나'라는 것이 생겨납니다. 찾으려는 그 의도가 바로 '나'입니다. 그런데 찾으려는 마음을 멈추면 어떻습니까? 갑자기 관찰자도 사라지면서 텅 비어버리죠. 마음에 경계가 없어져요. 그러다가 다시 찾으려고 하면 또 의도가 생겨나죠. 단순합니다. 어렵지 않아요. 그러니까 임제선사가 이것을 알아차리고 나서 "황벽의 불법도 별것 아니군!"이라고 한 것 아닙니까? 알아차리고 나면 이런 말을 하지만 모를 때에는 답답해서 미치겠죠. 깨우치고 난 사람들 말대로 이 마음의 본질이라는 것이 별것이 아니지만, 일단 그것을 알아채게 되면 마음에서 일어나는 그 어떤 것에도 더 이상 휘둘리지 않게 되기 때문에 그런 측면에서는 참 대단한 일입니다.

肇論에 云하사대
조 론   운

조론에 말하기를

조론은 후진後秦 시대의 스님인 승조 법사가 쓴 글입니다. 그는 서른한 살에 유명해졌는데, 왕이 제안한 벼슬자리를 거부하여서 참수를 당했어요. 이 분이 돌아가실 때 쓴 임종게臨終偈가 있습니다.

四大元無主 사 대 원 무 주	이 몸에는 본래 주인이 없고
五蘊本來空 오 온 본 래 공	마음과 생각, 느낌 본래 비었네
將頭臨白刃 장 두 임 백 도	저 칼이 내 목을 자른다 해도
恰似斬春風 흡 사 참 춘 풍	봄바람을 베는 것에 불과하리라

사대四大은 우리 몸을 이루고 있는 지수화풍地水火風을 말합니다. 오온五蘊은 색수상행식色受想行識이죠. 색色은 감각기관이 대상 삼는 색성향미촉법色聲香味觸法, 수受은 그것을 받아들이는 감각기관, 상想은 느낌을 비롯한 마음의 흔적들, 행行은 의지를 발현하는 움직임, 식識은 그로 인해 생겨난 앎입니다. 이 색수상행식도 본래 그 뿌리는 비어있다는 뜻이 오온본래공五蘊本來空입니다. "장차 내 머리가 곧 흰 칼에 잘려질 처지이지만 아마도 그건 칼로 봄바람을 베는 것과 마찬가지일 것이다." 승조법사는 이렇게 말하고 죽었습니다. 사형의 집행을 7일만 미뤄달라고 하고《보장론寶藏論》을 집필했는데, 이는 의식의 본체와 작용에 대해 쓴 글입니다. 여기 인용된 조론은 승조법사가 20대에 쓴 논문집입니다.

乾坤之內와 宇宙之間에
건 곤 지 내   우 주 지 간

中有一寶하야 秘在形山이라하시니
중 유 일 보   비 재 형 산

하늘과 땅 사이, 우주 가운데
한 가지 보배가 있으니, 그 비밀은 형상 속에 있다.

형산形山은 형상을 말합니다. 보물이 형태라는 산 속에 있다고 했어요. 이 세계의 현상화된 모든 모습들을 간단하게 형形이라고 표현할 수 있습니다. 모든 드러난 형태죠. 그 속에 한 가지 보배, 즉 진심이 숨겨져 있습니다. 이는 현상을 떠나서 우리가 진심을 알 수 있는 방법은 없다는 말입니다. 그 형상 중에 번뇌도 포함됩니다. 그러니까 번뇌는 곧 진심인 것입니다. 번뇌가 곧 본질이에요. 본질이 번뇌라는 형태를 띤 것입니다.

율곡과 퇴계가 주장했던 이기론理氣論으로 말해보겠습니다. 기氣는 일종의 질質이라고 할 수 있습니다. 이理는 패턴입니다. 이치에요. 어떤 이치에 따라서 기氣가 움직여서 어떤 현상을 만들어 낸 것이 바로 형태입니다. 이 도자기 스피커를 예로 들어서 설명해 보죠. 도자기는 진흙으로 구워내니까 진흙은 기氣라고 할 수 있습니다. 플라톤의 이데아론으로 비유를 든다면 질료라고 할 수 있겠죠. 도공은 머릿속에 든 청사진대로 진흙을 빚어서 도자기 스피커의 형태를 만듭니다. 형태는 형상과 상태를 말해요. 이때 도공의 마음속에 들어있던 패턴을 이理라고 할 수 있습니다. 잘 보면 기氣와 이理가 형태가 서로 다르지 않은 것입니다. 진흙이라는 질료와 도자기 스피커라는 형태는 근본적으로는 다르지 않습니다. 재질의 측면에서 보면 질은 진흙이고, 형태는 스피커의 모습으로 빚어졌고, 그렇게 형상이 되어 스피커라는 기능을 연출해 냅니다.

형상이란 안이비설신의眼耳鼻舌身意로 잡아내는 모든 현상이라고 보면 됩니다. 바로 이러한 현상 속에 진심이 숨겨져 있습니다. 숨겨져 있다는 말은 항아리 같은 형상 속에 진심이 담겨있다는 의미가 아니고, 형상으로 진심을 발견하라는 의미로 하는 말입니다. 형상 자체가 진심이라는 것입니다.

마음은, 움직이는 모습인 손짓만을 알아챌 수 있다고 계속해서 비유했습니다. 손짓이 아닌 손, 움직이지 않는 손을 마음은 결코 알아낼 수 없어요. 그런데 손짓에도 손이 들어있죠. 마음은 오직 움직이는 것만을 알아챌 수 있는데, 우리는 움직이지 않는 손을 발견하려고 합니다. 그러나 잘 보면 움직이는 손짓 속에 손이 이미 들어 있습니다. 손짓은 손이 움직이는 거니까요. 손짓이라는 현상 속에 이미 움직이지 않는 손이 들어있습니다. 손과 손짓을 자기 마음에 대입해서 살펴보세요. 지금 이 순간 자신의 마음속에 어떤 일이 벌어지고 있나요? 뭘 듣고 뭘 알아채고 있습니까? '나는 누구'라 생각하고 있는 그런 느낌이 듭니까? 이렇게 손과 손짓을 마음속에서 구분해보면 이제 손을 알겠습니까? 지금 '모르겠다'는 마음이 일어났죠? 조금 전 질문을 던지기 전에는 그 마음이 없었을 것입니다. 그런데 지금은 모르겠다는 마음이 일어난 것을 알죠? 모르겠다는 마음이 어떤 건지도 알고. 그 느낌들이 마음에 일어난 일종의 형태입니다. 마음에 일어난 형形이에요. 그 형形 속에 움직이지 않는 보배가 들어있어요. 바로 모르겠다는 마음이 일어나기 이전입니다. 그것을 알아채보세요.

개는 공을 쫓아가고
사자는 공을 던진 사람을 향한다

모르겠다는 내용 속에 빠지면 자신이 작게 느껴지거나 위축된 행동으로 가기 쉽습니다. 그렇지만 여러분은 감지라는 것을 배웠잖아요? '모르겠다는 느낌'도 마음에 일어난 일종의 느낌, 즉 감지입니다. 모르겠다는 그 마음이 느껴지고 잡히잖아요. 자, 모르겠다는 마음이 지금도 있나요? 지금은 없죠. 그러면 이 상태에서 진심이 발견됩니까? 다시 찾으려는 느낌이 들죠. 그리고 모르겠다는 마음으로 들어가서, '진심이 뭔지 아직 모르겠다.'는 마음이 일어납니다. 그것이 일어난 마음, 느껴지는 마음이에요. 그 느껴지는 마음은 어디서 일어납니까? 진심에서 일어나겠죠. 그렇다면 지금 진심으로 있습니까, 모르겠다는 마음으로 있습니까? 그 모르겠다는 마음에 에너지가 쏠리죠? 그 마음이 자신 같습니까? 자신 같지는 않다면, 그래도 왜 그 느낌에 계속 묶여있을까요? '모르겠다'는 느낌을 벗어나서 '안다'는 느낌으로 가고 싶기 때문입니다. 바로 그런 마음이 진심에서 일어난다는 것임을 알아채라는 말입니다. '모르겠다'는 마음이 일종의 '손짓'이에요. 내 마음이 '모르겠다'는 '움직임'을 띤 것입니다. 이때 '모르겠다'는 '내용' 속으로 들어가지 말고, 모르겠다는 마음이 만들어지는 것을 보세요.

모른다는 느낌으로 인해서 우리는 수많은 희로애락을 겪기도 합니다. 누군가 뭘 물어보는데 답을 모르면 위축되고 작아지는 느낌이 들어요. 남 앞에서 창피당한 일로 인해 많은 감정을 겪기도 합니다. 바로 이런 것들이 번뇌가 되죠. 그러나 모른다는 마음의 형태가 어떻게 이루어지는지를 살펴보면 거기에 빠지지 않습니다. 모른다는 느낌은 마음의 형태에요. 마음이 모른다는 형태를 만들어 냈잖아요. 내가 질문하기 전에는 마음이 평안했는데, 질문을 듣고 '난 모르겠어'라는 느낌으로 들어갑니다. 내가 질문하는 이유는 답을 듣고 싶어서가 아니라 질문에 어떻게 반응하는지 보기 위해서예요. 그리고 정말 알아챘는지도 봅니다. "불성佛性이 뭡니까?"라고 물어보면, 알아채지 못한 사람은 모른다는 마음을 일으켜서 그 속에 빠집니다. 알아챈 사람은 모른다는 마음도 일으키지 않을 뿐더러 마음 자체가 어떤 형태를 만들어내는지를 보죠. 돌을 던지면 개는 돌을 쫓아가고, 사자는 돌을 던지는 사람을 쫓아온다고 합니다. 내가 던지는 질문도 마찬가지예요. 질문을 던지면 그 질문을 붙잡는 것이 일반적인 마음입니다. 그러나 여러분은 질문을 던지는 그 마음을 붙잡으라는 말입니다. 도대체 무엇 때문에 질문을 던지는지를 보라는 것입니다.

모른다는 마음이 일어나기 전의 상태가 있어요. 거기서 마음이 일어났잖아요? 그리고 그 마음이 일어나기 위해서 어떤 질료가 필요하겠죠. 마음의 느낌이 어떤 재료로 구성되어 있을 것 아니에요? 모른다는 마음의 느낌은 마음의 본질을 재료로 해서 만들어집니다. 안다는 마음이나 모른다는 마음이나 그 내용이 다를 뿐이지, 마음이 일어나기 전의 상태를 깼다는 측면에서는 다를 바가 없습니다. 그리고 마음에 하나의 느낌인 감지로 잡힌다는 것도 같아요. 그건 여러분이 자신이라고 느끼는 것도 마찬가지죠. 마음에 잡히는 모든 것은 본질이 어떤 형태를 띤 모습입니다. 그리고 그 형태는 손짓과 같습니다. 이것은 모른다는 형태로, 저것은 안다는 형태로 여러분 마음속에 일어납니다. 그렇지만 이런 것도 아니고 저런 것도 아닌 것은 발견이 안돼요. 왜냐하면 움직이지 않기 때문이에요. 그래서 잡히지 않습니다. 그러면서도 이런 마음속에도 있고 저런 마음속에도 있는 것이 바로 마음의 본질입니다. 모든 마음의 형상 속에는 마음의 본질이 있어요.

손-손짓의 비유와 마음이 다른 점은, 우리는 움직이지 않는 마음, 일어나지 않은 마음은 발견할 수 없다는 것입니다. 발견하려는 마음 자체가 일종의 일어난 마음이기 때문에 그렇습니다. 내 마음에 지금 무엇이 일어나고 있는지 느끼고 발견하려고 관찰자를 만드는데, 이 관찰자 자체가 일종의 일어난 마음입니다. 움직이는 손짓 중의 하나에요. 그 관찰자마저도 멈춰야만 본질이잖아요. 그렇지만 관찰자가 멈추면 그때는 앎이 일어나질 않아요. 우리는 관찰자로 있으면서, 즉 움직임으로 있으면서 움직이지 않는 본질을 발견하려고 합니다. 그러려면 잡히지 않는 본질에 초점을 맞추지 말고, 움직임이 움직임이라는 것을 발견하라는 것입니다. 우리가 감지 연습을 하는 이유가 바로 이 때문입니다. 감지 연습이 철저해지면 마음속의 모든 미묘한 나타남은 그것 자체가 이미 '마음에 잡힌 현상'임을 알게 됩니다.

'나는 경험했어!'도 하나의 움직이는 마음이에요. 그렇지 않으면 마음속에서 잡히지 않습니다. 여러분이 마음을 잘 살펴보고 열심히 훈련하면 자신이 달라졌고, 의미 있는 경험을 했다는 마음도 형성이 돼요. 그런 마음을 그대로 내버려두면 점차 뿌리박게 되어 다시 내용에 묶이는 이전 상태로 돌아갑니다. 그러니까 그런 마음까지 마음의 형상이라는 것을 철저하게 봐야 해요.

모른다는 마음은 '안다'와 '모른다'의 관계 속에서 생겨난 마음입니다. 생각이 그물을 형성해 놓은 것입니다. 지금 우리가 파악하려고 하는 것은 안다/모른다의 내용이 아니라 그 마음을 이루는 질입니다. '이 마음이 이렇게 일어났구나!' 하고 발견해야 해요. 그러니 그 내용 속에 들어있지 말라는 것입니다. 앎과 모름으로 들어가는 건 생각의 그물 속으로 들어가는 것입니다. 생각의 형성을 발견하는 것이 바로 지금 이 순간에 일어나는 것을 놓치지 않는 것입니다.

모른다는 생각의 그물이 한 번 형성되면 우리는 그 속에 들어가고, 위축되어 작아지는 느낌을 경험하게 됩니다. 그런데 이 모든 작용을 잘 살펴보면, 마음의 장에서 지금 이 순간 형성된 패턴의 모습이라는 것이 알아채져요. 여러분은 마음에서 일어나고 나타나는 모든 것을 알아챌 수 있습니다. 그 나타나는 마음은 미묘한 것에서 거친 것까지 스펙트럼이 다양해요. 그래서 감지를 철저하게 파악하면 할수록 아주 미묘한 것도 발견하게 되지요. 중요한 것은 감지, 즉 마음의 느낌은 다 잡힌다는 것입니다. 그것이 의식적인 느낌이든, 신체적인 느낌이든,

안이비설신의眼耳鼻舌身意에 의해 잡히는 것이든 다 마음의 본질인 진심에서 형성된 모습입니다. 진심이 따로 어떤 모습으로 있지는 않아요. 그러나 오직 모습으로만 표현됩니다. 괴로워 미칠 것 같은 마음이 있다면, 진심이 그런 형태로 마음을 만들어내고 있을 뿐이에요. 따로 특별한 진심의 모습은 없습니다. 왜냐하면 어떤 모습이 있다면 그것은 이미 마음의 한 패턴이니까요. 마음의 본질인 진심은 패턴을 형성하는 데 필수적이기 때문에 진심이 번뇌 속에 있다고 말할 수 있습니다. 진심은 형상 속에 있다고 했어요. 즉 마음의 어떤 형태, 마음의 어떤 모습 속에 있다는 말입니다. 어떤 감지 속에 숨어있는 것이 아니라 감지 그 자체가 이미 진심의 표현이에요.

우주는 평화로운 사랑

此乃眞心在纏也요
차 내 진 심 재 전 야
이것은 진심이 번뇌 속에 있음을 말한다.

진심이 얽힘, 즉 번뇌 속에 있음을 말한다고 했습니다. 하늘과 땅과 우주라는 형상은 패턴을 따라 본질이 지어낸 잠시 잠깐의 형태이기 때문에, 그것들 역시 이미 본질이며 본질의 나타남입니다. 그리고 하늘과 땅을 이루는 경계가 무너질 때 다시 본질로 돌아가게 되죠. 하늘과 땅은 어떤 형태 지어진 모습이에요. 형태 지어졌다는 건 경계가 있다는 뜻이죠. 그리고 경계 있음은 분리되어 있는 의미입니다. 경계가 없다면 분리가 없습니다. 바다에 파도가 일어나면 물과 물 사이에 어떤 경계가 생깁니다. 그리고 이 파도와 저 파도의 경계선이 무너져 내리면 다시 물로 돌아가죠. 다시 본질로 돌아가는 것입니다. 즉 경계가 지어졌을 때만 분리된 파도의 모습으로 나타나 보인다는 것입니다. 하늘과 땅, 우주의 모든 현상에는 각자가 가지고 있는 경계가 있어요. 시각적인 경계든 촉각적인 경계든. 경계의 모습은 매우 다양한데, 그런 경계가 무너지면 어떨까요? 경계가 있기 전으로 다시 돌아가겠죠. 우리는 나와 나 아닌 사람을 나눠서 분리시키고 적대감을 품어서 서로 다툽니다. 그런 분리가 자기를 강화시키기 때문에 고립감을 느끼기도 하지만, 서로가 얽혀서 하나가 되어가는 사랑의 관계 속에 있으면 경계가 무너집니다. 너와 나의 경계가 무너지잖아요. 이렇게 경계가 무너지는 과정을 일종의 사랑이라고 볼 수 있습니다. 우주는 이런 분리의 과정과 사랑의 과정을 함께 운용하고 있습니다. 사랑이 일어나기 위해서는 우선 나눠져야 합니다. 거기서 다시 경계 없음으로 돌아가는 과정이 사랑이에요. 분리에서 분리 없음으로 돌아간다는 의미죠. 어떻게 보면 우주는 사랑을 경험하기 위해서 환상 속의 분리를 만들어 낸 것인지도 모릅니다. 그래서 근본적으로 '우주는 평화로운 사랑'이라고 말하기도 합니다.

하늘과 땅을 이루는 경계가 무너져내리면 다시 본질로 돌아가기 때문에, 진심은 분리된 번뇌 속에 늘 있다고 말합니다. 진심은 분리 없음이며 번뇌는 분리 속에서 일어나는 수많은 과정들이고, 번뇌에서 분리 없는 진심으로 돌아가는 과정이 바로 사랑입니다. 진심은 번뇌를 떠나서, 즉 분별을 떠나서 있는 것이 아니라 바로 그 속에 있습니다. 손짓 속에 이미 손이 있는 것처럼. 움직이는 손짓 속에 변함없이 손이 있듯이, 모든 번뇌 속에 움직이지 않는 마음이 있습니다. 움직이는 마음과 움직이지 않는 마음이 같이 있어요. 그래서 번뇌를 떠나야만 진심으로 들어가는 것이 아니라는 것입니다. 바로 번뇌 속에 진심이 있어요. "진흙 속에 백옥을 던져도 그 색깔이 바뀌지 않는다."는 말의 의미가 이런 것입니다. 어떤 번뇌의 형태를 띠고 있더라도 진심은 결코 번뇌에 오염되지 않습니다.

又慈恩이 云하사대
우 자 은 　 운

法身이 本有하야
법 신 　 본 유

諸佛이 共同이언마는
제 불 　 공 동

또 자은스님이 말하기를
법신이 본래부터 있어
모든 부처가 똑같지만

자은慈恩은 당나라 때 법상종法相宗의 규기窺基 스님이라는 분입니다. 법신法身은 법의 몸체이니 본질을 의미합니다. 지금 이 순간 여러분이 경험하는 내용은 어디서 일어납니까? 내가 지금 이렇게 소리를 내면, 서울에 있는 여러분은 '함양에서 소리를 내고 있네.' 이런 느낌으로 듣고 있죠. 또는 공간적이고 시간적인 거리의 느낌을 가지고 소리를 듣고 있어요. 좀 더 논리적으로 보면, 여러분 앞에 있는 '컴퓨터에서 들려오는 소리'라는 느낌을 가집니다. 또는 '2미터 앞에서 소리가 나고 있어'라는 공간감각을 가지고 듣고 있습니다. 그런데 여러분은 진정으로 멀리 떨어진 곳에 있는 소리를 경험하는 겁니까? 여러분이 소리를 경험하는 곳은 바로 여러분의 고막입니다. 고막에 닿아야 소리가 경험될 거 아니에요? 지금 모니터 속에 있는 나를 보는 '느낌', 또는 멀리 함양에 있는 나를 보고 있는 '느낌'의 경험은 어디서 일어나고 있어요? 여러분의 시각인 망막에서 일어나는 것 아닙니까? 그러니까 여러분이 느끼는 공간적이고 시간적인 모든 느낌들은 다 여러분의 몸과 마음에서 지금 이 순간에 일어나는 경험이라는 말입니다.

눈을 감고 잘 느껴보세요. 그 방에 앉아서 내 말을 듣는 경험, 여러 가지 촉감과 냄새가 느껴지는 경험은 어디에서 일어나고 있습니까? 지금 이 순간 어디에서 경험되는지를 살펴보세요. 지금 이 순간 여러분의 몸과 마음에서 경험되고 있습니다. 어디 멀리서 경험되는 것이 아니에요. 여러분은 자신의 몸과 마음을 한 치도 떠날 수가 없습니다. 뭔가를 경험하기 위해서 떠날 필요도 없죠. 몸과 마음은 항상 지금 그 자리에 있을 뿐이에요.

한 걸음 더 나아가서 몸의 경험을 자세히 살펴봅시다. 눈을 감고 발을 느껴보세요. 오른쪽 발바닥은 저 아래에 있는 것 같죠? 그런데 그 발바닥을 경험하고 있는 마음에서 보면 어떻습니까? 마음 자체 안에서 지금 경험되는 것 아닙니까? 안이비설신의眼耳鼻舌身意의 경험을 포함한 모든 경험이 일어나는 마음의 공간이 정확히 어디인지는 모르겠지만, 여러분의 내적인 공간을 떠나 어디 먼데서 경험되는 것은 아무 것도 없습니다. 세월호 사건을 떠올리면 어때요? 그 경험은 지금 이 순간 여러분의 마음속에 있습니다. 멀리 떨어진 바다에서 일어나는 일이 아니에요. 그 사건이 바다에서 일어났다는 공간감은 마음이 만들어 낸 느낌일 뿐이죠. 모든 경험은 바로 지금 이 순간 자신의 내적인 공간에서 경험됩니다. 그것을 떠나서는 어떤 것도 경험할 수 없어요. 그러한 경험을 일으키는 모든 자극들은 몸을 통해서 들어오고 있죠.

이제 한 걸음 더 들어갑니다. 여러분이 경험하는 마음의 느낌을 살펴보면, 내적인 마음의 공간에서 그 느낌들이 일어나고 있음을 아는 놈이 하나 있죠. 관찰자 같은 놈. 그런데 그놈도 이상하게 관찰되고 있지 않습니까? 그리고 마음의 공간이라는 것도 관찰되지요. 그것이 관찰된다면 진정한 여러분은 이미 그 공간을 떠나있는 것입니다. 그러니까 여러분은 몸과 마음에 한계 지어진 존재가 아니라는 것입니다. 그 공간마저도 느껴지고 경험되니까요. '나'라고 여겨지는 것은 부분일 뿐이에요. 여러분의 진정한 모습은 이 우주 전체일수도 있습니다.

인다라망因陀羅網의 비유가 있습니다. 인다라라는 그물은 한없이 넓고, 그물의 이음새마다 구슬이 있습니다. 그 구슬들은 서로를 비추고 비추어주는 관계입니다. 이 세상의 모든 사람, 모든 생명체, 모든 존재들이 구슬처럼 서로가 서로를 비춥니다. 이것이 인다라망이에요. '나는 내 느낌의 세계 속에 있다'고 하죠. 그런데 이상하게도 내적인 나라는 느낌 자체도 경험돼요. 누구한테 경험되겠어요? 이것이 아닌 놈한테 경험되겠죠. 그리고 이것이 아닌 건 바로 주변전체겠죠. 우주적인 마음이 아주 작은 '나'라는 마음을 경험하고 있다고 말할 수 있습니다. 여러분이 지금은 이 말을 일종의 상상이나 추론이라고 여길지 모르지만, 자신의 몸과 마음이 본질의 일부분에 불과하다는 점이 투철해지면 그런 일이 벌어집니다. 자신이라고 여겨지는 것이 전부가 아니라는 것이 분명해지면, 자신의 몸과 마음도 어딘가에서 경험되고 있다는 말이와 닿아요. 그래서 본질은 거대하고 무한한 미지未知라고 말하는 것입니다. 그러한 본질이 지금 이 순간 누구에게나 다 있습니다. 어떤 시간과 공간을 차지하는 그 무엇으로 존재하는 것이 아니고, 그러한 형태로 드러나기 이전의 본질로 우리는 존재하고 있습니다. 그리고 그 본질은 어느 한 사람의 것이 아니고 우리 모두가 그 본질의 장에 의해 '개인'으로 경험되고 있을 뿐입니다.

부처도 본질을 직접적으로 알 수 없다

凡夫는 由妄覆하야 有而不覺일세
범부　　유망복　　유이불각
범부는 망령된 마음에 덮혀, 있어도 깨닫지 못하니.

　망령된 마음이라는 것은 뭡니까? 기본적으로 생각과 이름이죠. 생각과 이름이 느낌을 감싸고 있어서 본질이 안보이게 만듭니다. 그리고 분별되고 가변적인 느낌인 감지는 분별없는 마음을 또 감싸고 있죠.

　우선 감지부터 살펴봅시다. 감지는 일종의 완벽한 느낌입니다. 여러분 앞에 있는 컴퓨터가 보이죠? 모니터가 보이고 모니터를 받치고 있는 탁자가 있고, 그 앞에는 의자가 있습니다. 탁자와 모니터와 의자를 계속해서 바라보면, 세 가지 사물이 아닌 한 덩어리의 느낌으로 느껴질 것입니다. 감지로 한번 보세요. 모니터와 탁자와 의자를 합쳐서 경계를 짓고 한 덩어리로 바라봅니다. 생각 없이 감지로만 바라보면 그것은 한 덩어리의 느낌이죠. 여러분이 경계 지은 전체가 보내주는 느낌이 감지입니다. 그런데 이제 모니터만 따로 경계를 지으면 어떻습니까? 모니터가 따로 떨어진 것처럼 느껴지죠. 마음에 모니터의 감지가 발견됩니다. 그런데 모니터도 잘 살펴보면 LCD판과 검은 테두리와 받침대로 나눠지겠죠? 이렇게 경계를 지으면서 자꾸 세밀하게 분리시킬 수 있습니다. 따라서 모니터를 하나라고 할 수도 없고, 모니터와 탁자와 의자를 여러 개라고 할 수도 없습니다. 우리가 경계 짓기 나름이니까요.

이렇게 느낌인 감지의 세계에서는 경계 지어지면 그것이 완벽하게 하나로 존재합니다. 그래서 모니터와 탁자와 의자를 하나의 선으로 경계 지으면 그것들이 분리된 것처럼 느껴지지 않아요. 그러나 생각의 세계로 나오면 모니터와 탁자와 의자는 분리된 각자의 것으로 여겨집니다. 모니터와 탁자와 의자가 완벽한 하모니를 이루어서 한 덩어리의 대상으로 다가올 때, 우리는 그것에 감지라는 이름을 붙였습니다. 그러나 보통은 각각의 기능과 다른 것들과의 관계에 대한 생각이 끼어들어서 각각을 분리시키고 여러 개인 양 느끼게 만들죠. 그러나 생각 없이 바라보면 그것은 완벽한 하나의 느낌입니다.

지금 모니터와 탁자와 의자를 완벽한 하나로 느껴보세요. 모니터와 탁자와 의자에 하나의 경계를 그려서 한 덩어리의 감지로 느끼면, 이제 그것은 한 물건이 됩니다. 한 물건이라는 느낌마저 내려놓고 바라보면 이제 감지마저도 떠나게 됩니다. 한 물건이라는 느낌을 빼면, 둘로 나눌 수 없는 어떤 통일된 자각이 있습니다. 그것을 원각圓覺의 그림자라고 해봅시다. 원각이라고는 할 수 없어요. 왜냐하면 그걸 알아채는 마음이 일어났으니까요. 여러분이 파악할 수 있는 모든 것은 일종의 원각의 그림자라고 보면 됩니다. 어쨌든 그런 그림자 이전의 것을 원각이라고 해보죠. 원각은 원각의 그림자라는 느낌에 덮여 있는데, 그 느낌이 사라지는 순간 원각이 드러날 좋은 기회를 우리는 맞이합니다.

다시 그 절차를 살펴보면, 이름과 생각을 빼고서 분별을 뚫고 감지로 들어갔죠? 그리고 감지가 분리시켜놓은 느낌을 또 뚫고 들어가면, 이제 마음은 비어버리고 오직 자극에 즉각 반응할 태세를 갖춘 깨어있는 마음만 남게 됩니다. 여러분은 이 마음상태마저 마음에 일어난 하나의 모습, 즉 현상임을 통찰로 알아차려야 합니다. 통찰로 알아차리는 이유는, 직접적으로 알아차릴 수는 없기 때문이에요. 통찰이라는 것도 일종의 직지심이긴 하지만, 그 직지심은 우리가 이야기하는 터치의 의미가 아닙니다. 안이비설신의眼耳鼻舌身意라는 여섯 가지 감각은 터치함으로써 뭔가를 붙잡을 수 있어요. 소리는 청각으로 붙잡고, 맛은 미각으로 붙잡아요. 의식도 마음의 느낌을 잡아냅니다. 그러나 터치를 통해서 잡아낼 수 없는 것은 통찰로 알아차려야 합니다. 즉, 모든 것을 알아차리는 깨어있는 분별의 마음마저도 '일어난 마음'이라는 것을 통찰하라는 말입니다. 그것이 하나의 모습, 즉 현상임을 알게 되면 그렇게 알아차리는 마음마저 미묘한 분리와 분별임을 보게 되고, 그 모두를 떠난 원각이 늘 제자리에 있었음을 알게 됩니다.

이름과 생각은 가장 거친 망령된 마음입니다. 두 번째로 거친 감지라는 망령된 마음에 덮여 있는 것이 바로 망복妄覆입니다. 망심이 덮고 있어서 원각은 있지만 깨닫지 못한다고 했습니다. 지금 여러분의 마음 속에 뭔가 작은 것이라도 있다면 그것은 다 감지입니다. 마음에서 일어나는 '마음짓'이에요. 그 마음짓이 없는 상태가 마음의 본질이죠. 그런데 마음짓이 없으면 우리는 알아채지를 못합니다. '살펴보겠다는 마음'도 '마음짓' 중의 하나예요. 그리고 최종적으로 남는 것이 이런 살펴보려는 마음인데, 이 마음짓에 모든 다른 마음짓이 잡힙니다. 그리고 이놈이 '아! 마음짓이라는 것이 이런 거구나. 마음에 잡히는 건 다 마음짓이지.' 하다가 어느 순간 자기가 이러고 있다는 것을 알아서 자기의 마음짓을 멈춥니다. 내 말을 말로만 듣지 말고, 여러분 마음속에 있는 여러 가지 감지들에 지금 이 순간 다 적용해보세요.

마음짓이 아닌 것이 뭐가 있을까요? 모든 것이 마음짓인데, 우리는 어떤 특정한 마음짓에 나도 모르게 자꾸 머무릅니다. 커다란 에너지가 들어오면 그 마음짓에 끌려가는 것입니다. 분노라는 마음짓이 생겨나면, 그 특정한 마음짓대로 폭발하려고 해요. 왜냐하면 그 분노라는 마음짓을 자기라고 여기기 때문입니다. 마음짓이라는 것은 손뼉 소리와 다름없어요. 그리고 마음짓은 변함없이 유지되지 않습니다. 없던 분노가 갑자기 일어나죠? 마음짓이에요. 그러니까 그건 조금 있으면 사라지게 되어있습니다. 기쁨도 마찬가지에요. 희로애락이 다 마찬가지고, 욕망도 마찬가지입니다. 조금 있으면 금방 사라질 거니까 기쁜 일이 생기면 빨리 즐겨야 합니다. 아주 기뻐하도록 하세요. 금방 지나가니까요. 그리고 지나가면 즉시 보내주세요. 붙잡지 말고. 그것이 머물지 않는 마음입니다.

그렇게 되기 위해서는 모든 '마음짓'이 결코 '마음 자체가 아님'을 알아채야 하는데, 그러지 못하고 마음짓을 마음이라고 여기는 것이 바로 망령된 마음에 덮여있는 마음입니다. 누구나 다 손을 가지고 있어요. 그런데 손짓을 자기라고 여기는 사람은 범부이고, 손짓이 손짓임을 아는 사람이 바로 부처입니다. 부처도 손은 직접적으로 알 수 없어요. 손을 직접적으로 안다고 말하는 부처는 가짜 부처입니다. 손을 어떻게 알 수 있나요? 안다는 것 자체가 일종의 손짓인데, '안다'고 말하는 것은 비유죠. 본질을 알아챘다, 본질을 발견했다는 것은 비유일 뿐입니다. 진정한 발견은 손짓을 손짓으로 아는 것, 마음짓을 마음짓으로 아는 것입니다.

> 煩惱纏裹하야 得如來藏名이라 하시고
> 번뇌전리   득여래장명
>
> 번뇌에 싸여있어 여래장이라는 이름을 얻었다

여래의 씨앗이 저장되어있는 곳이 여래장如來藏입니다. 모든 마음의
현상이 다 여래장이죠. 모든 번뇌가 다 여래장입니다. 여래의 씨앗이
들어있어요. 대승기신론 강의에서 여래장, 아라야식에 대해 말했습니
다. 안이비설신의眼耳鼻舌身意가 마음에 흔적을 남겨서 이룬 것이 육식
六識입니다. 그리고 인류의 조상과 전 생명계로부터 물려받은 미묘한
흐름, 패턴, 경향성이 다 저장되어 있는 것이 아라야식이죠. 바로 여래
장입니다. 그 속에 부처의 씨앗, 모든 것을 알아챌 수 있는 씨앗이 들
어있습니다. 그러니까 번뇌와 현상을 떠나서 진심은 따로 있지 않으
며, 그것들은 모두 진심의 표현인 것입니다.

마음의 내용을 보지 말고 작용을 보라

> 裴公이 云하사대 終日圓覺호대
> 배공   운   종일원각
>
> 而未嘗圓覺者는 凡夫也라하시니
> 이 미 상 원 각 자   범 부 야
>
> 배공이 말하기를 종일 원각 상태에 있으면서
> 원각하지 못하는 자를 범부라고 한다.

배공은 중국의 재상으로 있던 사람인데 선禪을 수련해서 선가에서도
알려진 사람입니다. 그가 말하기를 하루 종일 본질적인 각성 속에 있

지만 알지 못하는 사람이 범부라고 했어요. 우리 모두 이미 원각 속에 있습니다. 원각이 따로 있는 것이 아니에요. 원각은 우리가 얻고, 터득하고, 취해야 될 것이 아니라는 것입니다. 이미 원각 속에 있음을 알아채면 어떻게 될까요? 꿈속에 있음을 알아채면 꿈에서 깨어나는 것과 같은 일이 벌어집니다.

　지금 여러분에게 '나는 아직 깨닫지 못했어'. '나는 본질을 발견하지 못했어' 이런 마음이 있나요? 깨침을 떠올리면 '나는 아직 모르겠어'. '본질이 뭔지 정확히 파악이 안됐어'라는 마음이 일어납니다. 그 마음이 일어난 마음이라는 것을 알겠습니까? 그 느낌이 어디서 어떻게 느껴지는지 살펴보세요. 그 마음도 지금 내가 질문을 던지니까 여러분 마음에 떠오른 어떤 느낌 덩어리입니다. '나는 아직 모르겠어.'라는 생각의 이름표가 붙은 느낌의 덩어리에요. 그것이 어디에서 어떻게 느껴지는지 한번 파악해봅니다. 몸이든 마음이든 상관없어요. 어디에서 파악이 됩니까? 그것도 하나의 느낌이라는 것을 알겠습니까? 그것이 정말로 느낌이라는 것을 알았으니 이제 '나는 모르겠어.'에 더 이상 머물지 않겠죠? 이제 알았나요? 모르겠다를 떠났으니까 이제 알았을 거 아닙니까? 그래도 명확하게 알지는 못한 느낌인가요? 그 마음 역시 지금 형성된 하나의 느낌이라는 것을 빨리 파악하세요. **마음의 내용 속으로 들어가지 말고 지금 이 순간 마음의 작용을 보세요.** 작용된 마음이 아니라, 작용 이전의 마음이 바로 마음의 본질입니다. 또는 작용하고 있는 중이라도, 본질이 작용하고 있는 모습이지 작용하고 있는 모습이 본질은 아니에요. '나는 모르겠다.'라는 마음도 '나는 알겠어.'라는 마음도 작용으로 일으켜진 한 현상임을 빨리 파악하도록 하세요. '마음이 이렇게 움직이고 있구나.'하고 알면 됩니다. 모습 속으로 들어가지

말라는 말이에요. 그러면 모르면 위축되고, 경험했거나 안다고 여겨
지면 우쭐해집니다. 그렇게 또 다시 내용 속에 빠지게 되는 것입니다.

故知眞心이 雖在塵勞나 不爲塵勞所染호미
고 지 진 심   수 재 진 로   불 위 진 로 소 염
그러므로 진심을 알면 비록 번뇌 속에 있으나 번뇌에 물들지 않으니

　진심을 알면 번뇌 속에 있어도 번뇌에 물들지 않는다고 했어요. 그
러니까 마음속에 수많은 생각과 느낌과 감정들이 있다하더라도 그것
들을 사라지게 할 필요가 없습니다. 그건 그냥 일어나도록 내버려두세
요. 그냥 일어난 마음이니까요. 물론 진심을 파악하게 되면 그것들이
격하게 움직이지는 않습니다. 그렇다고 해서 완전히 가라앉지도 않아
요. 완전히 가라앉으면 그 사람은 목석이죠. 아니, 목석조차도 희로애
락이 있습니다. 누군가 식물의 잎에다 탐침을 꽂아 미세전류의 흐름을
측정하는 실험을 했어요. 그리고 칼을 들고 가지를 자르려고 가까이
가니까 막 떨더라는 것입니다. 그래서 칼을 버리면서 자르지 않겠다고
말하니 다시 가라앉아요. 식물도 이렇게 반응을 한다고 합니다. 또《물
은 답을 알고 있다》라는 책을 보면, 물을 한 컵 떠놓고 그 앞에서 한 달
내내 욕을 하면 물의 결정이 아름다운 육각을 띠지 않고 거친 모습을
띤다고 하죠. 얼음을 순식간에 얼려서 사진을 찍는 기법으로, 한 달 동
안 욕설을 들은 물과 '사랑해', '고마워'라는 말을 들은 물을 비교해봤더
니 물의 결정체가 완전히 달랐다는 것이 그 책의 내용입니다. 물론 몇
천 장 찍어서 어쩌다 한 장씩 나온 그런 사진이라고는 해요. 매번 찍을
때마다 그런 건 아니고. 어쨌든 미묘하지만 식물에게도 물에게도 희로
애락이 있다는 것입니다. 그러니 사람에게 희로애락이 없다면 그는 목

석보다도 못한 사람입니다. 번뇌 속에 있지만 그 번뇌에 물들지 않는 다는 말은, 마음이 수많은 감지™들을 불러내어 흔들리더라도 본질에 는 전혀 변함이 없다는 의미입니다.

如白玉投泥에 其色不改也니라
여 백 옥 투 니   기 색 불 개 야
백옥을 진흙 속에 던져도 그 색이 바뀌지 않는 것과 같다.

본질을 파악하지는 못했더라도 겪어내기를 하면, 즉 느낌은 느낌대 로 두고 그냥 그대로 겪으면서 가면 그것이 느낌이라는 것을 알게 됩 니다. 아무리 강렬한 느낌이라도 그것이 내가 아니라 느낌이라는 것을 알면 이미 그 사람은 느낌에서 벗어나서 진심으로 옮겨 탄 것입니다. 진심이 이미 거기에 있으니까요. 그러나 두려움이 번져올 때 그 두려 움에 따라 행동해버리면 그 느낌에 끌려가 물들어 버린 겁니다. 모든 느낌들은 어떤 행동을 하라는 신호에요. 그것을 신호로 파악하지 못하 면 강한 느낌들에 끌려갑니다. 분노의 느낌이 올라오면 자신도 모르게 터트리고, 두려움이 올라오면 도망가고, 슬픔이 올라오면 비통함에 빠 져버립니다. 아무리 강한 느낌이라도 내가 거기에 에너지를 쏟았기 때 문에 그처럼 강하게 느껴지는 것입니다. 그러니까 내가 그것에 힘을 싣지 않으면 그만입니다. 옳다고 여기는 것을 지켜야 한다고, 뭔가를 이뤄야 한다고, 변해서는 안 된다고 마음에 강한 힘을 실으면 당연히 큰소리가 나지만, 힘을 빼면 소리는 안 납니다. 그러니까 강한 느낌이 올라올 때, '나도 모르게 에너지가 많이 쏠려있구나.'하고 파악하면 됩 니다. 어떤 강한 느낌이 있다 하더라도, 자신도 모르게 관성적으로 강 한 에너지를 쏟아서 큰소리가 난다 하더라도, 소리는 소리일 뿐 공간에 전혀 영향을 미치지 않습니다. 아무리 큰 소리라 하더라도 침묵에 전혀 영향을 미치지 않듯이, 내 마음에 어떤 번뇌가 일어난다 하더라도 진심은 전혀 영향을 받지 않습니다. 이것이 바로 여기서 말하고자 하는 요지입니다. 마음에 일어난 회오리를 자기라고 여긴다면, 미혹 속에 빠지는 것입니다. 진심이 미혹 속에 빠져요. 진심재미眞心在迷지요. 간혹 진심이 재미를 느끼기 위해서 미혹 속에 빠지기도 해요. 그리고 자기가 빠졌다는 것을 모릅니다. 맨 처음에는 재미를 느끼려고 미로迷路에 들어갔는데 거기서 못 빠져나오듯이 우리의 진심이 그런 짓을 하고 있습니다.

제7장

진심식망

眞心息妄

或이 曰 眞心이 在妄하면 則是凡夫니
혹   왈 진심   재망   즉시범부

如何 得出妄成聖耶잇사
여하 득출망성성야

묻기를, 진심이 망심 속에 있으면 즉 범부이니
어떻게 망심에서 나와 성인이 되겠습니까?

질문자가 묻습니다. "어떻게 망심에서 나와 진심으로 가겠는가?" 그런데 이렇게 묻는 그 마음이 바로 망심에 싸여있음을 볼 수 있습니까? 그는 차라리 이렇게 물어야 할 것입니다. 여러분도 이렇게 자문해보십시오.

"지금 나는 어떤 질문을 하려 한다. 그런데 이 질문이 나온 곳은 어디지?"

그러면 여러분의 마음은 잠시 질문하는 마음을 '멈추고' 자신의 내면을 살펴볼 것입니다. 이때 질문하는 마음이 잠시 멈추는 순간, 그리고 살펴보려는 마음이 나타나기 전, 바로 그 빈틈의 마음은 무엇이었을까요?

이 질문에서 무언가 번득이는 것이 온다면 여러분의 마음은 망심에서 벗어나 진심을 알아차렸을 것입니다.

진심과 망심은 다르거나 멀리 다른 곳에 있거나, 찾을 수 없거나 하는 것이 아니라 지금 이 순간 망심과 함께 합니다. 다만 함께 한다는 것이 지금 이 순간 그 진심을 망심이 볼 수 있다는 것은 아닙니다. 그런 의미에서 진심은 존재하지 않습니다.

볼 수 없기에 존재하지 않지만, 망심이 일어나고 있다는 것이 진심을 부정할 수 없게 하기에 또 진심은 존재하지 않는다고 말할 수 없습니다. 볼 수 없다는 것은 우리가 '본다'는 말을 기존의 의미로 해석해서는 볼 수 없기 때문이요, 진심을 부정할 수 없다는 말은 지금 자문해보고 그 틈새를 부정할 수 없기 때문입니다.

曰 古云하사대
왈 고 운

妄心無處가 卽菩提라
망 심 무 처   즉 보 리

옛사람이 말하기를
망심없는 곳이 곧 보리요

망심이 없는 곳이 보리라 했는데, 우리는 과연 망심이 없는 곳을 '알' 수 있는가?

안다는 현상 자체가 이미 망심이기 때문에 결코 망심 없는 곳을 우리는 가볼 수 없습니다. 우리가 존재하는 곳은 항상 망심이 있는 곳입니다. 거기가 존재와 비존재를 가르고 느끼고, 경험하는 망심의 세계이기 때문입니다. 간단히 말하면 우리가 살아가는 세계는 바로 망심의 세계라고 할 수 있습니다. 그러기에 망심을 벗어나 세계를 알아차리는 것이 어려운 것입니다. 모든 의식적 감지는 마음짓입니다. 손짓이 손이 아닌 것처럼 마음짓 또한 마음 자체가 아닙니다. 그러나 손짓이 손이 아니라 할 수 없는 것처럼 마음짓 또한 마음 자체가 아니라고 말할 수 없음을 보십시오. 망심이 없는 곳이 보리라 했는데, 망심은 바로 모든 마음짓이라고 보면 됩니다.

生死涅槃이 本平等이라 하시며
생 사 열 반   본 평 등

생사와 열반이 본래 평등하다 하며

생사가 없는 곳이 열반인데, 생사란 사실 있는 것이 아니기에 이미 열반이라는 말이고, 그래서 생사와 열반이 다르지 않은 것입니다. 생사는 환영이요, 그 환영이 멈춘 것이 열반이기 때문입니다. 그런데 생사는 말 그대로 환영이기에 있는 것도 아니어서 생사라 하더라도 이미 열반인 것입니다.

우리가 생사가 과연 있는 것인지 살펴보는 마음의 실험을 아무리 해본다 한들 결국 우리가 하는 실험이란, 즉 알아차리려고 살펴보는 실험이란 결국 마음의 대상을 가지고 하는 실험입니다. 모든 마음의 대상을 통해 하는 실험은 이미 알려진 것을 가지고 하는 실험이어서 과거이며, 또는 알 수 없는 것을 추측해서 가정하여 실험하는 것이어서 미래입니다.

그리고 과거와 미래는 진심과 상관이 없습니다. 그래서 마음으로 하는 모든 것은 과거와 미래를 왔다 갔다 하면서 하는 실험이고, 진정한 알아챔은 지금 이 순간에 일어나는 것이기에 그토록 알기가 어렵다고 하는 것입니다. 그러나 마음을 지금 이 순간 속으로 가져온다면 거기엔 과거도 현재도 미래도 없는 열반인 것입니다.

세계를 구성하는 에너지 흐름

經에 云하사대 彼之衆生이
경   운   피 지 중 생

幻身이 滅故로 幻心도 亦滅하고
환 신   멸 고   환 심   역 멸

원각경에 말하길, 저 중생이
환상의 몸이 멸한 고로 환상의 마음이 멸하고

내 몸이 있다고 여기는 마음이 환신이니, 이 '몸'이란 바로 몸의 이미지입니다. 그런데 그 몸의 시각적 촉각적 이미지는 어디서 일어나는가? 그것은 바로 마음이라고 부르는 것에서 일어나고 있지 않은가? 그러므로 사실은 몸이 마음 안에서 일어나고 있는 것입니다. 그리고 몸이 살아가고 있다고 여겨지는 세계도 마음 안에서 일어나고 있습니다. 우리는 의식이 몸에서 일어난다고 여기지만 그 몸이 있다는 것을 아는 것은 의식현상 속에서임을 잊고 있습니다.

지금 눈을 감고 자신의 몸을 느껴보십시오. 그 '몸'의 느낌은 시각적 느낌이 가장 강하고, 그다음 촉각적 느낌 등으로 이루어져 있으니, 이 모든 '몸'이라는 것은 '느낌'들의 총화일 뿐입니다. 촉감에 주의제로, 시각적 느낌에 주의제로 하면 어디에 여러분의 몸이 있습니까?

그러한 몸이 일종의 마음의 대상, 즉 현상임을 알게 되면 이제 그렇게 시뮬레이션을 일으키는 마음, 즉 대상을 통해서만 존재하는, 이 일종의 나타났다 사라지는 마음 역시 가변적인 현상임을 알아서 소멸하게 된다는 것입니다.

여기서 우리는 몸과 세계가 뿌리박고 있는 마음이라는 것이 사라지면 과연 세계는 사라지는가? 라고 물어봐야 합니다. 그것이 모든 사람들의 의문입니다. 물론 개인이 사라진다고 그가 경험하는 세계 또는 그 근거가 다 사라진다고 말할 수는 없습니다. 그러하기에 세상은 있는 것도 아니고 없는 것도 아니라고 하는 것입니다. 그러나 의식현상 자체, 모든 생명계에 널리 흐르고 있는 의식현상과, 물질계에서 흐르고 있는 주객을 통한 에너지 흐름 현상이 사라진다면, 무슨 세계가 있는가? 사실 그 에너지 흐름이 바로 세계를 구성하고 있는 것입니다. 그러니 여기서 말하는 의식현상이란 개인의 의식이라기보다는 의식현상 자체를 말한다 할 수 있습니다.

幻心이 滅故로 幻塵도 亦滅하고
환심　멸고　환진　역멸

幻塵이 滅故로 幻滅도 亦滅하고
환진　멸고　환멸　역멸

환심이 멸한 고로 환상의 번뇌도 멸하고
환상의 번뇌가 사라지니 '환상이 멸한다'는 것도 사라지고

　가변적인 주체인 마음이 환상임이 분명해지면 그것이 겪는 괴로움
과 아픔인 번뇌도 모두 신기루에 불과하게 되니, 번뇌가 신기루이면
'환상이 멸한다'라는 것도 소멸되고,

幻滅이 滅故로 非幻은 不滅하나니
환멸　멸고　비환　불멸

譬如磨鏡에 垢盡明現이라 하시며
비여마경　구진명현

환멸이 멸한 고로 환상이 아닌 것은 불멸하니
그것은 거울을 닦을 때 먼지를 닦으면 밝음이 드러나는 것과 같다 하시며

　환상이 멸한다는 생각마저 사라지고 나면 이제 남는 것은 환상이 아
닌 것이니, 그것은 불멸입니다.

永嘉가 亦云하사대
영가　역운

心是根法是塵이여 兩種이
심시근법시진　양종

猶如鏡上痕이라 痕垢盡時에 光始現이요.
유여경상흔　흔구진시　광시현

此乃出妄而成眞也니라
차내출망이성진야

영가스님이 또한 말하되

마음은 근이요 법은 먼지라 두 씨앗이 거울에 묻은 흔적과 같다.

흔적이 다 사라진 때 광명이 비로소 나타난다.

이것이 바로 망심에서 나와 진심을 이루는 것이다.

여기서의 마음은 주체와 주체감을 말하고, 법은 그것에 의해 느껴지는 대상감지를 말합니다. 주체와 대상인 감지는 모두 거울에 낀 먼지와 같다고 했습니다. 즉, 이 모두가 마음의 현상인 감지들인 것입니다.

이때 주체와 대상을 모두 잊으면, 비로소 참되다라는 말이니, 여기서 조심해야 할 것은, 주체와 대상을 잊는다는 것은 개인적인 마음에서 일어나는 것만을 이야기하는 것이 아니라 마음 전체, 또는 주객관계를 통해 '의식'이라는 현상을 일으키는 전 생명계의 의식의 장, 움직임 모두를 말하는 것이기도 합니다.

자, 자세히 한번 살펴봅시다.

의식이 없으면 세계는 없다고 말합니다. 그것이 일체유심조입니다. 그렇다면 과연 그러한가? 우리는 여기서 의식을 개인적인 의식과 의식 자체라는 현상으로 나누어보아야 합니다.

개인의 의식이란 인간의 개인적 경험의 흔적이 주객관계로 나뉘어 개별적 경험 사이를 분별의 힘이 흐르는 것을 말합니다. 의식 자체란, 전생명계에서 무의식적 주객으로 나뉘어 주에서 객으로 분별의 힘이 흐르는 것을 말합니다. 그것은 동물은 물론 식물에도 있고 무생물에도 있습니다. 분리를 통한 에너지 흐름이지요. 동물 역시 무의식적으로 자신과 다른 존재를 구분합니다. 식물 역시 다른 것을 구분하기에 빛을 향해 나아갈 때 다른 것을 피해 굴광성을 발휘합니다. 무생물은 어떨까요? 돌과 바위, 금속은 어떤가요? 그들 역시 자신과 타물질을 구분하기에 서로 섞이지 않고 같은 패턴으로 응집되어 한동안 존재합니다. 양자물리에 의하면 물질의 근본은 에너지 진동입니다. 이 진동이 다른 것들과 섞여들면 바위와 돌은 하나가 되고, 금속도 서로 섞이어 하나가 되기도 하고 나누어지기도 할 것입니다. 그러나 이들은 한번 가진 패턴을 유지하며 스스로를 지킵니다. 이것이 존재계의 무의식입니다. 여기에는 미묘한 분별의식이 있으니, 그것을 통해 스스로를 유지하고, 주변과 분리되는 것입니다. 그 에너지 흐름이 없다면, 즉 미묘한 의식의 흐름이 없다면 우주는 존재하지 않습니다. 그 흐름이 우주의 변화이며, 나타나는 현상이고, 그것을 알아채는 의식적 시뮬레이션입니다.

이것이 바로 망심에서 나와 진심을 이루는 것이라는 말입니다.

或 曰 莊生이 云하사대
혹 왈 장생 운

心者는 其熱이 燋火요
심 자 기 열 초 화

묻기를, 장생이 말하기를
마음이란 그 뜨겁기는 타는 불과 같고

초조함이나 강한 욕망 등은 마음에 불을 일으켜, 근심으로 타들어가게 하거나 앞뒤 돌아보지 않고 무조건 목적을 향해 달려가게 합니다. 목적을 위해 불구덩이에 뛰어들듯 달려가면서 자신을 망가뜨리기도 하죠. 현재의 나, 부족한 내가 목표가 충족된 미래의 나를 향해서 달려가는 마음입니다. 다시 말해 아직 이루어지지 않은 나와 이루어지지 않은 목표로 나누어진 상태에서 끊임없이 내달리는 마음이에요. 마음은 쉬지를 않습니다. 지금 이 순간에 있지 못할 때 마음은 불타오릅니다. 모든 일은 나와 대상이라는 가장 기본적인 스토리로부터 생겨납니다. 내가 있기에 나를 보호하고, 성장시키고, 훌륭하게 만들고 싶은 욕구가 생겨나는 것이지요. 그중에서도 자기를 지키려는 욕구는 속을 까맣게 태우고, 자기를 성장시키고 부족함을 채우려 하는 욕망은 주변을 다 태워버리며 조화를 깨뜨립니다. 마음이 분열 속에 있으면 그 간극에서 생겨난 열기는 자신과 주변을 다 태워버려요.

其寒이 凝氷이요
기 한   응 빙

그 차갑기는 얼어붙은 얼음과 같으며

또한 나와 대상이라는 기본 골격에서 출발한 스토리는 내게 이익이 되지 않는 상황, 도움이 안 되거나 위협이 되는 사람에 대해 냉정하여 얼음보다 차갑습니다. 이런 초조함과 냉정함은 나와 나 아닌 것을 나누어놓고 나에 초점을 맞추었기 때문에 생겨납니다.

초월적 지혜, 반야

其疾이 俛仰之間에
기 질   면 앙 지 간

再撫四海之外하야
재 무 사 해 지 외

그 빠르기는 잠깐 동안(올려보거나 내려 보는 순간)에
사해 밖을 두 번 어루만진다.

마음이 움직이는 속도는 너무도 빨라서 자신이 무얼 하는지 의식하기 힘듭니다. 모든 마음의 현상에는 속도가 있습니다. 자신이라는 것 자체도 마음속에서 빠르게 일어나는 현상이에요. 그러나 '나'라는 현상의 속도는 의식적이기 때문에, 무의식적인 마음 현상의 속도에 비해서는 느립니다. 그래서 '나'라는 속도가 의식하지 못하는 일들이 아주 많아요. 나도 모르게 기분이 나빠지거나 좋아지기도 하고 수많은 일들이 일어나죠. 이처럼 '나'라는 의식의 속도보다 훨씬 빠른 속도의 무의식적 현상이 저변에서 끊임없이 일어나기 때문에 마음을 의식적으로 알아챌 수 없을 때가 많습니다. 의식의 속도를 뛰어넘는 더 빠른 속도이기 때문에 볼 수 없습니다.

'의식적인 나'는 자기 자신을 볼 수 없습니다. 그것은 마치 우리 몸이 자신이 사라지는 것을 볼 수 없는 것과 같아요. 눈도 몸의 일부이기 때문에 몸이 모두 사라지는 것을 눈은 볼 수 없습니다. 눈이 눈 자신이 사라지는 것을 어떻게 보겠습니까? 의식도 마찬가지입니다. 자신은 자기를 볼 수 없어요. 사라지는 자기 자신을 보거나 느낄 수 없습니다. 의식적인 나, 즉 주체는 결코 자신이 사라지고 나타나는 것을 알아챌 수 없습니다. 여러분은 자아自我의 사라짐, 즉 무아無我를 목격하고 싶어 합니다. 하지만 아무리 노력해도 그것은 가능하지 않습니다. 의식의 몸이 있어 자신이 사라지는 과정을 목격한다고 해봅시다. 머리끝에서부터 아래로 의식이 흐려져서 마지막에 발끝만 남았다면 그것은 미약하게나마 의식이 남아있는 상태입니다. 그때까지 자기 자신이 남아있죠. 그러다 발끝마저 사라졌다면, 그 순간 누가 누구를 의식하겠어요? 의식이 자신을 어떻게 알아채겠어요. 무아無我를 의식하거나 안다는 말은 비논리적입니다. 그것은 의식주체의 능력을 벗어나는 일이에요. 자아自我가 무아無我를 경험하는 일은 불가능합니다. 그렇다고 포기하라는 말은 아니에요.

가위는 모든 것을 자르지만 자신을 자를 수 없고, 눈은 모든 것을 보지만 자기 자신을 볼 수 없고, 몸은 모든 것을 느끼지만 자기 자신이 사라지는 건 느낄 수 없습니다. 소크라테스가 감옥에서 죽어가면서 임종을 지켜보고 있는 제자들에게 자기의 몸이 사라지는 과정을 말해줬습니다. "발끝이 저리고 마비되고 있어. 그러나 내 의식은 전혀 영향 받지 않고 있네." 그렇게 몸의 죽음을 관찰하고 있었지만, 마음이 사라지는 과정에 대해서는 말해줄 수 없었습니다. 왜냐하면 바라보고 있는 그것이 사라져가고 있었으니까요.

마음은 매우 빠릅니다. 의식적인 마음보다 무의식적인 마음이 더 빨라요. 의식적으로 마음을 지켜볼 수 있지만 무의식적인 마음보다는 빠르지 못합니다. 그리고 빠른 것보다 더 빠른 초월적인 빠름이 바로 자기가 자기를 보는 것입니다. 이것이 반야般若·Prajñā(궁극의 지혜)입니다. 그렇게 빠르기 때문에 어느 순간 '나라는 것이 고정된 것이 아니라고 말하는 것 자체가 하나의 현상이고, 마음에 나타난 모습이네.' 하며 툭─ 하고 통찰이 일어날 수 있는 것입니다. 이렇게 자기 자신이 그렇다는 것을 봐야하니까 얼마나 빨라야겠어요? 끊임없이 자신을 살펴보는 연습을 하면 원래 마음의 속도가 되살아나서 툭 하고 통찰이 일어납니다.

마음은 분리되어 있으면서도 하나이다

其居也가 淵而靜하고
기 거 야　　　연 이 정

가만히 있을 때는 심연처럼 고요하고

마음은 움직이지 않으면 심연처럼 고요합니다. 사마타를 수행할 때 한 점에 마음을 집중하여 고정시키고 나중에는 그 하나의 점마저 사라지게 하여 마음을 고요하게 합니다. 한 가지 사물이나 호흡에 집중해서 그것만 남기고 모든 것을 잊어버려요. 그리고 그 하나마저도 잊으면 마음의 깊이는 끝이 없어 가늠할 수 없게 되지요. 깊은 심연으로 들어가듯 아주 고요해집니다. 이처럼 마음은 못하는 것이 없는 무궁무진한 능력을 가진 존재입니다.

其動也가 懸而天者는 其惟人心乎인저 하시니
기 동 야   현 이 천 자   기 유 인 심 호

한번 움직이면 매달려 하늘까지 가니 그와 같은 것은 오직 사람의 마음뿐이라고 하니

이렇게 대단한 능력을 가진 건 사람의 마음뿐입니다. 마음이 한번 움직이면 가지 못할 곳이 없어요. 꿈에서 과거와 현재와 미래를 자유로이 노닐며, 또 원거리의 사람과 무의식적인 직관으로 소통하기도 합니다. 루퍼트 쉘드레이크Rupert Sheldrake의 전화 텔레파시 실험은 아주 유명합니다. 쉘드레이크는 영국에 있는 엄마의 방과 호주에 있는 딸의 방에 카메라를 설치한 후, 다음 날 걸려오는 다섯 통의 전화 중에 어느 것이 딸 혹은 엄마가 걸었는지를 맞추는 실험을 했습니다. 수화기를 들기 전에 누가 전화를 걸었는지 맞추는 실험인데, 엄마와 딸 사이에 긴밀한 유대관계가 있는 경우에는 90% 이상을 맞췄다고 합니다. 감정적 유대가 강하면 원거리 소통이 많이 일어나더라는 내용이에요. 또 정서적 유대감이 진한 애완견과 주인 사이의 소통 관계도 실험을 했습니다. 집에 카메라를 설치한 후 주인은 외출을 하고 개는 집에 남아있어요. 밖에 있던 주인이 집에 돌아오려고 마음먹는 순간, 소파에 있던 개가 문 앞에 와서 주인을 기다립니다. 이런 실험을 보면 유대감이 강한 관계에서는 물리적인 거리와 상관없이 두 개체 간에 에너지가 통하고 있다는 것입니다. 이를 형태형성장形態形成場이라고 합니다. 이런 것을 보면 마음이 작용해서 움직이면 못갈 곳이 없다는 말입니다.

미국의 로버트 먼로Robert Monroe라는 음향기사는 마음의 에너지체를 몸에서 떠나게 하는 유체이탈 기술을 진동을 통해 일으키는 법을 가르칩니다. 그리고 그에게 유체이탈을 배운 브루스 모엔이라는 공학자는 에너지체를 내보내지 않고 의식적인 마음으로 원거리 정보를 취득하는 법을 가르칩니다.

로버트 먼로는 유체이탈을 할 때 진동을 이용합니다. 스테레오 이어폰을 통해 양쪽 귀에 각기 다른 주파수의 소리를 들려주면, 양쪽에서 들려오는 서로 다른 주파수의 정보를 좌우 뇌가 통합적으로 처리하는 과정에서 발생하는 새로운 울림에 의해 뇌파가 동조되는데, 이를 헤미싱크Hemi Sync 현상이라고 합니다. 뇌가 양쪽 귀에 들리는 소리의 차이 주파수를 만들어 뇌파에 영향을 미치면 동조된 하나의 미묘한 파장 상태가 유지되는데, 그 진동을 통해 유체를 이탈시키는 것입니다. 이 방법은, 마치 광자가 어느 특정한 장소에 머물지 않고 파동처럼 모든 곳에 존재하듯이, 마음이라는 현상이 온 세계에 퍼져있다는 것을 반증하기도 합니다.

마음의 세계는 단순하지 않습니다. 마음은 파도처럼 분리된 측면이 있어요. 그렇지만 장 그르니에Jean Grenier의 '섬'이라는 시에서 보듯이, 분리되어 개별적으로 보이는 섬들이 바다 아래에서는 하나로 이어져있죠. 이것처럼 인간의 마음에도 집단 무의식이 있습니다. 그 아래

공통적인 경험의 기반을 갖고 있는 생물권에 내재하는 생명계 무의식, 더 아래에는 물질과 정신을 통합한 존재계의 무의식이 있어요. 이렇게 밑바닥은 연결되어 있고 가장 기초가 되는 상태에서는 온 우주가 연결되어 있습니다. 사실 나눠진 적이 없어요. 마음의 세계는 이처럼 광대하기도 하고 연결되어 있기도 합니다.

물리학에서도 빛의 알갱이인 광자光子은 입자이면서 파동이라는 사실이 실험을 통해 밝혀졌습니다. 입자는 분리된 것이고, 파동은 분리되지 않는 것이죠. 이 파도와 저 파도는 분리되어 있지 않아서 이 파도의 움직임이 저 파도에 전달됩니다. 광자에 대해 입자설이 우위에 서기도 하고 파동설이 우위에 서기도 했지만, 지금은 입자이면서 파동이라는 것이 정설입니다. 광자는 분리 되어 있으면서도 하나라는 의미입니다.

톰슨이라는 사람이 전자총으로 광자를 쏘니까 거기에 맞은 입자가 다른 곳으로 튀어나가며 감광판에 입자의 흔적을 남겼기 때문에 입자라고 주장했습니다. 파동설에 관련된 실험으로는 더블슬릿double slit 실험이 있습니다. 검은 상자 안에 두 개의 구멍을 뚫고 빛을 쏩니다. 만약 빛이 입자라면 구멍으로 들어가서 총알처럼 박혀야 하는데, 감광판에는 진해지고 흐려지는 스펙트럼의 띠가 형성되었어요. 이것은 파동에서만 가능한 일입니다. 파도와 같이 간섭현상이 일어난 것입니다. 높은 파동을 만나면 더 진해지고, 산과 골이 만나면 상쇄되어 빛이 없어집니다. 진하고 옅은 스펙트럼이 생기는 건 파동이기 때문에 그렇습니다. 파도가 커지고 작아지는 것과 같아요. 그것의 의미는 파동들이 분리된 것처럼 보이지만 분리된 것이 아니라는 것입니다.

또 하나의 실험은 입자로 실험했는데도 그 입자들이 서로 연결된 듯 행동하는 결과를 얻기도 합니다. 즉, 하나의 광자에 전자총을 쏴서 두 개로 나누고 그 두 입자가 양쪽으로 떨어지도록 만들었어요. 전자총을 맞으면 그 두 입자가 서로 반대방향으로 광속으로 날아가는데, 양쪽 각각에 편광필터를 만들어놨어요. 편광필터는 45도일 때만 통과하는 필터입니다. 거기를 지나는 입자가 그 각도에 맞으면 편광필터를 통과하고 각도에 맞지 않으면 막혀서 통과하지 못합니다. 그런데 1번 편광필터에서 A광자가 통과하면 그 쌍둥이 광자인 B도 2번 필터를 통과했습니다. 빛의 속도로 멀어진 두 광자가 멀리 떨어져서도 똑같이 행동한다는 것입니다. 두 광자 사이에 정보 전달이 일어난다는 의미입니다. 지금 이 세계에는 빛보다 빠른 것이 없다고 하는데, 광자 사이의 정보 전달은 어떻게 이루어지는 걸까요? 정보전달 매개체가 빛은 아니라는 뜻입니다. 이를 통해 과학자들은 결론내리기를 이 둘은 애초부터 나눠지지 않았다는 것입니다. 나눠진 것처럼 보이지만 둘이 아니라는 것입니다. 이처럼 온 우주가 하나의 매트릭스여서 이쪽이 흔들리면 저쪽도 흔들립니다. 그보다 미묘한 마음의 세계는 두말할 필요가 없습니다.

개인적인 마음, 경험, 지식은 개별적입니다. 개인성, 개성이에요. 이런 개인성 외에 집합무의식이라는 것이 있습니다. 같은 민족, 같은 문화권의 조상의 경험들이 개인의식 저 아래에 쌓여있어요. 그 위에 쌓여진 경험은 개인적인 것이지만, 밑바닥을 보면 모든 생명계가 같은 기반에 놓여있습니다. 마음의 세계는 한 번 움직이면 결코 못 갈 데가 없습니다. 나눠지지 않았으니까요. 개인적인 마음은 **느껴지고 인식됩니다.** 그런데 그것을 인식하는 건 누구입니까? 그 모든 마음의 현상이 일어나는 공간은 무엇인가요? 알아챔을 알아채는 것은 무엇입니까? 마음은 무한의 세계입니다. 개별적인 현상의 밑바탕에 있는 비개인적인 세계에 초점을 맞추는 것은 마음의 또 다른 측면, 근본적인 측면에 다가가는 일입니다.

감지로만 들어가도 개인적인 자기는 잊힙니다. 느낌의 세계로만 가도 개인성이 약해지죠. 그리고 감각상태로 더 들어가면 개인성이 드러나지 않아요. 그런데 우리는 생각과 분별에 에너지가 쏠린 채 살아가기 때문에 늘 자신을 개인이라고 여길 뿐입니다. 만약 일상에서 비개인적인 측면에 에너지를 쏟는다면 과연 저 사람과 나를 구별할 수 있을까요? 구별이 안 될 것입니다. 우리는 개인성을 가지면서도, 밑바닥에는 비개인성이 깔려있음을 통찰하고 살아가려고 합니다. 개인성에 묶이지 않고 개인성을 활용하면서 살아가려는 것입니다.

앞서 말한 브루스 모엔Bruce A. Moen은 로버트 먼로에게 배운 유체이탈 방법은 에너지가 너무 많이 필요하여 힘들다고 느꼈습니다. 그래서 마음으로 개인적인 의식상태를 넘어서 저 거대한 세계로부터 오는 정보를 얻는 방법을 생각했어요. 먼로는 에너지체를 이탈해서 자기 딸한테 가야만 딸이 어떤지 볼 수가 있는데, 브루스 모엔은 그 자리에 가만히 있어도 정보가 온다고 여겼어요. 정보는 분리되지 않아서 전체에 떠돌아다니는 거니까, 어떤 정보가 잡생각이고 어떤 정보가 전체부터 흘러오는 중요한 정보인지 구별하는 연습만 하면 에너지체를 이탈시킬 필요가 없다고 생각했습니다.

전체주의全體主義은 에너지를 밖으로 향하게 하는 것입니다. 그렇기 때문에 전체주의 상태에서도 주변에 일어나는 일을 알 수 있잖아요,

개인적인 자기는 희미하지만. 주의에 주의를 기울이면 주의가 밖으로 가지 않지만 마찬가지로 모든 것을 알아채죠. 주의라는 것은 알아채는 특성이 있으니까요. 브루스 모엔은 우리의 의식체가 주변에서 끊임없이 다가오는 정보들을 알아챌 수 있다고 여긴 것입니다. 그러니 가만히 있어서 정보를 구분하기만 하면 된다고 생각했어요. 그러나 이 모든 실험의 문제점은 **'누군가'인 개인이 그런 현상을 경험한다고 믿는다** 는 점입니다. 실제로는 그런 경험들은 개인이 사라졌거나 개인적인 경계가 흐려진 상태에서 의도가 명확한 에너지 결집을 일으킬 때 일어나는 현상입니다. 개인성의 상태에서 일어나는 현상이 아니에요. 마음의 흥미로운 특성에 이끌려 생애를 바치는 사람들이 있습니다. 그러나 우리는 근본적인 바탕에 초점을 맞춰서 물질과 정신이 하나의 기반 위에서 있음을 터득하고, 일상에 개인적인 마음을 지혜롭게 사용하기 위해서 여러 연습을 하고 있습니다. 우리의 마음은 광대하고 변화무쌍하고 다양한 능력을 갖춘 현상입니다.

망심이 스스로의 뿌리를 망심으로 알아차리는 것

此는 莊生이 先說凡夫心을
차   장생   선설범부심

不可治伏이 如此也니 未審커라
불가치복   여차야   미심

宗門엔 以何法으로 治妄心也이닛고
종문   이하법   치망심야

曰 以無心法으로 治妄心也니라
왈 이무심법   치망심야

이것은 장생이 범부의 마음이
다스려지지 않는 것이 이토록 어렵다는 것을 말한 것이다.
종문에서는 어떤 법으로 망심을 다스립니까?

답하기를, 무심법으로 망심을 다스린다.

사실 무심無心으로 망심妄心을 다스린다기보다는, 망심이 스스로 가라앉거나 망심이 스스로의 뿌리를 망심이라 알아차리는 것이라 할 수 있습니다. 또는 망심의 뿌리 없음을 밝혀 통찰해 낸다고 할 수 있어요. 무심으로 망심을 다스린다고 하면, 무심이라는 것이 어딘가에 존재하는 무엇이라고 여길 수 있습니다. 무심은 특별히 존재하는 무언가가 아니죠. 무심은 있는 것이 아닙니다. 그렇다고 없는 것도 아니죠. 무심을 기반으로 뭔가가 일어나고 있기 때문이에요. 그래서 무심은 있는 것도 아니고 없는 것도 아닙니다.

或이 曰 人若無心이면 便同草木이니
혹   왈 인약무심   편동초목

無心之說을 請施方便하소서
무심지설   청시방편

曰 今云無心은 非無心體를 名無心也라
왈 금운무심   비무심체   명무심야

묻기를, 사람이 만약 마음이 없으면 초목과 같으니
무심의 의미를 청컨대 설해주소서.
답하기를, 지금 무심이라 한 것은 마음 자체가 없음을 말한 것이 아니라
이름이 무심이다.

무심無心은 마음 자체가 없다는 말이 아니고 마음에 내용이 없다는 의미입니다. 내용 없는 마음이에요. 내용없는 마음은 늘 저변에 있습니다. 그 위에서 내용들이 춤을 추지요. 무아無我가 자아가 늘 없는 상태를 의미하지 않는 것과 통하는 말입니다. 무아는 자아가 없음을 의미하는 것이 아니라, 고정불변한 자아라는 것이 없다는 말입니다. 임

시로 나타나서 기능적인 역할을 하고 사라지는 자아는 늘 현상화되고 있음을 기반으로 두고 하는 말이에요. 만약 기능적인 역할을 하는 자아가 전혀 없다면 석가모니가 어떻게 설법을 하고 어떻게 밥을 먹었겠습니까? 쌓아 놓은 지식들로 제자들을 구분하고 가르쳤을 텐데, 그것을 누가 했겠어요? 아무런 분별이 없는 것은 무아가 아니라 바보일 뿐입니다. 석가모니와 같은 사람에게도 자아가 있어요. 다만 그것은 고정불변한 것이 아니기에 진짜 '나'라고는 할 수 없다는 점을 철저히 파악하고 그것에 끌려 다니지 않았을 뿐입니다.

여러분은 이전에는 고정된 자아가 있다고 여겼었는데 공부를 하면서 차츰 그 자아를 의심했을 것입니다. 이제는 '나'라는 것이 자꾸만 일어나는 건 어쩔 수 없다고 하면서도 조금씩 흔들리곤 하죠. 그래서 느낌의 세계 속에 살고 있음을 철저하게 봐야 합니다. '자꾸 흔들려'라고 하는 것은 누구입니까? 그것도 마음에서 느껴지는 느낌 아닙니까? 그런데 왜 거기에 끌려 다니는 거죠? 모든 느낌들은 마음의 내용입니다. 그것들이 느껴지잖아요. 그렇다면 과연 어떤 과정을 통해 느껴지는지 마음의 작용을 보세요. 내용 속으로 들어가지 말고.

여기서 말하는 무심無心은 내용 없음을 의미합니다. 자아라는 내용이 없는 마음의 본체는 늘 그 자리에 있다는 것을 의미하기도 하죠. 하지만 여기서 '있다'고 말한다면 또 어떤 상相을 만들겠죠? '있다'고 말하는 것은 설명을 위한 개념입니다.

但心中無物을 名曰無心이니
단 심 중 무 물   명 왈 무 심

다만 마음 가운데 사물이 없음을 무심이라 이름 한 것이니 여기서 말한 물物은 마음에 떠오른 모든 감지를 말합니다. 모든 현상들이에요, 느낌, 생각, 감정도 물物이죠. 마음에서 느껴지고 경험되고 있는 모든 것은 감지이며 모두가 마음의 내용입니다. 우리식대로 말하면 감지가 모두 사라진 마음이 바로 무심입니다.

如言空瓶하야 瓶中無物을 名日空瓶이요
여 언 공 병   병 중 무 물   명 왈 공 병
말하자면 빈 병과 같아 병중에 사물이 없음을 빈병이라 하는 것과 같다.

마음 자체를 빈 병이라고 하고, 그 병 안에 든 모든 것들을 알 수 있다고 해봅시다. 예를 들어 병에 돌이 들어가면 달그락거리는 소리가 나겠죠. 여러분의 희로애락은 모두 이런 돌과 같습니다. 소리가 나죠. 병에 그런 돌이 떨어진 것입니다. 그러니까 금방 알아차립니다. 물론 동일시 때문에 공부를 하기 전에는 그것을 자기라고 여기겠지만요. 이제 여러분은 감정이 자기가 아니라는 것을 잘 압니다. 그러나 가끔 끌려 다니기는 하죠. 감정 같은 큰 돌 말고 머리카락 같은 아주 미묘한 느낌, 예를 들어 분노가 일어나기 전의 미묘한 느낌 같은 것이 떨어지면 어때요? 역시 병에 닿아서 느껴지겠죠. 병 속에 들어 있는 모든 것을 병이 느끼는 것입니다. 이런 것처럼 마음속에 일어나는 모든 것이 현상입니다. '나'라는 것도 느껴지잖아요? 사람을 대할 때 주로 느껴지죠. 혼자 있을 때나 뭔가에 집중하고 있을 때에는 잘 느껴지지 않아요. '나'라는 것은 나타났다가 사라집니다. 강해졌다가 약해지고, 진해졌다가 흐려져요. 일정하지 않고 변화무쌍합니다. 그 느낌들은 마음이라는 빈 병 속의 머리카락 같은 것이죠. 희미하지만 분명히 뭔가 있어요. 사실 '나'라는 느낌은 아주 강한데도 사람들은 잘 느끼지 못합니다. 그것

을 자기라고 여기기 때문이에요. 동일시되면 잘 느낄 수 없습니다. 이미 느껴지고 있는데도 그것이 느낌이라는 것을 모르기 때문에 그래요. 병 안에서 느껴지는 모든 것은 병이 아닌 병 속의 사물입니다. 만약 그런 사물이 없다면 병에게 어떤 느낌이 있겠습니까? 병에게는 아무런 앎도 경험도 일어나지 않겠죠. 그렇다면 병은 어떻게 자기 자신을 알 수 있겠어요? '안다'는 것 자체가 뭔가가 닿은 것인데요. 뭔가 닿아야지만 앎이 일어나요. 마음에 어떤 내용도 나타나지 않는다면 여러분이 무언가를 알거나 느끼거나 경험하고 있다고 말할 수 있겠습니까?

문제는 지금 이 순간 느껴지는 것에 '나'라는 기능도 포함된다는 데 있습니다. 그러니 결코 '나'는 나의 본질을 알 수가 없습니다. '나'를 병 속의 공기라고 해본다면, 그 공기가 병 속에 들어오는 모든 사물들과 접촉하겠죠? 병 속에 있는 공기는 모든 것을 느끼고 경험합니다. 그래서 병은 그 공기를 자기라고 생각하죠. 공기가 병 모양처럼 생겼기 때문입니다. 머리카락이나 좁쌀 하나가 들어온다 해도 공기는 그것들에 영향 받아 어떤 변화가 일어나서 출렁거림이 생길 것입니다. 이 출렁거림이 바로 기존 상태와 만나 안다거나 느끼거나 경험한다는 현상을 일으킨다고 비유할 수 있어요. 그런데 공기가 모두 빠진 진공의 병은 무엇을 경험할 수 있을까요? 그런 경험이 가능합니까? 공기가 흔들려야만 안다거나 느낀다는 생각이 들어요. 그것이 우리가 '안다'고 여기는 현상입니다. 만약에 우리 마음속에서 모든 감지가 빠져나간다면 우리는 감지가 없다는 것을 어떻게 경험할 수 있을까요? 누가 알 수 있을까요? 그 '누구'도 감지인데 말이죠. '나'라는 것도 마음의 내용이에요. 그런 경험은 불가능합니다. 여기에 바로 통찰의 필요성이 있습니다.

통찰은 공기가 있는 상태에서 공기 자신이 일종의 병의 내용물임을 알아차리는 것입니다. 아직 병 속에 공기가 있으니까 알아차림이 있을 수 있습니다. 공기가 자기 자신을 병 속의 내용물이라고 알아차리는 것이 바로 통찰입니다. 여러분이 '나'라고 여기는 그놈이 자기 자신이 본질의 한 내용물이라는 것을 알아차리는 것입니다. 지금도 '이것이 나잖아?'하는 마음이 있죠? 그 마음은 조금 전엔 없었는데 지금은 생겨나있죠? 손은 아침부터 저녁까지 계속 있습니다. 그 손보다도 못한 것이 '나'라는 느낌이에요. 나타났다가 사라져버리잖아요. 그렇게 나타났다가 사라지는 그놈을 위해서 내 모든 에너지를 바칩니다. 모든 생명력을 거기에 가둬놓고 살아갑니다. 그놈을 잘나게 보이려고 모든 생명력을 써서 잘난 척하면서 살죠.

非瓶體無를 名空瓶也라
비 병 체 무　　명 공 병 야
병의 본체가 없음을 빈병이라 하는 것이 아니다.

병이라는 것 자체가 없다는 말이 아닙니다. 빈 병은 병의 내용물이 없음을 말하는 것이지, 병 자체가 없어진 것을 의미하지 않아요. 마찬가지로 마음 자체가 없는 것이 아닌, 마음의 내용이 없다는 것이 바로 빈 마음입니다. 그런데 "빈 마음이라고 한다."라고 말하면 그것도 하나의 내용임을 알아야합니다. 마음의 내용을 가지고 마음 자체를 설명하고 있을 뿐이에요. 지금 이 말이 여러분의 머릿속에 들어가서 '아 그렇구나!' 하면 그 또한 마음의 내용이에요. 속으면 안 됩니다. 말을 그대로 듣지 말고 한 단계 위에서 들어야 해요.

마음의 본체는 있지만 내용이 없어요. 마음의 작용이 멈춰진 상태가 본체의 모습이지만, 마음은 의식이 있는 한 끊임없이 움직이며 작용합니다. 의식이 있다는 것 자체가 마음이 작용하고 있음을 의미합니다. 지금도 우리의 마음은 끊임없이 출렁이고 있습니다. 내가 말할 때, 여러분들이 내 말을 들을 때 마음은 계속 출렁이고 있어요. 출렁이지 않는 물 자체를 발견하려 하지 말고, 출렁이는 작용이 무엇인지를 알면 출렁임이 아닌 것에 자신의 뿌리가 박혀 자리 잡게 됩니다.

故로 祖師가 云하사대
고　　조　사　　운

汝但於心에 無事하고
여 단 어 심　　무 사

그러므로 조사가 말하되,
그대는 단지 마음에 아무 일 없고,

　마음에 아무 일이 없다는 것은 마음에 아무것도 나타나지 않는다는 뜻이 아닙니다. 불교에는 무사인無事人이라는 말이 있습니다. 아무 일이 없는 사람이죠. 문제될 것이 아무것도 없는 사람이 바로 무사인입니다. 해야 할 일이 없어요. 지금 당장 죽어도 괜찮은 사람입니다. 무직자인 백수가 아니라 백심입니다. 마음이 비었다는 뜻이에요. 마음에 아무 일이 없다는 것은 마음에 어떤 일이 일어난다 하더라도 전혀 문제가 되지 않음을 의미합니다. 마음에는 항상 무슨 일이든지 일어나게 되어있습니다. 그것이 마음이 하는 일이기 때문이죠. 마음은 끊임없이 과거를 돌아보고, 현재 해야 할 일을 판단하고, 내일 어떤 일을 해야 할지 계획합니다. 그렇게 필요할 때 작용해야 하는데, 사람들은 자기를 괴롭히는데 마음을 써요. 자신의 부족함을 채우는 데에 주로 사용합니다. 사실 부족하지 않은데 부족하다고 믿고 있죠. 끊임없이 구별하고 비교하기 때문입니다. 비교 자체가 마음의 작용이에요.

　마음은 항상 일거리를 만들어내죠. 그래야만 스스로 존재한다는 느낌을 가질 수 있기 때문입니다. 마음의 한 부분이 주인 노릇을 하려다 보니까 그런 일이 벌어지는 것입니다. '나'라는 느낌, '주체'라는 모습이 주인 노릇을 하려고 하는데, 이 놈은 항상 걱정을 하거나 계획하고 다른 것과 비교할 때만 존재합니다. 마음의 작용 중의 하나예요. 그런데 이 놈이 주인 노릇을 하려면 끊임없이 움직여야만 합니다. "걱정도 팔자"라는 말이 있죠. 그런데 사실 인간의 마음 자체가 걱정도 팔자인 것입니다. 걱정하지 않으면 마음이 존재할 수 없습니다. 여러분은 아무 걱정도 없습니까? 그렇다면 무사인이에요. 무사인은 마음에 어떤 일이 벌어져도 문제라고 여기지 않아요. 우리는 뭔가 해결해야 하고 그럴 수 있는 방안이 있을 때에만 그것을 문제라고 여깁니다. 여러분에게 해결해야 하는 문제를 하나 드리겠습니다. 지금 로켓을 타고 지구 밖으로 나가서 지구의 자전 방향을 돌려야 하는데, 어떻게 해야 할지 방법을 찾으세요. 자, 이것이 여러분에게 문제가 되나요? 안 되죠. 왜죠? 불가능하니까. 불가능한 것을 우리는 문제라고 느끼지 않아요. 해결 가능한 것만을 문제라고 느끼죠. 그러면 방법이 있다는 의미이고, 그 방법을 찾으면 됩니다. 이처럼 문제라고 느껴지는 것에는 해결책이 있다는 말인데, 해결책을 찾는데 에너지를 쏟지 않고 초조, 불안, 고민 등에 에너지를 쓰면 마음에 일이 많아집니다. 반면에 어떤 일의 해법을 찾는 데에 에너지를 쓰는 사람은 문제가 없는 사람입니다. 기타를 처음 접한 사람에게 '학교종이 땡땡땡'을 치라고 한다면 그 사람에게는 큰일이겠죠? 그런데 기타를 10년 친 사람에게는 그것이 아무 문제가 되지 않습니다. 똑같은 '학교종이 땡땡땡'인데 어떤 사람에게는 문제가 되고, 어떤 사람에게는 문제가 되지 않아요. 실력의 차이라고 말할 수도 있겠지만, 마음의 본질적인 자리에서 바라본다면 일어나는 모든 것은 마음의 현상이라는 것이 분명하면 어떤 일도 문제가 되지 않는다는 말입니다.

마음에는 원래 주인이 없다

'나'라고 여겨지는 놈이 주인 노릇을 하며 뭔가를 하려고 하기 때문에 마음에 무슨 일이 일어납니다. 그래야 그놈이 존재할 수 있어요. 걱정이라도 해야지 그놈이 존재하는 것입니다. 걱정도 없고, 하고 싶은 일도 없고, 후회도 없는 사람이라면 마음이 할 일이 아무것도 없겠죠. 목적을 가지고 살다가 갑자기 목적 없이 살게 되면 처음에는 정말 지루합니다. 일종의 금단현상이 일어나요. 지금껏 우리는 어떤 목적이 있어야만 에너지를 내어 움직였어요. 무엇을 위해 힘을 쓰는 것입니다. 그런데 목적이 다 사라진다면 어떻겠어요? 본래 마음 자체에는 아무런 목적이 없습니다. 태어날 때 목적을 갖고 태어난 사람이 어디 있습니까? 다 자기 마음이 만들어낸 것이죠. 누군가에게 주입받거나, 어디서 들었거나, 자신이 그것에 수긍하면서 스스로 마음에 쌓아 놓으며 생긴 신념이죠. 세 살짜리 어린아이에게는 그런 신념이나 목적이 없습니다. 만약 태어날 때부터 인간에게 목적이 있다면 그 아이들에게도 있어야겠죠. 그런데 없어요. 그때는 없다가 자라면서 생겨난 것입니다. 이렇게 말하면 인간을 너무 무시한다, 인간은 사명을 갖고 태어난다, 이 지구상에 배움을 얻으러 왔다, 이렇게 말하는 사람도 있습니다. 물론 좋은 얘기입니다. 그러나 본질적인 면을 터득하고 나서 그런 얘기를 하라는 것입니다. 그 이야기를 언제부터 믿게 되었는지 스스로를 돌아보세요. 그 또한 하나의 믿음 아닙니까?

믿음은 생겨났다 사라집니다. 물론 믿음은 아주 고귀하기도 하죠. 그래서 석가모니도 믿음을 쓰면서 살았습니다. 석가모니가 본성을 발견하여 드디어 필생의 일을 끝내자 이제는 더 이상 할 것이 없었습니다. 추구하던 것이 끝났으니 죽어버릴까 하기도 했고, 한편으로는 고통 받는 중생들에게 진리를 전달해볼까 생각도 했습니다. 너무 어려워 안 될 것 같아 고민했습니다. 그래서 결국 **평생 중생을 공경하겠다**고 결론을 내립니다. 하나의 믿음을 가지게 된 것입니다. 그리고 평생 그것을 실천합니다. 자기를 위해 할 일은 없으니까 에너지를 쓸 데가 없잖아요. 이처럼 믿음이라는 것이 귀하기도 하지만 자기 본질이 파악된 이후에, 자신의 부족감이 없어진 이후에, 내가 이루어야할 것이 없어진 이후에 믿음을 써야 합니다. 그렇지 않고 자신의 부족감을 채우기 위해 사용하면 왜곡된 믿음이 생깁니다. 겉으로는 남을 공경한다고 하지만 실제로는 자기 부족감을 채우려는 사람도 있습니다. 남을 위하면 기분이 좋아집니다. 왜죠? 내가 더 커보이기 때문입니다. '나'라는 것을 강화시키면 기분이 좋아져요. 여러분들이 누군가를 도울 때 '나'라는 것이 강화되고 있지는 않은가 잘 살펴보아야 합니다.

아무런 걸림도 없는 사람은 드디어 현상계의 질서를 파악하고, 그 질서에 자신을 맞추기 시작합니다. 질서를 잘 따르는 것처럼 보이지만 실제로는 질서에 걸리지 않을 뿐이에요. 그리고 질서를 더 정교하게 만드는 데 자기를 쓰게 됩니다. 가끔 수명이 다한 질서를 새롭게 하는 데에도 쓰지요.

주인 노릇을 하려는 '나'라는 놈은 마음의 일부분에 불과하면서 마음 전체를 통괄하려고 합니다. 그러니 끊임없이 자신의 존재를 확인해야 해요. 그래서 과거의 일을 후회하고, 미래의 일을 계획하고, 현재에 대해 불안해하고 초조해합니다. 그래야만 나아진다고 자기를 설득하면서 주인 노릇을 하고 있어요. 그놈에게는 항상 무슨 일이 일어나야만 하는 것입니다. 그래서 과거, 현재, 미래가 존재하는 것입니다. 수없이 많은 일들이 일어나야만 마음은 '나'라는 것에 동일시되어 그것이 주인 노릇을 유지할 수 있습니다.

그러나 마음에는 원래 주인이 없습니다. 온 우주가 주인이에요. 행동 하나하나를 자기가 하는 것 같지만 엄밀히 살펴보십시오. 심장을 내가 뛰게 하고 있나요? 10초 뒤에 자기가 무슨 말을 할지 알고 있나요? 책상에 손을 대면 그냥 느낌이 오죠. 그 느낌을 느끼지 않고 싶다고 해서 느끼지 않을 수 있나요? 눈으로 들어오는 시각적인 느낌 없이 뭔가를 볼 수 있습니까? 우리가 할 수 있는 것이 거의 없어요. '나'라는 것이 할 수 있는 일은 아주 제한되어 있습니다. 그것마저도 상황과 조건에 의해 하게 되는 것입니다. 이렇게 말하면 운명론이라고 말하는 사람이 있을 수 있는데 그렇지는 않습니다. 한편으로는 자기가 의지를 내면 못할 것이 없으니까요. 만약 "부산에 가겠다고 결정하고 부산에 가는 것은 내가 하는 일이 아닙니까?"라고 한다면, 좋습니다. 그런데 부산에 가려는 계획을 왜 세웠는지 물으면 뭐라고 대답할 건가요? 이유는 있겠죠. 그러나 그것이 자신이 만들어낸 이유인가요? 그것을 물어보면 또 애매해집니다. '인간에게 자유의지가 있는가, 아니면 모든 것이 운명인가?' 하는 것은 참 애매한 문제입니다. 실은 인간의 자유의지나 운명 자체가 사람이 만들어낸 하나의 개념일 뿐입니다. 비교, 분리시켜 놓은 개념이에요. 거기에는 운명도 자유의지도 없습니다.

　강아지에게는 자유의지가 있을까요, 없을까요? 밥을 주면 까미는 허겁지겁 바로 먹어요. 어쩌면 자유의지가 없는 것처럼 보입니다. 먹을 것에 대해서는 운명적이죠. 하지만 태풍이는 밥을 주면 바로 먹지 않고, 내가 멀리 갈 때까지 기다렸다가 먹어요. 아주 배고플 때만 내 앞에서 바로 먹죠. 그리고 허겁지겁 먹지도 않아요. 그렇다면 까미에게는 자유의지가 없고, 태풍이에게는 자유의지가 있는 겁니까? 정도의 차이일 뿐입니다. 우리가 보기에 태풍이가 조금 더 자유의지가 있어 보이는 것뿐이에요. 예를 들어 빨강은 자유의지가 있고, 주황은 자유의지가 없다고 해도 빨강과 주황은 다른 것이 아닙니다. 빨강이 점차 흐려져서 주황으로 가잖아요. 이런 농도의 차이일 뿐입니다. 그런데 우리는 그 둘을 경계 지어 놓고 이것은 빨강, 저것은 주황이라고 이름 붙입니다. 누가 한 거죠? 다 생각이 만들어내는 마음의 개념일 뿐이에요. 태평양의 한 부족은 무지개에서 빨강, 노랑, 파랑의 세 가지 색만을 본다고 합니다. 그런데 우리는 일곱 가지 색을 보죠. 그 부족에게는 주황색이 없어요. 주황색이 보이지 않는대요. 빨강과 비슷하니까 분별하지 않는 것입니다. 그러나 우리는 일곱 가지 색으로 나누어 분별합니다. 그러나 얼마나 세밀하게 나누는가 하는 분별의 차이일 뿐이에요. 이처럼 자유의지와 운명이라는 것도 개념의 차이일 뿐이지, 명확하게 나눌 수 있는 것은 아니라는 말입니다.

　이상하게도 이름을 붙여놓으면 분명하게 나눠진 것처럼 느껴집니다. 우리가 맨 처음에 생각, 감지, 감각을 구분했죠. 사실 이런 구분은 하나의 과정을 중간 중간 거칠게 끊어 놓은 것뿐입니다. 실제로는 섞여있어요. 여러분이 분별하는 감지에는 감각적인 측면도 들어있고, 생각적인 측면도 들어있어요. 생각으로 구분하고 이름을 붙입니다. 그런데 이름이 붙으면 명확하게 구분되는 것처럼 느껴지죠. 그렇지만 이름을 떼어내도 느낌으로 구분이 됩니다. 이름이 없을 뿐이죠. 이 생각과 저 생각을 섞어서 다양한 추리를 하고, 이름의 단위들로 블록을 쌓아서 집을 만들기도 하는데, 느낌으로도 그렇게 할 수 있습니다. 그래서 자기를 탐구하는 과정이 깊어지면 느낌으로 생각하라고 합니다. 느낌으로 자신을 살펴보는 것이죠. 즉 미묘한 느낌을 가지고 조합해서 살펴보는 것입니다. 그렇기 때문에 느낌의 차원에도 생각이 없다고 할 수는 없습니다. 조금 흐릴 뿐이죠. 생각에 비하면 애매한 부분이 있어요. 또 그렇기 때문에 통찰이 일어날 수 있기도 합니다.

생각 속에서는 절대 통찰이 일어나지 않습니다. 왜냐하면 명확하게 구분되어 분별되기 때문이에요. 통찰은 서로 분리된 것 같은 것들을 합쳐서 하나로 보게 만들어 주는데, 경계가 애매한 느낌의 차원에서 생각을 하기 때문에 그것이 가능합니다. 여기서 말하는 생각이라는 것은 생각차원의 생각과는 다릅니다. 어쨌든 생각, 감지, 감각을 칼로 자르듯 구분을 해 놓았지만, 사실은 전체가 하나의 스펙트럼 속에 있습니다. 단계별로 끊어서 개념화한 것뿐이에요. 물질과 정신 또한 마찬가지입니다. 물질이 어디 있으며 정신은 어디 있습니까? 사람의 생각이 만든 개념의 차이일 뿐이죠. 물론 물질현상과 정신현상의 레벨 차이는 분명 있습니다. 마치 물과 얼음과 수증기가 다르듯이. 그러나 우리 의식의 초점을 물 분자에 둔다면, 얼음과 물과 수증기에는 그 어떤 차이도 없겠죠? 그런 것처럼 생각 차원에서 느낌 차원으로 가는 것은 경계가 뚜렷한 곳에서 경계가 애매한 곳으로의 이동입니다. 감각까지

가면 느낌적인 구분도 사라집니다. 그렇다고 해서 완전히 아무것도 없는 것은 아니죠. 감각이 살아 있는 한 감각적인 구분은 하고 있습니다. 그래서 시각 실인증이 일어나는 것입니다. 눈으로는 보고 있는데 보이지 않아요.

於事에 無心하면
어 사   무 심

일에 무심하면

　마음에는 원래 주인이 없습니다. 온 우주가 주인이에요. 마음은 한 개인의 것이 아닙니다. 마음을 살피다보면 오직 한 가지 일만 남는 때가 오게 되죠. 개인성에서 비개인성으로 넘어가기 시작할 때가 되면 오직 한 가지 일만 남아요. 그것을 선禪에서는 "백척간두에 서있다."고 표현합니다. 더 이상 갈 곳이 없어지는 때죠. 막다른 골목을 마주한 순간입니다. 그렇게 한 가지 일만 남는 때가 되면, 다른 일들에는 무심하게 됩니다. 아무것도 마음의 일로 여겨지지 않아요. 여러분에게도 절실한 무언가가 있으면 다른 어떤 것도 문제가 되지 않잖아요. 내가 내 문제를 해결하려고 헤매고 다닐 때 아버지께서 항상 나를 보고 미친놈이라고 그랬어요. 어떤 때는 의자를 던지려고도 했습니다. 그런데 나에겐 그런 것이 전혀 문제가 되지 않았어요. 물론 의자를 던지면 피해야 하겠지만요. 그래도 괜찮습니다. 지나고 나면 아무런 원한이 남지 않아요. 왜? 내 마음은 그런 것에 영향을 받지 않기 때문이죠. 오직 하나, 답답한 이 마음을 풀고 싶을 뿐이었어요. 그렇게 한 가지가 간절하면 다른 것은 아무런 문제가 되지 않습니다. 그 한 가지에 모든 것이 쏠립니다. 한 발자국만 더 가면 그것마저 더 이상 일이 되지 않는 무

사無事한 마음이 되는 것이죠. 여러분이 진리를 찾아 오직 한 마음으로 가고 있다면, 다른 어떤 것이 마음속에 일이 되지 않는 그런 마음이 된 것입니다. 이미 오직 한 가지만 남은 마음으로 있을 뿐이죠. 그러나 아직도 여행을 떠나고 싶고, 기다리는 누군가가 있고, 먹고 싶은 것이 많고, 놀고 싶은 것이 눈에 선하며, 갖고 싶은 것이 있어서 마음 한 구석에 부족감이 있고, 어떤 걱정거리가 마음을 짓누르고 있다면 아직 마지막 길에 서 있는 건 아닙니다.

일에 무심하다는 것은 일이 없다는 의미가 아닙니다. 일은 수없이 많습니다. 끊임없이 만들어 지죠. 일이 없다는 말은 아무것도 안하고 앉아 있다는 의미가 아니에요. 마음에 어떠한 파도가 일어나도 그 파도가 진짜 본질이 아니라는 것을 파악한 사람이 진정한 무사인無事人입니다.

의식의 기초 공사는 나와 나 아닌 것의 분열

自然虛而靈寂而妙라 하시니 是此心旨也니라
자 연 허 이 령 적 이 묘   시 차 심 지 야
자연히 텅 비어 신령하고 공적하며 신묘하니 이것이 마음의 참 뜻이니라

마음이 비었다고 해서 텅 비어 있지만은 않다는 말입니다. 마음은 묘한 작용을 해서 망심妄心을 만들어 내죠. 그러나 일어나는 일에 무심하면 마음은 자연스레 텅 비게 되어 고요해집니다. 그리고 마지막 동일시가 사라지죠.

모든 일은 왜 일어나는 것일까요? 나와 대상을 나누어 놓고 나라고 여겨지는 것에 동일시되었기 때문입니다. 그것을 주인 삼는 마음에서

모든 일들이 생겨납니다. '나'한테 생기는 일이죠. '나'라는 것에서 생기는 일입니다. '나'라는 것이 없으면 일이 어디 있겠습니까? 수많은 일들이 있더라도 '나'가 없으면 그 일들은 관계가 없으므로 더 이상 일이 아닌 것입니다. 결국 '나'라는 것과의 동일시가 문제입니다.

세상의 일들에 동일시되어 살아가다가 마음공부에 들어서면 자기를 살펴보게 되는데, 그렇게 되면 관찰자라는 것을 만들어 냅니다. 그리고 관찰자와 동일시되어 모든 것을 관찰하면서 마음의 일을 줄여나가죠. 나중에 그것을 고집하면 문제가 되겠지만 처음에는 일단 도구로 사용합니다. 관찰자를 도구 삼아 마음에 일어나는 모든 것들을 살펴보면 그것들은 다 일이 아닌 것이 됩니다. 왜죠? 관찰자는 관찰만 할 뿐, 무엇과 동일시되지 않기 때문입니다. 그러다보니까 마음에서 일어나는 모든 것들이 점차 일이 되지 않습니다. 오직 관찰자에만 동일시되어 마음의 일들에 동일시되지 않아요. 그렇게 마음의 일을 줄여나가다가 동일시된 주체 자체로 돌아오게 되면, 자기가 자기를 보는 일이 생깁니다. 관찰자가 관찰자를 보는 것입니다. 그런데 여기서 조금 애매한 일이 생겨나죠. 관찰자를 관찰하면 관찰자가 2분열, 3분열 합니다.

맨 처음에는 마음의 느낌들을 살피다가, 기분이 좋아지고 나빠지는 느낌을 느끼는 놈이 있다는 것을 압니다. 그놈이 뭔지 살펴보니 그 주체가 주체감으로 느껴집니다. 그리고 보이지 않는 또 다른 주체가 생겨납니다. 느껴지는 주체감이 있다는 것은 보이지 않는 주체라는 놈이 있다는 말입니다. 그리고 그 또한 마음의 현상이라는 것입니다. 주체감을 느끼는 것은, 주체라는 보이지 않는 마음의 현상을 현상으로 보는 좋은 방법인 것입니다. 간접적이지만 분명한 방법이죠. 여기 불편한 마음이 있다고 해봅시다. 그 불편함을 알고 붙잡고 있는 놈이 있어요. 그리고 이놈이 불편함을 느끼고 있다는 것을 아는 놈이 있죠. 그 놈이 관찰자인데, 관찰자가 있다는 것을 또 누군가를 세워서 아는 건 아닙니다. 이것이 바로 3분열이죠. 이것을 자기 마음에 적용 시켜봐야 해요. 자기가 자기를 보게 되면 마음이 텅 비게 됩니다.

마음의 신묘한 작용에 의해 주체와 대상이 생겨납니다. 마음속에서 일어나는 최초의 일이 바로 주체와 대상이 생겨남이에요. 나와 나 아닌 것의 구별이 바로 마음의 모든 일이 만들어지는 기초입니다. 의식의 기초 공사가 바로 나와 나 아닌 것의 분열이에요. 이 두 개의 벽돌을 가지고 커다란 집을 만들어 내는 것입니다. 주체와 대상에 의해 모든 일이 생겨난다는 것을 발견하면 드디어 참마음을 향해 한발 내디딘 것입니다.

자기자신과의 거리가 0이 된 상태

據此則以無妄心이언정 非無眞心妙用也니
거 차 즉 이 무 망 심   비 무 진 심 묘 용 야

이에 의하면 무심이라는 것은 망심이 없을 뿐 진심의 묘용이 없음은 아니다.

망심妄心은 진심, 즉 본질이 아니라는 것입니다. 망심이 없다는 것은 대체 무엇일까요? 거리감이라는 측면에서 한번 생각해 봅시다. 망심은 분리시키는 마음입니다. 그래서 거리감이 느껴지는 모든 느낌은 망심이라고 보면 됩니다. 안경집을 바라볼 때 거리감이 느껴지죠? 그러면 그 안경집은 내가 아니라는 것입니다. 자신의 몸이 느껴지죠? 몸이 느껴진다는 것 역시 떨어져 있음을 의미합니다. 붙어있는 것은 느껴지지 않습니다. 느껴진다는 것은 의식적인 '나'는 아니라는 것입니다. 나

와 몸 사이에는 거리감이 있습니다.

그 다음 의식으로 들어가 볼까요? '나'라고 여겨지는 것을 하나의 의식으로 잡아내기 위해 우리는 감지연습을 합니다. 다른 사람의 말을 듣고 있을 때 듣고 있는 나의 느낌이 강하게 올라오죠? 그것이 어디에 있는지는 모르지만 느껴져요. 그러니 다른 사람의 말을 듣고 있는 '나'와 진짜 나 사이에는 간격이 있는 것입니다. 그러면 이제 더 들어가서 이제 그 '나'라는 것을 느끼고 있는 그놈을 한번 찾아봅니다. 그러면 찾으려는 관찰자가 생기죠. 그 관찰자와 그놈 사이에도 다시 간격이 생겨나죠. 그 간격이 0이 되면 거기에는 느낌이 없습니다. 여러분이 지금 자신을 살펴보면, 자기 자신과의 간격이 0이 된 상태로 있습니까? 그럴 때는 자기로 있을 뿐입니다.

망심이라는 것은 거리감이 있을 때에만 생겨납니다. 즉 동일시가 되었을 때에만 일어나요. 기본적으로 둘 이상으로 나누어지고, 그 중의 하나에 에너지가 뭉치는 현상이 바로 동일시입니다. '나'라고 여겨지는 마음은 내가 아니라고 여겨지는 것과의 사이에 거리감을 만들고, '나'에 에너지를 많이 쏟아 자기라고 느끼게 만듭니다. 이것이 동일시입니다. 동일시된 무언가와 하나가 되어 그것과의 사이에 간격을 느끼지 못합니다. 무언가와 동일시되려면 '무언가'가 있어야 하고 거기에 에너지가 쏟아 들어가야 해요. 그런데 분명히 그것과의 간격이 있는데 간격을 느끼지 못해요. 왜? 워낙 에너지가 강하게 쏟아져 들어가고 있기 때문이죠. 그것이 자기인 줄 아니까. 자기이기 때문에 간격을 못 느낍니다. 마음은 동일시 할 대상이 필요하기 때문에 나뉩니다. 마음속에 나와 나 아닌 것으로 분리되죠. 이 나라는 것도 붙잡을 수는 없지만 느껴지죠. 그런 의미에서 나라는 것은 눈의 망막과 비슷하다고 할 수 있습니다.

　느껴지는 것은 대상과의 사이에 거리가 있기 때문입니다. 동일시되어 있는 것과의 간격을 잘 느끼지 못하는 이유는 붙어있기 때문인데, 그렇다고 해서 느낌이 없는 것은 아닙니다. 그런데 사람들은 '나'라는 것에 너무도 가까이 붙어있기 때문에 그것을 본체라고 여기죠. 그러나 그것이 아무리 가깝다 하더라도 느껴진다는 것은 그것과 진정한 나 사이에 거리감이 있다는 말입니다. 진정한 나는 결코 거리감이 느껴지지 않습니다. '나'라는 것이 경험되고 느껴진다면 그것은 진정한 내가 아니라 동일시된 '나'라는 말입니다.

　망심은 마음에 나타난 그 무엇이며, 그 무엇과는 항상 거리감이 있고, 그 거리감이 마음에 일을 만들어내며, 거리감이 0이 되면 드디어 분리감이 사라집니다. 거리감이 없다는 말은 분리가 없음을 의미해요. 그래서 우리가 누군가를 진정으로 사랑하면 그와 나 사이에 거리감이 사라집니다. 짧은 순간이긴 하지만요. '나'라는 것에 거리감이 느껴진다는 것을 발견하고, 그렇게 거리감이 느껴진다면 그것은 진짜 내가 아니라 동일시된 '나'라는 것을 알아차리면 그것이 현상이라는 것을 파악하게 됩니다.

　마음에 나타나는 일시적인 '나'라는 느낌에조차 거리감을 느끼지 않는데, 진정한 나에 대해 어떻게 거리감을 느끼겠습니까? 진정한 나를 어떻게 느낄 수 있겠냐는 말입니다. 모든 느낌은 진심인 본질로부터 멀어졌다는 것을 의미합니다. 진심에는 아무런 내용도 없으며 망심을 존재케 하는 원천입니다. 진심은 나타나 있는 그 어떤 것도 없는 것이며, 나타나는 모든 것의 원천이에요. 진심은 한계지어지지 않았기 때문에 결코 알 수 없습니다. 잡히지 않아요. 손짓이 손이 아닌 것처럼 마음에 나타난 모든 것은 진심이 아닙니다. 모든 마음짓이 마음짓이라는 것을 알 때, 최종적으로 나조차도 마음의 작용이라는 것을 알 때, 우리는 작용 속에 들어가지 않고 작용을 떠나 미지의 무한인 본질이 됩니다.

今總大義하야 略明十種호리라
금 총 대 의   약 명 십 종

지금부터 그 대의를 묶어 간략하게 10가지로 밝혀보겠다.

진심식망眞心息妄은 진심이 망념을 쉬게 한다는 뜻입니다. 지난 시간에 무심無心에 이르는 열 가지 방법에 대해서 말하겠다고 하고 끝냈었죠. 오늘은 무심無心에 이르는 열 가지 방법 중에 첫 번째를 살펴보겠습니다.

무심에 이르는 열가지 방법 첫번째, 각찰覺察

一日覺察이니 謂做工夫時에
일 왈 각 찰   위 주 공 부 시

첫째는 알아채 살피는 것이니 공부시에

무심無心에 이르는 열 가지 방법 중 첫 번째는 알아채서 살피는 것이라고 했습니다. 관찰이 아니고 각찰覺察이에요. 관찰과 각찰은 어떻게 다를까요? 관찰은 그냥 지켜보면서 살피는 것이라면, 각찰은 단순히 일어남을 보기만 하는 것이 아니라 어떤 구조와 과정을 거쳐서 일어나는지를 알아 챈 후에 살펴보는 것이라고 할 수 있습니다. 관찰보다 좀 더 깊이 이면을 살피는 것이겠죠.

위빠사나는 몸에 일어나는 느낌들의 관찰로 시작합니다. 그런데 처음에 느낌을 보라고 말하면 대부분 사람들은 생각이 들어간 느낌을 봅니다. 예를 들어 몸이 불편한 느낌, 또는 차갑거나 뜨거운 느낌, 흐르는 느낌들을 관찰합니다. 그렇게 시작해서 위빠사나를 계속 하다보면 점차 생각과 이름이 빠진 느낌 자체인 감지를 관찰하며 깊어집니다. 그래서 보다 미묘한 감지들을 관찰할 수 있게 되고, 드디어 자기도 모르게 자연스럽게 각찰로 넘어가죠. 그 느낌들이 어떤 구조와 과정을 거쳐 만들어져서 올라오는지 보는 것입니다. 그런 각찰로 이어지지 않으면 마음의 구조가 보이지 않기 때문에 결국 일어나는 느낌만을 계속 바라볼 수밖에 없습니다. 그렇게 관찰만 하면 끊임없는 주체와 대상의 흐름에서 빠져나갈 수가 없습니다. 관찰에서 각찰로 넘어가지 않을 경우에는 각찰로 갈 수 있도록 안내를 해야 합니다. 느낌이 일어나는 배후의 조건과 상황까지 보이기 시작하는 때가 각찰이 일어나기 시작하는 시점입니다. 단순히 일어나는 일을 살피는 것에 그치지 않고, 일어나는 현상의 의미를 알게 되고 마음의 구조가 알아채집니다. 그래야지 마음이 어떻게 형성되어 기능하는지가 보여서 저절로 그 마음의 과정에 더 이상 에너지가 머물지 않게 됩니다. 각찰로 이어지지 않은 관찰만 하면 주체와 대상의 흐름에서 빠져나갈 수가 없어요.

아무리 미묘한 관찰을 한다 하더라도, 관찰하는 자기가 있습니다. 각찰에도 관찰하는 자기가 여전히 있지만, 관찰하는 자신도 하나의 과정속의 일부임을 알아챌 수 있는 토대가 되기 때문에 무심에 이르는 첫 번째 길이 바로 각찰覺察입니다. 끊임없이 마음의 구조를 보라고 내가 말하는 이유가 그 때문입니다. 관찰만 해서는 결코 마음의 이중구조를 넘어서지 못해요. 위빠사나를 해도 맨 마지막에 살펴보려는 자기의 의도를 알아채지 못하면 계속해서 그 의도 속에 머물 수밖에 없습니다.

생각을 끊는 두가지 방법

平常絶念하야 隄防念起호대
평 상 절 념　　　　 제 방 념 기
항상 생각을 끊고 생각이 일어나는 것을 막되

일상의 생활 속에서 일어나는 생각들을 끊는 것이 바로 평상절념平常絶念입니다. 항상 그래야 해요. 수련을 한다고 방에 들어앉아서 연습을 할 때만 생각을 끊고, 일상에 나와서는 끊임없이 쓸데없는 생각들에 시달린다면 큰 도움이 안 되죠. 일상의 나날 속에서 일어나는 생각들을 끊어야 합니다. 그렇다고 해서 필요한 생각마저 끊으라는 말은 아닙니다. 생각해야할 때는 해야죠. 하지만 필요하지 않은데 잡스럽게 일어나는 생각들에 대해서는 끊을 줄 알아야합니다.

제방념기隄防念起. 막을 방防이죠. 생각이 일어나는 것을 막으라고 했습니다. 그런데 여러분도 해봤겠지만, 생각이 일어나는 것을 막으려고 한다고 생각이 막아집니까? 생각을 막으려는 그것마저도 생각이잖아요. 이 말만 듣고서 생각을 막으려고 하면 오히려 끊임없이 생각을 쓰게 됩니다. 생각으로 생각을 막으려는 셈인데 그것은 불가능한 일이죠. 애쓰다가 보면, 절실한 마음으로 하다보면 자기도 모르게 방법이 발견되기도 하겠지요. 그렇지만 좋은 방법이 있는데도, 생각을 없애는 방법 한 가지 발견하는데 굳이 그렇게 몇 년 동안 애쓰면서 시간을 쏟을 필요는 없습니다.

생각을 없애는 일은 아주 단순합니다. 느낌차원으로 내려가면 돼요. 그래서 우리가 감지 연습부터 시작했던 것입니다. 감지를 발견하고 나면 생각은 그냥 맨 처음에 의도로만 사용하면 됩니다. 감지를 발견하고 느끼려는 의도를 일으킬 때만 생각을 사용하고, 그 다음부터는 느끼기에만 집중하죠. 감지 느끼기에 들어가면 이미 생각이 끊어집니다. 그러나 여기서 말하는 생각을 끊음은 그런 감지마저도 끊는 것을 말합니다. 왜냐하면 감지도 미묘한 느낌의 생각이기 때문이에요.

생각이라는 것은 결국 분별입니다. 이름과 생각이 아주 구체적이고 입자적인 분별이라면, 느낌은 파동적인 분별이라고 할 수 있습니다. 느낌은 이 순간 이런 모양을 지녔다가 다음 순간에는 또 다른 모양을 띱니다. 느낌은 끊임없이 변하니까요. 생각과 이름은 고정불변이지만 느낌은 끊임없이 변하죠. 예를 들어 '불'이라는 말에 붙은 느낌을 살펴봅시다. 과거에는 부싯돌로 불을 피워서 초나 나뭇가지에 붙인 불만 불이라고 생각했겠죠. 그때의 불은 기체입니다. 그런데 지금은 어떻습니까? 석유도 불의 원료입니다. 액체의 불이죠. 그러니까 액체도 불에 연관되는 것입니다. 불에 대한 느낌이 달라졌어요. 또 원자력도 불이고, 전기불도 불입니다. 단어가 지니는 느낌이 완전히 달라졌어요. 이렇듯 느낌은 고정되어있지 않습니다. 그런데 불이라는 단어 자체는 고정되어있죠. 시대마다 '불'이라는 말에 붙은 고정화된 느낌이 있는데, 옛날의 불과 지금의 불은 느낌이 완전히 달라졌습니다. 또한 여러분 각자가 가지고 있는 불에 대한 느낌도 다 달라요. 또 한 사람이 불을 떠올릴 때의 느낌도 매 순간 다릅니다. 그렇게 느낌이라는 것은 아주 거대한 시대적인 느낌을 비롯하여 매 순간 찰나적인 느낌까지, 아주 느리게 변하는 것부터 빠르게 변하는 것까지 다 이어져있습니다.

그러한 변화무쌍한 느낌의 세계지만 우리는 느낌으로 모두 분별을 해냅니다. 그렇게 분별되는 것들은 서로 조합되어 또 다른 현상을 만들어내기 때문에 결국 하나의 생각이라고 말할 수 있습니다. 비록 그것이 느낌일 뿐일지라도 분별되는 모든 것은 생각이라고 말할 수 있어요. '생각'이라는 단어에 붙어있는 이미지는 분별된 것들끼리의 네트워크입니다. 그 네트워크들은 변하고, 서로 섞이기도 하고, 나눠지기도 하죠. 여러 단어가 합쳐져 문장을 이루면 느낌이 달라지듯이, 느낌들 역시 서로 섞이고 나눠지고 합쳐지면 가지고 있던 포괄적인 느낌이 달라집니다.

여기서 말하는 '생각을 끊는다'는 느낌적인 생각도 끊는 것입니다. 처음에는 생각으로 자기를 관찰하지만 점차 느낌으로 관찰하게 된다는 것을 여러분은 이미 알고 있습니다. 그리고 느낌으로 관찰할 때쯤 되면 느낌으로 생각할 수도 있어요. 이 말이 이해가 안 되는 사람들은 감지연습을 더 많이 해야 합니다. 예를 들면 지금 자신을 바라보면서 내면을 느껴볼 때, 입에서는 말이 나오지 않고 머릿속에서는 생각이 떠오르지 않지만 뭔가 살펴보고 관찰하는 활동을 하고 있잖아요. 이것이 느낌으로 보는 것입니다. 만약 분별이 없다면 이렇게 살펴보고 관찰할 수 없습니다. 분별이 전혀 없다면 그것은 순수한 의식이나 태극 상태인 것입니다. 마음에 상相이 없으면 생각을 할 수가 없죠? 그런데 이름과 생각의 상이 아닌 느낌의 상만 떠오르는 상태가 있다는 것입니다. 그것이 바로 감지상태입니다. 그런 감지상태에서도 관찰이 가능하잖아요. 여전히 마음의 상을 사용한다는 의미죠.

최초의 분리된 상은 나와 나 아닌 것입니다. 관찰자와 관찰대상이에요. 단지 의도만 내어도 마음은 벌써 그렇게 나눠집니다. 살펴보려는 의도만 가지면 이름이 붙지 않더라도 주체와 대상으로 나눠져요. 그렇기 때문에 생각을 끊고 생각이 일어나는 것을 막는 일에는 이름과 생각뿐만 아니라 느낌을 멈추는 것도 포함됩니다.

그렇다면 생각을 어떻게 끊을 수 있을까요? 생각을 끊으려는 의도 역시 하나의 생각이기 때문에 생각을 끊는다는 것은 쉽지 않습니다. 일단 생각은 내가 하는 것이 아니라 일어나는 것임을 먼저 발견해야 합니다. 내가 한다고 여기면 내가 끊으려고 애쓰겠죠. 그러나 생각은 내가 하는 것이 아닙니다. 일어나는 것입니다. '나'라는 것 역시 하나의 생각이에요. 생각의 일부인 '나'가 어떻게 자신과 동등한 수준인 생각을 끊을 수 있겠어요? 생각을 다루려면 생각보다 더 수준이 높아야합니다. 그래서 느낌 차원으로 가고, 느낌 차원보다 더 높은 감각 차원으로 가야 생각에 머물지 않을 수 있습니다. 일단은 생각이 그냥 일어나는 것임을 관찰을 통해 발견해야합니다. 그런 후에야 일어나는 생각들을 하나하나 분해해서 살펴볼 수 있습니다.

생각을 끊는 기본적인 방법이 두 가지가 있습니다. 첫 번째는 사마타입니다. 분석하거나 해석하지 않고 그냥 어떤 한 가지에만 집중합니다. 주의를 온통 그것에만 집중해서 다른 모든 것을 잊어버리죠. 그래서 그것 하나만 남긴 다음에 그것마저도 내려놓는 방법이 바로 사마타입니다. 그런데 사마타가 조금 어려운 이유는, 집중하고 있는 그 마지막 하나를 없애기가 쉽지 않기 때문입니다. 집중하는 힘이 강할 때는 그것 역시 강하기 때문에 그것을 없앤다는 것이 거의 불가능해보이기도 하죠. 강한 집중력은 강한 의도 때문인데, 그 상태에서 그것을 없애야한단 말이에요. 그러면 없애려는 또 다른 의도가 강하게 생겨나겠죠. 이처럼 사마타는 자기가 뭔가를 하는 방법이기 때문에, 맨 마지막에 의도를 일으키는 놈을 사라지게 하는 데 난점이 있습니다. 물론 집중을 넘어서서 대상이 사라지는 감각상태로 가버리면 갑자기 쉬워질 수도 있어요.

두 번째 방법은 분석과 관찰입니다. 어떤 생각이 올라올 때, 예를 들어 '나는 지금 강의를 듣고 있다'는 생각이 올라온다고 해봅시다. 이때 '나는'과 '강의를'과 '듣고 있다'로 나눠서 바라봅니다. 그리고 각각 어떤 느낌인지 깊이 느껴보는 것입니다. '나는'이 뭐지? '강의'는 뭐지? '듣는다'는 뭐지? 이렇게 나눠서 하나하나 생각해봅니다. '나는'은 뭘까? 그 '나'라는 것에 집중되어서 자기를 살펴볼 수 있겠죠. 그러다보면 '나는 지금 강의를 듣고 있다'라는 생각에 이어지는 다른 생각이 일어나지 않아요. 깊이 들어가게 되죠. 그러니까 '나는 지금 강의를 듣고 있다'에 이어지는 여러 가지 잡생각이 수평적인 생각의 변화라면, '나는 강의를 듣고 있다'를 나누어 살펴보는 것은 수직적인 생각입니다. 그러면서 깊어집니다. 끊임없이 생각들이 떠오르지 않고, 하나의 생각을 깊이 들여다보는 쪽으로 가게 됩니다.

우리는 생각이 일으키는 물리적인 느낌을 느끼는 방법을 사용했습니다. 생각이 갖고 있는 전체적인 하나의 느낌을 느끼는 것부터 시작했었죠. 생각이 일어나면 그 생각이 내 육체에 일으키는 물리적인 느낌을 경계 짓고 느낌으로써 자연스럽게 느낌의 단계로 내려가서 그 생각이 사라지도록 하는 작업들을 했습니다. 생각을 생각으로 없애지 못하는 이유는, 없애려는 생각 또한 생각의 내용이기 때문에 그렇습니다. 주의가 생각의 내용 속에 들어있으면 결코 생각은 멈추지 않아요. 생각의 내용은 다른 것과 연계되어서 이해되기 때문에, 한 가지 생각 자체만 집중해서 살펴보면 내용은 희미해집니다. 예를 들어 안경을 떠올리면 눈, 돋보기, 안경테, 안경 가게, 안경을 홍보하는 모델의 얼굴, 렌즈를 다루는 연마기. 이런 것들이 끊임없이 연결됩니다. 이처럼 생각들은 독립적으로 존재하지 않고 서로 연결되어있기 때문에, 생각의 내용 속에 들어있어서는 결코 생각을 멈출 수가 없는 것입니다. 그러나 '안경'이라는 단어만 바라보면 어느새 우리 머릿속이 하얘집니다. 내용에서 빠져나와 생각 전체가 가지고 있는 느낌에 집중하면 생각을 멈출 수가 있습니다.

이런 생각 분해법의 저변에 다다르면 거기에는 가장 기본적인 분리인 나와 대상이라는 두 가지 요소가 있음을 발견하게 됩니다. 그로부터 분리감이 생성되는 것입니다. 최초의 분리감은 의식의 첫 번째 분열을 통해 일어납니다. 그리고 분리된 '나'라는 주체에 동일시되어 거기에 에너지가 주로 머물러서 이놈을 기준 삼아 모든 것을 판단하고 생각하는데, 이놈을 의식하기는 쉽지 않습니다. 최초에 아주 빠르게 일어나기 때문에 거기에 대해서는 무의식적입니다. '나'라는 것이 발생한 이후에 그것을 기준삼아 대부분의 의식현상이 일어나는데, 그 기준이 발생하는 순간을 우리는 알아채기 힘듭니다. 우리가 자신이라고 여기는 것은 바로 그 기준을 딛고 서있는 실타래들입니다. 살아오면서 쌓인 경험, 교육을 통해 주입된 신념들이 얽혀있어서 마치 실타래와 같아요.

방법을 모른 채 무조건 생각을 끊고 막으려고 하면 도리어 생각은 저항하며 내면을 휘젓고 다닙니다. "지금부터 코끼리를 생각하지 마세요."라고 하면 코끼리만 생각나지 않습니까? 생각을 끊으려고 애쓸수록 온갖 생각이 떠오르죠. 그러면 도저히 멈추지 않는 생각 때문에 좌절하고 포기를 합니다. 생각을 끊는다는 것은 생각의 수준에서는 할 수 없는 일입니다.

느낌을 변화시키는 두가지 방법

一念纔生하면 便與覺破니
일 념 재 생　　　변 여 각 파
겨우 한 생각만 일어나도 곧 알아채 부수니

좀 전에 말한 것처럼 단어들로 분해해 느끼거나, 한 생각 자체를 느껴냄을 통해 생각을 부술 수 있습니다. 한 생각만 일어나도 바로 끊어내야 하니 움직임이 빨라야 합니다. 생각이 일어나는 순간에 대한 알아챔이 점점 깊어지면 밑바닥에 형성된 구조가 보이고 느껴지기 시작합니다. 그 방향으로 자꾸 초점을 맞추면 돼요. 구조를 바라보지 않고 일어난 상황만 느끼고 살펴서는 계속해서 일어나는 생각과 느낌을 끊을 수가 없어요. '느낌이 일어났네.'하고 관찰했지만 그럼에도 불구하고 그 관찰에 대해서 내가 어떻게 할 수 없는 상황이 일어나는 것입니다. 그런 것을 의식적 무능이라고 할 수 있어요.

느낌을 다루는 네 가지 과정이 있습니다. 무의식적 무능상태, 의식적 무능상태, 의식적 유능상태, 무의식적 유능상태. 예를 들어서 설명해보겠습니다. 보기만 하면 기분이 나빠지는 사람이 있어요. 그 사람 얼굴만 보면 기분 나쁨이 확 올라옵니다. 그런데 그 사람하고 안 좋았던 일도 없어요. 그 사람이 나한테 잘못한 것도 없기 때문에 그 사람만 보면 왜 기분이 나빠지는지 몰라요. 기분 나쁨이 왜 올라오는지에 대해서 무의식적이죠. 그런 것을 무의식적 무능이라고 합니다. 그런데 사실은 옛날에 그 사람과 비슷한 얼굴을 가진 사람한테 많이 얻어맞았던 적이 있었던 것입니다. 시간이 많이 흘러서 나를 때렸던 사람의 얼굴도 잊어버리고, 이름도 잊어버리고, 맞았던 기억도 없어요. 그렇지만 그 얼굴이 준 무의식의 상처는 남아서 비슷한 얼굴만 보면 기분이 나빴던 것입니다. 이런 내막을 모르고 기분 나빠하는 것이 바로 무의식적 무능 상태에요. 그 다음 단계는, 기억을 떠올려서 기분이 나빠지는 이유를 알아냈는데도 불구하고 그 얼굴을 보면 기분이 나빠지는 상태입니다. 이 사람은 단지 옛날의 사람과 얼굴이 비슷할 뿐이라는 것을 아는데도 기분이 나빠요. 의식적 무능 상태입니다. 의식적으로 알지만 그 느낌으로부터 떠날 수가 없어요. 느낌을 다룰 수가 없습니다. 그러다 얼굴을 보며 느낌을 자세히 살펴보니까 내가 지나간 느낌을 붙잡고 있다는 것을 알았어요. 자세히 느끼면 느낌은 사라집니다. 옛날에 나를 때렸던 사람과 비슷해서 기분이 나빠졌다고 의식적으로 이해를 하면서 애써서 느낌을 다룹니다. 그래서 기분 나쁜 느낌이 사라져요. 이를 의식적 유능 상태라고 합니다. 그런데 그 느낌을 엄밀히 바라보고 마음과 몸에 각인된 습관적인 느낌이라는 것을 철저히 바라본 다음부터는 그 사람 얼굴을 봐도 아무렇지 않습니다. 애쓰지 않아도 느껌으로부터 자유로워요. 의식적으로 신경 쓰지 않고 느낌을 다루기 위해 힘을 들일 필요가 없습니다. 이것이 관성으로 자리 잡으면 무의식적 유능 상태입니다.

느낌은 이런 과정을 통해 다룰 수 있습니다. 맨 처음은 무의식적인 무능, 두 번째는 이유는 알았지만 느낌으로부터 자유롭지 못한 의식적 무능, 세 번째는 애써 노력하여 느낌으로부터 자유로워지는 의식적 유능, 마지막은 힘 안들이고 자연스러운 무의식적 유능 상태입니다.

우리가 자기라는 것에 대해 가벼워질 때도 이런 단계를 거칩니다. 누가 나를 욕하면 기분이 상하던 무의식적인 무능상태에 있다가 공부를 통해 '나'라는 것이 단지 하나의 느낌일 뿐임을 알았어요. 알아도 '나'라는 것이 떠오르며 자꾸 무엇을 주장하고, 모욕을 당하면 힘들고 괴롭습니다. 의식적 무능 상태죠. 그 다음에는 누군가의 칭찬에 기분이 좋아질 때 '또 하나의 느낌이 올라오는구나. 여기에 에너지가 많이 몰려있어서 그렇구나.'하면서 애쓰며 살펴보면서 느낌에 초연해집니다. 의식적 유능 상태입니다. 마지막에는 누가 아무리 뭐라 하건 영향 받지 않습니다. 이것이 바로 무의식적 유능 상태입니다. 본질을 발견했더라도 처음에는 여전히 의식적 무능 상태에 머뭅니다. 한 생각만 일어나도 바로 알아채고 빠르게 살펴보는 방법을 통해 네 단계를 거쳐 지나가게 됩니다.

妄念破覺하야 後念不生하면
망 념 파 각   후 념 불 생

망념이 부서지는 알아챔을 하면 뒤의 생각이 일어나지 않으니 망념妄念, 즉 망령된 생각은 무엇입니까? 가장 기본적인 망념은 나와 대상이죠. 그것을 토대로 모든 망념들이 일어납니다. 그런데 망념이 부서지는 알아챔을 하게 되면 그 뒤에 생각이 일어나지 않습니다. 망념 자체를 관찰하고 알아채는데 에너지가 쓰이기 때문에 다른 생각이 일어날 에너지가 없는 것입니다. 하나의 생각이 일어날 때, 이를 깊이 들여다보고 살펴보고 분해하고 느끼는 과정에 에너지를 쏟다보면 다른 생각에 쓰일 에너지가 없다는 말입니다. '보면 사라진다'는 말의 의미가 그런 것입니다. 뭔가가 일어나는 것을 살펴보는데 에너지가 강하게 쏟아지면 쏟아질수록 생각에서는 힘이 빠집니다. 왜냐하면 마음에 뭔가 일어나기 위해서는 에너지가 필요하기 때문에 그래요. 생각을 끊으려고 애쓸수록 생각이 안 끊어지는 이유가 뭐겠습니까? 생각을 끊으려고 하는 자체가 생각이기 때문이죠. 생각에 에너지를 쏟고 있는 거예요.

관찰자도 본질이 아니다

此之覺智도 亦不須用이니
차 지 각 지 　 역 불 수 용
이 알아챔의 지혜도 또한 모름지기 사용하지 말아야 한다.

이제 모든 생각이 사라졌어요. 모든 생각들이 부서지고 마지막으로 남는 것이 바로 알아채려는 의도입니다. 미묘하지만 이것도 하나의 생각이죠. 그 의도만 남고 다른 모든 생각이 사라지면 이제 그 의도마저도 사용하지 않아야 한다는 말입니다. 관찰과 알아챔을 처음 연습할 때는 관찰하고 알아채려는 의도를 사용하면서 대상을 살핍니다. 관찰이 깊어질수록 대상들은 점차 사라지고 맨 마지막에는 관찰자만이 남습니다. 내 모든 주의가 관찰자에만 남고 나머지에서는 힘이 빠지기 때문에 다른 마음의 대상들은 문제가 되지 않습니다. 문제가 되는 이유는 마음의 대상들에 에너지가 붙어있기 때문입니다. 대상들이 사라지지 않는 이유는, 내 마음대로 나를 어쩔 수 없는 이유는, 그 대상들에 에너지가 몰리기 때문입니다. 그런데 관찰을 아주 열심히 하다보면 관찰하는 그놈한테만 에너지가 많이 쏠려요. 그렇지만 관찰자는 내용이 없습니다. 바라보려는 의도 하나만 있는 놈이에요. 그래서 관찰자는 투명하게 느껴집니다. 이런저런 생각들은 여러 색깔과 무게와 느낌들로 이루어진 내용 있는 것이라면 관찰자는 투명한 내용이라고 할 수 있습니다.

관찰자만 남으면 이제 다뤄야 할 마지막 하나만이 남아있는 것입니다. 그래서 예전에 누군가가 "관찰자가 본질입니까?"라고 물었어요. 아니라고 하니까 더 이상 갈 데가 없는 것입니다. 모든 것을 관찰하고 살펴서 그것들은 내가 아니라는 것을 알았습니다. '나'라는 느낌도 내가 아니라는 것을 알았어요. 그리고는 그 무엇도 아닌 것 같은 투명한 관찰자도 본질이 아니라고 하니 더 이상 갈 데가 없죠. 관찰자도 진정한 본질이 아니라면 관찰자는 어디에서 어떻게 일어나는가? 더 이상 딛고 서있을 자리가 없어요. 그때까진 그래도 관찰자를 붙들고 있었어요. '나'라는 느낌에서는 떠났지만 관찰자라는 미묘한 주체가 남아 있었던 것입니다. 그때까지는 관찰하려는 의도가 주인 노릇을 했는데, 그놈도 본질이 아니라고 하니 이제 그놈도 주인 노릇을 못하게 된 것입니다. 마음이 붕 떠버립니다. 마음이 어디에도 갈 데가 없습니다. 그래서 그때부터 막 헤매는 것입니다. 그러나 혼자 헤매지 않고 계속 대담을 나누었기 때문에 어느 순간 몸 없는 그것이 자신의 본질임을 발견한 것입니다. 그 무엇도 아니란 것을 발견했어요. 마지막까지는 관찰자라는 것을 사용해야 합니다. 어쩔 수 없어요. 그것이 우리가 가진 마지막 도구입니다. 그래서 관찰하고 알아채려는 의도는 마지막까지 남겨서 다른 모든 것을 쳐내는 데 사용합니다. 토사구팽이에요. 다른 마음의 대상들을 관찰자인 개가 다 잡아먹습니다. 그리고 맨 마지막에 개만 남으면 그마저도 잡아먹는 거죠.

관찰되는 모든 것들이 사라지고 마지막에 남은 이 의도마저 사라져야 하는데 그러려면 여기서도 힘이 빠져야합니다. 문제는, 힘을 빼거나 사라지게 하려는 의도가 있다면 그것 역시 새로 생긴 관찰자라는 것입니다. 기존의 토끼를 없애던 방법으로는 개를 없앨 수 없어요. 관찰하면 사라지는 그런 방식으로는 마지막 관찰자가 사라지지 않습니다. 관찰하려는 의도를 낼 때마다 계속해서 새로운 관찰자가 생기기 때문이에요. 그럼 어떻게 해야 할 것인가? 그때 생각이 일어나기 직전을 살펴보는 방법을 쓸 수 있습니다. 관찰자도 일어나죠. 관찰자도 하나의 미묘한 생각이니까요. 그런데 관찰하려는 의도가 일어나기 직전은 어떻습니까?

마음을 잘 살펴보세요. 이 말을 들으니 살펴보려는 자기가 생겨났죠? 살펴보려는 의도가 생겨나기 직전에는 무슨 일이 있었습니까? 내 말을 듣고 있다가 마음을 살펴보라는 말에 마음의 모드가 바뀌잖아요. 듣고 있는 자기에서 살펴보려는 자기로 모드가 바뀝니다. 자동차 운전할 때처럼 기어가 바뀝니다. 그런데 자동차 기어가 바뀔 때는 반드시 중립을 거치게끔 되어 있습니다. 어떤 기어도 아닌 상태, 즉 텅 빈 상태로 되었다가 기어가 바뀝니다. 마음도 마찬가지로 듣는 모드에서 관찰 모드로 갈 때는 일단 한 번 텅 빈 상태를 거치게 되어 있습니다. 하지만 그 텅 빈 상태에는 관찰자마저도 없기 때문에 텅 빈 상태에 있음을 결코 알 수가 없어요. 게다가 아주 빠르게 일어납니다. 선불교에서는 "너의 본래 면목, 원래 얼굴이 무엇이냐?" 또는 "부모로부터 태어나기 전에 너는 어디에 있었느냐?"고 묻습니다. 바로 중립 상태, 텅 빈 상태를 묻는 것입니다. 이렇게 말하면 사람들은 또 생각으로 텅 빈 상태를 만들어내는데, 그건 마음의 내용 속으로 들어가는 것입니다. 생각이 관여하면 예외 없이 마음의 내용이 있는 상태죠. 생각이나 느낌이 있다면 전부 움직이는 상태입니다. 방향과 힘이 있는 벡터의 상태에요. 마음이 움직이고 있어요. 마음이 멈추면 마음의 분열도 없어지고 자기라 할 만한 것도 사라집니다. 보통은 잠이 들죠. 꿈을 꾸는 건 다시 중심 안 잡힌 기어가 움직이는 것입니다. 하늘과 육지와 바다를 오가죠. 약간 망가진 기어로 돌아가는 것입니다. 그러나 어쨌든 기어가 돌아가는 상태, 움직이는 상태입니다. 그렇게 움직이는 상태에서 마음이 멈추면 어떻게 앎이 일어나겠어요? 관찰이 일어날까요? 움직임이 멈췄는데. 관찰하고 있다는 것 자체가 아주 미묘하고 투명한 움직임입니다. 관찰 주체와 관찰 대상이 나뉘어서 주체로부터 대상을 향해 주의가 움직입니다.

그런데 여러분이 내 말을 집중해서 듣는 동안에는 자기라는 것이 없을 수도 있어요. 마음이 그냥 열려있는 동안에는. '아, 맞는 말이야, 저건 아닌데.' 이렇게 생각이 올라오면 움직이고 있는 상태지만, 텅 비어서 열린 마음으로 있으면 마음이 멈춰있는 상태에 가깝습니다. 듣는 상태에서는 그런 일이 종종 일어나죠. 그래서 옛날에 강의를 듣다가 툭툭 깨어나는 경우가 있었던 것입니다. 들으면서 텅 빈 상태가 되면 그때는 자기가 뭘 하는 것이 아닙니다. 판단 없이 듣다보면 자기라는 것이 안 올라와요. 그러면서 자기라는 것이 깨져나가서 툭 깨어날 수도 있습니다.

그렇지만 대부분의 의식현상은 기어가 물려서 움직이고 있는 중이라고 보면 됩니다. 그래서 기어가 물리기 직전의 너는 어디 있었냐고 묻는 것입니다. 생각이 일어나기 직전을 살펴보도록 안내해 주는 것입니다. 우선 생각을 분해하거나 생각 자체를 느낄 수 있으면, 생각들은 이제 큰 문제가 되지 않습니다. 그러면 생각이 일어나기 직전을 살펴볼 힘을 얻게 된 것입니다. 그리고 생각이 일어나기 직전을 살펴보면 언뜻 언뜻 생각 없는 무심의 공간, 빈 배와 같이 내용 없는 빈 마음이 알아채지고 느껴집니다. 그 빈 마음에 지속적인 관심을 쏟으면, 거기에 쏟아지는 마음과 빈 마음이 둘이 아니기에 마음의 분열을 넘어서 태극 상태와 같은 순수의식이나 삼매, 또는 무극 상태로 녹아 들어갑니다. 이런 과정을 우리는 연습하고 있어요. 생각이 없는 감지 상태를 지나 마음의 상이 없는 감각 상태로 연습해나가는 과정에 이런 의미가 있습니다.

알아챔마저도 잊어버리라

妄覺俱忘을 名曰無心이라
망 각 구 망　　명 왈 무 심

알아챔과 망념을 모두 함께 잊으면 이름 하여 무심이라.

알아챔마저도 잊어버리라는 말입니다. 관찰자마저도 잊어버려야 무심이에요. 살펴보는 마음은 텅 비어있는 것 같지만 실제로는 거기에 투명한 관찰자가 있습니다. 투명한 관찰자가 있으면 빈 병이 아니에요. 진공이 아닙니다. 병 속에 무엇인가가 들어있어요. 공기가 들어있으면 엄밀하게는 빈 병이 아닌 것처럼 관찰하려는 의도가 있으면 빈 마음이 아닙니다. 무심無心은 마음이 없다는 의미가 아니라 마음이 비었다는 의미입니다. 진공상태의 마음이에요. 태극이고 무위無爲지요. 물론 더 엄밀하게 말하면 태극은 미묘하게 뭔가 남아있는 것이지만요.

망념에 주의를 주는 것은 곧 과거에 주의를 주는 것입니다. 망념의 개념에는 생각과 감지가 모두 포함합니다. 그래서 생각과 감지에 주의를 주면 우리의 생명의 힘이 과거에 가 있어서 현재를 제대로 볼 수 없게 합니다. 그렇다면 어떻게 해야 진정한 이 순간인 현재에 주의를 줄 수 있을까요? 우리가 보통 말하는 현재도 망념의 일종입니다. 과거의 내 경험에 쌓인 감지를 이용해서 바라보기 때문에 현재라는 것도 사실은 과거의 연장선이에요. 그래서 과거, 현재, 미래는 모두 감지입니다. 모두 마음의 상들이 덧씌워져서 영원한 지금을 갈라놓고 있습니다. 현존現存이라는 말이 있는데 대체 어떻게 현존할 수 있겠어요? 무언가에 대한 인식 자체가 이미 과거 속에 있는 것입니다.

현재란 사실 과거와 미래가 섞여있는 교집합이라고 할 수 있습니다. 탁자를 바라보세요. 과거에 경험했던 탁자 없이 지금 눈앞의 탁자를 바라볼 수 있습니까? 이 순간에 바라보고 있다고 여기지만 과거의 경험을 통해 보고 있잖아요. 현재라는 것은 따로 없습니다. 과거와 미래를 빼고 여러분이 생각해낼 수 있는 현재가 과연 있을까요? 현재에는 과거와 미래가 섞여 있습니다. 과거의 경험으로 미래를 예상하면서 지금 안심하고 있는 것입니다. 여러분은 지금 방 안에 앉아서 지붕이 무너지지 않을 거라고 무의식적으로 미래를 예상하고 있는 중입니다. 과거와 미래를 뺀 현재라는 것은 없습니다. 현재는 마음의 상들인 과거로 이루어졌으며, 미래는 과거가 섞여서 구성됩니다.

과거와 미래가 없는 현재라는 것은 영원한 지금Eternal now입니다. 지금 이 순간은 영원과 통합니다. 현재라는 느낌도 없는 지금 이 순간으로 들어가 보세요. 거기에 시간감각이 있습니까? 시간감각이 없는 곳이 영원입니다. 무한이니까요. 그리고 지금 이 순간이기도 해요. 그래서 '영원한 지금'이라고 합니다. 영원한 현재가 아니에요. 마음의 상相이 없기 때문에 현재도 없습니다. 그래서 영원과 찰나가 다르지 않다고 말합니다. 즉 순간과 영원이 함께 하는 감각상태가 있을 뿐이에요. 감각상태에는 과거와 미래가 섞여 들어가지 않기 때문에 마음에는 어떤 상도 없이 오직 지금 이 순간의 의식만 살아있습니다. 분별없는 의식이죠. 알아채려는 의도도 희미해지고 성성한 깨어있음만 있습니다. 그래서 감각은 순수의식인 태극太極으로 가는 징검다리이고, 태극은 더 깊은 무극無極으로 가는 중간 다리가 됩니다. 우리의 감각 연습은 바로 무심으로 가는 길입니다.

故로 祖師가 云 하사대
고 조사 운

不怕念起 하고 只恐覺遲라 하시고
불 파 념 기 지 공 각 지

그러므로 조사가 말씀하시되
생각이 일어남을 두려워하지 말고 다만 알아챔이 더딤을 두려워하라.

생각이 생겨나는 것은 크게 두려워할 일이 아닙니다. 오직 그것을 아주 빠르게 알아채기 위해 더 주의를 주어야 합니다. 생각은 나타났다 사라지죠. 오래 머물지 않습니다. 그렇지만 알아챔이 늦으면 순간적으로 마음에 수많은 현상이 일어납니다. 서로를 대상으로 바라보는 순간 자신이 상대방의 말을 듣고 있다고 느낀다면, 나의 에너지가 아무 분별없는 들음 속에 있다가 나와 나 아닌 것을 의식하는 동일시로 빠져든 것입니다. 의식하지 않으면 분리가 없습니다. 감각적인 느낌은 있지만 주의가 가지 않으면 느껴지지 않아요. 그러나 여러분이 대상을 의식하는 순간이 바로 나라는 것과 동일시된 순간인데 이를 알아채지 못하죠. 생각의 일어남을 두려워해서 막으려하지 말고 알아챔을 빨리 하도록 관심을 기울이세요. 그러다 보면 '나'라는 실타래, 즉 경험과 경험에 의해 생겨난 감지, 그리고 감지를 기반으로 스토리를 만드는 네트워크인 과거의 생각들로 이루어진 '나'라는 중심에 모든 생각들이 정렬되어 있음을 발견하게 될 것입니다. 나의 경험과 지식, 누군가에게 들은 말, 주입된 신념, 그리고 느낌의 실이 뭉쳐진 실타래가 바로 '나'입니다. 그걸 자기라고 여기는 것입니다.

따라서 모든 생각과 감지, 그리고 그것들을 통해 일어나는 경험에 힘을 싣고 주의를 줄수록 '나'라는 스토리는 강화됩니다. 그 경험이 어떤 것이라 할지라도. 심지어 알아챔의 경험이라 할지라도 그렇습니다. 경험했다고 믿는다면 '나'라는 실타래를 강화시키는 것입니다. 마지막에 일어나는 미묘한 강화입니다. 어떤 대상을 보는 일은 계속해서 나를 강화시켜서, 결국 우리의 귀한 생명력이 영원한 지금에 머무르지 않고 과거, 현재, 미래라는 환상 속을 떠돌게 합니다. 그러나 과거, 현재, 미래라는 마음의 상이 떠오를 때 바로 기민하게 알아챈다면 모든 견해를 쉬게 하는 토대가 마련되고 드디어 진심이 드러나게 됩니다.

又偈에 云 하사대
우 게 운

不用求眞하고 唯須息見이라 하시니
불 용 구 진   유 수 식 견

또 게송에 말하기를
진심을 찾으려 애쓰지 말고 오직 견해를 쉬도록 하라 하시니

이 말은 "모든 마음의 현상을 현상으로 보면 이미 그는 본질에 가 닿은 것이다."라는 말과 같은 의미입니다. 여러분은 이미 본질입니다. 그러나 그걸 모른 채 자꾸 생각에 에너지를 실어주고 있어요. 나는 아직 모르겠다는 생각, 나는 알았다는 생각에 걸려있다면 자기가 그렇게 고집하고 있다는 것을 알아차려야 합니다. 자기를 강화하고 있는 것입니다. 자기를 속이지 말고 또 자기를 강화시키지 않아야 합니다. 모든 생각과 느낌은 자기를 강화시킵니다. 무언가를 대상삼고 있기 때문에 그렇습니다.

선사들은 진심이 어떻게 찾아지는지 알았기에 이런 말을 하는 것입니다. 보조국사 지눌은 방법을 아는 것입니다. 참나를 언뜻 보고서 '참나를 찾았어.'라고 한다면 그 사람은 참나라는 상相을 붙들고 있는 것입니다. 참나는 결코 황홀하지 않습니다. 만약 황홀경이 느껴진다면 그것은 부산물일 뿐이에요. '나'라는 것에 잡혀서 헤매다가 마침내 '나'로부터 해방되면서 황홀할 수 있어요. 그렇지만 참나는 황홀한 느낌이 아닙니다. 이미 본질이기 때문에 황홀경이 필요 없습니다. 본질이 아닌 것을 아닌 것으로 알면 그대로 끝나는 것입니다.

오직 견해를 쉬라고 했습니다. 가장 기본적인 견해는, 나와 타인이 다르며 나는 분리된 '무엇'이라는 견해입니다. 이 견해에 다른 모든 견

해가 뿌리박고 있습니다. 밖의 대상을 볼 때마다 이 견해가 마음에 무의식적으로 일어나 활동합니다. 여러분이 보는 모든 대상들은 바로 여러분 자신의 무의식적인 견해입니다. 왜냐하면 여러분이 보고 느끼는 대상은 모두 여러분의 느낌의 세계에 있기 때문입니다. 여러분 각자가 경험하는 사과는 모두 다릅니다. 여러분이 지금 같은 방 안에 있다고 생각한다면 그것은 오해입니다. 각자가 느끼는 방은 다 달라요. 그리고 방의 느낌은 그렇게 보는 자신을 강화시키고 있습니다. 방의 느낌은 느끼는 자신과 한 짝이 되어서 저장되고, 방을 보는 순간 다시 나타나서 재현됩니다. 그리고 그 방을 떠나면 청사진으로 남아서 다시 나에게 저장됩니다. 어릴 때는 나와 남을 구별하지 못하기 때문에 강화될 내가 없어요. 그런데 커가면서 "내가 할 거야."라고 말하기 시작하죠. 자신의 세계와 타인의 세계가 다르다는 것을 발견할 때마다 '나'는 강화되고 나와 타인을 구분하는 마음은 더 명확해집니다.

모든 사물은 이름과 생각 이전의 느낌, 즉 감지로 여러분에게 다가옵니다. 그리고 그 느낌은 오직 여러분만의 느낌입니다. 다른 사람의 느낌과 다를 수밖에 없습니다. 그 차이가 아무리 미미할지라도. 그렇기 때문에 대상을 보는 것은 무의식적으로 '나는 이렇게 느낀다, 이렇게 본다.'고 끊임없이 반복하는 것과 마찬가지에요. 그리고 대상을 명확히 보면 볼수록 '나'는 강화됩니다. 감각상태에 들어가면 사물에 대한 분별이 희미해지고 흐려지죠. 동시에 사물을 보는 나도 희미해지고 흐려집니다.

진심을 찾으려 애쓰지 말고 견해를 쉬라는 말은, 대상을 대상으로 보지 않고 남을 남으로 보지 않고, 남을 나처럼 느끼라는 의미가 아닙니다. 그것은 나와 남을 나눠놓고서 남을 나처럼 느끼는 것이기 때문에 오히려 더 미묘하게 자신을 강화시킬 수도 있습니다. 그 뜻은 나와 남이 없는 상태로 있으라는 것입니다. "네 이웃을 네 몸과 같이 사랑하라."는 말의 원래 뜻도 나와 이웃을 구별하지 말라는 것입니다. 나와 이웃의 구별 없음 속으로 가라는 말이고, 그런 구분이 원래 없었음을 발견하라는 말입니다.

此是覺察息妄功夫也라
차 시 각 찰 식 망 공 부 야

이것이 알아채 살피고 망념을 쉬는 공부이다.

무심無心을 향한 공부 방법 중에 첫 번째는 각찰覺察을 기반으로 하여 자신을 살펴보는 것입니다. 자신을 살피고만 있으면 사실 무엇을 하던 상관없습니다.

둘째, 휴헐休歇_그저 봄이 일어나도록 하라

二曰休歇이니 謂做功夫時에 不思善不思惡하야
이 왈 휴 헐   위 주 공 부 시   불 사 선 불 사 악

두 번째는 쉼이니 공부 시에 선도 악도 생각하지 말라.

오늘 강의는 무심無心에 이르는 열 가지 길 중에서 두 번째 방법인 휴헐休歇입니다. 마음을 쉰다는 의미는 선善도 악惡도 생각하지 않음입니다. 선과 악은 기본적으로 마음의 분리를 통한 개념이기 때문이에요. 지금 여러분에게 내가 말하는 소리가 들리죠? 어떤 말이 들리면 여러분은 그 소리의 내용 속으로 들어갑니다. 마음의 분리된 다양

한 개념에 빠져들어서 그 개념들을 조합하여 말의 의미를 파악한다는 것입니다. 그렇게 하지 말고 아무 생각 없이 그냥 소리를 들어보세요. 그 소리에 대해 어떤 생각도 하지 말고, 좋거나 나쁜 느낌도 느끼지 말고 그냥 들어보세요. '내가 저 소리를 듣는다'는 생각도 없이 들어봅니다. 마음이 나누어지지 않은 상태로 들어보는 것입니다. 어떤 의도를 가지고 들으면 마음이 바로 분리되는데, 의도 없이 들을 때 어떤 경험이 일어나는지 살펴보려는 것입니다. 소리를 들을 때 특정한 음이 어떤 생각이나 이미지를 떠오르게 한다면 그것 역시 분열된 마음으로 들어가는 것입니다. 아무런 생각 없이 그냥 소리를 들으면서 소리와 하나가 되어 봅니다.

어떤 기준도 판단도 없이 소리를 들으면 어떻습니까? 듣는 나와 들려지는 소리가 나눠지지 않은 '들음'만이 있었나요? 생각 없이 들었다면 아마 소리만 있었을 것입니다. 사실 소리라고 할 만한 것도 없죠. 마찬가지로 어떤 사물을 볼 때 '내가 저것을 본다'는 생각 없이 '봄'만 일어나도록 해봅니다. 그리고 그때 '나'라는 것이 따로 있는지 살펴보세요. 무엇을 본다는 생각과 개념, 그리고 분리된 느낌 없이 바라보면 본다는 현상이 일어날 때, 거기에 경험하는 자와 경험하는 대상이 있습니까? 마음으로 나누지 않는다면 본다는 경험만 있을 뿐 보는 자와 보이는 대상이 따로 없을 것입니다. 그냥 경험이 일어나고 있는 중이죠. '누군가가 어떤 경험을 하고 있다'는 의식이 없다면 그저 경험이 일어나고 있는 중입니다. 자연이 그렇게 일어나고 있어요.

'내가 무엇을 본다.'는 의식 없이 보고 있으면 그저 '봄'이 일어나고 있을 뿐입니다. 사실은 감각기관과 그 기능에 의해 대상이라고 이름 붙여진 것과 내가 연결되어 관계 맺어지고 있는 중이지요. 관계 맺어진 현상의 한 부분을 경험하는 주체인 '나'라고 이름 붙이고, 다른 부분은 '대상'이라고 이름 붙입니다. 그러면 개별적이고 고정적인 무언가가 존재하는 것처럼 느껴지고 생각되죠. 그렇게 개념으로 나누는 분별만 없다면, 사물과 나는 '본다'는 현상을 통해 서로 관계 맺어져 있을 뿐입니다. 어쩔 수 없이 관계라는 말을 사용했지만 애초에 둘이 아닙니다. '봄'이라는 하나의 현상일 뿐이에요. 어찌 보면 내가 무엇을 보는 순간 그것이 된다고 말할 수도 있어요. 나는 특별히 따로 있지 않습니다. 하나가 된다는 것마저도 없죠. 그래서 불이不二라고 합니다. 둘이 아니라는 말이죠. 자연 전체는 그렇게 돌아가고 있습니다.

생각으로 마음이 나누어져 있으면, 경험이 일어날 때 '내가 무엇을 한다'고 생각합니다. 그러나 주체와 대상이라는 생각과 느낌을 빼고 보면 그저 하나로 얽혀 있을 뿐입니다. 애초에 둘이 아니에요. 그것이 바로 "선도 악도 생각하지 말라."는 말의 진정한 의미입니다. 좋고 나쁨에는 항상 어떤 기준이 있습니다. 그리고 그 기준은 개념화의 토대가 됩니다. 따라서 그런 토대가 되는 마음의 흔적을 작동시키지 말라는 것이 쉼의 진정한 의미입니다. 그런 쉼에 어떤 분별이 있습니까? 경험하는 자와 경험대상이 있습니까? 오직 경험이 있을 뿐, 경험하는 자나 경험되는 대상은 따로 없습니다. 경험이 있다는 개념도 없습니다. 오직 듣고만 있을 때 거기에 듣는 자나 들려지는 음악이 있었나요? 아무런 나뉨이 없습니다. 나누는 것은 모두 마음의 개념입니다.
　'마음을 쉰다'의 의미는 마음에 어떤 분리도 일으키지 않는 것입니다. 이 말을 잘못 이해하면 분리를 일으키지 않으려는 의도를 또 내는데, 그런 의도의 밑바닥에는 '분리는 마음을 쉬는 공부에 좋은 것이 아니다'가 있습니다. 그러니 일종의 악을 생각하는 셈이죠. 모든 의도는 하나의 기준이 되니, 의도마저 갖지 말아야 한다는 것이 어려운 점입니다.

여러분이 좋고 나쁜 생각 없이 소리를 들을 수 있다면 거기엔 어떤 주체와 대상이 없는 그저 '들음'만이 있을 것입니다. 미묘한 밀침과 끌림으로 듣는다면 소리가 들리겠지만, 그런 것마저도 없이 소리를 듣는다면 주체도 대상도 없이 오직 '들음'만이 있습니다. 이것이 바로 보는 자와 보이는 대상이 없는 '봄'만 있는 상태이기도 합니다. 사물을 보되 보는 주체와 보이는 대상을 생각하지 않고 그저 '봄'이 일어나도록 해보십시오. 하려는 의도 없이 저절로 되어 지도록 연습해보세요. 오래하면 저절로 그렇게 됩니다. 처음에는 의도가 생겨나니 그 의도를 가지고 연습하지만, 나중에 의도마저 사라지고 자연스럽게 되면 그때부터가 진짜입니다. 그때는 사물을 보면 봄만 있어요. 그 전까지는 애쓸 필요가 있습니다. 애씀, 즉 의도가 항상 분리를 만들어 낸다는 것을 알면서 해나가면 됩니다. 온 우주의 모든 것이 연결되어 있습니다. 아니, 연결되어 있다고 할 수도 없어요. 애초에 그냥 하나입니다. 생각만 떼어내면 모두 하나입니다.

心起便休하며 遇緣便歇이니
심 기 변 휴   우 연 변 헐
마음이 일어나면 곧 쉬어야 하며 인연을 만나면 곧 쉬는 것이다.

마음이 일어나면 곧 쉬어야 하는데, 일어난 마음이나 쉬려고 하는 마음이나 모두 마음의 일어남이라는 것을 알아채야만 쉼이 가능합니다. '마음이 일어나면 관찰하고 쉬어야지.'하는 의도 역시 일어난 마음이라는 말이에요. 그래서 알아챔이 중요합니다. 의도를 가지고 알아채려는 그 마음도 심기心起라는 것을 최종적으로 알아채야 해요. 가장 재밌으면서도 어려운 점이 뭔가를 하려고 하는 자신을 대상으로 삼아야 한다는 점입니다.

그러므로 마음을 쉬려고 하지 말고 일어남을 일어남으로 알아차려야 합니다. 그때 마음은 자신도 하나의 일어남임을 알게 되며 더 거대한 공간으로 중심을 옮깁니다. 물론 그런 중심이 따로 있거나 느껴진다는 의미는 아닙니다. 말로 하자면 그렇다는 것입니다. 일어나는 마음으로부터 중심을 옮겨간다는 말은, 더 이상 일어나는 마음에 머물지 않는다는 의미입니다. 처음에는 두렵거나 허허롭게 느껴지죠. "그럼 어디로 떠나라는 건가요?"라고 질문을 하게 됩니다. 어떤 다른 목적지를 상정하고서 떠나려고 해요. 자아라는 놈은 늘 목적을 추구하면서 살아왔기 때문에 그렇습니다. 스무 살 넘으면 항상 무언가를 위해서 움직이잖아요. 그냥 떠나면 되는데, 어디를 향해서 떠나야하냐고 마음이 질문하죠. 목적지가 있어야만 떠날 수 있는 것이 문제입니다. 그냥 아무런 목적 없이, 아무런 이유 없이 떠나라는 것입니다. 그래서 우리는 이유 없는 정성을 연습했습니다. 아무 이유 없이 무언가를 한다는 건 목적이 없다는 것입니다. 마음이 발붙일 곳을 만들지 않는다는 말입니다. 의도가 일어날 때 '이것도 마음의 하나의 일어남이네.'라고 알아채는 순간 그 의도에서 떠납니다. 어딘가로 떠나는 건 아니에요. 그저 거기에 붙어 있다가 떨어질 뿐입니다. 그런데 여러분은 떠나면 다른 곳으로 가야할 것 같잖아요? 그래서 마음이 뭔가를 찾는 것입니다. 찾을 필요 없어요. 그냥 떠나면 돼요. 그냥 멈추면 됩니다. 여러분이 진심 그 자체이기 때문입니다. 그런데 자꾸 어딘가에 발을 디디려고 하고 머물려고 합니다. 여기에 어려움이 있습니다. 모든 일어나는 마음에서 떠나면 여러분은 이미 진심 그 자체입니다. 그럼에도 '진심이란 이런 것이야.'라며 머무르려고 하니까 동일시가 일어납니다. 동일시할 것이 아무것도 없어도 괜찮습니다.

"중심이 더 거대한 공간으로 옮겨간다."는 말은 특별한 중심이 따로 있거나 느껴진다는 의미는 아니라고 했습니다. 다시 말하면 미지未知로서 중심이 모든 일어나는 마음을 알아채고 쉰다는 말입니다. 여러분의 중심은 미지로 옮겨가는 것뿐입니다. 말이 미지未知이지 특별히 인지되는 것이 아니죠. 그냥 모르는 것입니다. 모름 속에 자기 뿌리를 둔다고도 하는데, 이것이 말이나 됩니까? 모름 속에 뿌리를 둔다. 이것은 그냥 말일 뿐입니다. 어떤 앎에서도 떨어져서 그냥 쉬라는 의미에요. 그러니 안다거나 경험한다고 느껴지면 그것은 다 일어난 마음이니, 그럴 때는 그냥 쉬도록 하세요.

마음이 일어나는 것을 모두 일어남으로 알아차리게 되면 그 안의 구조를 조금씩 볼 수 있게 됩니다. 그 구조는 바로 인연因緣이에요. 내적인 원인을 인因이라 하고, 외적인 원인을 연緣이라고 합니다. 줄탁동시啐啄同時라는 말이 있습니다. 병아리가 알을 깨고 나올 때 안에서 병아리가 껍질을 쪼는 것을 줄이라 하고 밖에서 어미닭이 쪼는 것을 탁이라고 하는데, 이 두 가지가 동시에 일어난다는 말이죠. 이때 안에서 병아리가 쪼는 것은 인因이고, 밖에서 어미닭이 껍질을 쪼는 것은 연緣이에요. 그렇게 인因과 연緣이 만나서 알이 깨지는 현상이 일어납니다. 여기서 알의 깨짐을 하나의 일어난 마음이라고 해봅시다. 예를 들어 밖에서 뭔가 툭 떨어지는 소리가 납니다. 그러면 마음속에서 '사과 떨어지는 소리구나.' 또는 '안경집 떨어지는 소리네.' 등으로 판단하는 생각이 일어납니다. 그때 마음속에 있는 안경집이나 사과에 대한 경험적인 흔적이 인因이에요. 그리고 들려오는 어떤 소리가 연緣이죠. 그렇게 인과 연이 만나서 '저 소리는 뭐구나.'하는 마음이 일어납니다. 인만 있거나 연만 있어서는 현상이 일어나지 않습니다. 인연이 되어야지만 뭔가 이루어져요. 모든 일어남은 항상 이런 만남이고 관계입니다. 그리고 일체의 존재란 이런 관계가 일정기간 유지되는 것일 뿐입니다. 예를 들어 손뼉을 친다고 해봅시다. 양손의 한 번의 만남은 딱 소리로 끝나지만, 아주 빠른 속도로 연속해서 손뼉을 친다면 소리가 계속 이어지는 것 같겠죠? 존재란 이런 것이에요. 나누어져 있다고 여겨지는 것들이 만나서 일으키는 일시적인 현상입니다. 그래서 물리학자 존 휠러 John Archibald Wheeler는 "존재는 관계다."라고 말했습니다.

　모든 현상은 이런 인과 연에 의해 일어나는데, 그 인연을 만나면 즉시 쉬라고 말하고 있습니다. 마음에 일어나는 모든 것에 적용해 보세요. 지금 여러분의 마음에는 무엇이 일어나고 있습니까? 뭔가가 일어나고 있다면 그 밑에는 어떤 구조가 있습니다. 인연이 있다는 말이에요. 석가모니가 세상의 모든 현상들은 인연 때문에 존재한다고 말씀하셨습니다. 모든 존재는 특별히 독립적이고 개별적으로 있는 것이 아니라 인연 때문에 존재한다는 것입니다. '본다'는 현상도 주체와 대상의 인연에 의해 잠시 나타난 현상입니다. 대상이 없어지면 봄도 없죠. 볼 대상이 없으니까요. 그리고 주체가 없어도 봄은 없습니다. 주체와 대상이 만나서 본다는 현상이 일어나듯이, 마음에 일어난 불편함이나 지루함, 또는 기분 좋음이나 즐거움도 어떤 인연들에 의해 일어난 것입니다. 마음에 그런 느낌과 생각과 감정들이 일어날 때 우선 일어남을 알아챈 후에 즉시 쉬는 연습을 계속해보세요. 그러다보면 마음이 일어날 때의 구조가 보이기 시작합니다. 인연에 의한 마음의 일어남이죠. 휴헐休歇은 그 인연을 쉬고 또 쉬라는 말입니다. 마음에 일어나는 모든 것은 조건과 상황이 만나서 이루어진 인연의 소산입니다. 독립적이고 개별적으로 존재하는 것은 아무것도 없어요. 심지어 '나'라는 느낌마저도 대상을 만나야만 느껴집니다. 그런데 사람들은 내가 늘 있다고 여기면서 살아가죠. 커다란 오해와 착각입니다.

일단 마음에 뭔가 일어나면 그걸 알아채야 합니다. 그렇게 오래 하다보면 마음의 일어남이 왜 그리고 어떻게 일어나는지를 알게 되죠. 인연이 파악되는 것인데 그러면 쉬고 또 쉬세요. 쉴 헐歇입니다. 요즘 사람들은 신기하고 이상한 일을 보면 "헐~" 이러잖아요. 그렇게 하라는 것입니다. 마음의 일어남을 알아채면 "헐~" 하면서 쉴 헐歇을 생각하세요.

불사선불사악不思善不思惡

古人이 云 하사대
고인 운

一條白練去 하며 冷湫湫地去하며
일 조 백 련 거   냉 추 추 지 거

고인이 말하기를
한 가닥 흰 비단처럼, 차가운 가을 물 흐르는 곳처럼 가며

가을물 추湫입니다. 여러분 모두 여기 함양에 와서 용추폭포에 다녀왔죠? 용추의 추가 가을물 추湫에요. 가을 물은 어떻습니까? 아주 차갑죠. 얼기 바로 직전의 차가운 물에 손이 닿으면 어떨까요? 정신이

번쩍 듭니다. 정신이 졸지 않고 늘 깨어있게 만든다는 그런 의미이니, 차가운 가을 물이 흐르는 곳에 있는 것처럼 정신이 성성하게 깨어서 수행해가라는 말입니다.

한 가닥 흰 비단처럼 가라는 말은 무슨 뜻일까요? 흰 비단에는 더러움이 조금만 묻어도 바로 표시가 나겠죠. 그처럼 무언가 작은 것이라도 마음에 나타날 때는 즉시 알아채라는 말입니다. 흰 비단의 때가 금방 눈에 띄듯이, 너무 차가워서 정신이 번쩍 들 정도로 깨어있는 상태로 수행해가라는 말입니다. 여기서 또 한 가지 비유가 가능합니다. 흰 비단이 우리 마음의 본성이라면 마음에 일어나는 모든 것들은 비단에 묻은 오염이라고 볼 수 있습니다. 지금 몸과 마음에 무엇이라도 일어난다면 그것은 다 흰 비단에 묻은 얼룩이에요. 그런데 비단에 묻은 얼룩은 빨면 사라지지 않습니까? 얼룩이 비단은 아니니까요. 여러분이 뭔가를 알아채려는 의도, 관찰하려는 마음, 살펴보려는 의도도 역시 하나의 얼룩입니다. 마음에 일어나는 모든 것은 다 얼룩이에요. 아무리 투명하고 깨끗하고 고귀한 생각이나 의도라 할지라도 비단한테는 얼룩입니다.

물론 현상계로 내려와서는 고귀한 생각을 잘 실현하면서 생활해야 하겠죠. 그렇지만 자기의 마음을 들여다보는데 있어서는 그것마저도 다 얼룩임을 잊지 않도록 하세요. 그래서 불사선불사악不思善不思惡하라는 것입니다. 악을 생각하지 말아야 하겠지만 선도 생각하지 말라고 했어요. 왜냐하면 선과 악은 개념에 의한 마음의 분리이기 때문입니다. 선을 생각하는 사람은 악을 생각하지 않을 수가 없습니다. 선은 악에 대비된 개념이기 때문에, 선을 생각하는 마음의 저변에는 무의식적으로라도 악이 있습니다. 생각 차원의 개념은 모두 이렇게 이원적입니다. 언어 자체가 상보적이에요. 선은 악에 의존하고, 악은 선에 의존해서 성립된 개념입니다. 사실 선과 악은 특별하게 나누지 않으면 구별할 수 없습니다. 마음이 그렇게 나누고 있을 뿐이죠. 이쪽은 선이고 저쪽은 악이라고 말하려면 어떤 기준이 있어야합니다. 그 기준은 바로 내 마음에 쌓여있는 마음의 흔적들입니다. 마음의 얼룩이죠. 그 얼룩이 불쑥 솟아오르면 마음이 일어납니다. 그럴 때 쉬도록 하세요. 여러분의 마음에 무언가가 일어났다면 그것은 희디 흰 마음에 일시적으로 묻은 얼룩이라는 것입니다. 그러니 일어난 그 마음을 찬양하거나 비판할 필요가 없습니다. 왜냐하면 그것은 임시적이기 때문이에요. 그렇게 알고 잠시 쉬면 됩니다.

흰 마음으로 있지 않으면 일시적으로 일어났다가 사라지는 감정, 생각, 느낌에 동일시되어 그것을 자신으로 알고 그것에 끌려 다닙니다. 한 가닥 하얀 비단 같은 마음을 발견하지 못했기 때문에 비단에 묻은 얼룩을 자기라고 여겨요. 그것이 착한 얼룩이든 나쁜 얼룩이든 다 얼룩이에요. 그런 얼룩을 알아채는 치밀한 마음이 바로 차가운 가을 물 같이 성성하게 깨어있는 마음입니다.

알아챈다는 작용은 지금 이 순간에만 가능합니다. 마음이 과거로 돌아간 상태의 알아챔은 없어요. 과거의 일을 회상한다 해도 그 기억을 불러내어 지금 이 순간에 알죠. 이 순간의 생각과 느낌의 일어남을 성성하게 깨어서 알아채는 것이 바로 지금 이 순간에 있는 것입니다. 생각의 내용 속으로 들어가면 마음의 힘은 과거와 미래라는 스토리 속에 빠져들죠. 그런 사람은 지금 여기를 벗어난 것입니다. 그러므로 지금 여기에 머무는 것이 바로 알아챔의 기본적인 방법입니다.

古廟裏香爐去하야 直得絶廉纖離分別하야
고 묘 리 향 로 거   직 득 절 렴 섬 리 분 별

오래된 사당의 향로처럼, 섬세한 망상도 분별도 끊고

오래된 사당의 향로는 무엇을 의미할까요? 옛사람들이 이렇게 시적인 비유를 들어서 설명했기 때문에, 그 말만 가지고서는 우리가 이해하기가 어렵습니다. 경험이 없잖아요. 옛날에는 같은 성씨의 사람들이 모여 사는 경우가 많았는데, 그런 마을에는 전체 문중의 제사를 지내는 집인 제실祭室이 있습니다. 그 집은 비어있는데도 늘 깨끗합니다. 다른 집은 청소를 안 해도 그 집은 늘 깨끗하게 청소가 되어있어요. 그런데 오래된 사당이라고 했습니다. 너무 오래 되어서 제사를 지내지 않는다는 말이죠. 제사를 안 지내니까 향불을 피우지도 않고, 곳곳에 먼지가 잔뜩 앉아있고 아주 고요합니다. 그렇게 오래된 사당의 향로처럼 고요한 마음의 침묵 속으로 들어가서 섬세한 망상과 분별을 끊어냅니다. 의식적으로 파악하기 힘들어서 무의식에 가까운 느낌 같은 망상들까지 섬세하게 끊어요. 오래된 사당의 향로는, 만일 약간의 향이나 연기라도 나게 되면 즉각 알아차릴 수 있는 그런 고요함을 비유합니다. 그처럼 고요하면 마음에는 아주 섬세한 무의식적인 망상이나 분별마저도 끊겨서 오직 침묵만이 있는 상태가 됩니다. 일어나는 모든 마음의 현상에서 힘을 빼고 고요 속으로 침잠하여 마음을 쉬는 것이 쉼의 공부입니다.

如痴似兀아야사 方有少分相應이라 하시니
여 치 사 올   방 유 소 분 상 응

바보같고 말뚝같이 되어야 바야흐로 진심과 상응한다 하니

한번 꽂아놓으면 움직이지 않는 말뚝처럼 될 때 비로소 진심과 상응한다고 했습니다. 무슨 말일까요? 꾀도 많고, 아는 것도 많고, 무슨 말을 해도 모르는 것이 없는 그런 마음은 전부 일어난 마음입니다. 이와는 다르게 어떤 반응도 없어서 바보 같고, 어떤 이익과 손해가 되는 일이 벌어져도 흔들리지 않는다면 마음이 일어나지 않는 것입니다. 그럴 때 드디어 조금 진심과 상응한다는 말입니다.

이상하지 않습니까? 마음이 많이 일어나서 지혜롭고, 판단도 잘하고 그래야 뭘 알 것 같은데, 그럴 필요 없이 마음을 쉬라고 해요. 마음을 자꾸 일으켜서 알려고 애쓰는 것이 중요하지 않다고 합니다. 알려고 애쓸수록 진심으로부터 멀어지기 때문이에요. 조금 아는 것마저도 내려놓고 쉴 때 드디어 진심이 드러납니다. 왜냐하면 모든 일어난 마음은 일어난 먼지와 같기 때문입니다. 먼지가 가라앉아야지 그 밑의 맑음이 드러나죠. 우리가 이미 진심자체라는 것을 말하고 있는 것입니다. 다른 데 가서 찾을 필요가 없다는 것입니다. 진심은 지혜와 분별을 가지고 멀리 가서 헤매고, 치밀하게 들여다봐야 찾아지는 것이 아니란 것입니다. 그냥 마음을 쉬면, 쉬려는 의도마저도 쉬면 드디어 저 밑바닥에 깔려있던 진심이 빛나기 시작합니다.

바보처럼 반응이 없고 말뚝같이 흔들림 없는 마음이 되어야만, 일어나는 마음이 없어져야만, 비로소 보이지 않던 진심이 스스로를 드러내고 표현할 기회가 주어집니다. 사실 우리는 한순간도 진심이 아닌 적이 없습니다. 그러나 그냥 진심으로 존재하는 것과 진심으로 존재하면서 그것을 아는 것과는 다릅니다. 여러분도 나도 진심이고 본질이에요. 그 점에 있어서는 아무런 차이가 없습니다. 여러분의 본질과 나의 본질이 다름이 없고, 석가모니와 예수의 본질도 우리의 본질과 똑같아요. 그래서 본질 아닙니까? 이 우주에 존재하는 모든 것의 본질이라는 것이 있다면 그것은 누구에게나 똑같아야겠죠. 다른 점이 있다면 석가모니는 본질을 알아챘고, 우리는 알아채지 못했을 뿐이에요. 그래서 '깨달음'이라 표현하죠. 애써서 알아지는 것이 아니라는 것입니다. 뭔가를 획득하는 것도 아니에요. 없던 것을 얻는 것이 아니라, 이미 그것임을 알아채는 것입니다. 그러나 알아챔은 굉장히 어렵습니다. 왜죠? 진심은 아무런 알아챔이 없는 상태인데, 그것을 알아채려는 마음을 가지면 이미 그 진심이 움직인 것입니다. 이것이 바로 문제입니다. 알아챔은 진심이 움직여야만 발생하는 현상입니다. 알아챘다는 것마저 진심의 움직임인데, 그런 움직임마저 없는 곳에 자리한 진심을 발견하면 어떨까요? 본질을 발견하면 황홀하고 매일 매일 행복하고 좋을 것 같죠? 그러나 행복도 불행도 없는 데가 바로 진심입니다. 진심이 움직이면 곧 행복과 불행이 나타납니다.

우리는 진심을 통해 행복과 불행을 맛보고 경험하면서 살아갑니다. 그러나 진심은 행복도 불행도 아닌 곳에 있습니다. 때문에 행복도 불행도 자유롭게 경험할 수가 있는 것입니다. 만약에 진심이 행복이라면 불행은 경험되지 않을 것입니다. 또 진심이 불행이라면 행복은 경험되지 않겠죠. 행복도 불행도 경험하는 건 우리가 그 어느 쪽도 아닌 곳에 있다는 말입니다. 내 손이 차지도 덥지도 않으니까 차가움과 더움을 다 경험할 수 있는 것과 같습니다. 내 손이 36.5℃니까 40℃는 뜨겁게 10℃는 차갑게 느껴지는 것 아닙니까? 내 손의 온도가 40℃도 아니고 10℃도 아니니까 뜨거움과 차가움을 경험하는 것입니다. 아무리 황홀한 행복감이라 할지라도 진심이 움직인 것일 뿐 진심 자체는 아닙니다. 또 아무리 커다란 불행이라 할지라도 그것은 진심이 움직여서 나타난 하나의 모습이지 진심 자체는 아니에요. 그래서 본질을 발견하면 그 어떤 것에도 흔들리지 않고 모든 것을 경험할 수 있습니다. 겁 없이 경험할 수 있겠죠.

그렇게 진심이 그 어떤 것도 아닌 곳에 자리하고 있음을 일별하고 나면, 그곳은 상상했던 황홀과 행복마저도 떠난 자리임을 알게 됩니다. 사람들은 행복이 아닌 것은 불행이라고 생각합니다. 행복도 불행도 아닌 것은 상상할 수도 없죠. 어찌 보면 너무 삭막할 것 같지만 삭막과 삭막하지 않음도 없습니다. 전혀 상상이 안 되죠. 여러분이 상상할 수 있는 모든 것은 마음이 일어난 것입니다. 그래서 이것도 저것도 아닌 것과 직면할 수 있는 커다란 용기가 필요합니다. 용기와 진리, 진정한 사랑이 필요하죠. 여태까지 일어난 마음만 가지고 살아왔어요. 그런데 일어나지 않은 마음이 자기의 본질이라는 것을 발견하기 위해서는 그것을 직면할 용기와 진리에 대한 사랑이 필요합니다. 처음에는 마음이 정말 죽을 것 같습니다. 그래서 백척간두진일보百尺竿頭進一步라고 합니다. 떨어지면 죽을 것 같거든요.

생각과 감정에 빠져 살아오던 방식의 삶으로는 도저히 용납하기 힘든 자리가 바로 진심의 자리이기도 합니다. 아름다움과 행복은 추함과 불행을 동반하고 있습니다. 그러나 진심은 그 양쪽 모두를 떠나 있습니다. 어느 쪽으로도 기울지 않는 말뚝같이 될 때 비로소 진심에 상응하기 시작합니다. 그러므로 진리를 직면하려면 진리에 대한 거대한 사랑과 인내가 필요합니다. 여러분이 만약 기분 좋음을 추구하여 이 공부를 해나간다면 분명히 실망할 것입니다. 진리는 기분 좋음과는 상관이 없습니다. 추구하는 과정에서 그런 느낌을 잠시 느낄 수는 있어요.

힘들다가 더 이상 힘들지 않게 되면 기분 좋음이 일어납니다. 감정과 생각에 빠져서 괜한 괴로움을 당하다가 괴로움을 당하지 않으면 기분이 좋아지겠죠. 그러나 그것은 잠시입니다. 언제나 힘들지 않고, 생각이나 감정에 끌려 다니지 않으면 기분 좋을 일도 별로 없어요. 본래 그런 것일 뿐. 그래서 평상심이 도道라고 하는 것입니다. 처음부터 생각이나 감정에 끌려 다니지 않는 사람이 있다면 그 사람은 기분 좋을 일이 별로 없잖아요. 그것이 평상적인 보통의 마음이에요. 무슨 일이 생겨도 겁내지 않고 다 받아들이죠. 그런 사람한테 무슨 행복이 있겠어요? 없습니다. 그렇지만 그와 동시에 불행도 없어요. 행복도 불행도 없는 마음이라는 것이 뭘까? 인간 같지 않은 마음인가 싶지만, 인간 같지 않은 마음이랄 것도 없는 것입니다. 그래서 이런 진리에 직면하려면 정말 커다란 용기가 필요해요. 기분 좋음을 추구하여 이 공부를 해 나간다면 조만간에 분명히 백척간두에 다다르게 됩니다. 얼마나 두렵겠어요. 여기서 떨어지면 행복과 기분 좋음과는 끝인데 자진해서 뛰어들겠습니까? 더 이상 좋은 기분을 느끼지 못한다는 말은 아닙니다. 다만 더 이상 그런 것이 중요하지 않다는 말입니다. 그래서 자발적으로 떨어질 때는 정말 아쉽습니다. 영화 매트릭스에서 사이퍼가 그러잖아요. 식당에서 고기를 먹으면서 "이것이 가짜인 줄 알아. 그래도 난 이게 좋아."라고 합니다. 기본 좋음이 단순히 마음의 작용에 의해 만들어진 느낌이란 것을 알지만 그래도 그것이 좋아요. 그럴 수 있습니다. 그러나 진리를 추구하는 사람은 기분 좋음이 환상과 거짓 속에 있음을 알면 거기서 벗어나 진실을 향해 움직이지요. 그런 용기가 필요합니다. 아무리 아름답고 선하다 할지라도 그것이 거짓이라면 거기서 떠나야만 진심과 상응하게 됩니다. 그리고 드디어 진심과 직면하면 비로소

행복도 불행도 기쁘게 맞이하는 용기를 도리어 얻게 됩니다. 그리고
행복도 불행도 기쁘게 맞이하죠. 겁이 없어집니다.

此是休歇妄心功夫也라
차 시 휴 헐 망 심 공 부 야

이것이 망심을 쉬는 공부이다

무심無心을 얻는 첫 번째 방법은 각찰覺察입니다. 구조를 파악하는
관찰이에요. 두 번째는 쉬는 것이니, 마음에 무언가가 일어나면 쉬라
는 얘기를 오늘 했습니다.

셋째, 민심존경泯心存境_대상은 두고 주체를 없애라

三은 泯心存境이니 謂做功夫時에
삼   민 심 존 경   위 주 공 부 시

세 번째는 마음은 없애고 경계는 두는 것이니 공부할 때에

여기서의 마음은 주체를 말하고 경계는 대상을 말합니다. 무심無
心에 이르는 세 번째 방법은 대상은 내버려 두고 주체를 없애는 것이
에요. 주체를 없애는 것이 중요하지 경계는 문제가 되지 않는다는 말
입니다. 왜냐하면 우리가 경험하는 세계는 결국 주체와 대상간의 관계
속에서 펼쳐지는데, 주체를 다루는 편이 경계를 다루는 것보다 용이하
기 때문이에요. 그런데 사실 주체와 경계는 동시에 일어나기 때문에
결국은 비슷합니다.

마음의 모든 문제는 무언가와 동일시되어 그것을 주체로 삼기 때문
에 비롯됩니다. 지금 여러분이 무엇으로 존재하는지 스스로를 느껴보

세요. 나는 지금 뭘 하면서 무엇으로 있는지 질문해보세요. 강의를 듣는 나로, 또는 어떠한 사람으로 자기를 느끼거나 기억할 것입니다. 그런 것들이 모두 그것과 동일시되어 있는 무한한 생명의 힘이라는 것을 알아차리세요. '나는 ~이다.'라고 여겨지는 그 어떤 것도 내가 아님을 발견하고자 하는 것입니다. 여러분은 몸을 자기 주체로 느끼고 있나요? 아니면 생각이나 감정, 미묘한 느낌들을 자신의 주체로 느끼고 있나요? 지금 현재 무엇이 주체로 여겨지는지 느껴보세요. 이렇게 질문을 하면 또 다른 마음의 경계인 의식적 대상으로 주의가 가겠죠. 그런데 그렇게 주의를 옮기는 것 자체는 무엇입니까? 마음의 경계인 대상을 향해 움직이는 그 마음을 알아차렸습니까? 그것이 방금까지 주체로 작용하던 마음의 한 모습이죠. 느껴지지 않고 주체로서 활동하던 그 작용에도 동일시되지 않을 때 우리는 본질로 있습니다.

'나는 남자다', '나는 여자다', '나는 학생이다', '나는 능력 있는 일꾼이다', '나는 멋진 옷을 입고 있다', '나는 멍청하다' 스스로를 그렇게 인식할 때 여러분은 그것과 동일시된 상태입니다. 그렇게 생각하는 순간 마음의 경계인 한 대상에 빠져버리죠. 그런데 그와 비슷하면서도 마음을 조금 더 투명하게 만드는 질문이 있습니다. 바로 '나는 누구인가?'라는 질문입니다. 이 질문을 스스로에게 던질 때 자신을 몸이나 생각, 또는 감정이라고 여기는 마음이 들기도 하겠지만, 공부를 계속 한 사람이라면 그런 상태는 이미 지났기 때문에 거친 동일시로 빠지지는 않을 것입니다. 어떤 고정화된 무엇에 동일시되지 않고, 조금 투명해져서 찾는 마음과 동일시되죠. 더 나아가 '나는 존재한다'거나 '내가 있다'고 여겨지는 상태, 또는 있음, 전체주의, 주의에 주의 기울이기 상태를 마음에 형성시키면 이때는 투명한 동일시가 일어납니다. 물론 이것도 동일시된 상태이긴 합니다만, 일반적으로 많은 문제를 일으키는 그런 동일시는 아닙니다. 이렇게 '있음'을 느껴보고, 스스로에게 '살아있다고 여기는 이것은 무엇인가?'라고 질문해보면 마음의 동일시를 투명하게 만드는 효과가 있습니다. 그렇게 진하게 물든 마음에서 점차 옅게 물든 마음으로, 그리고 투명한 마음으로 가게 하는 것이 민심존경泯心存境이라고 할 수 있습니다. 마음을 없애고 경계를 내버려두는 것입니다.

於一切妄念에 俱息하야
어 일 체 망 념   구 식

일체의 망념에 있어서는 모두 쉬고

민심존경泯心存境함으로써 일체의 망념을 쉬라고 했습니다. 그렇게 모든 마음의 움직임을 쉬되, 그동안 쌓인 내외의 데이터가 경계에 작용되어 잘 쓰이도록 내버려 두는 것이 우리가 일상에서 할 일입니다. '나'라는 것이 굳이 모든 일을 컨트롤하겠다고 애써봐야 결국 내 안에 쌓인 경험의 사용 이상으로 나아가지는 못해요. 내 안에 쌓여서 이미 패턴화되고 데이터화된 것은 필요한 상황에서 저절로 잘 쓰이게 되어 있습니다. '나'라는 것이 없으면 오히려 더 잘 쓰여요. 그런 상태가 바로 몰입입니다. 그런데 '나'가 자꾸 나타나서 자신에게 좀 더 이익이 되게 하려고 합니다. 엔진으로 비유하자면 마찰열로 에너지가 낭비되는 상황이에요. 무슨 일이 벌어지고 해야 할 일이 생기면, 그동안 쌓인 데이터와 경험들이 저절로 쓰이게 되어 있습니다. 물론 새로운 상황에서는 애씀이 필요하지만, 그런 상황이 아니라면 굳이 '나'라는 것이 나서

서 애쓸 필요가 없어요. '나'라는 것은 전체의 경험을 하나의 일관된 경험으로 정리하기 위한 빈 통로와 같습니다. 그것을 중심으로 모든 데이터들이 모이죠. 그런데 정작 그놈은 빈 통일뿐이에요. 그런데 그것이 굳이 스스로를 지키려고 한다면 그동안의 경험이 더 잘 쓰이지 못하고 오히려 방해만 됩니다.

　의식의 가장 좋은 쓰임은, 새로운 내용을 배울 때나 무의식적인 과정을 더 빠르게 진전시킬 때의 도구로 사용되는 것입니다. 그러므로 자신이 선택하려고 하지 말고 선택이 저절로 일어나도록 해야 합니다. 면밀하게 관찰하고 있으면 어떻게 해야 하는지 길이 저절로 나타납니다. 포기하지 않고, 멈추지 않고, '내가 이끌어간다'는 생각 없이 그저 상황을 면밀하게 보고 빈틈을 메우면 일은 저절로 되게 마련이죠. 그렇게 민감하게 깨어있으면 주체가 되지 않아도, 모든 상황에서 가장 적합한 움직임으로 흘러가도록 우리의 경험이 사용됩니다. 일체의 망념은 나와 대상을 나누어서 내가 뭔가를 하고자 하는 마음입니다. 그런 망념을 모두 쉬면 일이 저절로 이루어집니다.

不顧外境하고 但自息心이니
불 고 외 경　　단 자 식 심
바깥 경계를 돌아보지 않아 다만 스스로 마음을 쉬는 것이니

　바깥 경계에 대해서는 무심해지라는 말입니다. 바깥 경계는 그만의 흐름이 있습니다. 밖에서 일어나는 일은 저절로 하나의 흐름을 갖고 흘러가게 되어 있어요. 그런데 주체가 끼어들어 방향을 바꾸고 조종하려고 하면 많은 문제가 발생합니다. 바깥 경계의 흐름대로 흘러가게 내버려 둔다면, 거기에는 어떤 주체와 대상도 없습니다. 그런데 그 흐름을 조종하려는 의도가 생기면 주체가 생겨나고 그것에 걸맞은 대상이 생겨나서 '내가 무엇을 한다'는 의식적인 현상이 일어납니다.

지금 앞에 있는 컵을 바라보세요. '내가 바라본다'는 생각이나 느낌 없이 바라보면 어떻습니까? 그냥 바라봄만 있을 뿐이죠. 컵도 없고, 컵을 보는 나도 없고, 본다는 경험만이 일어나고 있습니다. 그런데 '내가 뭘 한다.'라고 생각하기 시작하면 컵이 보이고, 컵을 잡고 있는 내 손이 보입니다. 그러나 지금 이 순간에 집중하면 어떤 마음의 움직임도 없습니다. 조종하려는 마음이 없으면 마음의 움직임 없이 그저 작용이 일어날 뿐이죠. 그렇게 마음을 쉬어버리면 되는데 왜 우리는 자꾸 뭘 어떻게 하려고 할까요? 조종하고자 하는 이 충동은 누구에게나 있는데, 이는 참으로 오래되고 자연스러운 일입니다. 여기서의 '자연스럽다'는 오랜 습관적인 흐름을 표현하기 위해 사용한 말이지, 그 이상이 없다는 의미는 아닙니다. 우리는 이런 자연스러움을 넘어서 조금 더 치밀한 자연스러움으로 넘어가려고 합니다.

한편으로 '나'라는 것은 부자연스러움을 해소하고, 무의식적인 흐름을 조금 더 빠르게 하는 데 쓰이는 좋은 도구이기도 합니다. 예를 들어보겠습니다. 운전을 배울 때 애쓰지 않는다면 1년 내내 계속 사고를 내면서 운전을 배울지도 모릅니다. 그런데 대부분의 사람들은 자동차 학원에 가서 1주일만 배워도 어느 정도 감이 생기죠? 그때는 모든 것에 깨어있습니다. 식은 땀 흘려가면서, 전방과 좌우와 백미러까지 다 보면서, 옆에서 다른 차가 지나가면 온몸에 소름이 돋으면서 의식적으로 애쓰며 운전하다 보면 1주일 만에 배울 수 있습니다. 시간이 오래 소요될 무의식적인 과정을 짧게 단축시켜 주는 것이 바로 우리의 의식입니다. 에너지를 집중적으로 사용하죠. 그렇게 쓰이도록 우리에게 의식이 장착되어 있는데, 그 의식의 과정에서 필연적으로 생기는 나와 나 아닌 것에 대한 구분이 왜곡되어 나를 키우고, 나를 높이고, 상처받지 않으려 하고, 지지 않으려고 합니다. 부작용이에요. 나를 내세우려는 이 오래된 충동을 잠시 쉴 수만 있다면 즉시 경계가 사라질 것입니다. 나와 나 아닌 것을 나누는 최초의 망념이 주체를 존재하게 하는 메커니즘입니다. 그때 초점을 내가 아닌 전체에 맞춘다면 우리의 경험은 전체를 위해 잘 쓰이고, 자아는 특별히 자기를 고집하지 못합니다.

얼마 전에 남태평양 솔로몬 군도를 다룬 〈최후의 제국〉이라는 다큐멘터리가 방송되었습니다. 거기 주민들은 모두 한 가족처럼 지낸다고 해요. 누군가가 아프면 동네사람 모두가 음식이나 도움이 될 만한 물건들을 가지고 와서 가족처럼 돌봐준다고 합니다. 그리고 화폐가 필요 없어서 쓰이지도 않아요. 그렇게 전체 구성원이 한 가족처럼 살아갑니다. 옛날에 인간이 최초로 무리지어 살기 시작할 때에도 가족 구성원 전체를 자기 몸처럼 느끼면서 살아갔습니다. 모두가 한 가족이라는 느낌이 강해서 개별적인 자아는 큰 힘을 발휘하지 못했죠. 그런데 이제는 개인성이 너무나 강화되어서 자기가 속한 집단을 자기와는 별도로 생각하게 되었습니다. 그렇지만 사실은 인류 전체, 자연 전체, 지구의 환경과 상관없이는 내가 존재하지 못합니다. 자신이 주변 환경과 상관없이 개별적으로 존재한다고 여기는 것은 왜곡된 믿음입니다. 그렇게 개별성이 강화된 마음의 상태를 즉각적으로 쉰다면 경계는 저절로 물러납니다.

妄心이 已息하면 何害有境이리요
망 심   이 식   하 해 유 경

망심이 쉬면 경계가 무슨 해가 되리요.

그렇다면 망심을 어떻게 쉴 수 있을까요? 자신의 마음을 지켜보고 관찰하면 망심은 저절로 사라집니다. 왜 그렇습니까? 망심은 항상 밖을 구별하고 그중 하나와 동일시하는 데에서 생겨나기 때문입니다. 방향을 안으로 돌려서 지금 이 순간 자신에게 일어나는 망심을 바라보면, 주체와 대상이 큰 차이가 없기 때문에 분별이 모호해져서 자기가 사라집니다. 자기가 찾아지지 않아요. 이상하지 않습니까? 밖의 컵을 보고 있으면 내가 컵을 보는 것 같은데, 컵을 보는 내가 어디에 있는지 살펴보면 느낌이 애매해지다가 마음이 텅 비어버려요. 신기하게도 '나'라는 것은 항상 주의가 밖을 향해 나갈 때만 나타납니다. 다시 말하면 대상이 있을 때에만 '나'라는 것이 생겨요. 육체 외부의 대상도 대상이지만, 마음속 대상도 대상이에요. 주의가 대상으로 흐를 때에만 '나'가 생겨난다는 것을 잘 봐야합니다. 그런데 찾아보라고 하면 못 찾겠다고 해요. 몸은 '나'라고 여겨지는 마음과는 별개입니다. 만약에 몸이 '나'라면 팔 다리가 잘려나가면 내가 완전히 망가진 느낌이 들 텐데, 그 몸으로 1년 동안 살아가다 보면 '나'라는 느낌은 온전해집니다. 팔다리와 '나'라고 여겨지는 마음은 다르다는 것입니다. 그런데 '나'라고 여겨지는 마음은 항상 어딘가를 향해 달려나가서 그것을 대상으로 삼거나 무언가와 동일시될 때만 생겨나는 일시적인 현상이라는 것입니다.

망심을 어떻게 쉴 것인가는 단순합니다. 지켜보고 관찰하면 저절로 사라져요. 왜냐하면 망심은, 뿌리 없이 떠오르는 마음의 부유물에 에너지가 습관적으로 붙어 존재하는 허상이기 때문입니다. 그리고 그렇게 관찰하는 놈마저도 관찰하는 순간 본질적인 알아차림이 일어납니다. 그렇지만 관찰하는 놈 자체를 알아차리기는 쉽지 않아요. 왜냐하면 그놈은 보이거나 들리지 않기 때문이죠. 하지만 관찰이 일어나고 있다는 것 자체가 관찰하는 놈이 있다는 증거이죠. 구조 속에서 대상을 통해 관찰하는 놈을 발견해내야 합니다.

임제선사의 네가지 깨우침 방법

卽古人의 奪人不奪境法門也라
즉 고 인   탈 인 불 탈 경 법 문 야

즉 고인이 사람을 빼앗되 경계를 빼앗지 않는다는 법문이다.

탈인불탈경奪人不奪境은 임제臨濟의 사료간四料揀에 나오는 내용입니다. 사람을 가르칠 때의 네 가지 방법인데, 그 첫 번째가 탈인불탈경奪人不奪境입니다. 여기서 사람은 주체를 말하고 경계는 대상을 말하니, 주체를 빼앗고 경계는 빼앗지 않는다는 것입니다. 경계는 내버려 두고 주체를 집중공격 하는 것입니다. 예를 들어보겠습니다. 선어록禪語錄에 육긍대부陸亘大夫와 남천선사南泉禪師의 대화가 나옵니다. 육긍이 남천선사에게 물었어요. "스님, 제가 아기 새를 입구가 좁은 병 안에 넣고 키웠습니다. 그런데 이제 병의 입구보다 새의 몸이 더 커져서 새를 꺼낼 수가 없습니다. 새를 죽이지 말고 병을 깨지도 말고 이 새를 꺼내려고 합니다. 어떻게 하면 꺼낼 수 있을까요?"라고 물었습니다. 육긍이 남천선사를 곤경에 몰아넣는 것입니다. 육긍대부는 선禪을 아는 당시의 관료였습니다. 그 말을 듣고 남천이 "대부"라고 부르니 육긍이 "네."라고 대답했고, 이어서 남천이 말했습니다. "새는 이미 나왔소." 육긍이 그 말을 듣고 깨달았습니다.

두 사람의 대화 사이에 무슨 일이 벌어진 것일까요? 남천선사가 육긍을 불렀고 육긍이 "네"라고 대답을 할 때, 육긍은 새에 대한 질문과 곤란함 속에서 빠져 나온 것입니다. 이미 그 고민거리에서 빠져 나왔잖아요? 그러니까 새는 벌써 나왔다고 말한 것입니다. 이 대화의 의미는 무엇인가요? 육긍에게 새와 병의 곤경이라는 경계를 직접 다루게 하지 않았어요. 남천선사는 대상은 그대로 내버려 두고, 그것을 고민하고 있는 주체를 빼앗아 버린 것입니다. 그러자 육긍이 즉시 알아차립니다. 갇혀있다고 여긴 것은 바로 자기 마음이라는 것을요. 그리고 주체도 하나의 상相임을 알고 툭 빠져 나왔습니다. 이것이 바로 탈인불탈경입니다. 사람을 빼앗되 경계는 빼앗지 않는다.

두 번째는 탈경불탈인奪境不奪人입니다. 경계를 빼앗되 사람은 빼앗지 않는다는 뜻이죠. 주체는 내버려두고 경계만 빼앗습니다. 스님이 선사에게 묻습니다. "부처는 누구입니까?" 부처가 되고 싶은 마음에 물었습니다. 어떻게 해야 할지 모르겠고, 마음만 답답하고 앞이 까마득합니다. 매일 훈련은 하지만 힘들죠. 그러자 선사가 되묻습니다. "그러는 그대는 누구인가?" 질문하는 스님은 부처라는 대상, 즉 경계에 주의가 가있습니다. 이때 선사가 그 경계를 잊어버리도록 빼앗고, 바로 그렇게 묻고 있는 주체 쪽으로 주의가 옮겨가도록 했습니다. 그래서 주체를 새롭게 의식하도록 한 것이죠. 이런 방법이 탈경불탈인奪境不奪人입니다.

세 번째는 인경양구탈人境兩俱奪이니, 사람과 경계를 다 빼앗아 버리는 것입니다. 선가禪家에는 두 명의 유명한 스님이 있습니다. 한 스님은 무조건 때리는 사람이고 다른 한 사람은 고막이 찢어져라 큰 소리를 지르는 사람인데, 전자가 바로 덕산德山입니다. 한 제자가 덕산에게 묻습니다. "부처가 무엇입니까?" 그러자 덕산이 다짜고짜 몽둥이로 사정없이 칩니다. 이때 묻는 사람은 혼비백산하여 더 이상 마음에 부처라는 대상도 없고 묻는 나도 없습니다. 모든 것을 잊어버리는 그 순간 마음은 텅 비죠? 만약에 몽둥이로 맞는 순간에 이 사람의 주의가 아픔으로 가지 않고 주체도 대상도 그 즉시 사라졌음을 알아차렸다면 그는 깨어났을 것입니다. 그 순간에는 질문 자체의 대상도 없고 질문하는 사람도 없습니다. 마음이 완벽하게 비어버려서 그 비어있음을 알아챌 주체도 사라져버리죠. 마음이 민감하게 깨어있다면 주체가 완전히 사라지기 전인 새벽과 같은 시기에 탁 알아차릴 수도 있습니다. 마음이 민감하지 않으면 그냥 매만 맞고 가는 것입니다. 이것이 바로 인경양구탈人境兩俱奪입니다.

네 번째는 인경구불탈人境俱不奪입니다. 주체와 대상을 모두 살려 놓는 것입니다. 아무것도 없애지 않습니다. 이는 깨달은 제자를 가장 많이 배출한 육조 혜능慧能의 이야기입니다. 가장 많은 제자를 깨닫게 했지만 선禪의 역사에서 혜능은 가장 무식한 사람이기도 합니다. 지혜는 있지만 지식이 없었습니다. 아는 것도 없고 글을 쓸 줄도 몰랐죠. 그렇지만 스승에게 인가받고 밤중에 도망을 나와 10년 동안 산 속에서 공부를 많이 했어요. 혜능은 본성을 보고 난 뒤에 문자를 배웠습니다. 사람들과 소통을 해야 하니까요.

당시 와륜臥輪이라는 사람이 있었는데, 그가 게송偈頌을 지었습니다.

臥輪有伎俩　와륜은 특별한 재주 있어
와 륜 유 기 량

能斷百思想　능히 백가지 생각을 끊는구나.
능 단 백 사 상

對境心不起　경계를 대해서도 마음 일지 않으니
대 경 심 불 기

菩提日月長　보리가 날마다 자란다.
보 리 일 월 장

그러자 혜능은 그가 아직 본질을 꿰뚫지 못했다 하며 이렇게 읊었습니다.

慧能沒伎倆　혜능은 별 뾰족한 재주가 없어
혜 능 몰 기 량

不斷百思想　온갖 생각이 끊이지 않는구나
부 단 백 사 상

對境心數起　경계 대함에 마음 자주 일어나니
대 경 심 수 기

菩提作麼長　보리가 어찌 자라랴!
보 리 작 마 장

보리菩提는 자라는 것이 아니라는 말입니다. 보리는 커지지도 작아지지도 않아요. 그래서 본질인 것입니다. 본질은 늘 변함이 없습니다. 어떻게 해서 마음이 불편해지거나 편안해진다면 그건 본질과 상관없다고 여기면 됩니다. 본질은 더 편안해지지도 않고, 더 불편해지지도 않기 때문이에요. 마음이 불편해졌다면 불편해진다는 어떤 현상과 동일시되어 있는 마음일 뿐입니다. 이런 것이 바로 인경구불탈人境俱不奪입니다. 혜능은 온갖 생각을 끊지도 않고, 생각에 휘둘리는 자기라는 것도 내버려 두죠. 주체도 대상도 전혀 건드리지 않습니다. 선의 수련을 하는 과정을 10단계로 간결하게 묘사한 그림이 십우도十牛圖에는 맨 마지막에 다시 시장으로 돌아옵니다. 주체와 대상을 나누고 없애는 모든 과정을 거치고 나서는 다시 주체와 대상의 세계인 시장으로 돌아온 것입니다. 즉 주체와 대상은 아무 상관이 없다는 의미이니, 이것이 바로 인경구불탈人境俱不奪입니다. 주체와 대상도 다 빼앗지 않고 내버려 둡니다.

이 네 가지 방법 중에서 민심존경泯心存境은 탈인불탈경奪人不奪境과 유사합니다. 주체는 뺏고 경계는 내버려 두는 것이니, 임제가 말한 사람은 빼앗되 경계를 빼앗지 않는다는 법문과 같은 의미입니다.

故로 有語云호대
고　　유어운

是處에 有芳草호대 滿城無故人이라 하고
시처　　유방초　　　　만성무고인

그러므로 어떤 이는 말하기를
여기 꽃다운 풀은 성안에 가득한데 옛사람은 없구나 하고

성안에 아름다운 풀이 많이 피고 형형색색의 꽃들로 가득합니다. 자, 그런데 이렇게 이름 붙여진 아름다움은 무엇입니까? 여러분의 감각기관이 어떤 자극을 받아 마음에 흔적을 남기고, 그 자극에 '아름답다', '꽃답다', '황홀하다'라는 이름을 붙입니다. 그리고 그 대상들을 보는 '나'라는 이미지를 만들고 이름표를 붙입니다. 그리고는 '나'라는 이미지를 아름다운 꽃밭 안에 투사하여 위치시킵니다. 다 마음에서 일어나는 일이죠. '나는 아름다움을 즐기고 있어!'라고 생각합니다.

어릴 때에는 아름다운 것을 봐도 아름다움을 몰랐어요. 나이를 먹어가면서 어느 순간 아름다움이 느껴지는데, 이는 무엇을 의미합니까? 아름다움을 느끼는 놈이 있다는 것입니다. 시각적 자극의 흔적인 마음의 감지에 이름을 붙이고, '나'라는 이미지를 만들어서 내가 아는 꽃을 감상하고 있다고 여기고 있는 것입니다. 그냥 감각적 자극과 흔적들이

내 안에 들어와 쌓여있을 뿐인데, 그것을 경험하는 '나'를 만들고 유지시키려고 합니다. 그리고 '내가 아름다움을 느낀다.'고 내적인 분열을 일으킵니다.

이렇게 말하면 '공부를 하면 아름다움도 느끼지 못하는 인생이 되어 재미없겠네.'라고 생각할 수 있습니다. 하지만 이것을 두려움, 슬픔, 분노, 우울함 등에 적용해 보세요. 똑같습니다. 분노는 무엇입니까? 내 마음에 들어와서 남겨진 어떤 감각적인 자극에 '분노'라는 이름을 붙이고, '나'라는 것도 이름 붙여 놓고는 '내가 분노를 느끼고 있어.'라고 하나의 카테고리나 텍스트를 만들죠. 어릴 때에는 나와 대상을 구별하는 자기 이미지가 없기 때문에 '내가 화가 난다.'라고 생각하지 않습니다. 내가 없으면 분노도 없어요. 그래서 하룻강아지는 범을 무서워하지 않는 것입니다. 하룻강아지에게는 쌓인 것이 없어서 자기라는 것도 없어요. '나'의 이미지가 없으면 나에 대적하는 상대의 이미지도 없습니다. 그리고 그 둘 사이의 관계도 없죠. 그런데 그것들은 다 마음의 흔적들에 의해 형성됩니다. 내가 뭔가를 두려워하거나 뭔가를 추구하며 찾고 있다면, 두려워하거나 찾고 있는 중인 무언가에 에너지가 몰려있고 그것을 자기라고 동일시하고 있을 뿐이에요. 그러나 혜능은 마음에 뾰족한 재주가 없어서 마음에 수많은 것들이 일어나도 속수무책이고, 보리菩提는 전혀 자라지 않는다고 했습니다. 그래도 상관없다는 것입니다. 왜? 혜능은 자기 마음에서 일어나는 그 어떤 것도 자기라고 못 박지 않았기 때문입니다. 마음에 일어나는 것을 없애는데 연연할 필요가 없어요. 마음에 일어나는 모든 것들은 어떠한 관계로 인해서 자연스럽게 생겨났다 사라질 뿐이니, 그것들이 진정한 내가 아님을 알아차리는 것이 중요합니다.

'나'라는 메타감지는 경험의 흔적들이 쌓이면서 개인성을 지니기 시작합니다. 개인성과 '나'라는 이미지가 결합되어 두려움이나 슬픔, 외로움 등을 일으켜요. 왜일까요? 이 '나'라는 놈은 끊임없이 존재하기 위해서 동일시할 대상을 찾기 때문입니다. 우주의 모든 현상들은 한번 나타나면 자기를 유지하려고 하는 속성을 가집니다. 그래서 이 '나'도 자기를 유지하려고 끊임없이 어떤 상황을 만들어냅니다. 그 상황을 느끼면서 '나'를 유지하려고 하기 때문이에요. 왜냐하면 무언가를 느끼지 못하면 존재하지 않기 때문입니다. 자기가 사라져버려요. 그래서 '나'라는 것이 강화될 수 있는 상황이 있으면 끊임없이 끼어듭니다. 내가 잘났다고 여겨지는 상황이 있으면 잘남을 느끼려고 애쓰고, 내가 못났다고 느껴지는 상황이 있으면 못났다고 여기려고 애씁니다. 못났다고 느끼는 것도 자기를 강화시키는 것입니다. 나는 못났다고, 틀렸다고, 존재감이 없다고 느끼는 것 역시 자기를 강화시킵니다. 자기를 계속 되뇌고 있잖아요. 잘났다고 여기는 것은 플러스 강화, 못났다고 여기는 것은 마이너스 강화입니다. 자기강화는 별다른 것이 아니라 자기를 확인하는 작업입니다. 자기강화를 통해 '나'가 계속 존재하고, 유지되고, 습관적인 패턴으로 굳어집니다.

이렇게 '나'라는 것은 끊임없이 자신이 존재해야할 이유를 찾기 위해서 여러 상황을 만들어냅니다. 그 상황은 문제거리일 수도 있고 욕망의 목표일 수도 있습니다. 독립적으로 존재하지 못하고, 그 상황 속의 한 구성 요소로만 존재하기 때문입니다. 그래서 항상 상황을 만들어 내요. 상황이란 주체와 대상간의 관계입니다. 그 중의 하나와 동일시되어 자기라고 여기는 것이 바로 '나'라는 놈이 끊임없이 하는 활동입니다. 별 필요도 없는데 자꾸 올라오죠. 운전에 익숙해지면 내가 하는 것도 아니잖아요. 그저 숙달된 패턴이 나올 뿐이에요. 그러니까 졸면서도 운전을 할 수 있죠. 그런데 운전을 다 마치고 나면 '내가 운전을 했어'라고 생각합니다. '나'라는 것은 상황 속에서 하나의 구성 요소로만 존재하기 때문에 끊임없이 상황을 만들어내고, 우리의 생명력은 이 상황의 일부에 동일시되어 주체감을 만들어냅니다. '내가 운전을 했어!'라는 느낌을 만들어낸다는 것입니다.

성안에 아름다운 꽃이 가득하지만 거기에 어떤 이름도 붙이지 않는다면 그것을 아름답다할 그 누구도 없습니다. 즉 옛사람이 없어요. 대상들은 잔뜩 있지만 주체는 없는 것입니다. 주체를 사라지게 했기 때문입니다. 이것이 바로 탈인불탈경奪人不奪境입니다.

又龐公이 云 하사대 但自無心於萬物하면
우 방 공   운   단 자 무 심 어 만 물
또 방공이 말하되 다만 스스로 만물에 무심하면 되지

만물, 만사라는 경계에 무심하면 걸릴 것이 없습니다. 그리고 그렇게 걸릴 것이 없으면 조만간 이 '나'란 놈도 경계와 상관없이 서서히 희미해져 갑니다. 그것이 존재할 상황들이 사라져가기 때문입니다. 마치 영화의 마지막 장면처럼 페이드아웃 하듯이 흐려져 나의 느낌의 세계에서 '나'는 사라져 갑니다. '나'도 그 영화의 구성 요소이기 때문에 경계가 사라지면서 나도 사라집니다.

'나'라는 놈은 존재하기 위해 참 많은 애를 씁니다. 특히 애처로운 점은 마이너스적인 자기강화를 한다는 것입니다. 자기가 강해지면 당연히 '나'도 강화되지만, 자기를 비하하거나 낮춰보고 무시하며 미워해도 역시 자기가 강화됩니다. 어찌되었든 자기를 존재하게 하는 마음의

상황이 마련되니까요. 의외로 많은 사람들이 고통을 스스로 즐겨서 받습니다. 막 괴로워하는데, 그 안을 잘 들여다보면 사실은 스스로 원해서 괴로워하는 경우가 많습니다. 괴로워하면서 자기를 강화시킵니다. 그렇게 하면 괴롭긴 해도 자기 존재감은 남아 있기 때문이죠. 사람들이 고통을 멀리하는 것 같지만, 사실은 이 '나'란 놈이 괴로워하면서 자기를 유지할 수 있다는 점 때문에 무의식적으로 끊임없이 자기를 강화시키기 위한 고통을 유발합니다. 그런 사건과 상황을 구성하는데 매달리죠. 자신이 거기에 매달린다는 것을 알아차려 보세요. 자신이 잘났다고 생각하여 남을 무시하면서, 또는 자신이 못났다고 스스로를 비하하면서 '나'는 계속 되뇌어지고 마음에 굳건히 자리잡아갑니다. 그래서 자발적으로 고통 속으로 들어가는 사람의 마음 밑바닥에는 이런 메커니즘이 있습니다. 남을 비난하면 우리는 기분이 좋아집니다. 자기가 플러스적으로 강화되기 때문입니다. 남에게 비난을 받으면 화가 납니다. 자기가 위축된 듯이 느껴지기 때문입니다. 위축되는 건 좋은 느낌은 아니지만 자기를 느낄 수 있는 좋은 상황이기도 합니다. 이렇게 무엇이든 느껴질 때마다 자신은 강화되어 갑니다. 두 가지 방향은 모두 자기강화라는 측면에서는 같은 역할을 해요. 이 두 가지 자기강화로부터 벗어나는 것을 무심無心하다고 말합니다.

何妨萬物이 常圍繞리오 하시니
하 방 만 물   상 위 요

만물이 늘 나를 둘러싸고 있다하여 어찌 그것이 방해가 되겠는가라고 하시니

만물의 경계가 나를 둘러싸고 있어도 그것을 의식하는 '나' 자체가 희미하다면 무슨 방해가 되겠느냐는 말입니다. 결국 경계가 문제되는 건 경계를 경계 삼는 주체 때문이라는 말이죠. 상황이 좋지 않다고 느끼는 '나'가 자기를 강화시킵니다. 상황은 전혀 상관이 없어요. 그 반대의 경우도 마찬가지입니다. 경계는 마음을 쉬는 공부에 전혀 방해가 되지 않아요. 그래서 만물이 늘 나를 둘러싸고 있지만, 경계를 떠나 주체에 대해 잘 살펴보면 '나'라는 것이 안 보입니다. 그저 무언가를 바라보는 주의덩어리가 있을 뿐이죠. 실은 그것에 어떤 이름을 붙일 수도 없습니다. 어쨌든 그럴 때 '이걸 보고 있는 놈은 누구지?'라고 자기로 돌아오면 그놈이 확실히 보이지는 않죠. 그저 어떤 덩어리가 있는 것처럼 느껴집니다. 그것이 있다는 것을 어떻게 아느냐면 어떤 흐름이 있기 때문이에요. 어딘가에는 이 흐름의 시작점이 있을 거 아니에요? 그래서 그 시작점으로 돌아오면, 되돌아보는 것도 주의이고 시작되는 이놈도 주의이기 때문에 주의가 주의를 바라보는 상황이 벌어집니다. 그러면 분별과 분열이 사라지고 마음은 텅 비어버리거나 통합되어 하나의 장場이 되어버리고 말죠. 이 작업을 처음 할 때는 다양한 감정과 생각이 떠올라서 관찰이 잘 되지 않지만, 점차 주의가 주의를 보는 상태로 바뀌면서 내용 없는 '있음'으로 나아가게 됩니다. 내용 없음만 남아 방해받을 아무것도 남지 않으니 어찌 방해가 되겠습니까? 그러니 바깥 경계는 아무런 문제가 되지도 않고, 방해가 되지도 않는다는 말입니다.

깨어있기와 임제선사의 사료간

此是 泯心存境 息妄功夫也라
차 시 민 심 존 경 식 망 공 부 야

이것이 마음은 없애고 경계는 두는 식망공부이다.

마지막으로 우리의 연습방법을 임제臨濟의 사료간四料揀에 대입해보 겠습니다.

탈인불탈경奪人不奪境은 사람 즉 주체는 빼앗되 경계는 빼앗지 않는 것이니, 주의에 주의기울이기라고 할 수 있어요. 눈앞에 모든 것이 있 지만 주체가 느껴지지 않습니다.

탈경불탈인奪境不奪人은 주체는 내버려두고 경계만 없애는 것이니, 감각으로 가는 것과 같습니다. 대상의 느낌을 사라지게 하는 것입니 다. 감각으로 갈수록 눈에는 보이지만 대상으로 여겨지지 않는 현상이 벌어지죠. 그러면서 점차 대상이 사라지고 주체도 함께 사라집니다. 탈경하면 결국 인人도 사라집니다.

인경양구탈人境兩俱奪은 주체와 대상을 모두 빼앗아 버리는 것이니 감각에 깊이 들어간 상태입니다. 또는 주의제로 상태죠. 주의의 시작 점인 주체도 없고, 주의가 도달하는 대상도 없습니다. 주의를 전환하 는 것은 대상을 다른 것으로 바꾸는 것이니까 주체와 대상이 바뀌죠. 주의제로는 주객을 사라지게 합니다. 근경식根境識은 동시에 일어납니 다. 컵을 보는 상황으로 따지면 눈, 컵, 눈으로 컵을 본다인데 이는 우 리가 개념적으로 나눈 것이지, 그냥 컵을 보고 있을 때 눈이 어디에 있 고 컵이 어디에 있으며 컵을 본다가 어디에 있습니까? 그저 무언가가 일어나고 있을 뿐입니다. 주의제로 상태가 되면 이 세 가지 상태가 모두 사라집니다. 컵을 향하는 주의의 흐름이 없어지고, 흘러가는 주의가 없어지니 주의의 시작점인 주체도 사라집니다. 주의가 대상으로 흘러가서 그것을 투사해야 컵이 보일 텐데 주의가 완전히 사라지니까 대상도 없고 주체도 없습니다.

인경구불탈人境俱不奪은 사람도 경계도 빼앗지 않고 내버려 두니, 겪어내기와 같습니다. 분노는 분노대로 있고 나는 나대로 있는 것입니다. 일어나는 모든 현상들을 그대로 내버려두고 겪어냄으로써 그 둘로부터 떠나있게 됩니다.

넷째, 민경존심泯境存心과 탈경불탈인奪境不奪人

四는 泯境存心이니 謂做功夫時에
사　　민경존심　　위주공부시

네 번째는 경계는 제거하고 마음은 두는 것이니 공부할 때에

무심無心으로 들어가는 네 번째 방법은 민경존심泯境存心입니다. 경계는 없애고 마음, 즉 주체만 남겨둡니다.

將一切內外諸境하야 悉觀爲空寂하고
장 일 체 내 외 제 경　　실 관 위 공 적

안팎의 모든 대상을 보내버리고 모두 공적하다고 관觀하여

마음의 대상은 제거하고 주체는 그대로 두니 이는 탈경불탈인奪境不奪人에 해당하겠죠. 그러나 여러분도 이미 알고 있듯이, 밖의 사물에 대한 느낌이나 인상은 밖의 것이라기보다는 내 안에서 일어나는 감지입니다. 그렇기 때문에 탈인불탈경과 탈경불탈인이 결국 같다고 여러

분은 금방 알지만, 여기서는 잘 모르는 사람을 대상으로 하기 때문에 이렇게 나누었습니다. 공부가 깊어지면 주체를 없애고 대상만 남겨두면 자연스럽게 대상도 사라지고, 대상을 없애고 주체만 남기면 주체도 저절로 사라짐을 경험함으로써 대상과 주체가 둘이 아니라는 것을 결국은 발견하게 되지요.

대상의 감지를 발견하고 나서 대상 그 자체의 느낌을 지우는 감각으로 들어가는 것은 곧 대상을 깊이 있게 바라보는 셈입니다. 마음의 느낌을 제거하고 대상만 깊게 바라보면 감각으로 들어가면서 대상이 사라집니다. 대상이 사라지면 어떻게 됩니까? 주체도 사라집니다. 대상과 주체가 동시에 흐려지죠. 대상과 주체가 항상 짝이 되어 나타난다는 것이 자명해집니다. 아주 놀랍고 중요한 사실인데, 연습을 시키면 사람들은 대수롭지 않게 여기고 지나가죠. 하지만 그 의미는 대단히 깊어요. 대상이 사라질 때 '나'라는 것도 희미해진다는 발견은 굉장히 중요합니다. 무심無心으로 들어가는 열 가지 방법 중에 탈인불탈경, 탈경불탈인에 대해 이야기하는 이유도 그 때문입니다.

경계라는 것은 곧 대상이에요. 왜 그렇습니까? 의식의 진화과정에서 나와 나 아닌 것이 분별된 다음에 나 아닌 것들이 나누어져서 하나하나 분별되죠. 이 때 경계로 나누어 분별하지 못한다면 우리는 그 대상이 두 개라는 것을 모릅니다. 그러니까 이것과 저것 사이의 경계라는 것이 곧 대상을 말하는 것입니다. 경계가 없으면 대상도 없는 것입니다. 보통 '경계가 일어났다'고 말하죠. 또는 '경계 속에 빠졌다'고 표현합니다. 경계라는 말이 아주 의미 있는 말이에요. 경계는 나누는 것입니다. 한국과 중국을 나누는 국경선도 하나의 경계입니다. 국경선을 굿고서 중국과 한국이라고 이름을 붙이면 그때부터 두 개의 나라가 있는 것 같습니다. 그런데 국경선이 없으면 어떻습니까? 그냥 땅일 뿐이죠. 땅에는 경계가 없습니다. 마찬가지로 모든 사물에 대해서도 경계가 곧 그 사물이라는 말입니다. 경계가 곧 대상이에요.

마음에 일어나는 느낌에 대해서도 이와 똑같이 말할 수 있습니다. 마음에 어떤 느낌이 있다는 것은 뭔가 구분이 된다는 의미입니다. 마음에 어떤 미묘한 느낌이 있어요. 그런 감지를 발견하기 전에는 사람들은 생각만 있다고 여기죠. 생각이라는 것은 느낌에 붙은 이름표인데, 그 이름표마다 느낌이 다릅니다. 사실 우리는 이전에도 그런 다름을 무의식적으로 구별해내고 있었는데, 감지연습을 통해 의식화시켰습니다. 그래서 이제 사물을 볼 때 이름과 생각 없이도 어떤 느낌을 의식적으로 잡아낼 수 있죠. 보통 느낌이라는 것은 무의식적이어서 구분이 잘 안됩니다. 느낌은 생겨났다가 사라지고, 커졌다가 작아지고, 서로 섞이기도 하고 나눠지기도 하면서 끊임없이 변화해요. 그런데 이름을 딱 정해놓으면 고정된 것 같습니다. '컵'이라 이름붙이면 변함없는 컵인 것 같아요. 그런데 아무 생각 없이 컵을 바라보면 어떻습니까? 왜곡현상이 일어나기도 하고 느낌이 달라지기도 하잖아요. 그런데 '컵'이라고 이름을 붙이면, 그래서 죽어있는 감지가 딱 붙어버리면, 그때부터는 불변하는 뭔가가 존재하는 것 같아요. 이름이 그런 역할을 합니다. 변화 없는 죽어있는 느낌을 부여해서 그 이름을 떠올리면 그 느낌이 올라오게 만들죠.

모든 느낌들이 구별되고 차별되는 이유는 경계가 있기 때문입니다. 밖의 사물을 볼 때 경계를 통해 구분합니다. 그리고 내면의 느낌도 경계를 통해 분별하기 때문에, 경계라는 말 자체가 마음의 대상을 의미합니다. 경계가 없으면 마음에 어떤 대상도 없습니다. 그래서 여기에서 경계라는 말을 쓰고 있어요. 경境이라고 하면 보통은 바깥의 환경, 즉 대상을 의미합니다. 주체는 안쪽이고요. 주체와 대상, 내부와 외부가 경계선으로 인해서 있다는 이야기를 함축하고 있는 것이 바로 '경계'라는 말입니다. 경계는 모든 대상들의 속성이에요. 경계라는 한 마디로 모든 대상을 정의할 수 있습니다.

모든 경계를 제거하고 마음만 내버려두면 어떻습니까? 주의에 주의기울이기나 전체주의를 할 때, 또는 '나'라는 느낌에 집중해서 자기를 살펴볼 때는, 대상이라는 경계를 다 잊어버리고 주체 자체만 살펴봅니다. 그러면 재미있는 일이 벌어지죠. 밖을 볼 때는 밖에 있는 것만이 대상이라고 생각했는데, 안을 보니까 안도 보이잖아요. 안도 역시 대상이 되어버리죠. 내면이든 외면이든 상관없이, 보는 자가 안이고 보이는 대상이 밖입니다. 사실은 내외內外가 따로 없어요. 그냥 감각적, 시각적 감각기관에 드러나는 경계가 조금 다를 뿐이지요. 몸 안이냐, 몸 밖이냐. 또는 마음의 안이냐, 밖이냐. 이런 차이로 내외內外라고 결정짓는데, 그것은 결국 생각의 결정일 뿐이에요. 진정한 의미에서는 보이는 것은 다 밖이고, 바라보는 주체가 안이라고 할 수 있습니다.

그런데 자기를 잘 보십시오. 과연 안이라고 할 수 있나요? 자기 내면을 들여다보면서 '나'라고 여겨지는 느낌을 바라보세요. 들여다볼 수 있다면 그것은 바깥일 수밖에 없습니다. 그러면 진짜 나는 아닌 것입니다. 대상으로 보인다면 그것은 진짜 내가 아니에요. 다시 진짜 보고 있는 놈을 찾으려고 하면 느낌이 희미해지면서 사라지고 마음이 멍해집니다. 아무리 해봐도 이렇게밖에 안 돼요. 신기하지 않습니까? 그럼 도대체 진짜 나는 어디에 있을까요? 진짜 내부는 어디에 있습니까? 찾아보려고 하면 할수록 내부와 외부를 나눌 수가 없습니다. 점차 안으로 들어가면서 안이라고 여겨지는 것을 살펴볼수록 경계가 모호해져요. 다르게 말하면 경계가 분명해지면 안팎이 생겨나고, 경계가 모호해지면 안팎이 사라집니다. 즉 보는 자에 관심을 기울이지 않고 보이는 대상만 살펴보면 자꾸 안팎이 생겨나지만, 보는 놈을 대상으로 살펴보기 시작하면 안팎이 사라지는 현상이 일어난다는 것입니다.

보는 놈을 살펴보면 보는 놈이 분명히 나타날 것 같은데, 오히려 사라져버리는 일이 생기는 것은 대체 무엇을 의미할까요? 보는 놈이 특별히 존재한다기보다는, 그것은 어떤 작용이라는 의미입니다. 우리가 밖이라고 여기는 것을 볼 때는 분명 보는 놈과 보이는 대상이 있지만, 안이라고 여겨지는 것을 살펴보기 시작하면 보는 놈도 보이는 대상도 희미해집니다. 그 말은 밖을 볼 때와 같은 그런 대상이 아니라는 것입니다. 밖의 대상은 붙잡을 수가 있습니다. 분명하게 경계 짓고, 정의내릴 수 있는 대상이에요. 그것이 눈에 보이는 사물이든 마음속의 감정과 같은 것이든. 마음으로 붙잡든, 눈으로 붙잡든, 손으로 붙잡을 수 있어요. 안이비설신眼耳鼻舌身이라는 다섯 가지 감각으로 붙잡을 수 있는 몸 밖의 것들과 의意라는 감각기관으로 붙잡을 수 있는 우리 내면의 대상들이죠. 그런데 그런 대상을 잡는 놈을 대상으로 붙잡으려고 하면 점차 대상이 희미해진다는 것입니다. 그리고 잡는 놈도 희미해집니다. 그렇다면 그것은 잡아낼 수 있는 바깥의 대상과는 다르다고 빨리 파악해야죠. '이렇게 잡을 수 있는 것이 아니구나.'라고 빨리 알아야 합니다. 마음의 힘으로 잡을 수 있는 것이 아니에요.

경계를 제거하고 오직 마음만 둔다고 했습니다. 잡을 수 있는 것은 모두 제거해요. 그러니까 여기에서 말하는 경계는 외적인 경계와 내적인 경계를 다 포함하고 있는 것입니다. 내부의 경계까지 다 제거해버리면 잡을 수 있는 것은 다 제거한 것입니다. 이 말의 실제적인 의미는 다 없애자는 것이 아니라, 잡을 수 있는 것은 다 내버려둔다는 말입니다. "잡히는 것은 제거하고 마음은 둔다."는 말은 간단히 말하면 잡을 수 있는 것들은 신경 쓰지 말자는 것입니다. 없애거나 어떤 조작을 하지 말고 내버려두고 잡을 수 없는 마음만 남겨둔다는 건데, 말이 조금 이상하지 않습니까? 안 잡히는 마음을 어떻게 내버려둡니까? 잡을 수도 없는데. 내버려두거나 내버려두지 않을 수 있는 그런 대상이 아니잖아요. 여기에 딜레마가 있습니다. "경계는 제거하고 마음은 둔다."는 말을 깊이 살펴보면 이런 딜레마가 발견되는데, 대충 들으면 그것이 가능하다고 생각하죠. 일단 겉보기로 얘기하자면 대상은 제거하고 주체만 남겨둔다는 말인데, 이 말은 우리의 모든 경험은 주체와 대상이 짝이 되어 나타나는 느낌의 세계임을 의미하기도 합니다.

그런데 우리는 감지연습을 통해 이미 탈인불탈경奪人不奪境과 탈경불탈인奪境不奪人을 다 경험했습니다. 두 가지 말이 결국 같은 말이라는 것을 알아요. 최소한 이해는 할 수 있잖아요. 더 나아가서 경험적으로 체득할 수도 있고요. 천장을 보면서 천장의 느낌을 감지라고 알고, 거기서 감지의 느낌을 빼고 감각으로 들어가면 점차 대상이 투명해지면서 구분이 없어지고, 구분 없는 대상을 바라보는 주체도 희미해지고 구분되지 않습니다. 그러나 이런 경험이 없는 사람에게는 탈인불탈경과 탈경불탈인이 다르다고 말하면서 시작하는 것입니다. 왜냐하면 논리적으로는 그럴 수밖에 없습니다. 다르다고 여기니까요.

"안팎의 모든 대상을 보내버리고 모두 공적하다고 관觀하여"라고 했습니다. 마음은 모든 대상에 이름을 붙여 생각으로 이어지게 합니다. 이 생각들이 주체를 강화시키는 역할을 해요. 그래서 이름과 생각을 빼는 연습을 우리는 맨 처음에 했던 것입니다. '나'라는 것은 생각과 연결된 네트워크를 통해 강화됩니다. 영웅은 왜 영웅입니까? 칭송하는 사람들이 많으니까 영웅이에요. 영웅은 시대를 타고난다고 하죠? 시대가 영웅을 만든다고 해요. 난세亂世이 영웅을 만들잖아요. 평화로운 시대에는 영웅이 없지만 난세에는 꼭 영웅이 등장하는데, 혼란스러운 상황을 누군가가 해결해주기를 원하는 수많은 민중들이 그 사람한테 눈을 돌려 주의를 쏟고 힘을 주기 때문입니다. 세상이 평화롭다면 그에게 사람을 끄는 힘이 있다 해도 사람들이 쳐다보지 않기 때문에 영웅이 되지를 못합니다. 그래서 영웅이 탄생하려면 난세가 필요하죠. 평화의 시기에 영웅기질을 타고난 사람은 잘못하면 마피아가 됩니다.

어쨌든 '나'라는 것은 연결된 고리가 많으면 많을수록 강화됩니다. 인터넷상에서 허브Hub가 왜 강합니까? 많은 사람이 다음이나 네이버 같은 포털사이트에 몰려들잖아요. 간단히 말하면 네트워크가 많은 것이 허브에요. 수많은 사람이 접속하면 더 커지고 힘이 생기듯 '나'라는 것도 그렇습니다. 수많은 생각이 '나'라는 것에 접속되어 있어요. 게다가 생각은 하나의 생각만으로 홀로 존재할 수가 없습니다. 생각과 이름의 속성은 다른 것과 연결되어 있다는 것입니다. 안경은 렌즈, 안경테, 돋보기, 플라스틱, 연결고리, 안경점 같은 것들과 연결되어 있죠. 다시 안경점은 눈, 시력을 재는 기계, 안경을 쓴 모델 같은 수많은 것들과 연결되어 있습니다. 그렇듯 '나'는 그것과 연결된 네트워크를 통해 강해집니다.

　생각과 감정과 느낌들이 하나의 맥脈을 이루도록 하는 것이 '나'의 역할입니다. 우리가 경험하는 모든 것들에 이름을 붙여서 자신을 중심으로 일관성을 형성합니다. 그래서 '나'가 명확하지 않은 꿈속에서는 하늘을 날기도 하고, 갑자기 땅속의 두더지가 되기도 하고, 바다 속에 들어가서 산소통도 없이 숨을 쉬는 일이 일어나죠. 어떤 일관성이 없습니다. 그런데 낮에는 절대 그런 일이 일어나지 않아요. 논리적인 일관성이 있고, 경험의 일관성이 있습니다. '나'는 모든 경험들을 기존의 '나'에 일관성 있게 맞추려고 합니다. 그래서 그에 맞지 않으면 밀어내고, 맞으면 받아들여요. 일관성이 생길 때만 '나'라는 것이 힘을 받기 때문입니다. 그런데 그런 일관성이 생기면 그때부터 "이것이 옳아."라고 주장하죠. 사실 '나'라는 것은 경험에 이름을 붙이고, 그 자료를 분류하여 정리정돈해서 일관성을 가지게 하는 역할의 빈 통로와 같은 건데, 주장을 하면 마치 뭐가 실제로 있는 듯이 여겨집니다.

　'나'라는 것은 그냥 경험들의 총합체일 뿐이에요. 경험과 기억과 느낌들을 하나로 묶어주는 빈 통과 같은 역할을 합니다. 마치 하늘의 수많은 수증기들이 빗방울로 뭉쳐지도록 해주는 것 외에는 아무 의미도 없는 작은 먼지알갱이와 같아요. 그러나 먼지가 있어야지만 수많은 수증기가 뭉쳐서 빗방울이 됩니다. '나'라고 여겨지는 것은 그런 먼지와 같은 아무것도 아닌 텅 빈 중심입니다. 그래서 옛날부터 수많은 바퀴살의 중심축이 되는 텅 빈 바퀴구멍과 같다고 했습니다. 바퀴의 가운데에 굴대가 들어가는 자리가 비어있습니다. 그리고 그 빈자리를 중심으로 바퀴살이 밖으로 뻗어있어요. 그 바퀴들이 다른 축을 만나면 드디어 굴러가죠. 그와 같이 '나'라는 것도 그런 역할을 하는 작용일 뿐인데, 여기에 '나'라는 이름이 붙음으로써 진짜 뭔가 있는 것처럼 착각을 한다는 것입니다.

수많은 경험들이 '나'로 인해 일관성이 생기면서 자기를 주장합니다. 그때부터 하나의 존재로 드러나기 시작해요. 생각이 끊임없이 '나'라는 것에 연관되어 일어나서 '나'를 지키고, 북돋고, 성장시키고, 상처받지 않게 합니다. 생각이 자신을 유지하게 해주는 '나'에 집착하는 것입니다. 생각이라는 것 자체도 하나의 현상으로서 스스로 존재하려고 하니까요. 그러려면 어떻게 해야겠어요? '나'라는 것에 접속을 해야 된다는 것입니다. 그래야만 살아남습니다. 그리고 '나' 또한 '나'라는 것을 강화시켜주는 생각에 집착합니다. 서로가 서로를 북돋는 관계에요. 그래서 생각은 끊임없이 일어납니다.

과학자들이 말하기를 인간이 하루에 6만 가지 생각을 한다고 합니다. 그런데 이걸 옛날 사람들도 경험적으로 알았나 봅니다. 오만가지 생각을 한다고 하잖아요. 6만 가지 생각의 대부분은 '나'를 강화시키는 작업이에요. 그렇지 않고 오직 몰입해서 생각을 쓰는 경우는 많지 않습니다. 몰입할 때는 자기를 잊어버리는데, 그런 몰입의 경우가 아니면 항상 '나'라는 것이 개입되어 있어요. '나는 지금 열심히 일하고 있는데 왜 방해를 해.', '왜 이렇게 지루해.', '모든 것이 너 때문이야.' 등등 대부분의 생각은 '나'와 연계되어서 '나'를 강화시킵니다.

이름 붙여진 모든 경험들은, 실상이 없지만 작용할 때는 나타나서 마치 있는 듯이 보이는 '나'로 인해 묶여서 일맥一脈을 이루어 사용되기 때문에 존재하는 듯이 느껴집니다. 그런 수많은 경험들이 사용되는 것은 좋지만 경험이 스스로를 주장하는 것은 어떻습니까? 주장이 무슨 의미가 있어요? 경험은 나한테 쌓여서 다음번에 쓰이는 것이 중요합니다. 그런데 쓰이는 데 초점을 맞추지 않고 경험이 자기를 주장하기 시작해요. '나'에 연결됨으로 해서. '나'라는 놈은 텅 빈 것인데 마치 실제로 있는 듯이 이름만 붙어있는 놈이에요. 그런데 이놈이 존재하려면 어떻게 해야겠어요? 자꾸 '나'를 주장해야만 존재한다고 느끼겠죠. 그래서 '나'라는 놈은 스스로 존재한다고 느끼기 위해서 경험을 사용하면서 끊임없이 자신이 빌붙은 경험이 옳다고 주장하고, 저항하고, 반발하고, 비판합니다. 경험은 그러지 않고도 그냥 쓰일 수 있어요. 그러나 하나의 임시적인 작용인 '나'라는 것이 스스로를 고정적으로 존재한다고 느끼기 위해서 수많은 경험들을 사용하며 주장하는 것입니다. 사회 정의를 주장하는 사람이 있다고 해봅시다. 그것이 옳다면 스스로 실천하면 됩니다. 그런 것도 경험에 연계된 '나'라는 것이 스스로 살아남으려고 계속 작용을 유지하는 것입니다. 자기가 존재한다는 것을 끊임없이 느끼려고 합니다. 어떤 경험이 나타나서 자기를 주장하면 그 경험은 내면에서 힘을 발휘하게 됩니다. 그것이 내면의 상황이에요. 이런 모든 안팎의 대상을 떠나서 그것들의 핵심은 모두 비어있음을 관찰하는 것이 바로 "안팎의 모든 대상을 보내 버리고 모두 공적하다고 관觀하여"라는 말의 의미입니다.

잡을 수 없는 일심一心

只存一心하야 孤標獨立이니
지 존 일 심   고 표 독 립

오직 일심만 남겨두어 홀로 서니

일심一心만 남겨 둔다는 말은 어떤 의미일까요? 그 일심一心이라는 것이 내 마음인가요? 마음 심心자를 사용하니까 내 마음만 남겨둔다고 생각할 수도 있습니다. 내 마음이 슬프다, 내 마음이 기쁘다, 내 마음이 뿌듯하다, 이럴 때의 내 마음. 그런데 이것들은 다 느껴지는 마음입니다. 모두 경계예요. 왔다가 가는 경계는 일심이 아니죠. 안팎의 모든 대상, 모든 경계들을 보내버린다고 했으니까 이 일심은 모든 경계가 다 지나가버리고도 남아있는 그것입니다. 그런데 일심이 홀로 선다고 하니 뭔가 있는 것 같죠? 하지만 '있다/없다'라고 표현할 수 있다면 그 것은 곧 경계입니다. 마음이 잡아낼 수 있는 것은 다 경계예요. 일심은 결코 잡히는 것이 아니지만, 억지로 말로 하자니 일심입니다.

감지가 처음 쌓이면 '나'의 역할을 합니다. 쌓인 감지는 하나의 경험이기 때문에 필요에 따라 쓰여야 합니다. 그런데 이놈이 어딘가에 쓰이기보다는 주장을 해요. 어떨 때? 자신과 다르다고 여겨지는 것이 들어오거나 판단하고 비판할 대상이 생겨나면. 감지는 그냥 이렇고 저렇다고 구별하는데 쓰이면 돼요. 그런데 그렇게 구별하는데 쓰이지 않고, 좋고 나쁨을 판단하는 데 쓰인다는 것입니다. 분별하고 구별하는데 감지를 사용하는 것은 괜찮아요. 그러나 좋고 나쁨을 판단하기 시작하면 그때부터 '나'가 나타납니다. 좋고 나쁨은 '나'라는 것을 기준 삼기 때문에 생기거든요. '이것은 좋으니까 내가 가져야지. 저것은 안 좋으니까 네가 가져도 돼.' 뭐 이런 것을 하는 것입니다. 그때부터.

'나'는 지금 이 순간의 경험을 판단하고 평가하며 필터링하는 역할을 합니다. 그렇기 때문에 지금 이 순간에 일어나는 일들을 있는 그대로 경험하지 못하죠. 이미 내안에 들어와 있는 경험적인 정보는 앞으로 사용될 자료로 재정립됩니다. 그리고 지금 이 순간 자기 필터를 통해 받아들여 경험된 것은 그때부터 내 편이 되어서 다음번에 쓰이죠. 이런 '나'의 역할이 다양한 사람들이 존재하는 다양한 세계를 만들어냅니다. 풍성한 세계를 만든다는 의미에서 '나'라는 것의 역할은 아주 훌륭합니다. 쌓인 감지를 주장하게 만드는 이 역할이 필요해요. 그것을 중심으로 경험들이 퇴적되어서 쌓여서 정말 존재하듯이 느껴지기 때문에 다양한 현상들이 오래오래 존재할 수 있습니다. 그런데 부작용도 있죠. 자기만 옳다고 생각하고, 자기만 최고라 여기고, 자기가 제일 꼭대기에 서려고 합니다. 그런 부작용이 없으면, 전체를 느끼면서 자기를 느낍니다. 또 자기를 위하는 것이 곧 전체를 위한 것이기도 한 활동들을 해 나갑니다. 그러면 다양하면서도 조화로운 현상세계가 이루어질 텐데, 꼭 자기만 위하려는 힘이 강하게 자꾸 올라와서 곤란해지죠.

마음에서는 '나'라는 것을 재정립하기 위해 기존의 경험을 기반으로 삼아 저항하거나 새로운 것을 추구하는 활동을 끊임없이 계속합니다. 이 모든 활동이 마음에 일어나는 대상이기 때문에, 그것들을 모두 쉬고 오직 빈 마음만 남겨두는 것이 바로 일심一心만 남겨둔다는 말의 의미입니다. 내 마음에 잡히는 모든 것들은 그냥 통과하게 내버려둔다는 것입니다. 그것이 바로 지존일심只存一心입니다. 홀로 서는 것입니다. 우리는 지금 이 순간 경험되는 것과는 분리된 어떤 존재입니다.

책상에 손을 대고 느껴 봅니다. 아무 생각 없이 느껴보세요. 감지도 의식하지 않는 감지상태로 갑니다. 감지를 의식하고 있다면 결국 구별해내는 무엇이 있다는 거잖아요. 아무것도 의식하지 말고 그저 경험해보세요. 지금 그 상태가 '느낀다는 생각 없이 느끼는 상태'입니다. 지금 어떻습니까? 느끼는 자가 따로 있나요? 느낌만 있습니다. 느낌을 약하게 의식하려고 의도하면 느끼는 자가 있습니다. 의식하려는 의도가 느끼는 자를 만들어내죠. 모든 의도를 내려놓고 생각 없이 그냥 느껴봅니다. 그럼 오직 경험만이 있습니다. '경험하는 내가 있으니까 경험이 있지.'한다면 생각으로 들어간 것입니다. 그런 생각 없이 그냥 느껴보라는 것입니다. 의식적인 느낌은 당연히 감지와 연결되어 감지하는 주체를 미묘하게 만들어냅니다. 그렇지만 의식적이지 않은 느낌으로 갈수록 점차 주체와 대상이 희미해지는 느낌이 경험되죠. 그럴 때는 오직 경험만이 있습니다. 우리의 내면을 분리시키는 경계선에 대한 생각도 없고, 의식적인 느낌도 없지만 경험은 일어나고 있죠. 또 보세요. 지금 엉덩이가 의자에 붙어있는 것이 의식되죠? 그런데 의식되지 않았을 때도 의식되지 않는 느낌이 있었던 것입니다. 그런 경험이 일어나고 있었는데 의식되지 않았을 뿐이죠. 의식된다는 건 이미 경계선이 생겨서 나와 너로 나누어진 상태입니다. 의식되지 않는 경험은 촉감을 타고난 육체적인 한계 때문입니다. 그렇게 의식되지 않을 때의 느낌은 그냥 하나입니다. 그런데 의식되는 순간 마음에 하나의 그림자가 생겨나죠. 느낌의 그림자. 우리가 감지라고 이름 붙인 것입니다.

내면을 분리시키는 경계선인 생각과 느낌이 없다면, 다시 말해서 느낌을 진정으로 경험하고 있다면, 거기에는 경험만이 있을 뿐 느끼는 자는 따로 없습니다. 물론 느낀다는 생각 아래의 느낀다는 느낌도 없어질 때 그것이 가능하죠. 즉 의식적인 느낌이 다 사라진 것을 말해요. 의식적인 느낌은 모두 느껴지므로 느낌의 경계선이 있습니다. 어떤 경험이 일어나는 건 경험의 기준이 있기 때문이에요. 여기서 경험과 느낌을 구분하고 있는데, 느낌은 의식된다는 측면에서 말하는 것이고, 경험은 의식적이지 않은 일어남을 의미합니다. 이런 일어남이 가능한 이유는 우리에게 안이비설신의眼耳鼻舌身意라는 기준이 장착되어 있기 때문이죠. 감각적인 기준이에요. 우리식으로 말하자면 감각상태인데, 이때가 되면 비로소 일심一心만 남은 상태에 들어가기 시작합니다. 거기서부터 마음의 시뮬레이션이 멈추기 때문이에요. 시뮬레이션이 작동하려면 마음이 나누어져야만 합니다. 마음의 시뮬레이션이 멈추고 오로지 감각만 작동할 때 마음은 드디어 분별없는 상태가 됩니다. 나눠지기 이전의 상태이죠. 그것이 바로 일심一心, 한 마음입니다.

所以로 古人이 云하사대
소 이   고 인   운

不與萬法으로 爲侶하며
불 여 만 법   위 려

그래서 고인이 말하기를
만법과 짝하지 않고

만법萬法은 만 가지 현상을 말합니다. 만 가지의 법法과 짝하지 않는다는 말은 경계가 없다는 의미입니다. 무언가와 짝하기 위해선 서로 나눠져야 하지 않습니까? 사랑하려면 두 사람이 있어야 하잖아요. 나르시스처럼 혼자서 자신을 사랑한다고 해도 자신을 비출 거울이나 물이 있어야 합니다. 그러니까 어떻게라도 나눠져 있어야만 사랑이 가능한 것입니다. 짝하려면 나눠져야 한다는 말입니다. 만법萬法과 짝하지 않는다는 말은 그렇게 나눠지기 이전, 즉 만법이 일어나기 전으로 돌아감을 의미합니다. 그러나 사실 만법이라는 것은 마음에 일어나는 모습들이기 때문에, 그런 모습들이 일어나기 이전의 순수한 의식은 변함없이 항상恒常하다는 것을 알아채면 일어나는 만법을 굳이 없앨 필요가 없습니다. 일상생활에서도 절대絶對의 세계가 함께 함을 발견하는 것입니다. 절대는 그 어떤 상태나 변화에 상관이 없습니다. 여러분은 일어나는 그 어떤 모습도 아닙니다. 그래서 굳이 일어나는 현상들을 사라지게 할 필요가 없습니다.

'나는 선생이다.'라고 생각하거나 '나는 지금 피곤해.'라는 느낌 속에 있으려면 우선 '나는 존재한다.'가 먼저 성립되어야 하겠죠? 내가 먼저 존재해야 선생이 되든지, 일에 지쳐 피곤하든지 할 거 아니에요? 그러면 '나는 선생이다.' 하기 이전으로 머물러 보세요. 그럼 나는 존재하되 그 어떤 대상도 없습니다. '나'가 있고 '선생'이라는 대상이 있어서, 둘이 동일시된 것이 '나는 선생이다.'입니다. 나와 대상이 있다는 것입니다. 그런데 선생이란 것이 있기 전에 '나는 존재한다.'가 있어야 합니다. 우리가 심화에서 연습한 '내가 있음'이죠.

자, 그런데 '내가 있음'이라는 말에는 여전히 내가 있기 때문에 잠재적인 너 또는 대상을 만든다는 단점이 있습니다. 그래서 '내가 있음'에서 조금 더 깊이 들어가 보면 '내가'는 떨어져 나가고 '있음'만 남게 됩니다. 자기를 들여다보면 맨 처음에는 내가 있는 것 같아요. 내가 존재하는 것 같습니다. 그 느낌을 더 깊숙이 파고들어 느껴보면 어느 순간 갑자기 '내가'는 사라지고 말할 수 없는 뭔가가 존재합니다. 사실 있다고 말로 할 수 없는 그것이 바로 '있음'입니다. '내가 존재한다'가 아니라 그냥 '존재한다', '있다'에요. 정리하자면 나와 너가 있는 세계에서 '내가 있다'는 세계로 들어가고, 더 깊숙한 뿌리로 들어가면 '있다'만 남게 됩니다. 영어로 말하면 'I am'이 '내가 있다'예요. 성경을 보면 "하느님 당신은 누구입니까?"하니까 "I am that I am"이라고 하죠. 나는 스스로 존재한다는 것입니다. 거기서 한발 더 들어가면 '나는'이 없어집니다. 하느님과 피조물 사이에 관계가 있기 때문에 '나는'이 존재하는 것입니다. 하느님도 피조물도 없고 존재만 있으면 '나는'이 필요 없습니다. 오직 am만 있습니다. 또는 is나 being만 있어요. 이것이 바로 짝할 만법이 없어진 상태입니다. 'I am'은 여전히 미묘하게 'you'를 전제하고 있지만, 'I'가 사라지면 드디어 만법은 사라지고 일심一心만 남은 상태입니다. '내가 존재한다'는 느낌에는 여전히 현상이 조금 남아있어요. 대상이, 경계가 남아있는 것입니다. 그런 경계마저 사라지면 드디어 일심만 존재합니다.

不與諸塵으로 作對라 하시니
불 여 제 진   작 대

모든 대상을 상대하지 않는다 하시니

모든 먼지 역시 대상을 말합니다. 안이비설신의眼耳鼻舌身意를 육진六塵이라고 해서 먼지로 봐요. 다시 말해 현상계에서 일어나는 모든 것은 먼지입니다. 그런 경계들을 잡되 상대하지 않는다고 했습니다.

경험에 의해 올라오는 마음의 대상을 없애거나 변화시키려 하지 않고 그저 상대하지 않습니다. 우리가 연습한 "슬픔은 슬픔대로 두고 나는 나대로 있다."는 말도 슬픔이 있어도 내버려두고 상대하지 않는 것입니다. 오직 모든 관심을 일심에만 둡니다. 이것이 바로 "오직 모를 뿐"과 같은 말의 의미입니다. "오직 모를 뿐"은 '안다'는 것에 마음이 붙잡히지 않게 합니다. 우리가 '안다'고 하는 순간 마음은 그것을 붙잡아 고정시켜요. 그러면 마음에 대상이 생겨나서 상대하게 되죠. "오직 모를 뿐"은 대상이 있든 없든 상대하지 않습니다. 마음에 의해 경험되는 모든 것을 그저 왔다가 가도록 내버려 두죠. 침묵 연습을 할 때, 소리는 소리대로 두고 소리에 전혀 영향 받지 않는 침묵을 연습했었죠. 흔들리다가 멈춘 식물을 보고 멈춘 느낌, 고요한 느낌을 붙잡아서 거기에 초점을 맞추면 소리가 나타났다가 사라집니다. 그래도 멈춘 느낌은 영향 받지 않고 흔들림 없이 그대로 있죠. 소리와 생각들은 나타났다가 사라지지만, 멈춤과 침묵은 어디에도 영향 받지 않고 계속 있습니다. "그 어떤 것도 상대하지 않는다."를 기법으로 바꾼다면 그런 연습이라고 할 수 있습니다. 침묵은 그 어떤 소리에도 영향 받지 않음을 발견하는 것은 모든 대상들이 나타났다 사라지도록 내버려두는 것과 같습니다. 그렇게 대상을 상대하지 않으면 대상은 마음에서 힘을 잃고 점차 어떤 의미도 갖지 않게 됩니다. 그렇게 대상이 사라져 가면 그와 함께 주체도 희미해지겠죠.

대상과 주체의 경계를 유지하는 망심

心若着境이면 心卽是妄이라
심 약 착 경　　　심 즉 시 망

마음이 만일 대상에 집착하면 그것이 망심이다

대상에 집착하는 것이 바로 망심妄心입니다. 대상에 집착한다는 건 대상과 주체의 경계를 유지시킨다는 것입니다. 사실 망심의 근본은 나와 대상을 나눠 그 분별 속에 빠지는 것입니다. 그래서 많은 대상이 생기고 좋고 나쁨이 생기죠. 모든 망심은 거기에서 시작됩니다. 그래서 집착이 생기고 고락苦樂이 생기며 끊임없는 의식현상이 이어집니다.

자, 그런데 우리가 집착하고 싶어서 집착하는 걸까요? 집착이 안 좋다는 건 누구나 알죠. 하지만 자신도 모르게 집착합니다. 그런 집착은 왜 생길까요? 집착은 그냥 일어나는 것입니다. 집착은 스스로 원해서 하는 것이 아니에요. 만일 스스로 원했다면 집착을 놓아버리면 될 일입니다. 그러나 어느 누구도 집착을 원해서 하지는 않아요. 다만 집착이 일어난다는 것이 문제입니다.

집착은 의식의 발전과정에서 나타나는 필연적인 결과입니다. 업식業識에서 처음 마음이 움직여 나와 대상이 생겨나고, 대상 하나하나가 구별되며, 그 후 대상들 사이의 비교가 일어나면서 좋고 나쁨이 생겨납니다. 그리고 좋은 것에 매달리는 데서 집착과 함께 고락苦樂이 생겨나죠. 즐거움에 대한 집착이 생겨나요. 그런데 이 과정은 느낌의 차원에서 보면 상당한 의미가 있습니다. 생각에 물들지 않은 느낌은 이 순간에 필요한 일을 알려주는 신호가 되기 때문입니다. 그러나 스무 살이 넘어가면서 많은 느낌들에 이름이 붙고, 이 이름들이 연합하여 형성한 생각의 네트워크 속으로 들어가면, 이제 느낌에 대한 끌림인 집착은 생각들로 인해 방대하고 끊이지 않게 됩니다. 고질적인 병이 되고 말아요. 생각은 끊임없이 이어지는 네트워크로 이루어져 있기 때문입니다. 느낌 하나하나는 따로 존재하죠. 그것이 전부입니다. 그러나 생각은, 이 생각과 저 생각이 연결되면서 수많은 생각들이 하나의 네트워크를 이루기 때문에 한 군데가 흔들려도 곧 전체가 흔들립니다.

생각은 독립적으로 존재하지 않습니다. 생각에 이름이 붙으면 이것의 의미는 저것과 연결됩니다. 그렇게 거미줄처럼 연결된 생각의 밑바닥에 느낌이 있습니다.

의미가 생각입니다. 느낌들의 연관성이 곧 의미에요. 사람들은 삶에서 어떤 의미를 찾지 못하면 죽을 것 같아 합니다. 인생에 의미가 없다며 허무에 빠지죠. 로고테라피logotherapy를 창안한 유태인 의사 빅터 프랭클Viktor Frankl의 책이 있습니다. 2차 대전 당시 아우슈비츠에서 사람들을 관찰한 결과, 살아야 하는 이유와 의미가 있는 사람들은 살아남고, 삶의 의미를 찾지 못한 사람들이 죽더란 얘기입니다. 빅터 프랭클은 살아야 하는 의미를 찾아내면서 아우슈비츠에서 살아남았는데, 그런 경험에 착안한 정신치료법이 로고테라피, 즉 삶의 의미를 발견해내는 것입니다. 하지만 더 깊이 보면, 진정한 생명력은 아무 의미 없이도 분출됩니다. 물론 아무리 사소한 것에서도 어떤 의미를 발견하는 것도 중요합니다. 좋은 역할을 할 수 있어요. 그러나 "모든 것에 의미가 있다."는 말은 어떤 의미도 없다는 말과 상통합니다. 거기까지 갔다면 빅터 프랭클의 치료법도 좋습니다. 하지만 거기에 도달하지 않았다면 언젠가는 결국 아무 의미 없음에 맞닥뜨릴 것입니다. 이 세상에 존재하는 모든 것에 의미가 있다면, 그것은 아무 의미도 없다는 말과 같아요.

기본적으로 생각은 의미입니다. 그 의미 밑에는 느낌이 숨어 있지만, 사람들은 느낌에 머무르지 않고 주로 생각에 머물러서 네트워크의 하나로 존재합니다. 왜냐하면 생각은 그 본성상 이 생각에서 저 생각으로 이어지는 속성을 가지고 있기 때문입니다. 그리고 생각들로 오염된 느낌은 필요하지도 않은 것을 필요한 것으로 착각하는 오류를 범합니다. 아무런 생각이 없는 우주는 필수적인 현상만 만들어냅니다. 전체가 조화롭게 흘러가는 데 필요한 현상만 만들어내요. 그래서 자연에는 쓰레기가 없습니다. 나무가 광합성을 할 때 산소를 방출하고 이산화탄소를 흡수하죠. 나무에게는 산소가 불필요하지만 인간에게는 산소가 필요하고, 사람에게 불필요한 이산화탄소를 나무는 필요로 합니다. 이처럼 자연에서는 어느 것 하나 버려지지 않고 모두 쓰입니다.

　마음공부를 하는 과정에서 나타날 수 있는 황홀경이나 지복至福의 느낌, 우주와의 합일, 신의 목소리를 듣거나 타인의 생각을 읽어내는 경험, 몸이 사라지는 느낌, 무아의 체험, 쿤달리니가 터지는 체험 등은 경험되는 현상일 뿐입니다. 이런 경험이 한 번 일어나면 자꾸 다시 경험하고 싶어서 집착하게 됩니다. 그러나 그런 경험은 계속되지 않습니다. 만약 황홀경을 계속 느낀다면 에너지를 계속 소비하는 것입니다. 그런 경험들은 우리에게 더 투명한 차원에 대한 통찰을 일으키고 떠나는데, 그런 것들에 대한 집착은 또 하나의 망심이 되고 맙니다. 그런 경험은 한번 즐기면 됩니다. 우리의 본질을 깨우치는 데 필수적이지도 않아요. 우리는 생명력 자체이기 때문입니다. 그런 경험이 일어난다면 잠시 즐기면 되지만 집착하지는 마십시오. 경험들은 하나의 역할을 할 뿐입니다. 경험을 즐기되 거기에 빠지지 말고 통찰의 도구로 삼으십시오. 그것이 모든 마음의 세상에 집착하지 않고 오직 일심만 남겨둔다는 식망息妄의 방법입니다.

今旣無境이어니 何妄之有리요
금 기 무 경　　　　하 망 지 유

　지금 이미 대상이 없으니 어찌 망심이 있으리오.

그러한 마음의 모든 대상이 사라지니 어찌 망심妄心이 있겠습니까? 망심은 분별입니다. 대상이 모두 사라진 마음에는 대상을 인식하거나 느끼고 경험할 주체도 사라지니, 드디어 마음의 분열이 사라지고 한마음이 됩니다.

진정한 주체는 대상없는 독존[唯我獨尊]

乃眞心이 獨照하야 不碍於道니
내 진 심　　독 조　　불 애 어 도
곧 진심이 홀로 비추어 도에 걸리지 않으니

모든 마음이 지나가는 자리, 모든 경험이 통과하는 자리, 모든 기쁨과 슬픔, 고통과 즐거움이 경험되는 자리는 홀로 존재하며 우주적 질서인 도道에 어긋나지 않습니다.

卽古人의 奪境不奪人也라
즉 고 인　　탈 경 불 탈 인 야
즉 고인이 경계를 뺏되 사람은 뺏지 않는다는 것이다.

이것이 바로 경계는 빼앗되 사람은 빼앗지 않음입니다. 진정한 주체는 대상없는 독존獨存이니 이를 유아독존唯我獨尊이라고 합니다. 유아독존唯我獨尊은 독재를 뜻하는 것이 아니에요. 대상이 있는 독존은 유아독존이 아닙니다. 유아독존은 세상에 나 외에는 없다는 말이니, 그 나는 대상이 없는 나인 것입니다. 천상천하유아독존天上天下唯我獨尊. 석가모니가 여섯 발을 걸으면서 말했다고 하죠. 오직 일심만이 존재한다는 의미입니다.

대상에 의해 존재하는 주체는 일시적이며 임시적인 주체이지만, 대상이 없어도 존재하는 주체는 진정하고 영원불멸한 주체이니, 이것이 천상천하유아독존의 의미입니다. 무언가 현상적으로 존재한다는 말이 아니라, 오직 이 우주에 그것 밖에 없으므로 유아독존인 것입니다. 대상없는 나입니다.

故로 有語云호대 上園에 花己謝호대
고   유어운   상원   화이사

그러므로 어떤 이는 동산에 꽃은 이미 떨어졌는데

꽃이 이미 떨어졌다는 말은 모든 경계가 무너졌다는 말입니다. 다양한 꽃이 사라지듯 다양한 경계가 사라졌어요. 그 경계에는 수많은 개념과 놀라운 경험들이 모두 포함됩니다. 놀라운 체험이 본질을 통찰하는데 어떤 역할을 할 수 있지만 중요하지는 않습니다. 큰 의미가 없어요. 체험은 왔다가 갑니다. 그래서 체험이고 경험인 것입니다. 네 살 때 먹었던 맛있는 사탕이 기억납니까? 맨 처음 먹을 때 어린아이가 얼마나 황홀했을까요? 여러분이 살아오면서 겪은 멋진 경험도 많았을 것입니다. 그 경험이 지금 남아있나요? 시간이 지나면 희석되고 희미해집니다. 우주와의 합일이라는 경험도 다르지 않아요. 계속 유지되지 않습니다. 그래서 "평상심이 도道"라는 것입니다. 아무런 경험이 없는 상태, 아무런 느낌이 없는 상태가 평상심이에요. 지나간 느낌들은 모두 경계입니다.

우리는 이미 자유 그 자체입니다. 자유는 무언가를 얻어서 이루어지는 것이 아닙니다. 자신의 본질이 모든 '무언가'를 넘어서 있음을 발견하면 비로소 자유로워지죠. 그러므로 우리는 모든 경계를 넘어갈 필요가 있습니다.

車馬尙騈闐이라 하고 又云호대
거 마 상 병 전　　　　　　　우 운

수레와 말은 아직도 붐빈다 하고 또 말하기를

경계는 사라졌지만 아직도 마음은 시끄럽다는 말입니다. 경계들이
사라졌지만 임시적인 주체가 여전히 시끄럽다면 아직 자유로부터 멀
리 있습니다. 주체가 아직 시끄럽다는 말은 사실 여전히 경계가 미묘
하게 상존한다는 말이니, 미묘한 마음의 느낌들을 살펴보아야 합니다.

三千劍客이 今何在오
삼 천 검 객　　　금 하 재

삼천검객이 모두 지금 어디 있는가

옛날 중국의 문왕文王은 3천 명의 검객을 모아놓고 기르며 서로 싸
우게 해서 우열을 가렸습니다. 그러다보니 많은 피를 보게 되니까 장
자莊子가 나서서 꾀를 내어 문왕의 마음을 다스렸습니다. 진정한 승리
는 검술로 이기는데 있지 않으니, 싸우지 않고 이기는 것이 진짜 이기
는 것이라고 말했어요. 성인은 칼로써 이기지 않고 기로써 이긴다고
말해 더 이상의 싸움을 멈추고 평정하게 된 고사입니다.

獨計莊周定太平이라 하니
독 계 장 주 정 태 평

홀로 장주만이 태평을 이루었네라 하니

여러분의 모든 방황과 구도는 어디에 초점이 맞추어져 있습니까?

대부분 미래에 초점이 맞춰져 있습니다. 미래의 언젠가는 이루어질 것이라는 마음으로 공부를 하고 있어요. 모든 추구와 후회는 미래와 과거에 초점이 맞춰질 때 일어납니다. 이 순간을 떠나 있어요. 지금 이 순간 여러분에게 부족한 점이 있습니까? 지금 어떤 경계도 없는 마음으로 들어가 봅니다. 마음에 뭔가 느껴지고 잡힌다면 아직 경계가 있는 마음이죠. 경계가 없는 마음에는 어떤 생각도 없고, 원하는 것도 없고, 살펴볼 것도 없습니다. 지금 뭔가 부족한 것이 있습니까? 채워야 할 것이 있어요? 여러분은 이미 완전합니다. 지금 이 순간 당신은 무엇을 필요로 하고 있습니까? 생각이 없고, 원하는 것이 없고, 살펴볼 것도 없다면 만족하지 못함이 그 어디에 있습니까?

此是泯境存心息妄功夫也라
차 시 민 경 존 심 식 망 공 부 야
이것이 경계를 없애고 마음을 두는 식망공부이다.

이것이 바로 경계는 지우고 주체는 남겨두어 오직 일심만 찾는 망념을 쉬는 공부입니다.

무심無心으로 들어가는 열 가지 방법 중 다섯 번째 방법을 살펴보겠습니다. 주체와 대상을 전부 다 없애는 방법입니다.

다섯째, 민심민경泯心泯境_주체와 대상을 모두 없애다

五는 泯心泯境이니 謂做功夫時에
오   민 심 민 경   위 주 공 부 시
다섯째는 마음도 경계도 없애는 것이니 공부 시에

이때 마음은 주체이고 경계는 대상이라고 보면 되겠죠. 주체와 대상을 모두 없애는 방법입니다.

先空寂外境하고 次滅內心이니
선 공 적 외 경　　　차 멸 내 심
먼저 바깥 경계를 공적히 하고 두 번째로 안의 마음을 적멸하니

왜 먼저 바깥 경계를 공적히 한다고 했을까요? 우리의 연습에 따르면 주체와 대상은 동시에 생겨나고 동시에 사라집니다. 민심泯心과 민경泯境이 동시에 일어나죠. 이전의 방법은 주체를 없애고 대상을 남겨놓거나 대상을 없애고 주체를 남겨놓았습니다. 그 이유는 사람들이 주체인 마음과 대상이 독자적으로 존재한다고 믿기 때문이에요.

예를 들어 밖에 컵이 있으면 그 컵은 나와 상관없이 존재한다고 여깁니다. 그런데 컵이 나한테 존재하는 논리적인 근거는 무엇입니까? 손으로 컵을 잡았을 때의 촉각적 감각과 눈으로 보는 시각적 감각이 현재 내 밖에 컵이 존재한다고 믿게 만드는 근거가 되죠. 둘 다 내 감각기관에 들어온 감각적인 느낌에 기반하고 있습니다. 그런데 문제는 손으로 컵을 잡지 않고 눈으로 보고만 있는데도 표면의 질감이 촉감으로 느껴지고, 컵 안의 공간감이 느껴진다는 것입니다. 손으로 잡았을 때 느꼈던 입체적 느낌의 잔재죠. 그래서 실제 손으로 잡지 않아도 느껴집니다. 내 마음에 자리 잡은 촉각적인 감지가 시각적인 감지를 통해 불러일으켜진 것입니다. 내면에 쌓여있는 경험의 흔적인 감지를 불러내서 보고 있다는 말이에요. 단순히 시각적인 느낌만 있다면 사진을 보는 것과 같을 것입니다. 사진은 입체적이지 않고 평면적입니다. 그러나 눈으로 볼 때는 사진으로 보는 것과는 다르죠. 시각적 자극이 다른 모든 감각기관에 의해 쌓여진 마음의 흔적을 동시에 불러내서 발현시키므로 더 풍부하게 느껴집니다. 만약 시각으로 봤을 때 사진처럼 보인다면 나의 느낌이라고 인지할거에요. 그러나 눈으로만 봤는데도 입체적인 촉감까지 다 느껴진다는 것입니다. 강도는 약하지만. 만지면 촉감이 강렬합니다. 만지지 않고 눈으로만 보면 촉감은 희미해지지만 그래도 평면적인 사진보다는 풍성하고 입체적으로 모든 감각의 자극을 받고 있는 느낌이 있습니다. 컵을 손으로 잡고 눈으로 보는 순간 내 안에 쌓여진 모든 감각들이 동시에 발현되어서 나를 자극합니다. 그래서 저 밖의 사물이 내 마음과 별개로 독립적으로 존재한다고 느끼게 됩니다.

또 마음을 바로 들여다보기에는 애매한 점이 있기 때문에 바깥의 경계를 먼저 없앱니다. 자기 마음을 살피지 않고 살아왔던 사람에게 마음을 보라고 하면 '마음이 어디에 있지?' 하면서 어려워합니다. 생각을 느껴보라고 하면 "생각을 어떻게 느낍니까?"라고 하죠. 그런데 여러분은 지금 마음을 바라보고 느낄 수 있어요. 그러기 위해서 마음에 떠오르는 모든 것이 현상이고 느낌이며 하나의 감지라는 것을 연습했습니다. 마음을 직접 보라고 하면 처음에는 힘들 수 있으니 밖의 대상을 먼저 보게 한 것입니다. 그러나 밖의 사물을 대상으로 공부하고 마음에 들어가는 것과 밖의 대상을 가지고 연습하는 것 모두 똑같이 감지를 연습하는 것입니다. 마음의 흔적을 다루는 것입니다. 그럼에도 맨 처음에는 밖의 사물을 가지고 연습하는 이유는, 공부를 시작하는 사람은 밖에 있는 사물이 구체적이고 실질적이고 잡을 수 있다고 여기기 때문입니다.

심心은 마음이요, 경境은 경계이니 바깥 대상이라고 여겨지는 것을 경계라 하였습니다. 바깥 경계가 마음을 통해 파악된다는 것은 그 둘이 동시에 나타나고 사라진다는 것을 의미합니다. 연습을 통해 바깥 경계를 텅 비어 공적하게 만들어서 마음이 잡히지 않는 상태인 감각으로 들어가면, 사물을 그것으로 보는 마음도 희미하고 흐릿해집니다. 이때 공부하는 사람은 경계와 마음, 대상과 주체가 서로 깊은 상관관계에 있음을 알 수 있습니다.

느낌이 있다는 것은 에너지가 쏟아져 들어가고 있다는 의미입니다. 거기서 주의를 빼버리면 느낌이 없어져요. 이상하지 않습니까? 분명히 내 감각기관은 작동하고 있는데, 내 주의를 다른 데 쏟으면 마음에 잡히지 않고 느껴지지 않습니다. 감각적 자극이 있는데도 마음의 상相은 안 잡힌다는 것입니다. '이것이 있다'고 느끼게 하는 중요한 요소는 마음의 상相이라는 말입니다. 주의가 불러일으키는 마음의 상相이 없다면 그것을 의식하지 못해요. 감각은 무의식적입니다. 느낌 중에서도 몸의 감각적 느낌은 무의식적이에요. 그것이 내 마음에 상相을 불러일으키는 작용을 할 뿐입니다. 그렇게 작용하지 않으면 손으로 무언가를 잡고 있어도 마음이 느끼거나 의식하지 못합니다. 아기가 컵을 잡으면 어떤 느낌이 있을 것 같나요? 감각은 있지만 별다른 느낌은 없습니다. 뜨거움은 자기 나름의 역할을 하기 때문에 컵이 뜨겁다면 아기도 손을 무의식적으로 떼죠. 그 외에는 컵을 잡고 있음을 의식하기 위해서는 의식적인 주의가 필요합니다. 의식적인 주의는 우리가 흔히 말하는 마음이나 주체라고 하는 것의 기본적인 속성입니다. 우리는 주체인 마음과 대상인 경계가 긴밀한 관계에 있음을 감각연습을 통해 파악했었습니다.

순수의식은 주객이 나타나고 사라지는 기반

旣內外心境이 俱寂인덴
기 내 외 심 경   구 적

이미 안팎의 주객이 모두 고요한데

안팎의 주객이 고요한 상태를 순수의식이라고 흔히들 말합니다. 안팎의 주객이 사라지면 마음은 고요해지죠. 주객의 분별이 사라진 상태, 주체와 대상이 나타나지 않은 마음. 그것이 바로 순수의식입니다. 그런데 많은 사람들이 이 순수의식의 상태를 '얻었다'거나 '놓쳤다'라고 말합니다. 여기에는 약간의 오해가 있어요. 사실 순수한 의식 상태는 나타났다가 사라지는 하나의 마음 상태라기보다는, 주객이 나타나고 사라지는 기반이라고 할 수 있습니다. 물론 순수의식보다 더 근본적인 무극無極의 마음의 입장에서는 순수의식도 나타난 마음이지만, 순수의식은 우리가 흔히 의식하는 주객의 마음이 나타나는 밑바탕인 미묘한 의식이에요. 왜냐하면 이것이 있은 연후에 주객이 나타나기 때문입니다. 주객이 사라진 상태에서 '있음'만 있는 연습을 했었죠? 존재감만 있는 상태. 주객의 상태가 사라져도 여전히 존재한다는 느낌이 남아 있습니다. 그런 존재하는 느낌이 있은 다음에 주객이 나타나는 것입니다. 여기서 주객이 사라질 때가 삼매三昧의 첫 시작점입니다. 한 마음이 되는 것입니다. 일심一心이 바로 주객이 사라진 마음이에요. 이렇게 주객이 사라진 마음에서는 뭔가를 알거나 경험하는 마음이 없습니다. 만약 있다면 여전히 마음이 나누어진 상태인 것입니다. 주객이 없는 상태가 있은 연후에 주객이 나타나게 됩니다.

畢竟妄從何有리요
필 경 망 종 하 유

망심이 어떻게 좇아 일어나겠는가?

주객의 안팎이 나눠지지 않는다면 무엇을 따라서 망령된 마음이 일어나겠습니까? 망심妄心이 일어나지 않는다는 것은 끊임없는 생각과 그것에 의해 증폭되는 감정, 그리고 그것들의 기반이 되는 느낌들이 일어나지 않는다는 말입니다. 이때 깊은 평화와 자유가 느껴지는데, 그동안 수많은 생각과 감정의 소용돌이 속에 있다가 빠져나왔기 때문에 일시적으로 그렇게 느껴지는 것뿐입니다.

생각과 감정은 한편의 극적인 드라마와 같습니다. 결코 한 번도 나누어진 적이 없는 불이不二의 세상이지만 마음이 느낌을 느끼고, 느낌의 관계망인 생각들이 일어나서 합해지고 분리되며 온갖 드라마를 만들어냅니다. 예를 들면 '방'이라는 것이 없었는데 천장, 벽, 바닥을 나누어 서로 관계망을 만들죠. 하나로 조화롭게 존재하고 있는데 굳이 이름을 붙여 서로의 관계를 설정해요. 관계를 설정하기 전에는 천정은 천정대로 바닥은 바닥대로 그냥 그대로 있었어요. 자연이 이와 같습니다. 그런데 굳이 나눠서 이름붙이고 서로 연결시켜요. 마음 안에서 상相을 만들어 시뮬레이션 하기 위해서입니다. 세상에 분별을 통한 이름을 붙이고, 그렇게 나누어진 세계를 서로 연결시켜 관계를 만드는 과정에서 드라마가 일어나죠. 모든 드라마에는 서로 밀고 당기는 감정이 포함되어 있습니다. 그래서 희로애락喜怒哀樂이라는 고뇌의 파도가 일렁이것이 되죠. 이 망심이 없다면 모든 마음의 드라마는 허상임이 드러납니다. 그리고 평화와 자유를 느끼게 됩니다.

자, 그런데 여기서 한걸음 더 깊이 들어가 봅시다. 주객이 사라진 삼매의 상태, 또는 순수의식의 상태가 망심妄心이 사라진 상태라고 했습니다. 그런데 이 말 자체도 그런 상태와 주객이 나타난 보통의 마음상태를 다르게 보고 있어요. 또 다른 분별을 시작한 것입니다. 마음을 들여다보는 공부를 시작해서 희로애락을 가라앉히고 주객이 사라진 빈 마음을 경험하고는 '이것이 더 근본적인 마음 상태야.'라고 느끼는 것입니다. 주객이 있는 마음 상태로 나와서 '그때가 좋았어. 텅 빈 마음의 상태로 다시 들어가야지.'라고 마음먹어요. 마음이 또 나누기 시작한 것입니다. 희로애락이 왜 생겨나죠? 나눠놓고 비교하기 때문에 생기는 건데, 마음은 또 나누기 시작해서 텅 빈 순수의식의 평화로운 상태로 가려고 애씁니다.

이런 마음의 내용이 아니라 마음의 작용을 봐야합니다. 마음은 언제나 그렇지 않은 상태에서 그런 상태로 가려고 해요. 희로애락의 마음 상태와 그렇지 않은 상태를 나눠놓고 저기로 가야겠다고 움직입니다. 이런 두 개의 마음 상태 속에서 목적 상태를 향해 달려가지 말고, 마음이 둘로 나눠져서 이쪽에서 저쪽으로 달려가려고 하는 작용을 봐야 합니다. 부귀영화를 추구하든 깨달음을 추구하든 추구하는 마음이라는 점에서는 똑같아요. 똑같이 분열로 인해 나타나는 작용이라는 말입니다. 결코 다르지 않습니다. 물론 처음에는 추구하는 마음이 있어야 이 길로 들어오겠죠. 그러나 일단 들어왔으면 어떻게 해야 합니까? 그런 추구가 마음의 움직이는 작용임을 알아야합니다. 깨달음을 추구하는 마음이야말로 가장 지독한 탐욕이라고 할 수 있습니다. 권력과 명예를 추구하는 마음과 똑같이 마음의 내용에 묶인 것입니다. 마음을 두 개로 나눠놓고 그렇지 않은 상태에서 그런 상태를 향해 달려가고 있고,

나의 중심이 그 움직임 속에 들어앉아 있어요. 그렇지 않은 나에서 그런 나를 향해 달려가고 있는 마음의 내용입니다. 그런 의미에서 다르지 않다는 것입니다.

우리가 하려는 건 그런 것이 아닙니다. 마음이 목적을 향해 달려갈 때는 이미 둘로 나누어진 상태에요. 아무리 미세하다 할지라도 마찬가지입니다. 일반적인 부와 권력의 추구를 떠나서 자기 마음자체를 들여다보는 상황 속에 있다 하더라도, 미묘하게 더 나은 상태를 향해 움직이고 있다면 여전히 마음의 작용 속에 빠져있는 것입니다. 작용을 보고 있지 않다는 말이에요. 이 공부는 더 나은 사람이 되기 위한 공부가 아닙니다. 이미 여러분들은 본질 그 자체이기 때문에 더 나은 무엇이 될 필요가 없어요. 다만 무엇이 되고자 하는 작용이 왜 일어나는가를 보라는 말이죠. 나와 대상으로 나눠놓고 대상을 향해 달려가고 있는 마음의 작용을 보세요. 마음이 움직이고 있는걸 봐야 해요. 그렇다고 아무것도 하지 말라는 것은 아닙니다. 내용에 빠지지 말고 작용을 보는 노력을 하라는 것입니다. 내용과 작용의 차이입니다.

순수한 태극太極의 마음상태를 한번 경험해본 사람은 이제 또 하나의 화살을 맞은 셈입니다. 음양陰陽의 마음은 혼돈스러운 마음이고 태극의 마음은 고요한 마음이에요. 순수하고 텅 빈 태극의 마음을 경험하고 나면, 그 이후에는 그렇지 않은 상태, 즉 음양의 마음이 되면 괴롭습니다. 없던 괴로움이 생겨나요. 음양의 마음만으로도 괴로워요. 그리고 '내가 희로애락에 빠졌어. 이러면 안 되는데.'하고 후회하는 마음에 빠지고 나서 즉시 '이것은 텅 빈 마음이 아닌데. 또 헤매는 마음이잖아.'하면서 자책하고 텅 빈 마음을 향해 가려고 합니다. 희로애락에 빠진 마음이나, 그것을 보고 괴로워하는 마음이나, 텅 빈 마음의 상태로 가려고 애쓰는 마음이나 다르지 않습니다. 또 하나의 분별이 생겨났다는 말이에요. 주객이 나타난 음양의 마음과 주객이 사라진 태극의 마음을 나누어 이름 붙인 것입니다.

무심無心의 체험을 한 사람은 체험하기 전과 체험한 이후를 나눕니다. 그리고 무심을 체험하는 상태로 가려고 애쓰죠. 그 마음이 돈과 명예를 추구하는 마음하고 뭐가 다릅니까? 어딘가를 향해 끊임없이 질주하고 있는 마음의 작용은 똑같죠. 모든 추구는 그 목적이 되는 대상이 생겨나기 전과 후를 나누고, 마음은 그 둘 사이에서 진동하면서 괴로워합니다. 끊임없는 진동이 일어나죠. 이런 마음상태에서 저런 마음 상태로. 애써서 어찌어찌 하여 삼매나 투명한 무심의 마음으로 들어가도 그 상태는 오래 유지되지 못합니다. 마음은 끊임없이 움직이니까요. 그래서 다시 툭 나왔다가 또 다시 거기가 그리워서 들어가려고 해요. 이런 상태에서 저런 상태로 시계추처럼 왔다 갔다 하면서 진동하는 마음이죠. 진동하는 마음은 곧 희로애락의 움직이는 마음과 다르지 않습니다.

모든 괴로움은 진동입니다. 마음이 널뛰기를 하죠. 강도의 차이가 있을 뿐입니다. 마음이 거친 수준에 있을 때는 강도가 강합니다. 자기를 들여다보기 시작하여 섬세해져서 미묘한 차원으로 내려간다 해도, 여전히 뭔가를 추구한다면 여전히 마음이 널뛰기를 하는 것입니다. 여기서 널뛰기를 하나 저기서 널뛰기를 하나 널뛰기 자체는 똑같습니다. 그 진폭에 차이가 있을 뿐이죠. 표면적인 추구를 세속적이라 하고 미세한 차원의 추구를 성스러운 추구라고 한다 하더라도, 모든 추구는 다 널뛰는 마음입니다. 우리는 마음이 왜 널뛰기를 하는지를 봐야죠.

그래서 어디에서도 널뛰지 않는 마음을 찾아보려고 하는 것입니다.

만약 널뛰는 마음이 일어났다면 통찰로 가는 길이 아니라 욕심으로 가고 있음을 알아채야 해요. 대상이 무엇이든 추구하는 마음은 다 널뛰는 마음이고 욕심에 가득 찬 마음입니다. 불교식으로 말하면 탐진치貪瞋癡 중의 탐貪이죠. 탐욕 속에 있으면서 어떻게 탐욕을 떠난 마음을 알 수 있겠어요?

알아채고자 하는 마음은 얻고자 하는 마음과는 다릅니다. 얻고자 하는 마음은 마음의 내용 속에 빠져있습니다. 그러한 상태를 향해서 그렇지 않은 상태의 마음이 달려가고 있는 중이죠. 그것이 무엇이든 상관없어요. 목표를 향해 달려가는 데 애쓰지 말고, 달려가는 마음이 어떻게 나타나는지 살펴야 합니다. 이것이 작용을 보는 마음이에요. 마음의 작용에서 떨어져 나와서 작용을 봐야합니다. 고요한 마음을 경험하기 위해 생각을 없애고, 앉아서 명상도 하고, 호흡을 관찰하기도 하고, 단식을 하는 건 텅 빈 마음의 상태를 추구하는 마음의 내용 속에 있는 것입니다. 자신이 왜 그러한 행동을 하고 왜 그러한 마음을 먹는지를 보세요. 그렇지 않은 나와 그러한 마음의 상태를 나누고 그 상태를 향해 달려가고 있음을 알아채는 순간 마음의 작용을 떠날 수 있습니다.

에너지가 들어가야지만 작용이 일어납니다. 다시 말해 마음의 작용이 일어나는 건 내가 에너지를 거기에 쏟고 있기 때문이에요. 어떻게 쏟고 있어요? 그렇지 않은 상태를 만들어놓고, 나는 지금 그렇지 않다고 여기면서 끊임없이 그러한 상태를 향해서 달려가면서 마음을 작용하게 만드는 에너지를 투입하고 있습니다. 이 전체의 작용을 보면 거기에서 툭 빠져나오고 작용이 사라집니다. 그리고 마음은 저절로 고요해집니다. 내가 고요해지려고 애써서는 결코 고요해지지 않아요. 고요해지려고 애쓰는 마음은 내용 속에 들어가 있는 것입니다. 고요한 마음의 상태를 상정해놓고 나는 지금 그렇지 않다고 여기면서 고요하려고 애쓰고 있죠. 그런데 어떻게 고요해지겠어요? 마음이 움직이는데. 이 전체과정을 봐야만 저절로 놓여집니다. 아주 단순하죠.

그런 마음의 작용을 알아채지 못하고 뭔가를 얻으려고 하면 그 사람의 마음은 계속 작용 속에 있는 것입니다. 봐야할 것은 '얻어야겠다'는 마음의 작용이에요. 이 마음의 작용은 나와 대상의 분열을 기반으로 작동합니다. 아무리 고귀한 삼매나 황홀경이라 하더라도 그것을 추구하거나 얻어야한다고 여긴다면 그 마음 밑에는 나와 대상의 분열이 이미 일어났으며, 또다시 무언가를 얻으려는 탐욕의 노예로 전락했다는 의미입니다. 여기에는 예외가 없습니다. 우리는 어떤 경험을 얻으려는 것이 아닙니다. 마음이 어떻게 작용하는지를 보려는 것입니다.

가장 기초적인 마음의 작용은 나와 대상으로 나뉘는 것인데, 수도 없이 이야기하지만 이것의 중요함을 잘 깨닫지 못하는 것 같아요. 나누어지지 않은 마음은 아무것도 하지 않습니다. 그리고 나뉘면 항상 이쪽에서 저쪽으로 달려가려고 하죠. 그런 작용을 보는 것이 해야 할 전부에요. 작용을 본 이후에도 작용은 습관적으로 일어납니다. 자기도 모르게 분열되고 또 달려가죠. 그러나 이제는 그것이 보입니다. 가끔 또 알아채지 못하고 푹 빠지기도 하지만, 한번 알아챈 이후에는 점차 쉬워집니다. 어렵지 않아요.

안팎의 주객이 모두 고요하다는 말은 주객이 사라졌다는 의미입니다. 그런데 망심이 어떻게 일어나겠습니까? 망심은 주객을 기반으로 해요. 즉 주체와 대상, 그렇지 않은 나와 그런 상태, 얻지 못한 나와 얻어진 상태를 나눠놓고 그걸 향해 달려가고 있다는 것입니다. 감지라는 도구는 그걸 보기 위해서 필요할 뿐이에요. 감지를 꼭 얻어야 할 상태로 보지 말라는 말입니다. 감지는 여러분들이 이미 하고 있는 것을 의식화시킨 것뿐이에요. 그냥 기본적으로 갖고 있는 기능입니다. 다만 의식을 하게 만들 뿐이죠. 마치 지금 의자에 엉덩이를 붙이고 앉아있는걸 의식 못하다가 주의를 주면 의식하듯이. 감지는 늘 일어나고 있지만 그것이 뭔지 분간을 못했는데, 감지연습을 통해 느끼게 만들고 의식화시켜주는 것뿐이죠. 바로 그런 감지를 기반으로 마음이 나뉘어서 목표를 향해 달려갑니다. 그걸 보기 위해서 감지연습을 하는 거지, 뭔가 훌륭하거나 황홀한 경험을 일으키려고 감지연습을 하는 것이 아닙니다.

시방+方엔 무너질 벽이 없다

故로 灌溪가 云하사대
고   관계   운

十方에 無壁落하고
시방   무벽락

四面에 亦無門하야
사면   역무문

그러므로 관계스님이 말하기를
시방에 무너질 벽이 없고
사면에 문도 없어

시방+方은 열 가지 방향입니다. 동서남북과 그 간방인 평면적인 팔

방八方과 하늘과 땅인 상하上下를 합한 모든 방향이에요. 그 모든 방향에 무너질 벽이 없다고 했습니다. 벽은 세워놓으면 언젠가는 무너지게 되어있죠. 사실 벽이라는 것은 없는데 우리가 벽을 만들어 느끼고 있습니다.

　여러분이 방 안에 앉아 있다고 해봅시다. 그럼 사방에 벽이 있다고 느낄 수 있죠. 잘 느껴지지 않습니까? 그러면 눈을 감고 경포대 바닷가에 서서 바다를 바라보고 있다고 해봅시다. 그럼 확 트인 느낌이 있겠죠. 눈을 뜨고 돌아오세요. 눈을 뜨고 보면 사방이 벽으로 막혀있죠. 그 느낌이 느껴집니까? 사방에 벽이 있음을 감지로 느껴보세요. 답답한 느낌이 듭니다. 이제 다시 눈을 감고 사방이 탁 트인 바닷가나 들판에 서있는 느낌을 느껴보고, 그 느낌을 그대로 가지고 눈을 뜨고 돌아옵니다. 시원하게 트여있는 느낌을 그대로 유지해 보세요. 눈에는 막힌 벽이 보이지만 여러분에게는 툭 트인 느낌이 있죠? 다시 벽이 있는 느낌으로 돌아옵니다. 그것들이 여러분의 느낌이라는 것을 알겠습니까? 여러분이 방안에 들어가는 순간 사방의 벽에 막힌 것 같은 느낌이 불러일으켜집니다. 이상하게 답답하죠. 그런데 눈을 감고 바닷가에 있다고 여기면 그 답답한 느낌이 사라지잖아요. 조금 더 해볼까요? 지금 일어나서 문을 활짝 열어봅니다. 다시 자리로 돌아와서 닫혀있던 방 안에 있다가 활짝 문을 연 느낌을 느껴보세요. 열린 느낌 있나요? 그 느낌을 그대로 유지하면서 문을 닫고 옵니다. 문이 열린 느낌은 그대로 유지합니다. 이것은 상상이 아니에요. 그냥 느낌이죠, 열린 느낌. 지금 문이 닫혀있지만 문이 열렸을 때의 느낌이 그대로 유지됩니까? 상상은 주로 머릿속에서 일어나지만 느낌은 온몸과 마음에서 일어나기 때문에 조금 더 강렬합니다. 이제 그것이 되면 사방의 벽을 다문이라고 생각하고, 그 문을 다 열어놨다고 느껴봅니다. 문을 다 열어요. 어때요? 시원합니까? 열린 느낌이 느껴지나요? 다시 문을 닫습니다. 그러면 조금 답답해져요? 좁은 공간이 느껴져요? 단순한 상상이 아니라는 것입니다. 여러분은 상상하지 않고 있다고 여기지만 눈을 뜨고 막힌 벽으로 둘러싸여진 방안으로 들어오는 순간, 여러분의 마음은 닫힌 공간이라는 느낌을 불러내서 그 속에 있게 됩니다. 모든 벽이 문이라고 여기고 그걸 다 열어놓으면 시원하게 열린 마음이 느껴지지만, 다시 문을 닫고 벽으로 둘러쳐졌다고 여겨지면 답답한 느낌이 나겠죠. 그런데 이렇게 열린 공간에 있을 때의 평화롭고 열린 느낌과 닫힌 공간속에 있을 때의 답답한 느낌은 둘 다 마음의 느낌입니다. 평화로움과 괴로움 둘 사이를 오가는 마음과 다를 바 없어요. 사방이 막힌 방에 들어가도 다른 무언가에 주의가 가서 답답함을 의식하지 않는다면 답답한 느낌이 들까요? 또 탁 트인 곳에 있어도 뭔가 골똘히 생각 중이라면 시원한 느낌을 느낄 수 있을까요? 물질적인 상태와 별개로 똑같은 느낌일 뿐임을 눈치채지 못하는 것입니다.

무심無心을 한 번 경험하면 그 상태가 평화롭다고 여깁니다. 그러나 사실 무심에는 평화로운 느낌이란 것 자체가 없어요. 그런데도 거기서 나와서 평화로운 마음으로 다시 가려고 하는 건 마음을 둘로 나누어 평화롭고 텅 빈 마음을 상상하고 있기 때문입니다. 느끼고 있는 것입니다. 진정한 무심은 답답한 마음도 시원한 마음도 아닙니다. 그걸 떠나 있어요.

벽도 없고 문도 없는 마음이란 벽이 있는 느낌과 문이 있는 느낌을 떠나있다는 말이에요. 그래서 무너질 벽이 없다는 말이죠. 답답한 느낌도 트인 느낌도 없어요. 답답한 느낌과 트인 느낌은 느낌이란 측면에서는 결코 다르지 않습니다. 다르게 말하면 무심의 측면에서 보면 둘 다 벽이에요. 벽도 없고 문도 없는 것이 진정으로 마음의 힘이 없는 것이지, 평화로운 마음이 마음의 힘이 없는 것은 아닙니다. 평화로운 느낌 역시 망심妄心이 만들어내요. 마음에 있어서 벽과 문은 같이 다닌다는 것을 알아채야 합니다. 답답함과 시원함이 하나의 쌍이에요. 재밌게도 마음은 항상 벽과 문을 같이 만듭니다. 무문관無門關 수련이 있습니다. 수련하겠다고 스님들이 무문관에 들어가서 아예 벽을 발라 버려요. 그런데 무문관은 문은 없지만 벽이 있지 않느냐고 말할 수 있는데, 벽 속으로 들어가려면 문이 있어야 할 것 아닙니까? 즉 벽은 항상 문과 함께한다는 말입니다.

사방의 벽과 사면의 문은 우리 마음이 작용할 때 항상 쌍둥이처럼 움직입니다. 즉 스스로 벽을 세워서 답답하게 만들고, 가끔 문을 열고 나와서 시원함을 얻고, 다시 그 안으로 들어가서 답답함을 느끼고 있어요. 원래 우리 마음에는 어떠한 벽도 없습니다. 그런데 일상적인 보통의 마음에서는 돈을 추구하는 사람은 문을 열고 나가면 풍요로운 세계를 느끼고, 문 안으로 들어오면 답답하고 좁은 빈곤한 세계라고 느낍니다. 이와 전혀 다를 바 없이 깨달음을 추구하던 마음이 문을 열고 나오면 황홀함을 느끼거나 텅 빔을 느껴요. 그리고 문이 닫히면 답답함을 느낍니다. 둘로 나누어진 마음이죠. 그런 의미에서 문 없이 벽만 있는 마음은 문 밖을 모르기 때문에 둘로 나누어지지 않습니다. 답답함도 몰라요. 왜냐면 항상 그 속에 있으니까요. 이것이 이른바 무문관無門關, 문이 없는 집의 비유입니다.

추구는 언제 일어납니까? 문과 벽이 같이 생겨날 때 추구가 일어나는 것입니다. 즉 문 밖과 문 안이 있는 것입니다. 모든 추구, 즉 마음의 움직임은 이렇게 나눠져야만 생겨납니다. 세속적인 추구든 성스러운 추구든 모든 추구는 다 사방의 벽을 만들어 놓고 문도 만들어서 '문 밖만 나가면 그것이 벌어질 거야.'라고 믿으면서 끊임없이 문 밖으로 나가려는 움직임입니다. 그런 마음의 작용 속에 있다는 말이죠. 관계스님의 "시방의 무너질 벽이 없다"는 말은 주객이 없는 상태를 의미합니다. 그리고 애초에 벽이 없다면 문도 없습니다.

赤躶躶淨灑灑라하시니
적 나 라 정 쇄 쇄

발가벗고 맑디 맑다 하시니

빨갛게 벗었으니 적나라하다는 뜻입니다. 다 벗어서 감추는 것 없이 드러나요. 즉 마음의 주체도 대상도 다 드러난다는 말이죠. 보통 주체는 숨겨져 있어 드러나지 않습니다. 주체한테는 주체가 드러나지 않으니까 우리는 자기 자신을 알아채지 못하는 것입니다. 주체와 동일시되어 있을 때는 결코 주체를 알아차릴 수 없어요. 그러면 어떻게 해야 합니까? 주체와 동일시되어 있음을 일단 느껴봐야 하고, 대상을 통해 주체 또한 마음에 나타난 모습이란 것을 알아채야 합니다. 그래서 자기라고 여겨지는 마음 자체가 마음에 나타난 모습이란 것을 빨리 알아채야 합니다.

자기라고 느껴지는 것이 있죠. 자기를 관찰하면 느껴집니다. 그런데 자기라고 느껴진다 하더라도 느껴지기 때문에 그 역시 대상이죠. 마음의 삼분열에 의한 대상이에요. 맨 처음에는 자기를 바라보지 못하니까 늘 대상만 바라보죠. 그때는 밖에 있는 대상, 즉 사물이라 여겨지는 것만 대상이라고 여겨요. 그러다 공부를 하게 되면 마음에 느껴지는 것도 대상임을 알죠. 희로애락과 몸의 느낌이 느껴집니다. 최종적으로는 관찰자도 느껴져요. 그런데 관찰자를 느끼는 자기가 또 있습니다. 그렇게 살피다 보면 계속해서 관찰자가 분열하죠. 그러나 여전히 대상과 주체입니다. 그러나 관찰자를 느끼는 자기는 못 보죠. 감각기관의 밖의 대상에서 감각기관 안의 대상으로 대상이 바뀐 것입니다. 마음공부의 레벨, 관찰의 레벨이 바뀌었지만 여전히 대상만 보고 있을 뿐 아직 주체를 파악하지 못한 것입니다. 내가 관찰할 수 있는 모든 것은 다 대상입니다. 밖에 있던 안에 있던. 분명한 점은 관찰된다는 건 관찰자가 있다는 뜻이에요. 관찰자를 관찰할 때마저도 주체가 따로 있다는 것입니다. 여기에 관찰의 치밀함이 적용되어야 합니다. 직접적인 관찰을 떠나서 간접적인 관찰에까지 관심을 기울여야 해요. 대상을 통해 주체가 있음을 아는 것이 바로 통찰입니다.

그러면 왜 관찰을 통해 주체를 아는가? 그것이 바로 마음의 기본적인 작용이니까요. 마치 눈에 보이는 대상이 눈이 있다는 증거인 것과 같습니다. 눈이 없으면 사물이 안 보이겠죠? 그러니 눈에 뭔가가 보인다는 건 눈이 있다는 증거입니다. 마찬가지로 마음에 어떤 느낌이 있다면 그 느낌을 보는 놈이 있다는 뜻이죠. 그렇지만 그놈은 보이지도 않고 느껴지지도 않습니다. 눈이 눈을 보지 못하는 것처럼. 그러나 그놈마저도 마음의 현상임을 알아채는 것이 최종적인 알아챔입니다. 그걸 위해서 마음의 작용을 보는 것입니다. 눈과 대상과 봄이라는 움직임, 마음과 대상과 생각이라는 움직임, 나와 대상과 행위, 이것들이 각각 떨어져있지 않고 그 자체로 하나의 일어남이고 작용이라는 것이 최종적인 알아챔입니다. 그걸 위해서 마음의 작용을 봐야 해요.

간접적인 관찰을 통해 주객이 모두 드러나는 것이 바로 적나라하게 드러나는 것입니다. 옛날에 어린 왕에게 대비가 수렴청정을 하듯 주체는 커튼 뒤쪽에 숨어있어서 안 보입니다. 그림자만 보이죠. 수렴 뒤에서 주인 노릇을 해요. 우리의 주체도 그와 같이 마음의 발 뒤에서 보이지 않게 주인 노릇을 합니다. 그러나 대비가 발 뒤에 숨어있긴 하지만 여전히 방 속에 있는 사람이잖아요. 우리 마음의 본질은 그 발 뒤에 숨어있는 대비가 아니라 방과 같은 것입니다. 그래서 주인 행세를 하는 주체라는 놈도 모두 방 안에 있는 무엇이라고 드러나는 것이 바로 적나라한 드러남입니다. 주인도 객도 모두 방 안에 있는 그 무엇임을 알아채야 합니다. 여러분의 진정한 본성은 방 안에서 주인 노릇을 하는 그것이 아니라 방 자체이고. 거기에는 개인성이 없습니다. 그때 마음은 맑디맑은 채로 시원한 샘물을 맛보게 됩니다.

식망공부의 핵심, 인경양구탈

即祖師의 人境兩俱奪法門也라
즉 조 사   인 경 양 구 탈 법 문 야

이것이 곧 조사의 주객을 모두 빼앗는 법문이다.

임제선사의 인경양구탈人境兩俱奪을 말합니다.

故로 有語云하사대
고   유 어 운

雲散水流去하니 寂然天地空이라 하시고
운 산 수 류 거   적 연 천 지 공

그러므로 말하기를
구름이 흩어지고 물이 흘러가니 천지가 적연히 비었다

흩어질 산散. 산책散策 할 때의 산인데, 산책은 지팡이를 흔든다는 뜻입니다. 지팡이를 흔들면서 걸어가는 것이 산책이에요.

구름이 흩어지면 하늘이 드러나죠. 태양과 달이 빨갛게 드러나듯 주체와 대상이 드러납니다. 구름에 가려있을 때는 흰 구름이면 밝은 대낮같고, 먹구름이면 어두침침합니다. 태양 때문인지 달 때문인지는 잘 몰라요. 그런데 구름이 싹 걷히면 태양이나 낮달이 있었음을 알게 되죠. 그런 무지한 구름에 갇혀 있으면 주체와 대상이 보이지 않습니다. 그냥 밝은 줄 알죠. 자기가 지혜로운 줄 알아요. 그런데 무지의 구름이 걷히면 태양도 보이고 달도 보여요. 주체도 보이고 대상도 보인다는 말입니다. 구름이 흩어지면 그렇게 적나라하게 드러납니다.

물은 인연에 따라 흘러갑니다. 상황과 조건에 따라 자연스럽게 흘러요. 그대로 자연스럽게 흐르는 대로 두면 인연 따라 너와 나의 구분 없이 흘러갑니다. '인연 따라 간다'는 말은 상황과 조건에 따라 임시적으로 나타났다 없어지는 현상이라는 의미입니다. 특별한 무엇이 존재하는 것이 아니라. 그렇게 모든 것은 상황과 조건에 따라 생겨나고 사라지는 현상들이고, 모든 현상이 사라진 그곳은 늘 비어있습니다. 인류가 계속 지구에 살아갈 것 같지만 지구도 화성도 언젠가는 사라지고 태양계 자체도 언젠가 사라지겠죠. 그렇게 모든 것이 사라지면 우주공간은 텅 비어 있을 것입니다. 그런데 사실 우주공간은 늘 텅 비어 있었어요. 시간이 얼마나 걸리는지의 차이일 뿐, 모든 것은 나타났다 사라질 것입니다.

구름이 사라진 곳에 천지가 늘 비어있듯이 마음도 이와 똑같습니다. 마음에 뭔가 나타났다가 사라지는데, 뭔가 나타나 있을 때만 자기라고 여깁니다. 나타나 있는 무엇에 에너지가 뭉쳐서 머무르는데 그것을 '나'라고 여기는 것입니다. 이것이 동일시입니다. 그런데 이놈은 어느 순간 사라지고, 빠르게 다른 것으로 대체됩니다. 그러면 또 그것을 '나'라고 여깁니다. 이 생각이 올라와서 저 생각이 밀쳐지고, 그 생각이 무슨 일로 또 사라지면 다른 생각이나 느낌이 올라와서 마음의 주인이 됩니다. 이렇게 끊임없이 나타났다 사라지는데, 제대로 보지 않기 때문에 그것들이 임시적이란 것을 모릅니다. 그런데 여러분은 이제 보기 시작했죠. 그것들이 나타나기 전후는 텅 빈 마음입니다. 항상 적연부동寂然不動하여 고요하고 움직이지 않는 마음인데, 많은 것들이 나타나서 주인 노릇을 할 뿐입니다. 이를 알아채면 뭔가가 나타난다하더라도 마음은 늘 텅 비어있음이 분명하겠죠. 왜? 나타난 것들은 일시적이니까. 그래서 모든 현상이 현상임을 알면 그런 현상이 사라지지 않아도 마음은 비어있는 것입니다. 이를 알아채면 모든 현상이 있어도 마음은 늘 비어있습니다. 그러니 텅 빈 마음상태로 가려고 애쓰지 말고 현상이 현상임을 보면 됩니다.

又云하사대 人牛를 俱不見하니
우운　　　　인우　　구불견
또 말하기를 사람과 소를 모두 볼 수 없으니

이것은 선禪의 십우도十牛圖에 나오는 얘기입니다. 소는 찾고자하는 진리이고 사람은 찾는 자를 의미하죠. 처음에 사람이 소를 찾아 떠납니다. 열심히 애쓰고 노력해서 드디어 소의 발자국을 보게 됩니다. 진리의 발자국을 봐요. 그래서 열심히 발자국을 따라 갑니다. 산 넘고 강 건너 가다가 드디어 소꼬리를 발견하죠. 진리의 꼬리를 잡았어요. '이제 나는 뭔가 경험했어!'라는 마음이에요. 그러나 아직도 사람과 소가 있어요. 사람과 소가 따로 있습니다. 그러다 간신히 사람이 소를 타고 소를 막 부리죠. 드디어 내가 진리를 마음껏 부리게 돼요. 그러나 여전히 진리는 진리대로 있고 나는 나대로 있는 것입니다. 그러다 나중에는 사람과 소가 다 사라집니다. 진리를 얻은 사람 자체가 사라져요. 그런 내용이 십우도인데 진리를 찾는 과정에 대한 비유입니다. 맨 나중에는 사람도 없고 소도 없어요. 진리를 찾는 자도 없고 진리도 없습니다. 십우도의 맨 마지막에는 사람이 다시 소를 타고 시장으로 내려와요. 다시 세상으로 내려오는 것입니다. 거기에는 사람도 있고 소도 있지만 그냥 겉모습일 뿐입니다. 그 안에는 사람도 없고 소도 없습니다. 인우구불견人牛俱不見은 진리를 구하는 사람과 진리인 소도 사라진 마지막 단계를 말합니다. 주객이 사라진 것입니다. 진리 또한 객이었던 것입니다. 여러분이 진리를 찾고 있다면 그 진리는 역시 대상입니다. 여전히 진리를 찾는 내가 있고, 나로부터 진리를 향해 열심히 달려가는 마음의 작용 속에 빠져있다는 말입니다. 깨달은 사람이 되려하지 말고, 그렇게 하려는 마음의 작용을 보십시오.

正是月明時라 하시니
정 시 월 명 시

此는 泯心泯境息妄功夫也라
차   민 심 민 경 식 망 공 부 야

바로 달 밝은 때로다
이것이 마음도 경계도 없애는 식망공부이다.

아주 밝아졌습니다. 어둠을 떠나서 밝은 곳으로 갔어요. 그것이 바로 마음도 경계도, 주체도 대상도 없애는 망령된 마음을 쉬는 공부입니다.

여섯째, 주객을 모두 두는 존심존경存心存境

六은 存心存境이니 謂做功夫時에
육　　존심존경　　　위주공부시

여섯 번째는 마음도 두고 경계도 두니 공부할 때에

마음도 두고 경계도 둔다고 했으니 주체와 대상을 그대로 두는 것입니다. 어떤 사물이 눈에 보일 때는 눈이 작용했기 때문만이 아니라 이미 마음에 그림이 그려졌기 때문입니다. 예를 들어 안경이라는 대상이 눈에 보인다면, 경계를 통해 다른 것과 구별되는 과정을 거치고, 이름이 붙고, 안경과 안경 아닌 것의 기능적인 비교를 통해 마음에 안경이 떠오른 것입니다.

공부를 시작하기 전에는 경계에 빠져 삽니다. 즉 대상에 빠져 살죠. 그 경계란 외부사물이기도 하고 내면의 감정이나 생각, 느낌이기도 합니다. 공부를 시작하면 경계를 관찰하는 두 번째 단계로 갑니다. 그리고 세 번째 단계에서는 보고 관찰하는 것 자체도 하나의 경계임을 알게 됩니다.

관찰을 시작하면 보통은 관찰하려는 대상만 보이죠. '내 마음에 이런 것이 일어났구나!', '몸에 이런 느낌이 일어나네!' 여기까지만 관찰할 수 있어도 이미 많은 일들이 떨어져 나가게 되니까 마음에서 일어나는 것들로부터 가벼워집니다. 그러나 여전히 마음의 경계, 대상들을 바라보고 관찰하는 놈을 자기라고 여기고 있어요. 그럴 때는 관찰자에 빠져있는 상태입니다. 다른 현상들에는 빠지지 않지만요. 관찰자의 힘이 강하면, 즉 관찰자에 에너지가 많이 쏠려 있으면 웬만한 마음의 대상들에게는 끌려 다니지 않지만 그 관찰자를 자기라고 여기게 되죠. 이 상태는 엄밀히 말하면 동일시되는 대상이 바뀐 것뿐입니다. 마음의 작용으로 따져봅시다. 맨 처음에는 마음의 대상이 외부 사물이라고 여겨지는 것들이었죠. 그러다가 점차 내부의 사물이라고 여겨지는 것, 즉 내적인 느낌이나 생각, 감정들이 관찰의 대상이 됩니다. 그래서 그것들을 바라보는 관찰자에 동일시되어 살게 됩니다. 그런데 이제 마음의 작용을 파악하게 되면, 관찰하는 것 자체가 마음의 한 현상임을 알게 됩니다. 관찰 자체가 하나의 경계이고 대상이라고 알게 된다는 것입니다.

경계는 나누어진 것입니다. 모든 대상은 경계 지어졌기 때문에 생겨납니다. 그리고 대상은 항상 주체를 전제로 하기 때문에, 어떤 대상이 있다는 것은 기본적으로 주체와 대상으로 마음이 경계 지어 나누어져 있음을 의미합니다. 마음이 의식으로 발전되는 과정에서 맨 처음에 일어나는 일은 주체와 대상으로 나뉘는 전식轉識이었죠. 그 다음에 대상이 하나하나 나눠집니다. 공부를 처음 할 때에는 그렇게 나누어진 대상 하나하나를 경계 지어졌다고 여기고, 즉 대상으로 여기고 구별하여 느끼며 관찰합니다. 그때는 관찰하는 놈으로 있으니까 그것들이 경계 지어진 것들로 보입니다. 그러나 대상들끼리의 경계뿐만이 아니라, 마음이 주체와 대상으로 경계 지어진 상태입니다. 대상을 관찰할 때에는 내가 관찰하는 주체로 있을 뿐이에요. 보이거나 느껴지지는 않지만. 마음은 경계 지어졌기 때문에 나뉜 상태이고, 경계 지어졌기 때문에 구분이 됩니다.

세 번째 단계에서는 관찰 자체가 하나의 경계임을 알게 됩니다. 그렇게 아는 놈이 따로 있어서가 아니라, 마음의 작용을 통해 간접적으로 알아차리게 되죠. 눈에 보이는 대상은 눈이 있다는 증거가 되듯이, 마음에 일어나는 일들은 그것들을 보는 주체가 생겨났음에 대한 증거입니다. 경계 지어졌다는 말이에요. 보려는 의도, 관찰하려는 의도가 관찰 대상과 관찰자로 마음을 경계 짓습니다. 보려는 의도를 갖지 않으면 나누어지지 않은 채 그냥 무의식적인 경계만 있을 뿐이에요. 그러나 관찰하려는 의도가 하나의 경계임을 모르면 계속 관찰하려고 하기 때문에 그런 의도가 오히려 장애가 됩니다. 물론 처음에는 관찰이 필요합니다. 그런데 계속 관찰을 해서 웬만한 감정에 휘둘리지 않고, 마음에 일어나는 많은 일들로부터 많이 가벼워졌는데도 여전히 마음을 관찰하려고만 한다면 관찰하려는 의도 자체가 장애가 됩니다. 왜죠? 관찰하려는 그놈으로 계속해서 존재하기 때문입니다.

지금 이 순간 마음에 무엇인가 나타났다면 그것은 일종의 경계입니다. 그런데 이 경계를 없애려 하면 또 다른 주체가 나타나서 주체와 대상의 관계는 계속됩니다. 따라서 없애려는 의도를 내지 말고, 마음에 나타난 무엇을 그저 마음의 작용이라고 알아채면 됩니다. 그러면 알아챔은 알아챔의 기능을 하고 사라져요. 그렇지 않고 계속해서 알아채려고 하면 그것이 하나의 고정된 의도로 살아남아 다른 주체가 됩니다. 마음은 파도처럼 경계 지어져서 나눠졌다가 다시 경계가 사라집니다. 의도를 낼 때만 경계 지어져서 나눠져요. 바라보려고 할 때에만 나눠진다는 말입니다. 여러분들이 마음에 나타난 것을 바라보려는 의도를 가지는 순간 그 의도가 하나의 공간을 만들고, 그 공간을 중심으로 홍해가 갈라지듯 마음이 갈라져서 하나는 주체가 되고 또 다른 하나는 대상이 됩니다. 의도가 지속되면 일종의 행위자가 되기 때문에, 관찰하려는 의도가 지속되면 관찰자라는 놈이 생겨납니다. 행동하는 주체로 남는다는 말이에요. 그리고 고정된 무엇으로 변하기 때문에 무언가가 있는 것 같아요. 그런데 알아차려서 멈춰버리면 의도는 그저 자기 기능만 하고 사라집니다. 그러니 문제는 뭔가를 하려고 하는 데에 있습니다. 무언가를 하려는 놈이 계속 생겨나서 주인 노릇을 하죠. 그러니까 무언가를 하려고 하지 말고 알아챔이 일어나도록 하라는 것입니다. 그냥 관심만 기울이면 됩니다. 탐욕으로 공부하지 말라고들 하죠. 뭔가를 얻으려고 하면 알아차리려는 의도가 계속해서 고정적으로 있으려고 합니다. 그래서 '나는 잠 속에서도 깨어있어야지.' 하면서 꿈을 보는 자가 되려고 애쓰면 꿈속에서 보는 자가 나타납니다. 그런 연습을 3개월 동안 꾸준히 하면 꿈속에서 지켜보는 놈이 고정된 관성으로 굳어집니다. 그런데 꿈을 바라봐서 뭐하겠어요? 낮에도 제대로 바라보지 못하면서.

'마음도 두고 경계도 둔다'는 말은 마음도 없애지 않고 경계도 없애지 않는다는 말인데 그 의미를 더 살펴보겠습니다.

心住心位하고 境住境位하야
心住心位 境住境位
마음은 마음의 자리에 경계는 경계의 자리에 머무르는 것이다.

마음은 마음대로 두고 경계는 경계대로 두면, 그것들이 서로 만나지 않기 때문에 부딪히지 않고 주체와 대상의 관계를 맺지 않습니다. 주체와 대상의 관계로 얽히지 않으면 마음의 시뮬레이션이 더 이상 작동하지 않아요. 마음의 시뮬레이션은 기본적으로 주체와 대상의 분리가 있어야만 작동을 합니다. 마음은 마음의 자리에 경계는 경계의 자리에 머무르게 둔다는 말의 의미는 바로 주체와 대상이라는 기본적인 세팅을 하지 않는다는 것입니다. 그런데 벌써 애매하죠? 마음과 경계를 따로 나눠놓고서 각자의 자리에 있게 한다는 말이잖아요. 이미 주체와 대상으로 나눠진 것입니다. 주체-대상의 관계 속에 있지 않는 경계라는 것은 우리 마음속에는 없습니다. 그런데 감각상태*로 가면 어떻습니까? 눈에는 뭔가가 감각되지만 마음에는 어떤 상相도 없죠. 주의제로 연습을 하면 눈에 보이지만 보지 않는 상태가 됩니다. 이런 말도 안되는 소리가 여러분은 이제 이해가 되죠? 그런 감각상태가 바로 경계는 경계대로 있고 마음은 마음대로 있는 상태입니다. 그런데 그런 연습을 하지 않은 사람에게 이런 말을 하면 전혀 이해하지 못합니다. 논리적으로만 보면 경계의 나눔은 벌써 주체와 대상이 생겨났다는 뜻입니다. 마음에 이미 분열이 일어났다는 것인데 어떻게 따로따로 머무르게 두냐고 묻겠죠. 이미 얽힌 상태에요. 대상이 있는 곳에는 항상 주체가 있기 때문에 얽혔다고 말합니다.

마음은 마음자리에 경계는 경계자리에 두는 것이 바로 존심존경存心存境입니다.

有時에 心境이 相對하니
유시　심경　　상대

때로 마음과 경계가 서로 맞서지만

맞선다는 것은 무슨 말인가요? 이 안경을 안경으로 보는 것이 바로 경계와 마음이 맞선 것입니다.

---

* 깨어있기 용어: 사물의 시각자극이 감각적으로 눈에 들어오나 마음에 상이 맺히지 않는 상태

則心不取境하고 境不臨心하야
즉 심 불 취 경　　경 불 임 심

곧 마음은 경계를 취하지 않고 경계는 마음에 오지 않아

안경을 보고 '안경이네.'라고 한다면 경계를 취한 것입니다. '안경'이라고 구별을 했기 때문이죠. '안경'과 '안경 아닌 것'을 나누어 경계를 취했습니다. 그런데 여기서 하는 말은 마음과 경계가 서로 만났지만 마음이 경계를 다른 것과 구별하지 않는다는 뜻입니다. 다시 말해 감각상태로 있는 것입니다. 그러면 경계는 마음에 들어오지 않습니다. 마음에 상相으로 잡히지 않아요.

이 문장에서 말하는 경계는 마음에 대상으로 들어오기 전의 사물을 의미합니다. 그 사물은 나누어지기 이전의 하나의 상태에요. 전 우주는 그렇게 연결되어 있습니다. 예를 들어 장미는 잎과 줄기와 꽃으로 나누어져 보입니다. 우리가 그렇게 나누어 보는 순간 이미 경계 지은 것입니다. 그러나 사실 거기엔 장미가 있을 뿐입니다. 그저 장미만 있는데 우리의 마음이 잎과 줄기와 꽃으로 나누었어요. 어디에 잎이 따로 있나요? 줄기와 꽃을 떼어버리면 장미가 있습니까? 잎도 줄기도 꽃도 따로 존재하지 않습니다. 그저 하나의 장미만이 있습니다.

가이아 이론Gaia theory을 발표한 제임스 러브록James Lovelock이 인간이 살 수 있는 새로운 별이 있는지 또는 우주에 생명체가 존재하는지를 조사해 달라고 의뢰받았을 때, 제일 처음 한 일은 대기에 관한 조사였습니다. 지구의 대기를 연구하고 관찰해보니 지구의 대기가 항상 일정한 수준을 유지하더라는 것입니다. 공기 중의 산소, 질소, 수소의 비율들이 몇 십 억년 동안 거의 변함이 없었어요. '이런 항상성을 유지하게 하는 것은 대체 무엇인가?'라는 질문을 통해 지구는 유기체라는 결론을 내렸습니다.

　사람의 몸이 유기체라는 것은 어떤 의미입니까? 음식을 먹으면 위가 운동해서 음식물을 소화시키고, 만들어진 영양분들이 소장에서 흡수되고, 대장으로 가서 배설되고, 간으로 가서 피가 되고 온몸에 피가 순환됩니다. 몸의 장기를 분별해서 보면 위, 소장, 간이 따로 있는 것 같아요. 그러나 우리 몸은 위가 독립적으로 존재한다고 느끼지 않습니다. 하지만 우리는 장미와 국화가 독립적으로 존재한다고 여기죠. 그것들이 하나로 얽혀있는 모습이 우리에게 보이지 않으니까 그렇게 볼 뿐입니다. 또 물과 나무는 독립적으로 존재한다고 생각하죠. 사실은 나눌 수가 없는 전체인데 마음은 그저 나누어 이해하려고 애씁니다. 왜냐하면 마음은 나눠야만 인식할 수 있기 때문이에요. 마음은 나누어서 인식되는 개별 현상들을 서로 얽어서 그 내용들을 토대로 밖이라고 여겨지는 세상을 이해합니다. 그러니 의식작용의 기본은 경계입니다. 즉 나누는 것입니다.

　장미를 꽃과 잎, 그리고 줄기로 나누어 보는 것은 우리의 개념이고 분별일 뿐입니다. 이제 장미를 넘어 전 식물계를 살펴봅시다. 우리는 이 식물과 저 식물로 나누지만 대체 어디에 특정한 식물이 있습니까? 더 나아가 전 생명계를 살펴보아도 역시 모든 생명은 그저 생명일 뿐, 이 생명과 저 생명이 따로 있지 않습니다. 장미는 그저 하나의 장미이듯, 모든 생명도 하나의 생명입니다. 더 나아가 무생물을 포함하는 전 존재계를 잘 살펴보면 특정한 존재가 따로 있지 않습니다. 전체 우주 또한 분리되지 않은 하나의 현상입니다. 사실 하나도 아닌 불이不二의 세상이에요. 우리 마음이 나누어서 보기 때문에 다양한 것들이 존재한다고 여기지만, 마음에 개별적인 대상이 나타나는 대상화라는 작용이 없다면 본래 한 물건도 없습니다. 그래서 혜능은 본래무일물本來無一物이라고 말했습니다. 마음과 경계가 맞서서 주체와 대상으로 나누어지면 분별을 통한 망심妄心이 나타나지만, 경계를 취하지 않은 마음에는 따로 존재하는 대상이 없습니다.

各不相到하면
각 불 상 도

각자가 상대하지 않으면

이 안경을 손으로 집으면서 '여기 안경이 있구나.'하는 순간 안경을 집어든 내가 생겨납니다. 이것이 바로 경계와 마음이 상대에게 도달한 상도相到의 의미입니다. 서로에게 닿았다는 말은 개별적으로 존재해 서로에게 나타났다는 의미이니, 서로를 의지해서 존재한다는 의타성의 원리를 말합니다. 그런데 서로가 상대하지 않는다면 서로 존재하지 않겠지요. 그러니 주체와 대상은 생겨나지 않습니다. 주체와 대상은 두 무리의 갈대와 같아서 서로가 서로를 지탱하며 서있는 현상입니다. 갈대가 한 줄기씩 서있는 것처럼 보이죠? 그러나 줄기를 하나씩 떼어 보면 홀로 서 있는 갈대는 없음을 알 수 있습니다. 다른 갈대와 같이 붙어야만 비로소 서 있을 수 있어요. 그와 똑같이 주체와 대상은 보기에는 서로 독립된 것 같지만 실제로는 독립적으로 존재할 수 없는 한 쌍입니다.

自然妄念不生하야 於道에 無碍니
자 연 망 념 불 생   어 도   무 애

故로 經에 云하사대
고   경   운

是法이 住法位하야 世間相常住라 하시니
시 법 주 법 위   세 간 상 상 주

자연히 망념이 일어나지 않아 도에 장애가 없으니
그러므로 경전에 말하기를
이 법이 법의 자리에 머물러 세간의 상이 항상 머문다.

대상으로 가득한 경계의 세계

좀 더 정리해봅시다. 세상은 하나도 아닌 나눌 수 없는 불이不二입니다. 경계가 없지요. 이렇게 경계 없는 세상에 마음이 경계를 그리면 나누어지기 시작하여 대상들로 가득한 '세계'가 됩니다. 우리의 의식이 붙잡을 수 있는 세계가 펼쳐지는 것입니다. 지금 우리는 그렇게 마음이 그려놓은 세계를 보고 있습니다. 마치 하나의 장미를 잎과 줄기와 꽃으로 나누어서 보고 있는 것과 같습니다. 잘 보세요. 이것은 단순히 이론이 아닙니다. 그러니 마음이 작동하는 방식을 빨리 터득하도록 하세요. 마음은 나누어야만 이해합니다. 나누어 따로따로 경계 지어진 대상들로 가득해지면 그것들을 서로 엮고 얽어서 원인과 결과를 만들어서 인과관계로 이해를 합니다. 경계 없는 세상을 경계와 대상으로 가득한 세계로 마음이 만듭니다. 그리고 그 속에 '자기'라는 것도 들어앉아 있습니다. '내가 세계를 경험하고 있어.'라고 말하는 마음이 생겨납니다. 지금 우리는 마음이 만들어 놓은 그런 세계를 보고 있는 것입니다. 분별하는 마음을 통해 보고 있어요.

그런데 감각으로 들어가면 어떻습니까? 의식의 상相이 작용을 멈추고, 의식되지 않는 감각적 느낌으로 연결된 하나의 세상만 남습니다. 그래서 감각만 작용시키면서 살아가면 한 덩어리로 연결된 삶을 살지요. 무의식적으로 온 생명계가 하나로 얽혀있습니다. 내가 굳이 먹으려고 하지 않아도 배가 고파지면 자연스럽게 먹습니다. 목이 마르면 물을 끌어당기고, 배설감각이 생기면 물을 내보냅니다. 머리로 생각하지 않아도 몸은 이미 자연과 하나에요. 그래서 내가 소변을 보는 것 같지만 사실은 자연이 물을 부르는 것입니다. 영어로 Nature's call이라고 합니다. 이미 무의식적으로 존재계는 하나로 얽혀 있는데, 그것을 이해하고 의식하기 위해서 마음 작용이 분리하여 나눈 것뿐입니다. 경계를 지어서 나눠서 보는 건 내 마음입니다. 자연은 결코 나누어지지 않아요. 나누어진 세상이 보인다면 내 마음이 그렇게 보고 있다고 생각하면 됩니다. 그러나 감각으로 들어가면 의식의 상相이 작용을 멈추고, 오직 의식되지 않는 감각적 느낌으로 연결된 하나의 세상입니다. 거기엔 상相이 없어요.

그 점이 분명하면 이제 상相이 있어도 개의치 않으며 현상 속에서 본질로 머물게 됩니다. 현상이라는 것은 마음의 경계로부터 비롯된다는 점이 분명하면 그 경계가 작동하도록 내버려두어도 나는 나대로 있을 수 있습니다. 본질은 그와 상관없이 있음을 확인할 수 있기 때문입니다. 법法은 법의 자리에 머물고 상相은 상相대로 있다면 번뇌가 곧 보리임을 알아챈 것입니다. 상相이 혼탁하게 있지만 법은 그에 상관없이 법대로 있어요. 그 사람은 수많은 번뇌들이 있다 해도 그것들이 진리에 전혀 영향을 주지 않음을 알아요. 혼탁한 상相은 법의 증거자료가 될 뿐이지 법을 전혀 건드릴 수 없습니다. 그래서 현상으로 가득한 매트릭스 속에서도 즐겁게 살아갈 수 있어요. 모든 것을 하고, 모든 것을 즐기며, 모든 고통을 맛보면서. 수많은 일이 일어나지만 그에게는 어떤 일도 일어나지 않음을 철저히 직관합니다. 모두 매트릭스 속의 일이고, 모든 것은 내 마음 속의 상입니다. 영화 매트릭스를 보면 마지막에 뜻대로 살아가겠다면서 네오가 기꺼이 매트릭스 속으로 들어가죠. 자유롭게 나올 수 있으니까요. "세상 속에 살면서 세상에 있지 않다."와 "억수 같은 폭우가 내려도 땅은 전혀 젖지 않았다."는 말이 의미하는 바가 그와 같습니다. 진흙 속에 핀 연꽃과 같아서 진흙에 전혀 물들지 않아요. 법이 법의 자리에 머무르면 세간의 상相을 없앨 필요가 없습니다.

即祖師의 人境俱不奪法門也라
즉 조 사   인 경 구 불 탈 법 문 야
즉 조사의 인경구불탈 법문이다.

이는 선사들의 "사람과 경계를 빼앗지 않는다"라는 법문과 같아서 마음도 그냥 두고 경계도 그냥 둡니다. 심화과정의 "감정은 감정대로 두고 나는 나대로 있다"와 같죠. 이때의 '나'는 상相이지만 미묘하고 투명하기 때문에 그런 연습을 진행했고, 그 연습을 통해 투명한 상相도 하나의 상相이라는 것을 알게 되면 그것에 상관없이 있을 수 있습니다. "관찰자는 관찰자대로 있고 나는 나대로 있다"는 말의 의미는 관찰자가 전부가 아니라는 것입니다. 다시 말해 관찰자나 감정에 푹 빠지지 않는다는 말입니다. 감정도 관찰자도 마음의 대상입니다. 대상이 있으면 항상 보이지 않는 주체 또한 있습니다.

그런데 그런 주체를 살펴보려고 하면 또 주체가 생겨나죠. 그러나 그냥 알아채면 알아챔의 기능이 작동하고 나서는 잠들어 버립니다. 기능일 뿐입니다. 그러나 알아채려는 의도가 생겨나면 '나'가 생겨나죠. 이것을 잘 살펴봐야 합니다. 무엇이든지 계속 하려는 의도를 세우면 그놈이 하나의 패턴이 되어서 고정된 무엇으로 남게 됩니다. 마음은 끊임없이 바뀝니다. 아침부터 저녁까지 수많은 마음이 나타났다 사라지죠. 마음은 관성대로 제멋대로 움직입니다. 그리고는 '내가 그랬어.'라고 이름을 붙이는데, 정말 그 순간에 내가 있었나요? 단순히 습관적인 움직임 아니었나요? 마음과 몸에 기록된 습관적인 태도의 발현 아니었어요? 그 순간에 옳다고 느껴지는 것에 마음이 실려서 주인 노릇을 했던 임시적인 현상 아니었습니까? 잘 살펴보세요. 임시적인 현상이라고 알아채고 내려버려두면 그걸 보는 자도 따로 없습니다. 그런데 '내가 봤어.'라거나 '이제 지켜봐야지.'하면서 관찰자를 세우면 미묘하게 사라지지 않는 '나'가 있는 것 같아요. 마지막의 투명한 '나'는 아주 고질적입니다.

故로 有語云호대
고   유 어 운

一片月生海하니
일 편 월 생 해

幾家에 人上樓하고 又云호대
기 가   인 상 루   우 운

그러므로 어떤 이가 말하기를
한 조각 달이 바다에서 나오니
몇 집에 사람이 누각에 오르는고, 또 말하기를

아무것도 없는 바다에 달이 툭 떠올랐어요. 경계가 떠올랐죠. 하나였던 바다에 바다가 아닌 나눠진 대상이 떠올랐어요. 경계인 달이 나오니 누각에 오른 사람의 마음이 그것을 즐깁니다. 그러나 즐길 수 있다면 경계에 빠진 마음은 아닙니다. 경계에 빠진 마음이 아니라 경계를 즐기는 마음은 어떤 희로애락이라도 즐길 수 있습니다. 경계를 경계대로 즐겨요.

경계가 생겨나고 점차 많아지면 처음에는 대상에 푹 빠져서 살아갑니다. 공부를 통해 그것들이 마음에 만들어진 대상이고, 그 대상과 함께 주체가 생겨나서 수많은 세계를 경험하고 있음을 파악하면 주체와 대상이라는 관계를 통해 한번 넘어갑니다. 그 후에는 주체와 대상의 분별 속에 들어가서 한 조각 떠오르는 달을 즐기는 것입니다. 경계를 즐깁니다. 주객관계를 넘어선 사람만이 주객관계에 들어와서 달을 즐길 수 있습니다. 그렇지 않으면 달이 좋을 때는 즐기고, 달이 사라지면 안타까워서 집착하고, 폭풍우가 오면 싫어하면서 주객관계 속에 빠져 삽니다. 넘어선 후에 주객관계에 들어가야만 즐김이 드러나요. 만약 아무 느낌도 없다면 즐길 수도 없습니다. 아무 느낌이 없다면 삭막할 것 같잖아요. 하지만 아무 느낌도 없다는 것은 삭막한 느낌도 없는 것입니다. 상상할 수도 없는 것입니다. 상상할 수 있는 모든 것은 느낌입니다. 의식적이지 않기 때문에 말도 할 수 없어요. 거기에 무슨 행복과 불행이 있겠습니까? 즐기려면 주객관계로 들어와야 해요. 그러면 멋진 시와 예술이 나옵니다. 그러나 주객관계에 빠져서 예술을 하면 미칠 수도 있습니다. 감각적인 느낌에 중독되기도 하고 헤어 나오지를 못해요. 그건 즐기는 것이 아니라 분리의 세계에 중독된 것입니다.

山花千萬朵에 遊子不知歸라 하니
산 화 천 만 타   유 자 부 지 귀
산꽃 천만송이에 놀이객들 돌아갈 줄 모른다 하니

산의 꽃 천만송이는 다양한 현상을 의미합니다. 주객관계 속으로 들어와서 다양하고 아름다운 현상을 충분히 즐길 수 있어요. 즐긴다는 말은 언제든 멈출 수 있다는 말입니다. 멈추지 못한다면 빠져있고 중독된 것입니다. 천만송이 꽃을 즐기는 사람은 임시적 현상인 세계 속에서 보시布施, 지계持戒, 인욕忍辱, 정진精進, 선정禪定, 지혜智慧의 바라밀을 즐기는 놀이객입니다. 육바라밀六波羅蜜을 다시 살펴봅시다.

육바라밀은 놀라운 수련법

보시布施바라밀은 내가 준다는 생각이 없는 베풂입니다. 보통은 베풀 때 '내가 이만큼 해주면 너는 고맙다고 여겨야 해.'하는 마음이 깔려 있어요. 베풀고 나서 고마워하지 않는다며 화를 낸다면 그것은 보시가 아니라 욕심입니다. 자신이 뭔가를 줬다고 기억하는 사람은 괴롭습니다. 주고나면 잊어버려야 합니다. 그것이 진정한 보시입니다.

바라밀에는 두 가지 의미가 있습니다. 주객관계를 떠난 사람은 놀이객이 되어 보시를 즐길 수 있고, 주객관계를 떠나지 못한 사람은 보시를 즐기지는 못해도 바라밀을 통해 수련할 수 있습니다. 자신이 무엇을 해줬다는 생각 없이 자꾸 해주는 것입니다. 또 무엇을 하든지 정성을 기울여서 하되, '내가 한다'는 생각 없이 열심히 하는 것입니다. 생각과 느낌 없이. 이런 보시가 수련법이 되기도 하고 즐길 거리가 되기도 합니다. 보시뿐만 아니라 모든 바라밀이 수련법이 되기도 하고 즐길 거리가 되기도 합니다.

대승기신론에서는 수행방법론으로 육바라밀을 얘기했었습니다. 보시는 간탐慳貪, 즉 인색과 탐욕을 없애는 수련법입니다. 우리 생명의 본질은 인색하거나 탐하는 특성이 없습니다. 그러므로 만약 습관처럼 간탐한다면 그것을 털어내는 방법으로 보시라는 수련을 합니다.

지계持戒바라밀은 몸과 마음이 제멋대로 행동하는 오염을 막기 위해 계戒을 지키는 것입니다. 몸과 마음이 자기 편한 대로 하지 않게 하는 지계바라밀은 몸과 마음을 규제하면서 재밌게 놀아보는 것입니다. 몸은 서면 앉고 싶고, 앉으면 눕고 싶고, 누우면 자고 싶어 합니다. 물리적인 에너지를 적게 쓰기 위해서 그렇게 하죠. 그런데 변함없이 계속 움직이려는 또 다른 우주적 현상도 있습니다. 그래서 계속 누워있으면 몸이 힘들어지죠. 잠도 너무 많이 자면 과충전된 배터리처럼 머리가 혼탁합니다. 몸과 마음은 보다 편한 쪽으로 가고 싶어 하지만, 그걸 깨워서 규칙대로 하고 지킬 것을 지키는 것이 지계입니다. 공동체를 바라보는 눈이 있으니까 그에 맞게 해야 할 일을 하고 움직이는 것입니다. 전체를 볼 줄 아는 사람은 자신의 몸과 마음이 편한 데 의식이 머물지 않으므로 규율을 지킵니다. 힘들어서 지치면 당연히 쉬어야하죠. 하지만 '내 일이 아니니까.'하는 마음으로 쉽게 지친다면 분별에 빠져있는 것입니다. 그럴 때 지계바라밀을 수행하는데 이것이 즐거움이 될 수도 있습니다. 지계를 즐기는 것은 공자의 종심소욕불유구從心所慾不踰矩와 같으니 내 마음이 가는대로 해도 도에 어긋나지 않습니다.

인욕忍辱바라밀은 성냄과 번뇌를 참는 것입니다. 그러나 억압하면서 참는 것이 아니라 그저 겪어내며 느끼는 것이에요. 겪어내기는 생각을 증폭시키지 않고, 느낌을 그대로 느끼고 감당하면서 가는 것입니다. 두려움과 분노, 초조가 느껴지면 내용 속으로 들어가지 말고, 그것들이 몸과 마음에 어떤 느낌을 불러일으키는지 느끼면서 지금 이 자리로 돌아옵니다. 현재 나의 몸과 마음에서 무슨 일이 벌어지고 있는지를 그대로 보세요. 억누르지 말고 그것이 드러나도록 해방시켜 그대로 느끼고 지켜보세요. 그것이 지금 여기로 돌아온다는 말의 의미입니다. 이 수행법은 '지금 여기에 있기' 또는 '현재를 살아가기'라고 할 수 있습니다. 두려움과 초조는 과거나 미래로 갈 때 생겨납니다.

인욕바라밀을 즐기는 방법은 지금 이 순간 일어나는 모든 것을 그대로 받아들이고 즐기는 것입니다. 그것이 통증이라 해도 말이죠. 많은 사람들이 치과를 두려워하죠. 치과에 가면 그냥 이를 맡기고 아픔을 그대로 느껴봅니다. 그리고 이렇게 아파하는 건 누구인지 자신에게 물어보세요. 그러면 그렇게 아프지 않습니다. 아픔이 몰려오면 그대로 느끼면서 아파하는 건 누구인지 물으면, 마음이 이 순간으로 돌아오면서 과거로부터 불러오는 아픔은 멈춥니다. 지금 이 순간에 있는 아픔만 남아요. 아파서 힘들다고 생각하면 이전의 아픔의 기억이 몰려오면서 더 아프죠. 겪어내기는 이 순간을 겪어내는 것입니다.

정진精進바라밀은 열심히 수행하는 것입니다. 몸과 마음에 쌓인 관성은 게으름을 느끼게 하니, 현재의 관성에 머물고자 하는 마음입니다. 그럴 때 즉각 일어나 필요한 일을 하는 것이 바로 정진입니다. 정진바라밀을 즐기는 방법은 관성을 깨고 나아가는 즐거움을 맛보는 것입니다.

선정禪定바라밀은 불안정하여 혼돈된 것을 없애고 나누어지지 않은 마음으로 가게 합니다. 일심一心으로 가면 삼매에 들죠. 감각상태에서는 이것과 저것을 분별하는 마음이 사라지면서 하나가 됩니다. 상相이 없으면 마음은 일심으로 갑니다. 상이 생겨난다는 것은 파도가 일어나 분별되고 마음이 움직였다는 의미입니다. 그래서 작용을 하게 되는 것입니다.

　모든 불안정은 하나의 현상에 의식이 머물기 때문입니다. 예를 들어 컵에 의식이 머물면 우리는 의식이 있다고 여깁니다. 그리고 컵에서 천정으로 의식이 옮겨가면 이제 천정에 의식이 머물죠. 현대의 심리학자들은 컵을 의식하는 마음과 천정을 의식하는 마음만 '의식'이라고 여깁니다. 즉 어떤 대상을 의식하는 마음만 '의식'이라고 해요. 컵에서 천정으로 가는 중간의 어떤 대상도 없는 마음에는 큰 관심을 기울이지 않습니다. 그러나 이곳이 바로 어떤 대상도 없는 태극과 같은 의식입니다. 그것이 곧 선정이며, 그 선정이 깊어지면 이제 무극의 삼매로 깊이 들어가게 됩니다.

　선정바라밀은 마음을 하나로 모으는 훈련법이 되기도 하고, 무극삼매를 즐기게도 해줍니다. 분별없는 마음으로 가면 신기하고 즐겁습니다. 마치 회오리에 빨려 들어가듯이 분별 있는 세계에서 분별이 없는 세계로 들어가는 과정을 지나면, 마음이 있는지 없는지도 모릅니다. 있고 없음이 사라지죠. 그걸 즐기는 것입니다.

　반야般若바라밀은 면밀하게 이것과 저것을 분별하고 나누어서 지혜를 얻는 것입니다. 그래서 항상 끊임없이 살펴보고 관찰하죠. 인도의 어느 왕이 스승에게 물었습니다. "나는 어제 거지가 되는 꿈을 꾸었습니다. 너무도 생생한 느낌이었습니다. 그런데 깨어보니 다시 왕이라고 느껴집니다. 그렇다면 나는 왕의 꿈을 꾸고 있는 거지일까요? 아니면 거지가 된 꿈을 꾸는 왕일까요?" 그러자 스승이 대답했습니다. "당신은 왕도 거지도 아니라 한정 없는 대아大我입니다." 왕이 기뻐하며 "아, 그렇구나. 나는 그 어느 것도 아니라 바로 대아大我구나!" 그러자 스승이 "바로 그 대아가 이제 오직 하나 남은 문젯거리입니다."라고 말했습니다. 대아大我라는 것이 마음의 상相으로 나타났어요.

마음의 수많은 상相을 하나로 집중시키고, 그마저도 상임을 알게 하는 것이 바로 지혜입니다. 자아는 그 어떤 것이라도 붙잡아서 자신이 '무엇'이라고 여기고 싶어 합니다. 자신이 서있을 자리가 필요해요. 이렇게 항상 의존할 그 무엇을 찾는 것이 자아이며, 그 면을 밝히 보는 것이 바로 반야입니다. 엄밀한 관찰과 섬세한 느낌을 통해 지혜는 개발되고 빛을 발합니다.

"산꽃 천만송이에 놀이객이 돌아갈 줄 모른다."는 말에 숨겨진 육바라밀의 의미를 살펴보았습니다. 옛날 사람들은 이렇게 시적으로 설명하면 알아들었어요. 한시 한 구절이 하나의 드라마입니다. 어느 선시에 태경화사하苔徑花似霞라는 구절이 나와요. 이끼 낀 오솔길에 꽃이 노을처럼 피었네. 하나의 그림이죠. 오솔길에 바위가 있는데 그 위에 푸른 이끼가 끼어있고, 길가에는 꽃이 피어있습니다. 그런데 그 꽃이 마치 저녁노을처럼 주황색이에요. 푸르름은 젊음과 아침과 시작을 상징하지만 노을은 늙음과 저녁과 끝을 상징하지요. 다섯 글자에 하나의 드라마가 들어있죠. 한시들이 풍경을 설명한 것 같지만 이런 상징들이 들어있습니다.

'나'를 확인하려는 무의식적인 습관

사람들은 '나'라는 것을 늘 확인하려는 무의식적인 습관에 붙잡혀 있습니다. 무한한 방향으로 움직이려는 생명력이 부모와 사회, 환경에 의해 제지받기 때문에, 생명의 힘은 제지받지 않으면서 자유롭게 움직이려는 의도를 가지게 되어 자신이 설자리를 찾기 시작했습니다. 여기에서 스스로가 아직 제자리에 있지 못하다는 상相을 갖게 되었죠. 그래서 늘 자신이 있을 자리를 찾게 된 것입니다. 생명의 무한한 힘이 여러 제지를 받으니 자신의 힘을 아무 방해 없이 발휘하고 싶어서 의도를 내었는데, 그 의도가 '나'가 되었습니다. 그리고 그 '나'가 부자유를 느낍니다. 부자유를 느끼는 '나'는 늘 자유를 향한 욕망을 갖죠. 한계 지어진 느낌 속에 있기 때문입니다. 그러나 놀랍게도 우리는 처음이나 지금이나 그리고 앞으로도 그 어떤 한계를 지니지 않은 존재입니다. 그저 자유로운 움직임의 방향을 찾아가려는 움직임이 자아라는 습관, 즉 자기 자리를 찾아 방해받지 않으려는 모습을 지니게 된 것 뿐입니다. 그 모습이 가상의 임시적인 모습이라고 지금 즉시 파악한다면 우리는 이미 무한입니다. 그러니 무한한 생명력을 삶이라는 환경에 맞추어 운전하는 법을 배우면 그만입니다. 무언가에 부딪힌다고 해서 그 부딪힘이 '나'인 것은 아닙니다. 우리는 물질적인 육체의 삶에 들어와 그에 맞게 움직이는 법을 배우는 중이고, 부딪힘은 이런 삶의 규칙에 맞지 않으니 맞추라는 신호일 뿐입니다. 그러한 신호를 빨리 배우라고 희로애락이라는 좋은 감정적 도구를 받았습니다. 그러니 감정과 지혜의 통찰, 강한 생명에너지를 잘 쓰면 됩니다.

자아自我라는 잘못된 습관을 알아채는 방법이 바로 육바라밀 수행법입니다. 내가 한다는 생각 없이 보시를 하고, 희로애락에 빠지지 않고 그냥 겪어내면서, 전체를 보는 눈을 통해 공동체를 유지하기 위한 규칙을 지키고, 흔들리지 않고 열심히 나아가 무아無我의 선정으로 들어가고, 마음의 구조를 보고 아는 지혜로움을 행하면서 이 현상세계를 살아가는 거죠.

此是存境存心滅妄功夫也라
차 시 존 경 존 심 멸 망 공 부 야

이것이 경계도 두고 마음도 두어 망념을 멸하는 공부이다.

공부를 어느 정도 하면 경계를 없애려 애쓰지 않고 그대로 두어도 나는 나대로 있을 수 있습니다. 그때의 내가 무엇인지를 보세요. 경계에 얽혀 있는 놈은 내가 아닙니다. 그런데 경계를 경계대로 둔다는 것은 이미 경계를 떠난 것입니다. 경계는 더이상 문제가 안 됩니다. 경계는 내 마음속의 매트릭스입니다. 아무리 어떤 난리가 일어난다 해도 꿈이기 때문에 깨어나면 끝입니다. 무서운 드라마나 영화를 즐길 수 있는 건 영화니까 그렇죠. 경계는 경계대로 두고 나는 나대로 두는 것이 바로 그런 것입니다.

일곱째, 내외전체內外全體_안팎이 모두 본체

七은 內外全體니 謂做功夫時에
칠   내 외 전 체   위 주 공 부 시

일곱 번째는 안팎이 모두 본체이니 공부 시에

이제 무심無心에 이르는 열 가지 방법 중 일곱 번째를 살펴보겠습니다. 밖에서 경험되는 세계와 안이라고 여겨지는 몸과 마음의 느낌 전부가 본체라고 했습니다. 이는 매우 중요한 말입니다. 우리는 사실 저밖의 세계가 따로 있다고 생각하죠. 그리고 안에서도 다양한 일들이 일어난다고 생각합니다. 그러나 마음 관찰을 시작하면 안에서 일어나는 것들도 느껴지고 관찰되기 때문에 밖이라고 여기게 됩니다. 이처럼 관찰되고 보이는 모든 것이 밖이라면 우리가 경험하는 모든 내외의 세계는 결국 다 바깥입니다. 과연 '안'이라는 것이 있을까요? 또 우리는 과연 '안'을 경험할 수 있을까요? '안'이 경험되지 않는다면 사실 '안과 밖'이 따로 없는 것입니다.

그래도 어쨌든 몸 또는 마음을 기준으로 보아 내외內外라고 표현할 수 있는데, 그런 내외 모두가 본체라고 했습니다. 이 말은 어떤 의미일까요? 저 밖에 있는 나무와 돌이 다 본체라는 의미인가요? 그것들이 다 본체라면 내 마음에서 일어나는 것들과 다름이 없다는 말이죠. 그리고 저 다양한 것들 간에 아무런 차이가 없다는 뜻 아닙니까? 다 본체니까요. 그런데 정말 아무런 차이가 없다면 과연 우리가 구별할 수 있을까요? 모든 것이 본체여서 모두가 똑같다면 구분이 없어야 하고 차이가 없어야 하잖아요. 그러나 차이가 없다면 우리에게 인식되지 않습니다. 어떤 차이가 있기 때문에 우리에게 인식되는 건데도 그것들이 다 본체라고 말했어요. 그러니까 "모두가 본체로서 같다"는 말은, 우리에게 경험되는 다양한 모습들 너머의 것이 똑같다는 말입니다. 다시 말해서 우리에게 다양한 모습으로 경험되지만 본질적으로는 다 같다는 의미에요.

우리가 보는 세계는 결국 우리가 경험하는 세계입니다. 눈으로 보는 세계는 시각으로 경험하는 세계이고, 손으로 만지는 세계는 촉감으로 경험하는 세계입니다. 향기와 맛으로 또는 소리로 경험하는 세계도 각각의 감각적인 경험의 세계입니다. 그 경험의 세계가 모두 본체라는 것입니다. 그리고 그 세계는 마음에서 느껴지는 다양한 희로애락과 생각과 느낌들의 세계와 본질적으로 다르지 않다는 것입니다. 본질적으로 다르지 않다면 각각 구별되는 경험은 하나의 일시적인 모습일 뿐이 겠죠. 정리하자면 겉으로 드러나는 모습이 다를 뿐이지, 드러나기 이전의 모습은 다 같다는 말입니다.

그렇다면 드러나기 이전의 모습은 무엇일까요? 그것은 느낌 이전이고, 전체가 하나인 또 하나라고도 말할 수 없는 불이不二로 얽혀져 있는 것입니다. 우리는 그것을 나누어서 인식하죠. 예를 들어 우리는 꽃한 송이를 잎과 줄기, 꽃잎으로 나눠서 보지만 실제로는 하나의 꽃일 뿐입니다. 만약 누군가가 그 꽃 하나도 과연 있는 거냐고 묻는다면 비유일 뿐이라고 말해야겠지만요. 꽃을 잎과 줄기와 꽃잎으로 나누어 보듯이, 우리는 우주 전체를 나누어 보고 있습니다. 그러나 우리가 그렇게 경험하고 있을 뿐, 우주는 절대로 그렇게 나누어져 있지 않습니다.

於山河大地와 日月星辰과 內身外器와
어 산 하 대 지   일 월 성 신   내 신 외 기

산하와 대지에 일월과 성신, 안으로 몸과 밖으로 세상에

우리가 경험하는 모든 경험 대상들과 경험 자체가 전부 본체임을 공부하는 것이 내외전체內外全體입니다. 외기外器는 밖에 있는 사물을 뜻합니다. 몸을 기준 삼아서 몸과 몸 밖의 사물들을 내신외기內身外器라고 하였습니다. 우리는 이것들을 전부 개별적이라고 인식하죠.

一切諸法이 同眞心體라
일 체 제 법   동 진 심 체

일체 모든 법이 진심과 같은 본체라

우리가 경험하는 모든 것이 진심真心과 같은 본체라고 했습니다. 예를 들어 이 안경도 본체라는 말이죠. 그런데 이런 안경이 정말 있을까요? 지금 내가 안경을 만지고 있는데, 손에 만져지는 촉감이 있고 눈에 들어오는 시각적인 느낌도 있습니다. 우리는 이 두 가지를 통해 안경이 '있다'고 믿습니다. 그리고 '이 안경은 핸드폰과는 다르다'고 느끼고 경험하죠. 그런데 이렇게 우리가 경험하는 밖의 사물이 모두 본체라고 지금 말하고 있습니다. 마음속에서 경험되는 기쁨과 슬픔뿐만 아니라 창밖에 흔들리는 나뭇잎 또한 본체라고, 안팎에서 경험되는 모든 것이 본체라고 말하고 있어요. 어떻게 이럴 수가 있을까요? 도대체 무슨 말을 하고 있는 걸까요?

경험되는 모든 것은 의식을 통해 알아차려집니다. 우리는 이 안경을 '안경'이라고 알아차리고, 마음에서 일어나는 희로애락도 알아차리죠. 그럴 때 알아차림이라는 기능이, 경험되는 모든 대상이나 현상들과 함께 있습니다. 만약 알아차리는 순수한 의식의 기능이 없다면, 그 무엇이 감각적으로 있다 하더라도 우리는 그것들이 '있다'거나 '존재'한다고 여기지 못할 것입니다. 이런 의식의 작용에는 기본적인 구조가 있습니다. 과거의 흔적을 통해 나누고 구분 지으며 비교하여 '안다'는 현상을 만들어 내죠. 이런 의식현상이 없으면 우리는 이 세상을 구분할 수 없습니다.

안과 밖에서 일어나는 모든 구분은 우리 느낌의 세계 속의 일이며, 순수한 의식 현상을 배경으로 합니다. 산하山河와 일월성신日月星辰, 내 몸과 마음에서 일어나는 수많은 현상들은 구분되어 느껴지기에 존재하는 것입니다. 구분되지 않는 것은 존재하지 않습니다. 그런데 구분되게 하는 것은 무엇입니까? 바로 의식현상이에요. 의식현상이 없으면 우주는 하나로 얽혀서 그저 돌아가고 있을 뿐입니다. 나타났다가 사라지면서요. 우리에게 존재하는 다양한 세계는 마음의 구분지음 때문에 생겨납니다. 그것을 넘어서면 아무것도 없다는 점을 한번 깊이 들여다봐야 합니다. 이것은 단순한 말이 아닙니다. 의식 현상이 없으면 여러분들이 '무엇'을 '경험'하겠습니까? 방 안의 수많은 책, 벽과 탁자와 의자들이 구분되어 느껴지기 때문에 여러분은 그것들이 독자적으로 존재한다고 여기죠. 구분되어 느껴지지 않는다면 그것들은 독자적으로 존재하지 않습니다. 결코 경험되지 않아요. 그 부분을 철저히 느껴봐야 합니다. 경험과 느낌을 넘어선 곳에는 그저 오직 하나의 우주가 얽혀있는 불이不二의 세상이 있을 뿐입니다. 그것은 '있다'고도 할 수 없어요.

무언가가 있으려면 전체로부터 분리되어 있어야만 합니다. 떨어져 있을 때에만 우리는 그것이 '있다'고 여기죠. 우주 전체가 하나로 얽혀서 돌아가고, 그것으로부터 떨어진 그 무엇도 없다면 우리는 무언가가 '있다'고 인식하지 못합니다. 몸과 마음이 하나로 얽혀있듯이 저 밖의 세계와 안의 세계가 실제로는 구분되지 않지만, 분별을 통해서만 살아남는 의식 작용에 의해 나눠져서 우리에게 느껴지고 경험됩니다. 그러니 모든 것은 본체의 모습일 뿐이지, 그 모습을 넘어선 곳에서는 나눠진 것이 아무것도 없습니다. 이 점이 철저히 경험되고 통찰되면 내외가 전부 본체임이 분명해집니다. 지금 자신이 느끼고 경험하는 다양하게 분별된 모습들 그 자체가 이미 본체라고 마음속 깊이 경험되고 체득되어 가는 것이 바로 내외전체內外全體입니다.

일체의 법法이 진심과 같은 본체라고 했습니다. 단순하게 구별되는 저 밖의 모습들뿐 아니라 우리 마음에서 경험되는 기쁘고 즐거운 감정이나 이런저런 생각, 마음에 느껴지는 의식적인 느낌 같은 다양한 현상들도 모두 진심과 같은 본체입니다. 일체의 모든 현상들은 본체의 드러난 모습이기 때문에 그렇습니다. 그리고 다양한 현상을 의식하는 것도 마음의 일입니다. 눈은 눈에 보이는 사물들과 떨어져서는 결코 존재한다고 말할 수 없습니다. 눈은 있지만 아무것도 눈에 보이지 않는다면 어떨까요? 과연 그때도 눈은 존재한다고 할 수 있을까요? 눈이 존재하는 이유는 눈에 보이는 사물 때문입니다. 그와 똑같이 본질은 결코 일체의 모든 현상과 분리될 수가 없습니다. 그래서 일체의 현상이 진심과 같은 본체라고 말하는 것입니다. 이는 모든 경험이 경험을 알아채는 의식적 기능과 분리되지 않는다는 말과 똑같습니다. 의식현상이 없는 곳에 의식적인 대상도 없습니다. 눈이 없는 곳에 눈에 보이는 사물이 없는 것과 마찬가지에요. 또한 본체가 없는 곳에 본체가 드러나는 현상이 있을 수 없습니다. 아프고 괴로운 경험과 기쁘고 황홀한 경험들이 분별되어 존재하는 이유는, 모든 현상을 구별하고 나누어서 따로따로 알아차리는 기능이 있기 때문입니다. 그것을 넘어서는 독립적인 경험은 없어요. 즉 모든 경험은 의식적인 알아챔이라는 기능과 함께하기 때문에 존재할 수 있습니다. 그래서 "존재는 관계"라고 수없이 말해왔죠.

우리가 경험하는 세계는 모두 느낌의 세계

湛然虛明하야 無一毫異하야
담 연 허 명　　　무 일 호 이

맑아 텅 비고 밝아 한터럭도 다름이 없어

우리가 경험하는 모든 질감의 세계와 이름과 형태는 일종의 정신현
상입니다. 우리의 경험은, 우리의 감각기관과 그것이 받아들이는 것들
을 토대로 재구성하여 인간에게만 나타나 보이는 현상이에요. 여러분
앞에 있는 둥글고 평평한 느낌의 탁자는 여러분에게만 존재해요. 바
이러스 등의 다른 생물에게는 그렇게 존재하지 않습니다. 인간과 같
은 마음의 기능이 없는 존재에게는 여러분이 느끼는 모습대로의 탁자
가 경험되지 않아요. 그러니 탁자는 없는 것입니다. 그런데 우리는 자
신이 죽어도 이 탁자는 계속 존재한다고 믿습니다. 만약 사람과 똑같
은 감각기관과 의식적 기능을 보유한 존재가 있다면 그들에게는 탁자
가 존재하겠죠. 그러나 똑같은 탁자가 있다 하더라도 과연 바이러스도
그것을 인간처럼 경험할까요? 또는 주파수로 이루어진 존재에게도 탁
자가 똑같이 존재하며 경험될까요? 주파수로 이루어진 존재라면 그것
을 그냥 통과하겠죠. 아무런 문제가 되지 않는 공간일 뿐일 것입니다.

이렇듯 무엇이 존재한다는 것은 우리의 정신현상과 밀접한 관계가
있습니다. 때문에 자신이 사라져도 이 네모난 핸드폰이 그대로 존재한
다고 믿는다면 그것은 착각입니다. 네모난 모양을 네모나게 느끼는 자
가 없다면 이런 물건은 없습니다. 그런데 대부분의 사람들은 미심쩍어
하죠. "내가 죽더라도 이 핸드폰은 계속 존재하는 거 아니야? 내가 없
어도 세상은 존재하지." 이렇게 믿으며 살아갑니다. 내 세상은 사라져

도 내가 경험했던 세상은 그대로 존재한다고 믿는다면 그 사람은 환상 속에 있는 것입니다. 이 지구상에 사람이라고는 나밖에 없다고 해봅시다. 내가 죽으면 내가 경험한 지구가 과연 계속해서 존재할까요? '내가 경험한' 지구잖아요. 둥그렇고, 나무들이 많고, 강물이 흐르고, 산이 있는 이런 세계가 존재할까요? 간단히 예를 들자면 개에게는 파란색과 초록색이 다르지 않습니다. 구별되지 않아요. 개들은 움직임과 냄새에 대해서는 아주 민감하게 반응을 합니다. 우리의 세계와 개가 보고 경험하는 세계가 많이 다릅니다. 개의 세계는 개 고유의 감각으로 받아들인 것들의 관계 속에서 존재하는 세계일 뿐이죠. 잘 느껴보세요. 단순히 환상이라고 말하는 것이 아닙니다. 정신적 환상이 아닌, 느낌의 환상 속에 우리는 있는 것입니다. 우리는 감각적인 느낌을 정신적으로 해석하는데, 그 해석이 단순히 환상이라고 말하는 것이 아닙니다. 이 느낌의 세계 자체가 환상이라는 말이에요. 그런데 우리가 세상이라고 이름 붙여 놓은 것은 모두 그런 느낌을 기반으로 하고 있습니다.

여러분이 경험하는 것은 본체와 하나의 털 만큼도 다르지 않습니다. 다만 정신이 움직여 수많은 변화와 다름을 만들어내서는 다양한 분별 대상을 경험하게 해주고 있죠. 그렇지만 오직 본체가 있을 뿐입니다. 다양한 분별적인 대상을 떠나서는 오직 진심이 있을 뿐이에요.

大千沙界를 打成一片이니
대 천 사 계　　타 성 일 편

대천의 모래알같은 세계를 쳐서 한 조각을 이루니

삼천대천세계三千大天世界는 전 우주를 의미합니다. 3,000개로 이루어진 1,000개의 세계가 있다고 합니다. 그런 세계들은 정말 우리가 경험하는 세계를 의미할까요? 그만큼 다양한 감각적인 레벨이 있다는 비유겠죠. 인간의 오감五感에 받아들여지는 세계가 있고, 바이러스가 경험하는 세계가 있고, 원자와 전자가 경험하는 세계도 있습니다. 그런 수많은 레벨의 세계가 지금 이 순간 여기에 동시에 존재합니다. 세계라는 것은 곧 관계이기 때문에 그렇게 말할 수 있습니다. 이런 세계가 진짜 없다는 말은 아닙니다. 있죠. 그래서 내가 원자 레벨로 내려가면 원자 레벨의 세계를 경험하게 되는 것입니다. 삼천대천세계의 수많은 것들이 하나를 이룬다는 말은 우주가 하나로 얽혀 돌아가고 있다는 의미입니다.

우주가 하나로 얽혀서 돌아간다고 하면 사람들은 지금 자신이 경험하는 세계와 태양계, 인간이 밝혀 놓은 세계 전체가 하나의 메커니즘에 의해 돌아간다고만 생각합니다. 그뿐 아니라 아래로는 양자의 레벨에서 경험되는 차원, 또는 경험조차 되지 않는 더 미세한 차원, 그리고 위로는 밝혀지지 않았지만 있을 법한 신의 세계까지 모든 것이 합쳐서 하나로 얽혀 돌아가고 있다는 의미입니다. 아니 하나라고 할 수도 없다는 것입니다.

삼천대천세계는 레벨별로 본 세계인데, 그 전체의 세계가 나누어지지 않은 채 이 순간에 똑같이 얽혀서 돌아가고 있습니다. 의식의 레벨에 대해서 얘기할 때 표면적인 세계가 있고, 심층의 세계가 있고, 더 아래 근원적인 세계가 있다고 했죠. 그 모든 세계가 이 순간의 내 의식적인 현상이라고 했습니다. 우리의 에너지 중심이 표면에 머물면 수많은 분리된 세계가 있습니다. 너와 내가 다르고, 네가 내 얘기를 따라야하고, 남한테 피해를 받지 않기 위해서 남에게 피해를 줄 수도 있어야 하는 세계가 바로 표면의 세계입니다. 심층으로 내려가면 집합무의식이 있습니다. 인간의 의식 전체가 밑바닥에서는 하나로 연결되어 있어요. 융이 말한 집합무의식의 세계죠. 더 밑의 무의식의 세계로 내려가면 느낌으로 분별되는 세계가 있고, 더 밑에는 그런 분별마저도 없는 근원의 세계가 있습니다. 그 전체에 지금 이 순간 내가 뿌리박고 있어요. 나는 표면적인 세계에 머물면서 동시에 나누어지지 않는 근본에 함께 머물고 있습니다. 우리는 끊임없는 소리이기도 하고, 분별된 소리이기도 하고, 분별이 전혀 없는 침묵이기도 하다고 비유하기도 했지요. 각각의 레벨에서 서로 다르게 존재하는 모습들이지만, 그 전체가 하나로 얽혀서 돌아가고 있습니다. 이 얼마나 방대하고 거대하고 우리가 생각할 수 없는 미지의 세계입니까? 나타난 존재인 우리는 바로 그런 알 수 없는 미지에 뿌리박고 있습니다. 그걸 대체 누가 어떻게 밝혀내겠어요? 밝혀내려는 마음 자체가 그 세계의 일부분인 현상인데 말이죠. 밝혀내려고 하는 그 마음 자체가 우주에 나타난 작은 현상에 불과합니다. 한낱 먼지의 흐름과 같은 현상이에요. 우주를 밝혀내려는 마음이라는 현상은 우주의 일부로서 얽혀 돌아가고 있습니다. 신비롭지 않나요? 알 수 없죠. 무지無知가 아니라 미지未知입니다. 결코 나눠진 것도 없고, 외따로 떨어진 것도 없는 불이不二의 세계입니다. 삼천대천의 세계를 탁 한 번 때려서 한 조각으로 만들었어요. 둘이 아니라는 것입니다. 결코 나누어진 것이 없다는 말입니다.

更於何處에 得妄心來리요
갱 어 하 처   득 망 심 래

다시 어디서 망심이 오겠는가?

수많은 수평적인 세계와 수직적인 세계가 다 하나로 얽혀서 결코 나눠질 수도 떨어질 수도 없는 불이不二의 세계인데, 어디서 그 망심妄心이 나오겠냐는 말입니다. 모든 것을 하나로 보는 것이 바로 내외본체입니다. 내외를 모두 본체로 보는 마음이죠. 거기에서 하나하나 따로 보는 분별된 마음인 망심妄心이 어떻게 나타나겠느냐는 것입니다. 망심은 기본적으로 나누어서 봅니다. 나와 대상을 나누고, 대상을 각각으로 구분하고, 구분한 것을 비교하여 좋고 나쁨의 이름을 붙이고, 좋은 것에 집착하여 끊임없이 의식을 움직이게 합니다. 망심의 첫 단추는 나와 대상을 나누는 마음입니다. 그런데 불이不二의 세계 어디에서 망심이 나오겠습니까?

所以로 肇法師가 云하사대
소 이　　조 법 사　　　운

그래서 승조법사가 말하기를

승조법사는 조론을 지은 천재적인 선사입니다.

天地가 與我同根이요
천 지　　여 아 동 근

천지가 나와 같은 뿌리이고

우리는 많은 경험들로부터 끌리고 밀치는 느낌을 받습니다. 그리고 어떤 경험은 귀하고, 어떤 경험은 천하고 쓸모없다고 여깁니다. 그러나 그 경험들이 있는 그대로 모두 받아들여진다면 마음은 이 모두를 같다고 봅니다. 평등의 세계에 들어서는 것입니다. 쓸모없다거나 귀하다고 이름을 붙이는 마음은, 나와 대상을 나누고 대상을 비교하는 호오好惡 속에 빠져있는 반쯤 타락한 마음입니다. 타락이란 다름 아닌 분별에 빠지는 것입니다. 그런 마음은 귀하고 좋은 것에 집착하고, 천하며 나쁜 것에는 괴로워합니다. 고락苦樂에 빠지죠. 만일 그런 경험들을 있는 그대로 경험한다면 그 경험들 간에는 어떤 차이도 없습니다. 경험이 오면 오는 대로, 가면 가는 대로, 일어나면 일어나는 대로 둘 수 있는 건 모두가 마음의 일시적인 현상이기 때문입니다. 그리고 또 모두가 귀한 현상들이기 때문이에요. 마음이 일으키는 똑같은 현상입니다.

나의 세계는 곧 나 자신

사실 우리가 '세계'라고 부르는 모든 것들은 여러분 자신입니다. 여러분이 경험하는 세계는 여러분 자신이에요. 사과 하나라 할지라도 내가 경험하는 내 세계 속의 사과라는 것입니다. 예전에는 사과나무가 아주 크고 사과가 드문드문 열렸는데, 요즘의 사과나무는 키가 작고 사과가 잔뜩 달려있어요. 사과를 열리게 하는 기계가 돼버렸죠. 시골에서는 '사과'에 대해서 이런 경험을 하지만, 마트에서 사과를 사는 사람은 맛있는 사과를 상상합니다. 시골에서 경험하는 사과나무와 같지 않아요. 같은 사과라고 해도 경험하는 세계는 이렇게 다릅니다. 사과나무에 대한 느낌이 달라요. 어린애는 쌀을 마트에서만 봤으니 쌀이 마트에서 난다고 생각합니다. 그 아이가 경험하는 세계가 그래요. 이처럼 여러분이 경험하는 세계는 여러분 자신입니다. 내가 경험하는 세계가 바로 나 자신입니다. 내가 '나'라고 이름 붙여놓은 세계라는 것입니다. 60억 인구가 있다면 60억의 세계가 존재한다고 할 수 있습니다. 그것들은 경험되는 의식의 모습들입니다. 문과 방, 탁자와 의자, 사람과 동물, 마음에 느껴지는 아픔과 슬픔, 기쁨과 황홀, 분노와 짜증. 이 모든 것들은 왔다 가는 마음의 한 현상이며 한 모습들입니다. 그리고 그 모습들을 알아채는 의식이 그곳에 늘 함께 합니다. 그러니 그것이 다 분별되는 것입니다. 의식이 나타내 보여주는 모습들입니다. 그리고 늘 그것을 알아차리는 의식이 그것들과 함께 있어요. 그 의식을 떠나서는 그것들을 경험할 수 없습니다. 내가 경험하는 사과가 내 세계이고 그것이 바로 나 자신이듯, 여러분이 경험하는 수많은 기쁨과 슬픔, 그 모든 것들이 그것들을 분리시켜서 경험하게 해주는 의식에 의한 의식현상입니다. 그러니 그것들이 곧 순수한 의식 자체가 아니겠습니까? 그 자체가 의식이에요. 의식이 있어서 구별되기 때문에 구별되는 모든 것이 의식 자체라는 말입니다. 그것이 바로 그것이다, 탓 트밤 아시tat tvam asi. 바로 그것입니다.

천지와 일월, 몸과 마음, 땅과 꽃과 대지를 흐르는 물, 그리고 일체의 마음의 현상이 그것들을 자각하는 순수한 의식 속에서의 일입니다. 의식이 없다면 어떻게 그것으로 경험되겠어요? 그것들은 모두 마음에 의해 경험되는 한 현상입니다. 그리고 이 모든 현상은 그것을 경험하고 의식하는 의식과 결코 떨어져있지 않습니다. 그래서 한 터럭도 다름이 없다고 했죠. 조금의 차이도 없습니다. 그래서 여러분이 경험하는 모든 것은 바로 여러분 자신입니다. 여러분이 기쁨을 경험한다면 그 기쁨이 여러분 자신이고, 여러분이 슬픔과 분노, 짜증 속에 있다면 그것이 여러분 자신입니다. 자기라고 믿고 있는 그 마음이에요, 그 세계는. 그 현상이 왜 있어요? 그 현상을 구분해서 느끼는 의식현상 때문이죠. 의식이 항상 순수하게 알아채면서 함께 하고 있습니다. 그 순수한 의식현상, 구분하게 하는 의식현상은 여러분이 경험하는 다양한 세계의 본질적인 부분이고, 현상 역시 더 근본적인 것에 뿌리박고서 나타난 표면적인 모습이라는 것입니다. 그러니 모든 것들이 서로 다르지 않은 하나입니다. 그것이 바로 천지가 나와 같은 뿌리라는 말의 의미입니다.

萬物이 與我同體라 하시니
만 물　여 아 동 체

만물이 나와 같은 몸이라

나를 떠나서 어떤 사물이 있는 것이 아니고, 사물과 내가 모두 다 똑같은 본체 그 자체입니다.

此是內外全體滅妄功夫也라
차 시 내 외 전 체 멸 망 공 부 야

이것이 '내외가 모두 본체'임을 보고 망심을 없애는 공부이다.

모든 것이 다르지 않음을 보는 것이 내외전체內外全體이고, 이를 통해 무심으로 들어갑니다. 무심은 분별이 없는 세계죠. 모든 분별 있는 것들이 본체와 다르지 않음을 보는 마음이 무심으로 들어가는 일곱 번째 방법입니다. 보이는 모든 것에서 여러분 자신을 보는 것입니다. 내가 경험하는 세계입니다. 나의 경험은 순수하게 구분하는 의식 때문이고, 그 의식 자체는 내 본질에서 일어나는 하나의 마음 현상입니다. 그렇기 때문에 내가 경험하는 세계와 마음, 모든 것을 알아채는 의식과 의식이 일어나는 마음의 본질은 다르지 않습니다.

어떤 물건도 따로 있지 않습니다. 모두 내가 경험하는 세계이고, 모든 현상이 의식현상이죠. 의식현상은 나와 나 아닌 것을 나누는 마음의 움직임이고, 그 움직임은 본체에서 나왔기에 이 모두가 다르지 않습니다. 모습만 차이가 날 뿐이에요. 이것을 꿰뚫어 보는 것이 내외전체內外全體입니다. 내외가 모두 전체이니 다르지 않다는 말입니다.

"우리가 경험하는 것은 느낌이다."라는 말은 중요한 말입니다. "나는 느낌의 세계 속에 있다."와 같은 말이에요. 그래서 느낌이 흐릿해지면 느낌을 느끼는 나도 흐릿해지고, 주객이 사라지면서 세계도 없고 나도 없습니다. 다시 분별하는 마음으로 나오면 세계가 보이고 세계를 보는 나도 생겨나죠. 세계가 있고 나도 있다는 것은 느낌을 통해 느껴집니다. 분별되는 느낌이 없으면 세계도 없고 나도 없어요. 흥미로운 점은 분별된 세계가 마음에 있는데도 저 밖에 따로 있다고 '느껴진다'는 것입니다. 이 말에서 '느껴진다'에 주목해보세요. 느낌은 기본적으로 마음에서 일어나는 분리현상이에요. 마음이 분리되어 나눠져 있지 않으면 느낌이 일어나지 않습니다. 감각상태로만 가도 느낌이 거의 없잖아요. 최소한으로 작아진 느낌인 감각적인 분별만 있어요. 의식적인 상相이 없습니다. 감각적 느낌도 없는 상태로 가면 어떨까요? 정말 아무것도 없겠죠. 이렇게 말하면 "너한테는 없지만 나한테는 세상이 존재해."라고 말할 수 있습니다. 그 사람한테는 자기 세계가 존재하는 것입니다. 그러나 그 역시 감각상태로 들어가면, 모두가 감각 상태로 들어간다면 세계가 존재하지 않습니다. 개미에게는 개미의 세계가 존재합니다. 그리고 우리가 경험하는 세계는 우리 느낌의 세계에요. 고정된 세상이 따로 있는 것이 아닙니다. 감각기관과의 관계 속에 맺어진 세계가 있는 것입니다. 그래서 '세계'라고 했죠. 세상은 알 수 없어요,

있는지 없는지. 공동묘지에 가면 귀신이 있는 것처럼 느껴지는데, 두려울수록 더 강하게 느껴지죠. 현실감이 강하게 느껴지면 그것이 바로 그 사람의 세계인 것입니다. 그 사람에게는 귀신이 정말 있는 것입니다. 자신을 괴롭히고 힘들게 하니까요. 그 사람의 세계에는 귀신이 존재하는 것입니다. 하지만 현대 과학에 세뇌된 사람들은 귀신이 없다고 믿으니까 그 사람에게는 귀신이 없는 것입니다. 그 사람들은 모든 것을 과학으로 설명합니다. 그러나 자기가 보는 패러다임일 뿐이에요. 패러다임의 차이일 뿐, 우리는 자신이 해석하고 감각적으로 느끼는 세계 속에서 살아가고 있습니다.

모든 것들이 느껴지는 건 의식현상 때문입니다. 모든 경험에 의식이 항상 같이 있습니다. 의식이 없는 채로 경험되는 건 아무것도 없어요. 의식은 간단히 말해 '분별해서 본다.'는 것입니다. 분별해서 차별을 느끼는 것입니다. 그렇게 할 줄 아는 의식적인 기능이 있기 때문에 수많은 차이와 느낌들을 구별해서 경험합니다. 차이를 구별하지 않는다면 세상은 없습니다.

내가 안경과 키보드를 구별 못한다면 나한테는 안경과 키보드가 둘이 아니에요. 이걸 자세히 살펴보세요. 유식학唯識學은 많은 비난을 받기도 합니다. 오직 앎의 세계가 있을 뿐이다, 앎으로써 나는 존재한다, 일체유심조一切唯心造라고 말하죠. 이런 말에는 "지금 밖에 저 사물이라고 여겨지는 세계가 있다."고 말하는 사람을 무시하고 부정하는 뉘앙스가 있어요. 그러나 사물이 물리적으로 없다는 말이 아니고, 사물이라는 세계 자체가 느낌으로 연결되어 있을 뿐이라는 것입니다. 물리적으로 있어요. 다만 물리라고 느끼고 의식하는 것이 우리 느낌의 세계와 연관되어 있다는 것입니다. 단순히 유식학에서 말하는 의식적인 측면만이 아니라 물리적이라고 말하는 측면도 사실은 느낌의 세계라는 것입니다. 연결되어 있음이 정신적인 현상에만 국한되어 있지 않다는 말이에요. 정신과 물질을 나눈다면 물질세계도 마찬가지로 마음의 느낌의 세계입니다. 마음이라고 하면 물질과 육체와는 다른 반쪽인 우주의 다른 현상으로 오해할 수 있습니다. 여기서 말하는 마음은 그렇게 물질과 마음으로 나눈 일부 현상으로서의 마음이 아니라 우주 자체로서의 현상을 말합니다. 그럴 때 물질과 정신은 둘이 아니고, 오직 하나인 현상의 레벨 차이일 뿐입니다. 의식적인 현상을 오래도록 생각하면 그것이 곧 물리 현상으로 바뀌죠. 에너지로 뭉치고, 더 오래되면 물리 현상으로 바뀝니다. 에너지 현상, 물리 현상이 계단식의 레벨 차이는 있을지 모르지만 다 연결되어 둘이 아닌 하나입니다. 우주에 존재하는 것들은 결코 서로 다르지 않아요. 그것이 만물萬物이 여아동체與我同體이고, 천지天地가 여아동근與我同根이라는 말의 의미입니다. 안과 밖이 하나로 전체임을 보는 것이 망심을 소멸시키는 공부입니다.

여덟째, 내외전용內外全用_일체가 작용이다

八은 內外全用이니 謂做功夫時에
팔   내 외 전 용   위 주 공 부 시

여덟 번째는 안과 밖이 모두 용이니 공부시에

오늘은 무심無心으로 들어가는 여덟 번째 방법인 내외전용內外全用에 대해 강의합니다. 지난 시간에는 안팎이 모두 본체라는 내외전체內外全體에 대해 공부했습니다. 본체 아닌 것이 없다는 말이죠. 이번에는 안팎이 모두 작용이라고 여기는 마음에 대해 말합니다. 사실 우리가 잡아낼 수 있는 모든 것은 작용입니다. 마음의 작용에 의해 일어나는 현상만을 우리는 알 수 있어요. 그래서 내외전용內外全用이 더 알아채기 쉽습니다.

그렇다면 일체를 본체로 보는 것과 일체를 작용으로 보는 것의 차이점을 한번 살펴봅시다. 손으로 하는 가위바위보는 다 손짓입니다. 그렇지만 모두 손이기도 하죠. 그래서 "가위도 손이고, 바위도 손이며, 보도 손이다."라고 말하는 것이 바로 내외전체內外全體입니다. 그렇다면 내외전용內外全用은 뭘까요? "가위는 손의 모습인 손짓이고, 바위도 손짓이고, 보도 손짓이다. 손짓 아닌 것이 없다."고 말하는 것이 바로 내외전용內外全用입니다. 손짓이 아닌 것을 우리는 볼 수가 없습니다. 이렇게 우리가 실질적이고 구체적으로 알아챌 수 있는 것은 작용이기 때문에 내외전용이 더 알아채기 쉽습니다.

손이 드러나기 위해서는 항상 손짓이 필요해요. 작용이 없는 손은 드러나지 않습니다. 가위나 보나 바위 같은 모습을 띌 수밖에 없기 때문에 우리가 보는 모든 것은 작용, 즉 용用이라는 말입니다. 안팎을 다 망라해서 우리 마음이 잡아내는 모든 것은 용用이에요. 용用은 하나의 움직임입니다. 우리는 마음이 움직일 때만 잡아낼 수 있어요. 또 모든 작용은 움직임의 결과입니다. 움직임의 과정과 모습과 작용이 다 용用에 해당하는데, 이런 움직임에 초점을 맞추는 것, 즉 작용과 드러난 모습에 초점을 맞추는 것이 바로 내외전용입니다.

마음에는 크게 세 가지 상태가 있습니다. 첫째는 평상시에 깨어서 모든 것을 느끼고 알아채는 마음이고, 둘째는 반쯤 깨어있어서 백일몽을 꾸는 상태입니다. 다시 말하면 제한된 상태로 깨어있는 꿈꾸는 상태입니다. 셋째는 그보다 더 캄캄한 깊은 잠에 든 상태입니다. 이런 마음의 상태들을 가위바위보로 비유해봅시다. 마음이 열려있어서 모든 것을 알아채는 상태를 '보'라고 해보죠. 그 다음 꿈꾸는 상태를 '가위'라고 해봅시다. 우리는 꿈을 꿀 때 순식간에 다른 장소와 시간으로 옮겨가거나 하늘을 나는 등 일관적이지 않고 분명하지 않은 상태가 되죠. 그런 상태를 '가위'라고 해봅니다. '가위'를 한 채 뭘 잡으려고 한다면 두 손가락으로 잡을 수밖에 없죠. '보'에 비해서 상당히 한정적이에요. 이제 깊은 잠의 상태를 주먹 쥔 '바위'라고 해봅니다. 이걸로는 아무것도 잡을 수가 없습니다. 어떤 것도 알아챌 수 없어요. 아무것도 느껴지지 않죠. 굉장히 둔한 마음의 상태입니다. '가위'는 조금 열려있긴 하지만 한정된 범위 내에서만 마음이 작동하는 꿈꾸는 상태입니다. 즉 자기가 그동안 알아왔던 과거의 상相을 조합하고 섞어서 뭔가를 만들어낼 수 있는 상태에요. '보는' 감각적인 외부 자극까지 받아들여서 알아챌 수 있는 상태, 지금 여러분의 상태입니다. 명료하게 모든 것을 구분하는 그런 상태죠.

그런데 이 세 가지 상태가 모두 마음의 어떤 상태라는 말입니다. 마음 자체가 아니에요. 가위와 바위와 보가 다 손짓이듯이 마음이 깨어있는 상태, 꿈꾸는 상태, 잠자는 상태가 다 마음의 짓입니다. 마음 자체가 아니라 마음의 작용이에요. 마음이 뭔가를 할 수 있는 상태라는 것입니다. 마음은 항상 이런 깨어있는 짓, 꿈꾸는 짓, 잠자는 짓을 통해서만 드러납니다. 그런데 '보'도 '가위'도 '바위'도 다 손입니다. 모양만 다를 뿐 모두 손이죠. 마찬가지로 깨어있는 마음, 꿈꾸는 마음, 깊이 잠든 마음 역시 본체와 다르지 않습니다.

그런데 우리는 평상시의 깨어있는 기능만을 주목합니다. 또, 깨어있는 상태에서 모든 것을 분별하고 알아채는 작용을 하는 마음, 꿈처럼 한정된 작용만 하는 마음, 깊은 잠처럼 작용하지 않고 멈춰 있는 것 같은 마음, 이것들을 작용으로 보지 않고 자기라고 여기죠. 지금 여러분이 깨어있는 상태로 내 말을 들으면서 분별하고 알아듣는 중인데, 그 마음상태를 자기라고 여긴다는 것입니다. 모두 어떤 작용이 일어나고 있을 뿐이에요. 마음 자체가 아니라 마음의 작용이란 말입니다. 그런데 그 작용의 일부에 이름을 붙여놓고 '내가 그렇게 했어.'라고 나중에 해석합니다. 여러분이 무엇을 압니까? 여러분이 뭘 이해해요? 그리고 여러분이 모르는 건 뭐예요? 그냥 내 마음에서 일어나는 일에다 이름붙인 것 아니에요? 마음속에 쌓아두었던, 아니 엄밀히 말하면 살아오면서 자신도 모르게 그냥 저절로 쌓인 것들을 데이터베이스로 삼아서 주어진 기능이 작동하고 있을 뿐입니다. 우리가 엄청난 연습을 통해 눈으로 뭔가를 보는 것이 아니잖아요. 눈이 무엇을 보는 작용은 우리에게 그냥 주어졌어요. 소리를 듣고 구분하는 것도 저절로 일어나고 있는 작용입니다. 이렇게 오감五感은 고유하게 주어진 기능들입니다.

마음의 기능도 마찬가지예요. 의意는 마음에 쌓인 것들을 기준삼아 비교하고 판단하여 분별하는 작용을 합니다. 의意의 가장 원초적인 기능은 뭡니까? 의식은 나와 나 아닌 것을 나누는 기능을 하죠. 그리고 그보다 더 원초적인 기능은 알아채는 기능입니다. 주의력이에요. 우리는 주의력을 통해 분별하는 기능을 타고났습니다. 소리를 듣는 귀의 기능과 무엇을 보는 눈의 기능을 저절로 타고났듯이, 마음도 알아채고 분별하는 기능을 타고났어요. 뭔가를 구분하는 의식현상 역시 저절로 우리에게 주어진 기능입니다. 그런데 그런 작용에 대해 '내가 소리를 들었어.'라고 말하죠. 그 '내가'는 그냥 이름표일 뿐이에요. 그런데 그 이름표를 가지고 마음의 한 곳에서 조장을 합니다. '내가 이걸 했고, 저걸 했고, 내가 밥을 먹고.' 내가 어떻게 밥을 먹어요? 배고픔이 일어나면 부엌을 향해 발이 걸어가서 음식을 찾고, 손이 입에다 음식을 집어넣어 배고픔을 면하게 해주는 것은 자연스럽게 일어나는 현상 아니에요? 내가 하는 겁니까? 유기체인 몸이 작용하고 있는 것입니다. 그런데 '내가 했어.'라고 이름을 붙입니다. 이런 이름붙이기 또한 마음의 작용이에요. 그런데 그것을 마음의 작용으로 보지 않고, 내가 했다고 여깁니다.

마음속에 나와 대상이 생겨나서 내가 대상에게 뭘 주거나 대상으로부터 무엇을 받는 것이 바로 작용이에요. 망심妄心은 그 중의 일부인 주체를 자기라고 여겨서, '내가 이걸 했어.'라고 믿고 느끼며 희로애락에 빠져 헤매고 있는 것입니다. 이것이 바로 망령된 마음이에요. 나와 대상의 나뉨은 망령된 것은 아니에요. 그냥 기능일 뿐입니다. 그래야 마음이 작용을 해서 의식현상이 작동하니까요. 의식이라는 감각기관이 작동하기 위한 기초 작업이 나와 대상으로 나누는 것입니다. 기능이죠. 귀를 통해 파동이 들쑥날쑥하면 고막이 흔들리듯이, 마음이 나와 대상으로 나뉘어 주의가 왔다 갔다 하면서 의식작용이 일어납니다. 이것이 바로 마음의 기초적인 기능인데, 그 중의 일부에 주의가 맺혀지고, 그것에 '나'라고 이름을 붙여서 동일시하는 것이 바로 망령된 마음입니다.

만물은 입자처럼 움직이는 파동_솔리톤soliton

將一切內外身心器界 諸法과
장 일 체 내 외 신 심 기 계 제 법

일체 안팎의 모든 몸과 마음과 세계의 모든 법과

안과 밖, 몸과 마음과 사물이 가득 차 있는 세계와 그것들이 만들어
내는 모든 현상이 제법諸法입니다.

及一切動用施爲하야 悉觀作眞心妙用이니
급 일 체 동 용 시 위　　실 관 작 진 심 묘 용

또 일체의 행동과 쓰고 베풀고 하는 모든 일이 진심의 묘한 작용으로 보
는 것이니

일체의 움직임과 쓰임, 베풂과 행함이 모두 진심의 묘한 쓰임이라고
보는 것이 바로 내외전용內外全用의 의미입니다.

앞의 문장에서 안팎의 몸과 마음과 세계의 현상이 모두 진심의 묘한
작용이라고 했는데, 우선 몸과 세계의 현상들을 살펴봅시다. 몸이라고
하는 것과 저 밖이라고 여겨지는 세계, 즉 탁자가 있고 바닥과 천장이
있으며, 이 건물이 자리한 땅이 있고, 마을과 산과 들이 있는 세계가
어떻게 진심의 묘한 작용인 것일까요? 진심직설이 쓰인 때에는 직관
적으로 알았겠지만 지금은 구체적으로 설명할 수 있죠. 저 밖에 있는
사물을 향해 깊숙이 들어가면 어떻습니까? 비유하자면 거기에는 물로
만든 물고기밖에 없습니다. 오직 에너지의 진동하는 움직임밖에 없어
요. 그렇다면 그렇게 진동하는 움직임의 주체는 따로 있을까요? 에너
지는 나타나 보이지 않습니다. 그러다가 움직임이 생기면 에너지가 있

는 것 같죠. 원자와 전자, 그 밑의 소립자까지 내려가서 양자와 쿼크, 그리고 더 미묘한 흐름까지 들어가면 진동하는 에너지끈이 있을 뿐이에요. 그 에너지는 극성이 나누어질 때 생겨나는 힘의 장場입니다. 그렇다면 극성은 어떻게 나타날까요? 일부의 공간이 오른쪽으로 회전하고 일부의 공간은 왼쪽으로 회전해서 서로의 회전이 어긋나면, 두 개의 극성이 생겨서 이들 사이가 끌리거나 밀쳐지면서 에너지가 형성됩니다. 우리가 '빈 공간'이라고 말하는 이 세상은 사실 양자 진공으로 가득 찬 공간입니다. 그래서 '충만한 텅 빔'이라고 하죠. 일반인의 상식에 맞지 않는 세계를 현대의 물리학자들이 발견해내고 있습니다. 텅 빈 공간이 에너지로 가득 차 있다는 것입니다. 그래서 영점장零點場·Zero Point Field이라고 이야기합니다. 제로 에너지가 가득 찬 무한공간이 바로 바깥의 공간이라고 여겨지는 세계입니다. 지금 여러분의 눈이 작용하는 거시세계에는 꽃이 있고, 물이 있고, 컵이 있지만 저 깊숙한 근본의 장으로 들어가면 거기에는 오직 진동하는 에너지의 끈이 있을 뿐입니다.

그렇다면 어떻게 꽃과 컵으로 나누어지는 걸까요? 꽃과 컵은 진동수와 움직이는 패턴이 다를 뿐입니다. 그럼 누가 움직이는 걸까요? 움직이는 그 누구도 없습니다. 질문 자체가 어리석은 것입니다. 어떤 움직임의 패턴이 형성되어서 특정한 움직임이 계속되면 그것이 바로 존재하는 모습입니다. 그래서 물로 만든 물고기이고, 물로 만든 꽃이고, 물로 만든 컵이라고 할 수 있어요. 에너지로 만들어진 꽃이고, 에너지로 만들어진 컵이라는 말입니다. 서로 다르게 진동하는 특정한 패턴으로 만들어진 꽃이고 컵이에요. 이것들이 서로 섞이지 않는 이유는 움직이는 패턴이 다르기 때문입니다. 하나는 이렇게 움직이고, 하나는 저렇게 움직여서 서로가 섞이지 않아요. 마치 해일이 스스로의 모양을 유지하면서 움직이는 것과 같습니다. 이런 것을 솔리톤soliton이라고 합니다. 입자처럼 행동하는 파동이에요. 접미사 '-on'이 입자를 뜻합니다. 그래서 광자를 포톤photon, 전자를 일렉트론electron이라고 하죠. 그런데 해일은 파도인데도 꼭 입자처럼 행동하면서 해안가로 움직여 오니까 고립된 입자와 같은 파동이라고 해서 솔리톤이라고 합니다. 파도가 움직이며 나아가는 과정에서 다른 파도를 만나면 보통은 서로 합쳐지며 커지거나 작아지는데, 해일은 그 형상이 그대로 마지막까지 유지됩니다. 어찌 보면 입자와 파동의 중간치라고 볼 수 있어요. 그러니까 입자와 파동이 둘이 아님을 보여주는 중간자적인 것이 솔리톤이라고 할 수 있습니다. 우리의 마음도 마찬가지입니다. 나와 나 아닌 것이 나누어진 고립된 입자적인 상태가 있고, 나와 나 아닌 것이 완전히 사라져 없어진 무한한 황홀경의 상태가 있어요. 2002년 월드컵에서 우리나라가 4강에 들었을 때 한국인 전체가 하나가 되어버렸죠. 그때 개인의 마음은 사라지고 없습니다. 그러다가 다시 일상으로 돌아오면 나와 너가 생겨서 작은 일에도 서로 화내는 상황이 생깁니다.

이렇게 구분되어 있다고 여겨지는 물리적인 세계를 깊숙이 살펴보면, 구분되는 고정된 실체가 있다기보다는 임시적인 움직임의 패턴이 달라서 따로 존재하는 것처럼 나타난다고 할 수 있습니다. 그래서 나타날 현現을 씁니다. 현상이라는 것은 고정된 존재, 독립된 존재인 것처럼 보입니다. '나타난 어떤 모습'이 바로 현상이라는 말의 의미에요. 그러나 밖에 실재한다고 여겨지는 이 세계를 물리적으로 바라보면 결코 독립된 실체들로 가득 찬 세계가 아닙니다. 그냥 오직 하나, 진동하는 에너지끈의 움직임들 간의 섞임이에요. 기본적으로 어떤 움직임이라는 말입니다.

움직임이 없는 텅 빈 공간에 움직임이 생겨나 이루어진 것을 우리는 '사물'이라고 부릅니다. 그것은 마치 물이라는 공간에 있는 물로 만든 물고기와 같아요. 물이 움직여 만들어진 패턴인 물고기가 자신의 형상과 기능을 유지하기 위해서 끊임없이 움직이는 모습. 이것이 바로 우리가 사물과 생물이라고 부르는 것들의 실체입니다. 따라서 공간은 공간이 아니고, 사물은 사물이 아닙니다. 그리고 진심으로 비유될 수 있는 물은 그 모든 것의 원천이 되죠. 우리가 컵이나 책상이라고 부르는 것들은 진심의 세계에는 따로 없습니다. 그것들은 우리 마음에 있는 상相이에요. 그래서 우리한테만 존재합니다. 강아지에게는 존재하지 않아요. 강아지에게는 그냥 섞여서 시커멓게 하나로 존재하는 그런 것일 뿐이에요. 그것들이 흔들리거나 움직이면 뭔가 있는 것처럼 강아지가 반응하지만, 그래도 여전히 강아지에게는 개별적으로 존재하는 무엇이 아닙니다. 인간의 마음에만 개별적으로 존재하는 꽃이고, 컵이고, 탁자인 것입니다. 우리가 금 그어서 나누어놓은 세계일 뿐입니다. 모두 마음의 상相이에요.

그 상相을 넘어가면 컵은 감각적 자극으로만 다가옵니다. 감지를 넘어서 감각으로 가서 마음의 상相이 완전히 지워지면 감각적 자극만 남죠. 눈에 보이긴 보이는데 나에게 서로 구별되어 보이는 것은 하나도 없는 상태입니다. 즉 감지적인 투사 없이 감각적인 자극만 있다는 뜻입니다. 그러나 감각적 자극만 있는 상태여도 여전히 어떤 세계죠. 왜냐하면 감각적 자극이라는 것도 감각기관과 대상 사이의 관계에 작용하는 자극이기 때문입니다. "감각적 자극이 있으니까 그것도 여전히 밖에 있는 세계 아닙니까?"라고 말할 수도 있어요. 그러나 그 감각적 자극은 내 눈이라는 감각기관에만 반응합니다. 정말 실체적으로 존재하는 고유한 세계라기보다는, 가시광선만 보이는 눈에 자극으로만 존재하는 세계일 뿐입니다. 분명히 자외선과 적외선도 있을 텐데 우리 눈에는 빨주노초파남보만 보이죠. 따라서 내 눈에 존재하는 세계는 빨주노초파남보의 세계일 뿐입니다. 또, 우리가 자외선도 찾아내고 적외선도 찾아냈지만 적외선 밑의 파동도 있을 수 있고, 자외선 위의 파동도 있을 수 있겠죠? 그렇다면 그런 것들은 우리 감각기관에 전혀 작용하지 않기 때문에 존재하지 않는 세계입니다. 그 자극에 반응하는 감각기관이 없다면 그것은 존재하는 것이 아니죠. 있는지 없는지 알 수 없어요.

'장자의 빈 배' 이야기는 바로 이런 감각적인 세계의 자극에 대한 적절한 비유라고 할 수 있습니다. 사람이 없는 빈 배가 와서 내 배에 부딪힌다면 나는 반응하지 않습니다. 그런데 누군가가 타고 있는 배가 와서 내 배에 부딪히면 나는 반응하죠. 그때 '나'와 '저 배에 탄 사람'이 존재하는 것입니다. 반응하니까요. 그렇게 감각적인 자극은 감각기관과 대상 사이의 감지에서 기능하기 때문에, 감각기관이 대상과 관계하지 않으면 자극이 없고, 자극이 없으면 대상도 존재하지 않습니다. 예를 들어 탁자를 뚫고 들어가는 주파수가 있다면 그 주파수에게는 이 탁자가 존재하지 않는 것입니다.

이와 같이 모든 존재는 진동이며, 진동은 서로 관계 맺지 않으면 서로에게 존재하지 않습니다. 물리적인 진동 역시 그렇습니다. 미세한 부분까지 내려가면 진동마저도 없는데, 그것이 바로 양자진공입니다. 양자는 텅 빈 공간에 끊임없이 나타났다가 사라지는데, 그 속도가 너무 빨라서 감각기관으로 알아차릴 수 없고 측정기로도 잡아낼 수 없습니다. 이 세상 그 무엇보다도 더 빠른 움직임으로 나타났다 사라지는 양자는 과연 존재하는 걸까요? 너무 빨라서 볼 수도 없고 느낄 수도 없어요. 너무 빨라서 잡으려고 하면 벌써 사라지고 없는데, 그럼 이것이 과연 존재한다고 할 수 있습니까? 너무도 빠르게 움직이는 양자를 우리는 '존재한다'고 말할 수 없고, 그렇다고 '존재하지 않는다'고 말할 수도 없습니다. 이런 것이 바로 "존재는 관계다."라는 말의 의미입니다. 서로 관계 맺지 않으면 존재는 있을 수 없어요. 그런 의미에서 우리가 보는 모든 세계의 근본이라는 것은 있는 것도 아니고, 없는 것도 아니며, 있고 없음을 떠나 있습니다. 일단 있는 것이 아니기에 있음을 떠나 있고, 없는 것도 아니기에 없음을 떠나 있으며, 그 둘 다를 어느 하나라 할 수 없기 때문에 있고 없음을 떠나있습니다.

육체 안팎의 모든 몸과 마음의 세계, 일체의 행동과 베풂을 모두 진심의 묘한 작용이라고 했습니다. 그러니까 진심은 우리가 마음이라 여기는 것과 물리적인 세계라고 여기는 것의 가장 본질을 차지하고 있는 것입니다. 마음의 측면, 의식적인 측면만을 말한다고 여기면 오산이에요. 물질세계의 깊은 곳을 탐구해 들어가면 마음과 별 차이가 없습니다. 그렇기 때문에 빛은 파동이기도 하고 입자처럼 행동하기도 하지요. 빛은 관찰자에게 반응합니다. 빛을 입자로 가정하고 실험 장치를 만들어서 살펴보면 입자처럼 행동하고, 파동을 관찰하는 장치를 만들어 실험하면 빛은 파동처럼 행동합니다. 그래서 슈뢰딩거는 고양이 사고 실험을 했습니다. 상자 안에 고양이가 있어요. 그런데 죽었는지 살았는지 모릅니다. 상자 뚜껑을 열어야만 살아있는 고양이나 죽은 고양이로 드러나요. 그 전에는 알 수 없습니다. 우리가 관찰해야만 그 고양이의 생사를 알 수 있어요. 관찰하기 전에는 어떤 상태냐면 수프와 같은 상태에요. 생명 수프. 뚜껑을 여는 순간 살아있는 고양이로 형성되거나 죽은 고양이로 형성된다는 것입니다. 여기서 생겨난 것이 바로 평행이론입니다. 우리가 어떤 사건을 선택하면 나머지 선택되지 않은 사건은 또 다른 우주를 형성한다는 이론이에요. 상자를 열었을 때 죽은 고양이가 나타나면, 살아있는 고양이는 또 다른 세계에 형성된다는 것입니다. 그렇게 물리세계와 의식세계는 완전히 겹쳐져서 하나가 됩니다.

진심은 미묘한 현상계의 가장 밑바닥에 있는 본질입니다. 마음과 물질의 모든 행동과 작용 또한 진심의 움직임이란 것에 대해 살펴봅시다. 우선 생각과 감정과 느낌은 마음에서 일어나는 작용이라는 점은 분명합니다. 그런데 단순한 작용이 아니라 묘한 작용이라고 했어요. 정교하고 창조적이라는 말이죠. 기본적으로 마음은 뭔가를 자꾸 만들어 냅니다. 과거와 현재와 미래라는 시간, 좁고 넓고 텅 빈 공간을 만들어 내죠. 그 시공간을 통해 마음이 작용하면 나와 나 아닌 것이 나눠집니다. 나와 나 아닌 것의 관계에는 대부분 공간적인 위치 관계가 포함되어 있습니다. 그래서 나는 가깝게 여겨지고 너는 멀게 여겨지죠. 그것이 심리적이든 물리적이든 똑같습니다. 마음속으로 '저 놈 말이야.'하면 어떻습니까? 저 멀리 있는 무엇으로 여겨지잖아요. 그리고 나는 가까이 있는 것 같아요. 그런데 가까이에 있는 것 같은 나를 잘 들여다보면 찾을 수가 없습니다. 찾아볼수록 애매해지거나 사라지고 말죠. 근데 저기 저 놈만 생각하면 '내가 본다'는 느낌이 들잖아요. 마음도 마찬가지예요. 마음속에 한강을 떠올리면 한강을 보고 있는 내가 있습니다. 그런데 한강을 떠올리지 않고 나를 보면 내가 어디 있는지 모르겠단 말입니다. 이것이 무엇을 의미합니까? 한강 때문에 한강을 보는 내가 생겨난다는 것입니다. 나와 대상이 동시에 생겨나요. 위치 관계를 갖고 있기 때문에 어떤 의도를 가지고 뭔가를 바라보면, 멀리 있는 것은 대상이 되고 가까이 있는 것은 내가 됩니다. 나누어져서 공간이 생겨나면 이것과 저것이라는 위치관계가 형성되고, 거기서 나와 나 아닌 것의 기본 바탕이 생겨납니다. 시간도 마찬가지에요. 여기와 저기, 과거와 미래 같은 시공간이라는 마음의 개념이 창조되면 그것을 기반으로 하여 모든 마음의 현상들이 분별되고, 구별되어 정리되고 작용을 합니다. 기본적으로 마음은 과거-현재-미래라는 시간을 창조하고, 그 순서대로 경험적인 데이터를 정리합니다. 특히 낡은 테이프를 틀듯이 과거를 끊임없이 반복하죠. 과거의 경험에 대해 스스로 잘하고 못함을 판단하고, 잘했다고 생각하면 자긍심을 느끼고, 못했다고 생각하면 자괴감을 느끼는 되새김질을 통해 자아自我라는 현상을 강화시킵니다. 이렇게 창조되어 유지되는 자아는 모든 갈등과 고통의 근원이 되어 점차 진심에서 멀어지게 합니다. 그러나 그 구조를 바라볼 수 있게 되면 자아 역시 마음의 작용임이 드러나고, 나와 나 아닌 것은 항상 동시에 일어나기 때문에 둘이라 할 수 없는 전체적인 하나의 현상임을 깨닫게 됩니다. 그러면 나 아닌 것 또한 내 마음에서 일어나는 현상이니까 더 이상 '나'에만 동일시되지 않습니다. 실은 '내 마음'이랄 것도 따로 없지만, 현상들을 다 바라볼 수 있으면 어느 하나에만 동일시되어 그것을 주인 삼는 망령된 마음을 떠나게 되죠.

결국 마음의 작용은 전혀 문제가 되지 않는 것입니다. 나와 나 아닌 것은 문제가 되지 않아요. '나'라고 여겨지는 주체를 주인 삼는 것이 문제입니다. '나'를 대상과 짝으로 일어나는 마음의 파도라고 여길 수 있으면, 그것은 이제 아주 훌륭한 도구로 쓰입니다. 우리의 손이 얼마나 훌륭한 도구입니까? 손이 미묘한 촉감을 다 느낄 수 있기에 내 몸을 보호하듯이, 마음도 나와 나 아닌 것을 잘 보살펴서 조화로워지도록 쓰인다면 마음은 아주 훌륭한 도구가 됩니다. 그렇지 않고 자기만 내세우고 지키려 한다면 그 마음은 모든 문제를 일으키는 망심이 되는 것입니다. 일체동용시위一切動用施爲, 일체의 움직임과 쓰임과 베풂과 행함이 전부 다 진심의 작용이라고 보면 됩니다. 마음에서 일어나는 모든 것을 진심의 작용으로 보면 되는 것입니다. 그걸 내가 한다고 보니까 문제가 됩니다. 아무리 슬프고 두렵고 화나고 기쁘고 황홀하다 할지라도 다 마음의 작용이라고 여긴다면, 그것이 바로 일체가 모두 진심의 작용이라고 보는 것입니다. 그러면 갑자기 마음이 가벼워져요. 공포와 두려움 같은 마음 앞에서는 가벼워지고, 기쁨과 황홀과 긍정의 감정에서는 집착하지 않고 즐길 수 있게 됩니다.

마음을 바라보는 순간 주체와 대상이 일어난다

一切心念이 纔生에 便是妙用이 現前이라
일체심념　　재생　　변시묘용　　현전
일체의 마음과 생각이 일어나면 곧 그것이 묘한 작용이 나타난 것이라

마음과 생각이 일어난다고 했는데 이때의 심心은 다양한 마음의 현상을 말합니다. 생각은 기본적으로 나누고 분별하는 역할을 합니다. 생각이 일어나서 서로 얽히기 시작하면 항상 어떤 느낌이 일어나죠. 생각이라는 것은 이름들의 네트워킹이에요. 그리고 이름은 어떤 느낌

에 붙어 있는 이름표라고 했습니다. 이름표가 붙은 느낌과 느낌들이 만나서 얽히면 또 다른 느낌이 일어나겠죠. 이런 느낌이 일어났다는 것은 이미 작용이 일어났다는 증거입니다. 그러니 어떤 느낌이 느껴진 다면 '묘한 진심의 작용이 앞에 나타났구나.'라고 보라는 것입니다. 지금 느낌이 어떻습니까? 지금 여러분의 마음을 살펴보고 어떤 작용이 일어나고 있는지 살펴보세요.

월인: ○○님, 지금 느낌은 어떻습니까?

○○: 마음에서 묵직한 느낌이 느껴집니다.

월인: 그 묵직한 느낌이 나일까요, 알아챔이 나일까요? 내가 지금 알아채고 있다고 여기고 있습니까? 나라고 여겨지는 건 어떤 걸까요? 묵직한 느낌을 알아채고 있는 것이 나입니까? 그것이 나라고 여겨지죠? 나라고 여겨질 때 '마음이 이렇게 작용하는구나.'하고 보라는 것입니다. 그것이 마음의 작용입니다.

무엇이든 마음이 잡아내면 그걸 느낌이라 할 수 있습니다. 그러니 마음을 바라보는 순간 이미 느낌은 일어나는 것입니다. 마음을 바라본다는 의도를 가지면 즉각 마음의 현재 상태가 대상이 되고, 보려는 의도가 주체를 만들어 냅니다. 그래서 좀전까지의 상태를 바라보는 현상이 일어나요. 그리고 주체와 대상 사이에 박수소리와 같은 느낌이 일어납니다. 질문을 듣는 순간 마음을 살피는 내가 생겨버려요. 좀 전까지는 그냥 듣고 있었죠. 그냥 듣고 있는 상태가 마음의 한 상태라면, '내 느낌은 이래.'라고 분리되어 바라보는 자로서 마음 자체를 바라보는 것도 마음의 한 상태입니다. 조금 전까지는 듣기에 집중하던 상태였다가 바라보는 상태로 바뀌었듯이 마음은 이런 저런 상태로 계속 바뀝니다. 그 모두가 마음의 작용임을 보라는 것입니다.

지금 여러분이 자신의 깨어있는 의식상태를 느끼죠. 그 말은 지금의 깨어있는 의식상태가 느껴지는 하나의 상황이라는 의미입니다. 깊은 잠의 상태와 꿈꾸는 상태와는 다르죠. 아침에 일어날 때는 멍하고 몽롱하여 속도가 아주 느린 마음의 상태를 경험했을 것입니다. 지금은 아주 명료한 상태를 경험하고 있죠. 서로 다른 마음의 상태입니다. "지금 몽롱해요." 또는 "지금 명료해요."라고 말한다는 건 그것을 다 알고 있다는 의미입니다. 그리고 아침에 자고 일어나면 잠잤다는 것을 알잖아요. 누가 아는가하면 이 분별된 마음이 압니다. 그러나 분별된 마음이 안다고 말할 수 있는 기본 데이터가 있다는 말입니다. 잠을 경험한 흔적이 있다는 뜻이죠. 그걸 기반으로 나와 대상으로 나눠진 마음이 '나는 잠을 잤어.'라고 말하는 것입니다. 아니면 어떻게 알겠어요. 술 마시고 필름 끊겨 본 적이 있습니까? 필름이 끊어지면 그때부터 정신을 차릴 때까지 아무런 기억이 안나요. 존재하지 않아요. 그런데 이상하게 우리는 잠잤다는 건 알아요. 그리고 꿈 꿨다는 것도 알죠. 반면에 필름이 끊어진 것은 완전히 신경이 끊어지고 마비된 거예요.

어쨌든 마음에는 깨어있는 상태, 꿈꾸는 상태, 잠자기 전후의 멍한 상태 등이 있고, 우리는 내 마음이 어떤 상태인지를 압니다. 따라서 지금의 명료한 상태는 내가 아니라는 말이에요. 내 본질이 아니란 말이죠. 마음의 한 상태일 뿐이에요. 그렇지만 이 상태보다 더 많은 것을 알아챌 수 있는 것이 없기 때문에 그것을 자기라고 여기는 것입니다. 기준이 되어 버린 것입니다. 깨어있는 이 명료한 상태가 가장 능력이 좋아서 모든 것을 잡아내어 알아챌 수 있으니까요. 만약 이보다 더 명료하고 섬세한 마음이 있다면 그것이 기준이 될 텐데, 지금 이 상태보다 명료하게 분별하고 비판하고 판단하는 마음은 없기 때문에 지금의 깨어있는 상태가 가장 민감한 기준이 되었습니다. 감각도 똑같습니다. 귀, 코, 피부의 감각은 모두 느낌이라고 하지만 눈으로 보는 것에 대해서는 느낌이라고 하지 않죠. 사실이라고 해요. 그 이유는 무엇입니까? 눈이 가장 정교한 감각기관이기 때문입니다. 마찬가지로 잠자는 상태, 꿈꾸는 상태, 깨어있는 상태 중에서 깨어있는 상태가 가장 정교한 마음의 분별 작용이 있는 상태이기 때문에 기준이 되었고, 그 상태에서 보는 것을 사실이라고 여기는 것입니다. 그러나 눈이 하나의 감각기관인 것처럼 깨어있는 마음도 마음의 한 상태일 뿐입니다. 마음 자체가 아니에요. 만약 그 어떤 한계도 없는 무한이 기준이 된다면 지금의 깨어있는 마음은 사실은 아주 작은 한정된 마음이라는 것을 알게 될 것입니다. 지금 여러분의 깨어있는 상태는 실은 상대적으로 거칠고 둔한 마음에 불과합니다.

의식적인 모든 작용은 분열된 마음속에서의 만남이기 때문에 필수적으로 느낌이 따라옵니다. 따라서 지금 이 순간 어떤 느낌이 일어난다면 그에 상응하는 어떤 작용이 일어나고 있다고 보면 됩니다. 그러므로 어떤 느낌이든 그것이 느껴진다면 '자, 마음이 작용하고 있구나!'라고 해보세요. 만약 분노나 슬픔, 공포와 같은 부정적인 느낌이라면 거기서 떨어져 나와 가벼워질 것이고, 기쁨이나 즐거움과 같은 긍정적 느낌이라면 거기에 빠지지 않으며, 이런 작용이 일어나는 우주의 신비에 대해 놀라워할 것입니다. 어찌되었든 이 모든 것은 작용이라는 것이 분명해지면 그중의 일부만 마음의 주인이 되는 망심은 사라지고, 드디어 그 어디에도 머물지 않는 마음이 됩니다.

既一切가 皆是妙用인댄
기 일체   개 시 묘 용

妄心을 向甚麼處安着이리요
망 심   향 심 마 처 안 착

이미 일체가 모두 묘한 작용이라면
망심이 어느 곳에 안착하리요.

주체와 대상 중에서 주체를 주인 삼는 것이 망심의 기초인데, '모두가 작용이구나!'라고 하는 순간 마음의 두 가지 현상 모두에서 떨어져 나옵니다. 일어나는 모든 것들이 일어나는 마음의 묘한 작용임을 본다면 어디에도 망심이 자리 잡을 수 없습니다.

손짓은 존재하는가?

故로 永嘉가 云하사대
고   영가   운

無明實性이 卽佛性이요
무 명 실 성   즉 불 성

그러므로 영가스님이 말하기를
무명에 가려진 이 본성이 즉 불성이요.

손으로 주먹, 가위, 보자기 모양을 한다고 해서 주먹이 어디에 있고, 가위가 어디에 있고, 보자기가 어디에 있겠습니까? 그냥 그런 손짓들이 있을 뿐입니다. 그런데 우리는 각각의 모양에 이름을 붙여 놓았으니, 그것이 바로 무명無明입니다. 마음에서 일어나는 슬픔, 기쁨, 분노,

두려움, 저 느낌, 이 느낌 등도 손의 '짓'과 다름없는 마음의 '짓'인데 그것들에 이름을 붙여놓았어요. 그런데 이런 생각과 감정과 느낌들은 원래 없단 말이죠. 그냥 마음의 움직임에다가 붙여 놓은 이름이에요. 내외전체內外全體, 즉 내외가 모두 본체라고 볼 때는 '주먹, 가위, 보자기'로 보지 않고 전부 다 '손'이라고 표현한 것입니다. 감정, 생각, 느낌 모두를 '마음'이라고 보는 것입니다. 그것들 또한 마음의 본질과 다르지 않다는 말이죠. 마음의 본질이 어떤 모양을 띤 것입니다. 마음의 본질이 뜨거운 아드레날린을 분비하면 '분노'라 하고, 고요하게 세로토닌을 발생시키면 '평화'라고 하죠. 복잡한 생각을 하면 '생각'이라고 이름 붙였어요. 그런데 마음의 본질이 움직이지 않으면 이름붙일 것이 없죠. 왜? 마음에 잡히지 않기 때문에.

감정을 마음이 잡아냅니다. 누가 잡아낼까요? 감정이 잡힌다는 것은 감정이 전부가 아니라는 의미입니다. 일부분으로 떨어져 나왔다는 뜻이에요. 바다에 비유하자면 파도가 툭 생겨난 것입니다. 파도는 그 파도가 아닌 바다 전체가 있기 때문에 느껴질 수 있습니다. 또 생각이 툭 올라오면 느껴지죠? 그러다 생각이 사라지면 느껴지지 않습니다. 이 역시 바다에서 툭 떨어져 나온 파도에요. 그러나 이런 파도들이 다 물이 아닌 것이 아니라는 것입니다. 물이 모습을 띠었을 뿐이에요. 그러나 모습을 띠지 않은 것을 우리는 보거나 듣거나 만질 수 없습니다. 마음에 일어나는 그 어떤 '마음짓'만을 잡을 수 있어요. 하지만 그 '마음짓'은 여전히 마음 자체와 다르지 않습니다. 내외전용內外全用의 의미가 바로 이와 같으니 마음이 잡을 수 있는 측면에서 본 것입니다.

영가스님이 말하기를 알찬 본질, 즉 실성實性이 무명에 의해 가려진 무명실성無明實性 자체가 불성佛性이라고 했습니다. 마찬가지로 마음에 일어나는 모든 것은 작용이면서 본질 자체입니다. 지금 어떤 마음의 상태로 있다 하더라도 그것은 손짓이지 손 자체가 아님을 파악하면, 즉 모든 것을 작용으로 보게 된다면 이것에도 저것에도 머물지 않게 되겠죠. 그것이 핵심이에요. 그러나 애써서 '머물지 않아야지.'하고 의도를 내면 그 의도에 또 머물게 되니, 여기에 딜레마가 있습니다. 마음에서 일어나는 그 어떤 것에도 머물지 않는다면 그것으로 끝이에요. 그러나 모든 것에 머물지는 않는다 해도 미묘하게 어딘가에 머물고 있죠. 여전히 내가 있고 세상이 있는 것 같아요. 그것이 바로 특정한 마음의 상相에 에너지를 쏟아서 그것을 주인 삼고 있는 마음입니다. 세상이 없다고 말하는 것이 아닙니다. 세상이 마음에 의해 만들어진 일시적인 모습이라는 것입니다. 그런 모습이 없다는 말이 아닙니다. 그 모습이 실체가 아니라는 것입니다. 변하고 달라지는 하나의 일시적인 모습이에요. 내 마음 역시 늘 변하니 어디에도 머물지 말라는 것입니다. "나는 모르겠어요."라고 말하는 사람은 모르겠다는 마음에 머물고, "나는 알아요."라고 말하는 사람은 알겠다는 마음에 머물고 있습니다.

무명에 가려진 본성, 즉 마음의 현상들이 곧 본성의 나타남입니다. 우리 마음에서 일어나는 모습들은 마음의 작용이지 마음 자체가 아니에요. 그렇다고 해서 마음의 모습이 마음 자체가 아니라는 말은 아닙니다. 마음의 감정, 생각, 느낌들은 이미 마음의 본질입니다. 다만 본질의 모습이라는 것입니다. 나라고 느껴지는 이 마음도 마음의 본질의 모습이고, 텅 빈 삼매 또한 마음의 본질의 모습입니다. 변화하는 모든 것은 다 마음의 상태라는 것입니다. 그것이 삼매 상태이건, 황홀한 상태이건, 아주 지독한 좌절의 상태이것은 다 마음의 한 모습입니다. 그런데 다르게 말하자면 "마음이 아닌 것은 또 아니다."라는 것입니다. 주먹이 손이 아닌 것이 아닌 것처럼. 그래서 대승기신론에서는 "이것 도 아니고, 저것도 아니고, 이것이 아닌 것도 아니고, 이것이 아닌 것 이 아닌 것도 아니다."라고 말하죠. "이것이 아니다."라고 하면 아님을 주장하기 때문입니다.

모든 마음의 작용이 곧 진심인 것임을 보는 것이 바로 무명실성無明實性이 곧 불성佛性이라는 말입니다.

幻化空身이 卽法身이라 하시고
환 화 공 신   즉 법 신
환상의 헛된 몸이 곧 법신이라 하시고

환상의 헛된 몸은 무엇입니까? 이것이 존재한다고 여기는 마음을 의미합니다. 법신法身은 진리의 몸, 즉 진리죠.

誌公十二時歌에 云하사대
지 공 십 이 시 가   운
平朝寅이여 狂機內隱道人身이라
평 조 인   광 기 내 은 도 인 신
지공스님의 십이시가에 말하기를
새벽 인시여 미치광이 틀 안에 도인의 몸이 숨어있구나

분별된 마음속에 이미 진리가 들어있다는 의미입니다. 미치광이 틀 이란 것은 무엇을 말할까요? 분별이 일어나서 잡혀있는 틀, 즉 모든 환상을 만들어내는 기준입니다. 간단히 말하면 나와 대상으로 나누어 진 마음이죠. 눈은 가시광선을 보게 하는 타고난 틀인 기준이 있고, 귀 는 20~20,000㎐라는 기준의 틀을 타고 났습니다. 그와 같이 우리 마음은 나와 대상이라는 기준 틀을 만들고, 그 틀을 통해 보이고 들리고 아는 현상이 일어나니, 고정된 실체가 없는 틀이 일으키는 임시적인 현상인 작용을 통해 '나와 세상이 존재한다'는 환상이 만들어집니다. 그중에서도 가장 큰 미치광이 틀은 나와 대상이 만들어내는 '안다'는 현상입니다. 타고난 고유의 특성이 있어 우리가 보려하지 않아도 보는 기능이 생겨나고, 들으려하지 않아도 듣는 기능이 자발적으로 생겨나듯이, 나와 대상이 생겨나면 '알아챈다'는 자동적인 현상이 일어납니다. 그러나 그 배경을 보면 '보인다/들린다/안다'라는 것은 임시적인 기준이 어떤 조건이나 상황과 만나서 만들어낸 임시적인 현상이라는 것입니다. 그 배경에 기준들이 모두 사라진 진심이 자리하고 있습니다. 그 기준과 틀이 다 사라진다면 대체 무엇을 알겠습니까? 진심은 아무것도 보지 못하고, 듣지 못하고, 알지 못합니다. 오직 보이고, 들리고, 알도록 하는 바탕이 되어줄 뿐입니다. 그것이 진심입니다. 그 진심이 미치광이 틀 속에 본질적으로 들어있습니다. 이를 "새벽 인시寅時여 미치광이 틀 안에 도인의 몸이 숨어있다."라고 표현했습니다.

坐臥不知元是道하고 只麼忙忙受苦辛이라 하시니
좌 와 부 지 원 시 도　　　 지 마 망 망 수 고 신
앉고 누운 것이 바로 도인줄 알지 못하고 다만 바쁘게 고생만 한다 하니

앉고 눕고 밥 먹고 움직이는 것이 전부 다 도道라는 것을 모른다고 했습니다. 그 모두가 진심이 작용하는 모습이라는 말이에요. 진심이 없다면 어떻게 작용하겠어요? 여러분들이 잡아내는 세상의 모든 움직임들과 작용들은 이미 진심의 모습입니다. 그런데 그것을 알지 못하고 도를 찾겠다고 어딘가를 헤매고 땅을 파고 마음속을 뒤지고 있습니

다. 마음속을 뒤지는 그 작용이 이미 도道의 작용인데 말이죠. 그 작용을 보지 못하고 마음의 스토리에 빠져서 '도道'라는 내용을 찾으려고 하죠. 도道에는 내용이 없습니다. 그저 작용할 뿐이에요. 내용 속에는 절대로 도道가 없습니다. 내용은 그저 도道가 만들어내는 그림자일 뿐입니다. 그래서 도道가 움직이는 작용에 관심을 가져야만 우리는 그것을 간접적으로나마 파악할 수 있습니다.

此是內外全用息妄功夫也라
차 시 내 외 전 용 식 망 공 부 야

이것이 내외가 모두 용이라는 식망공부이다.

그래서 모든 것을 작용으로 보는 마음, 즉, 내외전용內外全用은 망심을 쉬는 마음입니다.

아홉째, 즉체즉용_상대가 곧 절대이다

九는 卽體卽用이니 謂做功夫時에
구 즉 체 즉 용 위 주 공 부 시

아홉 번째는 즉체즉용이니 공부 시에

즉체즉용卽體卽用이란 체體가 곧 용用이요, 용用이 곧 체體라는 말이니 이는 곧 절대絕對가 상대相對요, 상대가 곧 절대라는 말입니다. 체體는 본질이고 움직임이 없는 절대의 세계입니다. 용用은 움직이며 끊임없이 변하는 세계이고 상대의 세계죠. 그런데 고요한 세계가 곧 변화와 작용의 세계이며, 작용의 세계가 곧 본체인 절대의 세계라고 말하고 있습니다.

雖冥合眞體하야 一味空寂이나
수 명 합 진 체   일 미 공 적

비록 고요히 진심의 체에 합하여 한맛으로 공적하나

　한맛이란 분별과 구별이 없음을 의미합니다. 일미진중함시방一微塵
中含十方이란 말이 있어요. 오직 한맛인 분열 없는 한 마음 가운데에 온
세계가 포함되어 있다는 뜻이니 이는 곧 공적함을 의미합니다. 이 공
간이 무한한 에너지로 가득하다 하더라도 그것이 구별되지 않는다면
공적하게 느껴집니다. 왜냐하면 분별의 차이가 없기 때문입니다. 분
별과 구별이 없다면 무언가가 아무리 많아도 텅 비게 느껴집니다. 가
득 찼다는 것은 다양한 변화를 의미합니다. 아무런 변화 없이 오직 하
나로 가득 차있다면 구별이 안 되기 때문에 가득 찬 줄도 모르죠. 서로
구별되는 것들로 가득 찰 때 가득 찼다고 명확하게 느낄 수 있습니다.

　그런데 그 변화란 감각기관의 감각 능력에 달려있습니다. 저 멀리에
있는 산은 아주 고요하게 느껴집니다. 공적해요. 그런데 가까이 가서
보면 수많은 일들이 일어나는 다이내믹한 공간이죠. 바람에 날리는 낙
엽, 새와 나무, 등산객들이 있고 수많은 일들이 일어나고 있습니다. 망
원경을 가지고 보거나 가까이 가서 본다면 수많은 변화를 보고, 수많
은 소리를 감각할 것입니다. 그렇게 보면 전혀 고요하지 않게 느껴질
텐데 멀리서 보면 그저 고요하기만 합니다. 그럼 산은 고요합니까, 변
화가 있는 시끄러운 세계입니까? 그것은 산과 산을 감각하는 기관과
의 관계에 달려있습니다. 감각기관이 얼마나 세밀하고 민감하게 느끼
는지에 따라 시끄러운 세계이기도 하고 고요한 세계이기도 한 것입니
다. 산에서 일어나는 변화를 분별하지 못한다면 산은 고요하게 느껴지
지만, 수많은 변화를 느낀다면 시끄럽게 느껴지겠죠. 고요함과 시끄러

움의 차이는 산 자체에만 또는 감각기관에만 있는 것이 아닙니다. 산과 내 눈 사이의 관계에 달려있어요. 원래 고요한 세계도 따로 없고 원래 시끄러운 세계도 따로 없습니다. 마음도 이와 마찬가지입니다.

　자기 마음을 세밀하게 바라보기 시작하면 전에는 알지 못했던 수많은 생각과 느낌을 알게 됩니다. 예전에는 어떤 생각에 빠져있으면 마음에 올라오는 다른 느낌들이 느껴지지 않았지만, 마음을 관찰해보면 수많은 느낌으로 가득 차 있음을 알게 되죠. 그래서 처음 공부를 시작한 사람은 오히려 마음이 복잡하다고 합니다. 그런 시끄러운 마음을 살피다보면 때로는 마음이 고요하게 가라앉기도 하지만, 전에는 캐치하지 못했던 것들을 캐치하면서 더 시끄럽게 느껴지기도 합니다. 전에는 어느 하나에 빠져서 다른 것들이 캐치되지 않았기 때문에 단순하고 고요할 수 있었죠. 그렇게 마음이 시끄러울 때는 자신이 이전보다 더 느끼고 있다는 점에 초점을 맞추면 됩니다. 함께 다니는 친구가 많아진 것입니다. 예전에도 친구가 많았지만 한 친구에만 푹 빠져서 다른 친구들이 눈에 들어오지 않았는데, 이젠 다른 친구들도 엄밀하게 느끼는 것과 같습니다. 시끄러움과 고요함은 결국 감각기관과 대상 사이의 관계입니다. 안이비설신眼耳鼻舌身의 육체적인 감각과 의식적인 감각이라는 차이는 있지만, 감각기관이라는 점 자체에는 아무런 차이가 없습니다. 의식적으로 마음의 시끄러움을 느낀다면 마음의 차원에서 더 민감해졌다고 볼 수도 있습니다.
　이렇게 공적함과 변화무쌍함은 감각기관과 관련이 깊습니다. 그러므로 감각기가 작용을 멈추면 세상은 공적한 곳으로 바뀌어 버립니다. 감지를 지나 감각 상태로 가면 뭔가 눈에 보이고 들리지만 그래도 마음이 고요하죠. 자극을 감각하고 분별하는 주체가 사라졌기 때문입니다. 감각적인 자극이 있지만 마음은 고요해요. 그러다가 감각기가 민감하게 작용하면 즉시 변화무쌍한 상대적인 세계로 바뀝니다. 변화무쌍한 세상은 이것과 저것의 비교를 통한 좋고 나쁨, 높고 낮음이 있는 상대적 세계입니다. 그런 비교가 일어나려면 먼저 구분이 되어야 하겠죠. 공적한 세계는 그런 구분이 전혀 없는 세계이기 때문에 상대적인 비교가 사라져서 하나인 절대세계가 되는 것입니다. 사실 하나도 아니죠. 하나는 하나가 아닌 세상과 비교되는 거니까요.

수많은 분별이 있는 상대적인 세계가 바로 신령한 밝음이 있는 세계이며 작용의 세계이고, 오직 일미一味인 절대적이며 무분별한 세상이 바로 공적한 본체의 세상인데, 절대와 상대가 결코 다르지 않습니다. 일종의 비유로 산을 들었어요. 산은 멀리서 보면 고요하고 가까이에서 보면 시끄럽지만, 산 자체는 고요하지도 않고 시끄럽지도 않습니다. 산을 보는 내 마음이 민감하면 시끄럽고, 내 마음이 둔하면 산은 공적하죠. 민감함과 둔함을 떠나있으면 절대적 고요 속에 있게 됩니다.

이런 점을 깊이 들여다보면 우리가 경험하는 세계는 과연 이것과 저것이 있고, 높고 낮음이 있는 상대적인 세계입니까, 아니면 어떠한 비교의 대상도 없는 오직 하나인, 하나마저도 아닌 불이不二의 절대적인 세계입니까? 이 세계는 상대적인 세계이기도 하며 절대적인 세계이기도 하고, 상대적인 세계가 아니기도 하며 절대적인 세계가 아니기도 합니다. 오직 관계 속에서 모든 것이 결정됩니다. 하나의 갈대는 바로 서지 못해도 수많은 갈대가 뭉쳐있으면 서 있듯이, 절대와 상대도 감각기관과 대상의 관계 속에서 경험될 뿐입니다. 그래서 절대와 상대는 같이 있다고 말하는 것입니다. 우리는 끊임없이 변화하는 일상의 상대적 세계에 살고 있습니다. 모든 것을 구별하는 안이비설신眼耳鼻舌身과 그것을 기반으로 한 경험을 기준으로 삼는 마음의 의식적인 기관의 만남을 통해 이루어진 경험의 세계 속에서 살고 있어요. 그 경험의 세계는 당연히 기준을 통해 구별되는 상대적인 세계지요. 기준이 없으면 상대라는 것 자체가 없습니다. 깊이 탐구해보십시오. 과연 고요와 시끄러움이 진정으로 있는지.

而於中에 內隱靈明이니 乃體卽用也라
이 어 중　　내 은 영 명　　내 체 즉 용 야
그중에 안으로 은밀히 신령한 밝음이 있으니 체즉용이라

은밀히 신령한 밝음이란 기본적으로 분별을 의미합니다. 우리가 밝다고 여길 때는 모두 분별이 가능할 때입니다. 어두운 밤에서 새벽을 지나 밝은 낮으로 이어질 때 가장 크게 변하는 것은 무엇입니까? 바로 이것과 저것을 분별할 수 없던 데서 분별할 수 있게 변한다는 점입니다. 분별의 차이가 밝음의 기준이죠. 명확하다고 느껴질 때는 마음이 잘 구별해내는 때입니다. '눈이 밝다'고 말할 때도 눈이 사물을 명확하게 구별해낼 때죠. 몽골의 아이들은 멀리 있는 것도 명확히 봅니다. 그런데 나이가 들면 가까이 있는 것도 잘 보이지 않죠. 어둡다는 것은 구별을 못한다는 것입니다. 밝음과 어두움은 분별을 기준으로 삼는 말입니다.

이 신령한 밝음인 분별의 가장 기본이 되는 것은 바로 우리 의식의 주의력입니다. 눈은 무언가 특별한 것을 보지 않더라도 모든 것이 보이것이 되어 있습니다. 지금 '본다'와 '보인다'를 구별해서 말하고 있어요. '본다'는 마음의 상相을 통한 감지의 측면이고, '보인다'는 눈만 뜨고 있으면 자극받는 감각적인 측면입니다. 감각적일 때는 특별한 것을 보지 않습니다. '보인다'는 타고난 기능이어서 특별히 애쓰고 노력하지 않아도 됩니다. 그런 보이는 기능과 기존에 보였던 것들이 쌓인 마음의 흔적들이 연합하여 작용하면 드디어 '본다'는 작용이 일어나죠. 그래서 '무엇이 있다'는 것을 봅니다. 그 전에는 뭔가가 보였어요. 그러나 특정한 대상이 없었습니다. 그래서 40년간 장님이었다가 개안수술을 하면 처음에는 눈에 보이는 것이 없습니다. 그 사람은 촉각이나 청각을 통해 만들어 놓은 마음의 상相이 아니라면, 보이지만 보지 못합니다. 보려면 연습을 해야 합니다. 눈에 들어오는 자극을 하나하나 쌓아두어야 해요. 그런 기준이 쌓여야 비로소 '무엇'이라고 의식할 수 있습니다.

이처럼 '본다'와 '보인다'에는 큰 차이가 있습니다. 보이고 들리는 것은 주어진 능력입니다. 그러나 특별한 대상을 보고 듣는 것은 마음의 흔적을 사용하는 능동적인 기능입니다. 안이비설신의眼耳鼻舌身意가 감각기관이라는 점에서 똑같다면, 눈에 보이는 것이 의식적 기관에서는 무엇에 해당할까요? 바로 주의입니다. 주의는 모든 인간이 갖고 태어난 작용입니다. 그래서 자동으로 작용해요. 눈만 뜨면 무언가가 보이듯이 태어나 살게 되면 즉각 주의가 작동합니다. 그래서 눈과 귀를 비롯한 모든 감각기관에 주의가 작동하여 의식적인 기준을 만들어갑니다. 눈에 들어오는 자극을 쌓아서 시각적인 기준을 만들어가듯, 의식은 안이비설신이라는 오감기관을 통해 들어온 마음의 흔적을 가지고 의식의 기준을 만들고 무언가를 의식하기 시작합니다.

동물들도 기억에 의존해서 뭔가를 보지만 매우 제한적입니다. 예를 들어 고양이의 기억은 3초를 넘기지 않는다고 합니다. 원숭이는 도로 건너편에 있는 사람을 응시하다가 버스가 지나가면 버스가 지나간 이후에 다시 사람에게 주의를 돌려 응시하지만, 고양이는 버스가 지나가면 이미 그 전의 기억이 사라졌기 때문에 주의가 사람에게 향하지 않고 다른 곳을 향합니다. 여기 함양에서 키우고 있는 고양이는 오디관에 있으면 저녁에 밥 먹을 시간이 되어 배가 고파도 강의장에 마련된 자기 밥그릇을 찾아가지 않아요. 꼭 내가 데리고 밥그릇 있는 곳까지 가야만 밥을 먹어요. 자기가 알아서 먹지 못합니다. 오래 연습하면 무의식적으로 움직여서 찾아가겠지만 새로운 것에 대한 기억이 그리 오래가지 않습니다.

'본다'는 과거의 기억에 의존하기 때문에, 저장된 기억이 매우 제한된 동물들의 '본다'는 매우 제한적입니다. 그들에게도 뭔가가 보이긴 하지만 제한된 시각에 영향을 받아요. '듣는다'와 '느낀다' 또한 마찬가지입니다. '지렁이도 밟으면 꿈틀한다'는 것 역시 감각적 분별의 작용입니다. 감각적 분별을 통한 다양한 자극의 경험은 분별하는 작용의 바탕으로 쓰이게 됩니다.

본질은 공적도 신령함도 아니다

사실 본질에는 공적도 없고 신령한 밝음도 없습니다. 한마디로 하자면 "존재란 관계이다."가 전부입니다. 자 여러분들 앞에 어떤 동물이 움직인다고 생각해봐요. 또는 이렇게 움직이는 내 손을 파리라고 생각해보세요. 파리의 움직임이 느껴지죠? 여러분의 눈이 내 손가락을 따라서 움직이고, 마음에서도 움직이는 느낌이 느껴지죠? 이것이 바로 감지입니다. 여러분 마음속에서 흔들리는 내적인 감지에요. 내 손이 움직이는 것이 아니라 여러분의 마음이 움직인다는 것이 느껴집니까? 그런데 만약에 내 손이 여러분의 눈이 캐치해내지 못할 정도로 미묘하게 움직인다고 해보자고요. 지금 그렇게 열심히 움직이는 중이지만 여러분에게는 전혀 움직이지 않는 것처럼 보이겠죠? 그러나 지금 바이러스의 세계에서는 이 손은 끊임없는 진동과 흔들림으로 가득 차 있을 것입니다. 우리 눈에는 아무런 움직임도 느껴지지 않는 공적함만 있지만, 동시에 끊임없는 진동과 움직임으로 가득 차있기 때문에, 움직임은 진정 있는 것도 아니고 그렇다고 없는 것도 아닙니다.

마찬가지로 본질이라는 것 또한 움직임도 아니고 움직이지 않음도 아닙니다. 여러분의 눈이 없고 움직이는 파리도 없는 곳에는 어떤 현상이라는 것이 없어요. 따라서 이런 움직임은 우리 눈과 관계되어 있죠. 사물이 아무리 움직여봐야 그것을 보는 눈이 없다면 움직임이 없는 거나 마찬가지에요. 또 우리 눈만 있고 사물이 없다면 눈에는 고요함만 있겠죠. 움직임은 눈과 눈이 볼 수 있는 대상간의 관계에서만 존재하는 임시적인 현상입니다. 그래서 본질의 세계에는 고요함도 신령한 밝음도 따로 없습니다. 움직임과 아무런 움직임도 없는 공적함은, 감각이 자극을 받는 관계와 자극을 받지 않는 관계 속에 있습니다. 즉 신령한 밝음이라는 분별은 관계가 생겨날 때 생겨나고, 공적함은 관계가 사라질 때부터 시작되는 것입니다. 그러므로 공적함 속에 이미 분별이 있고, 분별이 곧 공적함이기도 합니다. 분별은 용用이고, 공적함이란 체體를 말합니다. 아무런 움직임도 느껴지지 않다가 관계가 일어나서 감각이 작동하고 느낌이 생겨납니다. 느낌이라는 것은 무엇과 무엇이 만날 때 생겨나죠? 감각기관과 감각대상이 만날 때 느낌이 느껴진다는 것은 곧 공적함 속에 은밀한 신령의 밝음이 있다는 말의 의미이기도 합니다.

지금 본문에서 "은밀히 신령한 밝음이 있으니"라고 했어요. 어디에 있어요? 일미공적一味空寂 속에 내은영명內隱靈明이라고 했습니다. 일미一味의 고요함 속에 신령스러운 밝음이 있으니 그것이 바로 체즉용體卽用입니다.

靈明中內隱空寂이니 用卽體也라
영 명 중 내 은 공 적　　용 즉 체 야
신령한 밝음이 안으로는 공적하니 용이 곧 체라.

영명靈明, 신령스럽게 밝은 것은 끊임없는 분별을 의미합니다. 분별에도 호오好惡가 붙지 않는 분별이 있죠. 그것이 바로 감지인데, 그런 분별이 바로 깨끗하게 구분해내는 거울과 같은 분별입니다. 거기에 끌림과 밀침이 끼어들면 오염된 분별이 시작됩니다. 아까 밟으면 꿈틀하는 지렁이에 대해서 이야기했어요. 밟으면 꿈틀한다는 것은 무엇을 의미합니까? 지렁이가 꿈틀하지 않을 정도로 아주 가볍게 밟았다고 생각해보세요. 그러면 지렁이는 압력을 못 느끼니까 꿈틀하지 않겠죠. 그런데 지렁이가 느낄 정도로 밟으면 꿈틀할 거 아니에요? 그러면 밟는다는 현상이 중요한 것이 아니고, 지렁이가 느낄만한 압력인지가 중요하죠. 그래야 느끼니까요. 그러니까 지렁이에게 느낌으로 다가오는 압력, 그것이 바로 지렁이를 꿈틀하게 하는 기준이 되겠죠. 지렁이가 꿈틀하는 것은 압력에 대한 기준 때문입니다. 그 기준에 맞으면 어떤 힘이 드러나죠. 즉 기준에 맞으면 꿈틀하고 기준에 맞지 않을 때는 꿈틀하지 않는데, 그렇게 기준에 맞지 않을 때라도 꿈틀할 준비는 항상 되어있는 거나 마찬가지죠. 어떤 임계에 이르면 언제라도 꿈틀할 테니까. 그렇지 않습니까? 꿈틀하게 하는 어떤 힘은 늘 준비되어 있다고 말할 수 있어요. 왜냐하면 기준에 맞으면 즉시 그 힘이 꿈틀하는 움직임으로 드러나기 때문입니다.

이럴 때 기준은 하나의 정보일 뿐이고, 그 정보대로 움직이게 하는 것은 따로 있습니다. 그것이 뭘까요? 바로 우리가 지난 1년간 이야기 해온 생명력이라는 것입니다. 이 생명의 힘은 기준이 있으면 드러나고, 기준이 없으면 드러나지 않습니다. 말이 생명력이지, 사실 우리가 알고 있는 종류의 힘은 아닙니다. 단지 드러나 보이기에 그렇게 이름 붙였을 뿐이죠. 근본적인 무엇을 어떻게 말로 할 수 없어서 구태여 이름 붙여서 '생명력'이라고 할 뿐입니다.

감각적인 기준보다 먼저 있어온 생명의 힘. 이것은 의식적으로 작용하는 최초의 모습으로 나타나는 주의입니다. 이 주의는 동물에게도 있기 때문에 동물들도 뭔가를 알아차릴 수 있습니다. 다만 그들은 그런 알아챔을 마음의 그림으로 재현해내지 못할 뿐이죠. 사람은 마음의 그림으로 재현해냅니다. 뭔가를 알아채면 '이런걸 알아챘어!'라고 알아요. 왜냐하면 알아챔을 하나의 그림으로 마음에 저장해놓기 때문입니다. 모든 느낌의 경험들을 마음은 그림으로 저장하고, 그걸 통해 우리는 알고 경험하고 의식적으로 뭔가를 꾸며냅니다.

그런데 그렇게 의식적으로 꾸며내기 위해서는 지나간 많은 경험들에 이름을 붙여서 잘 저장해야 합니다. 그것들이 서로 얽혀서 '안다'는 현상을 일으키니까요. 그런데 개나 고양이는 어떻습니까? 지금 이 순간 눈에 보이고 자기 몸에 건드려지는 것은 잘 알아채요. 움직임이나 냄새는 사람보다 더 민감하게 알아채죠. 그렇지만 과거의 일은 금방 잊어버립니다. 거의 남아있지 않아요. 어떤 개들은 오래전의 일을 기억하기도 하지만 그 기억 또한 대개는 한정적입니다. 주인을 빨리 알아보는 개가 있고 늦게 알아보는 개가 있죠. 그리고 말을 빨리 알아듣는 개가 있고, 오랫동안 가르쳐야 알아듣는 개가 있어요. 마음에 남은 흔적들을 얼마나 오래 간직하고 사용하느냐의 차이에요. 태풍이는 '앉아'를 3일 만에 배웠어요. 그런데 까미는 3주 만에 배웠습니다. 태풍이가 그렇게 빨리 배웠다는 것은, 자기 마음을 쓰는 것이 그만큼 포괄적이라는 것입니다. 잘 쓰고 있다는 뜻이죠. 까미도 비슷하게 마음이 있긴 하겠지만, 3주를 걸쳐서 배운 말에 자동적으로 반응합니다. 그래서 산책을 하다가도 "앉아"라고 하면 돌아보지도 않고 앉아요. 태풍이는 눈치를 좀 보다가 앉습니다. 안 앉아도 될 것 같은 눈치면 그냥 가만히 서있어요. 엄하게 몇 번 말하면 그때 앉죠. 그렇지만 간식을 들고 가면 눈치를 보고 잽싸게 앉습니다. 까미는 언제든지 그냥 자동이에요. 배우는 기간은 오래 걸렸지만, 한번 장착이 되면 로봇처럼 작동하는 것입니다.

사람은 태풍이보다 더 많이 기억하고, 지금 이 순간뿐만 아니라 과거의 것을 조합해서 미래를 예측하는 것까지, 아주 거대한 생각의 장을 운용합니다. 우리는 놀라운 생각의 장을 운용하는 생각회사의 회장이에요. 그런데 생각을 잘 부리지 못하고 거기에 끌려 다니곤 하죠. 생각들의 파업에 끌려 다닙니다. 생각이 폭동을 일으키면 잘 조절하지 못하고 감정에 휘말리죠. 대기업이라고 해서 좋은 것 별로 없어요. 잘 컨트롤하지 못하면 대기업이 얼마나 더 힘들겠어요. 매일 밤잠을 설치는데. 그냥 까미같은 단순함이 좋습니다. 그것을 다룰 수 없다면.

감각적인 기준보다 먼저 있어온 생명의 힘은 의식적으로 작용하는 최초의 모습인 주의라고 했습니다. 이 주의는 동물들에게도 있어서 알아채는 기능을 하지만, 그 기능이 굉장히 협소하고 제한되어 있습니다. 동물들은 마음의 흔적들에 이름을 붙일 줄 모르니까 느낌으로만 알아채죠. 식물은 그보다 원시적입니다. 식물에게는 태양의 주광성走光性이라는 기준이 있어서, 덩굴식물 같은 경우는 뭔가에 닿으면 굽어지면서 돌고 돌아서 하늘을 향해서 올라갑니다. 이런 것도 다 기준이 있기 때문에 일어나는 움직임입니다. 동물도 느낌의 기준에 따라 움직이죠. 사람은 느낌의 기준뿐 아니라 그것에 붙여놓은 이름과 생각으로 기준을 만들어서 움직입니다. 이런 기준들을 통해 알아챔이 일어나는데, 사람은 더 복잡한 마음의 그림을 기준으로 삼고 있다는 점에서 동물이나 식물과 조금 차이가 날 뿐입니다. 사람은 의식적인 반응을 하고, 동물들은 느낌에 의존한 무의식적인 반응을 합니다. 사람의 무의식적인 반응은 대개 동물적인 것입니다. 다만 사람의 무의식은 더 포괄적이고 방대합니다.

의식적인 반응은 내면에 쌓인 기준에 의해 작용을 합니다. 반면에 무의식적인 반응 또는 느낌에 대한 반응은 무의식적인 기준이나 감각적인 기준에 의해 작용하며 잘 의식되지 않습니다. 그렇지만 또 결과는 의식되기도 하죠. 예를 들어 봅시다. 줄이 달린 이어폰이 불편해서 최근에 블루투스 이어폰을 샀어요. 음악을 듣다가 전화가 오면 딸깍하면서 통화로 바뀝니다. 그래서 좋다고 생각했는데, 음악을 한두 시간 들으니까 머리가 아파요. 이어폰과 핸드폰 사이에 끊임없는 주파수 교환이 일어나니까 그 주파수가 내 머리를 막 지나갈 거 아니에요. 음악을 들을 때는 잘 못 느꼈는데 한두 시간 지나니까 머리가 아파요. 블루투스 이어폰을 빼면 괜찮아져요. 주파수가 끊임없이 내 머리를 관통할 때는 의식적이지 않았어요. 그 느낌을 느낄 만큼의 센싱 능력이 나에게 없는 것입니다. 그런데 오랜 시간 지속되니까 두통이 옵니다. 그 자극이 임계치에 닿아서 내가 의식할 정도로 느낌이 커진 것입니다. 이처럼 무의식적인 느낌들은 끊임없이 일어나지만 특정 임계치에 이르러야만 비로소 의식이 됩니다. 자극과 반응 사이의 관계죠. 사람들은 무의식적인 자극이 쌓여서 어느 정도 커져야 그 자극에 반응하고 의식하지만, 동물이나 식물은 그냥 본능적으로 반응을 합니다.

더 아래로 내려가면 어떨까요? 지금 의식적인 반응에 대해 말하고 있습니다. 의식적인 자극과 반응은 우리 마음속의 흔적들로 이루어진 시뮬레이션입니다. 가상의 그림 속의 일들을 우리는 의식합니다. 그런데 그 그림이 형성되는 밑바닥 뿌리가 있어요. 그것이 바로 느낌의 세계죠. 느낌의 세계에서 형성되고 자극되어 반응하는 것을 우리는 잘 의식하지 못해요. 그러나 일어나고 있습니다. 그래서 사촌이 땅을 사면 나도 모르게 괜히 배가 아파오는 것입니다. 무의식에서 뭔가 불편한 것입니다. 또 아침에 일어나는데 갑자기 뭔가 불길한 일이 일어날 것 같기도 하죠. 무의식적인 느낌이 오는 것입니다. 그런 것을 우리는 장腸에서 일어나는 느낌이라고 합니다. 영어로 하면 gut feeling이라고 해요. 배가 어떤 느낌을 느끼는 것입니다. 직관적인 느낌이죠. 복안腹案이라는 말이 있잖아요. 복안이 뭐냐 하면 배가 생각을 하는 것입니다. 그것처럼 서양에서는 직관적인 느낌을 gut feeling이라고 합니다. 이런 직관적인 느낌은 무의식적인 자극과 반응으로 인해서 생기는 현상인데, 그런 것들이 바로 동물적인 반응입니다. 이런 무의식적인 기준에 의해 생겨난 반응이 동물적인 느낌에 의해 생겨난 반응과 유사하고, 그보다 더 아래에는 식물적인 반응이 있습니다. 식물이 가지고 있는 기준에서 생기는 반응. 한 칸 더 내려가보면 무생물의 반응도 있어요. 그래서 물방울이 10년간 바위에 떨어지면 바위에 구멍이 납니다. 즉 무생물도 반응을 한다는 것입니다. 아무 반응도 하지 않는 것이 아닙니다. 다만 시간이 오래 걸릴 뿐이죠. 그래서 이런 무생물의 세계를 한 10년간 촬영해서 빠르게 한 시간 만에 돌린다면 무생물의 끊임없는 변화를 볼 수 있습니다. 풍화작용이 일어나고, 퇴적물이 높이 쌓였다가 다시 무너지는 등 끊임없는 변화가 일어나는데, 거기에는 어떤 규칙성이 있습니다. 변화는 아무렇게나 일어나지 않습니다.

의식의 반응이나 무의식의 반응, 그리고 무의식보다 더 아래에 있는 무생물적인 반응들이 그 양상은 달라도 어떤 기준에 의해 반응하고 변화하며 알아챈다는 점에서는 아무런 차이가 없습니다. 알아챈다는 건 뭡니까? 반응한다는 것입니다. 의식적인 기준에 의해 반응하는 것입니다. '이것이 옳아.'라고 하면 그에 따라 행동합니다. 손이 다가오면 '이것은 손이구나.'라고 아는 반응이 일어나죠. 손에 대한 그림이 마음 안에 기준으로 그려져 있으니까요. 어떤 기준으로 뭔가를 알거나 어떤 기준으로 뭔가를 느끼는 것이 의식적인 앎이라면, 무의식적인 앎은 느낌으로 알고 느낌으로 반응합니다. 그 다음에 무생물적인 앎도 특정한 기준에 의해 일정한 반응을 합니다. 물방울이 10년간 떨어지면 바위가 움푹 패이는 것처럼. 이것들은 모두 우주적인 메커니즘이라고 할 수 있습니다. 우주에서 일어나는 모든 일은 결코 아무렇게나 일어나지 않아요. 어떤 질서 잡힌 특정한 반응입니다. 즉 기준이 있는 반응을 한다는 말이에요. 다시 말하면 우주는 의식적이라는 것입니다.

우리가 '의식적'이라고 이름 붙여놓은 것은 기본적으로 하나의 기준을 가진 분별이라는 의미입니다. 이것이 고구마라는 것을 어떻게 알아요? 예전에 봐서 기억하고 있기 때문에 고구마라고 알잖아요. 기준이 있기 때문에 고구마라고 안다는 말입니다. 모든 의식적인 반응에는 기준이 있습니다. 그 기준을 통해 분별하죠. 고구마와 고구마가 아닌 것을 나눕니다. 그것이 바로 분별이에요. 분별은 의식의 가장 기본적인 작용인데, 그 분별은 하나의 기준을 통해 일어납니다. 그런데 동물은 느낌을 기준으로 삼고, 무생물은 어떤 메커니즘을 기준으로 삼고 있어요. 우주는 그런 메커니즘을 통해 현상화되고, 움직이고, 변합니다. 결코 아무렇게나 현상이 일어나지 않아요. 따라서 우주의 흐름 역시 의식적이라고 할 수 있습니다.

인간의 의식은 더 세밀하고 복잡할 뿐입니다. 개를 보고 의식이 없다고 말할 수 없습니다. 다만 인간과는 조금 다른 차원의 의식이고, 낮은 레벨의 의식일 뿐이죠. 지구가 돌 때도 아무렇게나 돌지 않습니다. 어떤 인력과 관계에 의해 질서 있게 움직이지 않습니까? 그렇다면 우주 역시 어떤 기준에 의해 움직이고 있기 때문에 의식적이라고 말할 수밖에 없습니다. 우주는 의식으로 가득 차 있어요. 혼돈의 세계가 아닙니다. 질서가 잡혀 있습니다. 질서가 있다는 것이 곧 의식적이라는 뜻입니다. 질서 잡으려면 기준이 있어야할 것 아니에요? 그래서 우주적인 질서를 코스모스cosmos라고 하는데, 코스모스가 곧 우주라는 뜻입니다. 결국 의식의 기본을 파고 들어가 보면 우주적인 법칙, 우주적인 질서와 맞닥뜨리게 되는 것입니다. 다시 말하면 의식의 기본은 감각이고, 감각의 기본은 기준이며, 기준의 기본은 법칙입니다. 우리의 의식은 아무렇게나 움직이지 않는 우주에 기반을 두고 있습니다. 우주에 나타난 하나의 현상이기 때문에 그래요. 우주가 가지고 있는 기본적인 속성이 아주 복잡하게 변화한 것이 바로 인간의 의식입니다.

그렇다면 우주에서 일어나는 현상은 왜 아무렇게나 일어나지 않을까요? 존재는 곧 질서이기 때문에 그렇습니다. 질서와 관성과 관계가 바로 존재의 속성이에요. 그런 것들이 없다면 존재라는 현상도 없습니다. 이렇게 우주적인 법칙인 신령한 밝음이라는 작용아래 우리는 지금 여기까지 온 것입니다. 신령한 밝음의 가장 기본은 분별이라고 했어요. 구분해 내는 것. 우주적인 법칙에 기반을 둔 신령한 밝음이라는 작용은 바로 우주 자체이기도 합니다. 우주의 신령한 밝음의 기본인 분별과 법칙이 없다면 우주라는 것이 있을 수 없겠죠. 현상이 이렇게 유지되지 않을 것입니다. 우주라는 것이 뭡니까? 텅 빈 공간에 다양한 현상들이 존재하는 것입니다. 그런데 이 존재는 아무렇게나 존재하지 않고 특정한 법칙에 따라서 움직이며 존재합니다. 그런 전체의 움직임이 곧 우주죠. 그러니까 우주의 법칙은 곧 우주이고, 의식이 곧 우주인 것입니다. 우주가 이런 모습을 띠고 있는 것은 의식적인 현상의 근본이에요. 다르지 않습니다. 파고들어 살펴보면 하나로 관통하고 있어요. 따라서 우주의 법칙인 신령한 밝음이라는 작용은 바로 우주 자체이기 때문에 용用이 곧 체體인 것입니다.

성성惺惺과 적적寂寂이 함께 가라

故로 永嘉가 云하사대
고　　영가　　운

惺惺寂寂은 是요 惺惺妄想은 非며
성성적적　　시　　성성망상　　비

그러므로 영가대사가 말씀하시되
또렷하고 고요하면 옳지만 또렷하여 망상하면 그르며

성성惺惺은 아주 생생한 깨어있음을 말하고, 적적寂寂은 아주 고요함을 말합니다. 그런데 성성하게 깨어있으면서 아주 고요한 적적이 함께 있는 것은 올바르고, 성성하면서 망상하는 것은 틀렸다고 했어요. 성성과 망상을 이렇게 연결시켜놓은 이유가 있습니다. 이 두 가지는 같은 속성을 지녔어요. 성성하게 깨어있다는 것은 간단히 말하면 분별이에요. 분별하지 못한다면 거기에 무슨 깨어있음이 있겠습니까? 깨어있다는 것은 구분하고 분별하고 알아챈다는 건데, 그러려면 기준이 있어야하고 그 기준을 통해 분별이 일어나야 하겠죠. 성성은 아주 투명하고 맑은 분별 그 자체, 구분 그 자체입니다. 예를 들면 살아있는 감지와 같은 것입니다. 좋고 싫음에 물들지 않은 살아있는 순수한 분별 그 자체에요. 그렇다면 망상은 뭡니까? 그 안에 '나'를 만들어서 좋아하거나 싫어하고, 집착하여 끌려 다니면서 괴로워하거나 쾌락에 빠지는 그런 일들이 벌어지는 것이 곧 망상이죠. 분별 그 자체로는 아무런 문제가 없습니다. 분별은 아주 훌륭한 기능이어서 거기서 성성함이 나옵니다. 명료하게 깨어있는 마음이 분별에서 나와요. 아무것도 분별하지 못한다면 결코 깨어있다고 말할 수 없습니다. 예를 들어 주의에 주의를 기울이면 아무런 분별이 없는 것 같죠. 마음에서 분별이 사라져요. 그러나 툭하고 어떤 변화가 일어나면 즉각 알아챕니다. 분별이 없는 고요한 마음이지만 모든 것을 알아챌 수 있는 상태인 것입니다. 성성적적惺惺寂寂과 비슷하죠. 그런데 망상은 어때요? 수많은 분별에 빠져서 헤어나지 못합니다. 좋고 나쁨, 옳고 그름을 따지면서 끊임없이 에너지가 낭비되고 있어요. 명백하게 망상에 빠져있습니다. 성성적적은 명백하고 또렷하되 고요합니다. 여러분도 다 경험해봤죠? 마음은 텅 비어있지만 모든 것을 듣고, 알고, 느끼죠. 전체주의와 아주 유사합니다. 전체주의 상태로 산책을 하면 저 멀리 고속도로에 차가 지나가는 소리도 들리고, 옆에서 바스락 거리는 잎사귀 소리도 들리지만 마음은 텅 비어 깨끗합니다. 어느 하나에 집착하거나 머무르지 않아요. 모든 것들이 그냥 지나갑니다. 그러나 모든 것을 알아챕니다. 성성하게 깨어있지만 고요한 마음과 유사해요. 성성망상惺惺妄想은 이런 저런 생각을 하면서 끊임없이 마음속에서 헤맵니다. 성성과 망상의 분별이라는 속성은 비슷해요. 그러나 망상은 분별에 빠진 것이고, 성성은 분별이 사용되고 있는 것입니다. 그런데 잘 보세요. 옛 사람들은 성성과 적적을 같이 가도록 했어요. 적적, 즉 고요를 향해서만 가라고 말하지 않았습니다. 고요로만 가면 무기無記에 빠지기 쉽기 때문입니다.

寂寂惺惺은 是요 寂寂無記는 非라 하시니
적 적 성 성   시   적 적 무 기   비
고요한 중에 또렷하면 옳고 고요한 중에 멍하면 그르다 하시니

고요한 중에 또렷하다는 것은 공적함, 고요함 또는 질서 없음을 말합니다. 질서 없음이란 특별한 질서로 분별되어 나타나지 않음을 의미해요. 혼돈스럽다는 의미가 아니라 질서가 나타나기 이전을 말합니다.

그리고 그 속에 이미 작용인 질서가 있음을 의미하죠. 고요 속에 질서가 있고, 고요 속에 분별이 있어요. 마음의 현상으로 보면 고요함 중에 이미 명료한 분별이 있는 것입니다. 바로 좀 전에 말한 주의에 주의 기울이기와 같아요. 거기에 들어가면 마음은 텅 비어서 분별이 없으니까 일미一味가 되지만, 무슨 일이 벌어지면 즉각 알아차리죠. 그렇게 알아차리고 다시 일미一味로 돌아갑니다. 그렇지 않고 마음이 텅 비기는 했는데 무슨 일이 일어나도 알아차리지 못한다면 그것은 멍한 것입니다. 그런 둔하고 탁한 텅 빔을 그르다고 말하고 있습니다. 그것은 바로 어리석음입니다. 어리석음은 무슨 일이 일어나는지 모르고, 마음이 그저 고요와 평화 속에 있습니다. 아무런 반응이 없으니 그것을 무기無記라고 합니다. 부처님께 망상이나 허상에 대한 질문, 즉 '우리는 죽음 이후에 어디로 갑니까?'와 같은 질문을 하면 기록할 가치가 없다 하여 대답하지 않았다는 데서 온 말입니다. 그래서 가치없는 텅 빈 마음에 매몰되어 있으면 흔히 무기공에 빠졌다고 말하죠.

적적성성寂寂惺惺은 곧 진심眞心에 해당합니다. 적적은 진眞이고 성성은 심心이죠. 맨 처음 진심직설을 강의할 때 "망령됨을 떠나는 것이 진이요, 밝게 비추는 것이 심이다(離妄名眞 靈鑑曰心)."라고 했습니다. 망령됨의 기본은 주체와 객체로 나눠서 분별하는 것입니다. 이 망령됨을 떠나 분별이 없는 것이 진眞이라고 했어요. 분별 이전이 바로 진입니다. 그런데 심心은 밝게 비추는 것입니다. 밝음은 아주 명확한 분별입니다. 거울에 얼굴을 비춰봤는데 코하고 눈하고 입이 구별이 안돼요. 그러면 밝은 거울이라고 할 수 있겠어요? 명백하게 코와 눈과 입이 구분되어야 밝은 거울이라 할 수 있겠죠. 즉 거울은 구분과 분별이에요.

그러나 있는 그대로 분별만 하죠. 좋고 싫음, 끌림과 밀침이 없어요. 분별 자체가 없는 것이 아닙니다. 거울은 아주 명확하게 분별하기 때문에 옛날부터 마음은 거울과 같다고 했습니다. 마음의 기본적인 속성은 분별이에요. 그러나 그 분별에 빠지면 집착과 고통과 혼란 속으로 들어가게 됩니다.

망령된 분별을 떠난 것이 진眞이고 밝게 비추는 것이 심心이니, 진심은 절대와 상대가 같이 있습니다. 분별 이전의 절대의 세계가 진이고, 분별 이후의 아주 명료한 상대의 세계가 심입니다. 그 두 가지가 합쳐진 것이 진심, 참된 마음입니다. 참됨 속에는 원래 분별이 없지만 마음은 분별로 가득합니다. 그러나 깨끗한 마음은 그저 분별 자체만 있습니다. 깨끗하지 않은 마음은 분별에 빠져버린 마음입니다. 분별 그 자체는 아무런 문제가 없으니 여러분은 면밀하게 분별을 사용하면서 살아가야 합니다. 그러나 분별을 하고 나서 어떤 것을 주인으로 삼는다면 문제가 됩니다. 분별을 사용하지 않고, 분별에 빠지거나 분별에 머무는 것이 늘 문제를 만들어 냅니다.

진심眞心에 있어서 진은 체體이고, 심은 용用이라고 할 수 있습니다. 적적성성은 고요함 속의 분별이니, 그 분별은 끌림과 밀침이 없는 순수한 분별 그 자체이고, 우리가 말하는 호오好惡가 없는 살아있는 감지와 비슷합니다.

既寂寂中에 不容無記하고
기 적 적 중   불 용 무 기

이미 고요한 중에는 멍함을 용인하지 않고

고요하면서 멍한 것을 무기無記라 하여 용인하지 않았습니다. 이것이 바로 선정禪定과 지혜智慧를 함께 닦으라는 정혜쌍수定慧雙修의 진정한 의미입니다. 공적함과 신령한 밝음이 둘이 아니듯이, 공적함과 같은 선정과 신령한 밝음인 지혜도 둘이 아닙니다. 적적함은 무기와 통하는 면이 있어서 이렇게 설명하였지만, 적적함이 곧 무기無記라는 말은 아닙니다. 무기는 흐리멍텅한 것입니다. 적적함은 분별이 없는 상태를 말하지만 동시에 면밀하게 깨어있는 상태입니다. 적적함은 분별이 없기 때문에 분별 못하는 멍함과 유사해 보이지만 분명한 차이가 있습니다.

惺惺中에 不用亂想인댄
성 성 중　　불 용 난 상

또렷한 중에는 어지러운 망상을 하지 않으니

또렷함 중에 어지러운 망상을 하지 않는다고 했습니다. 또렷하면 자칫 망상으로 들어가기 쉬워요. 또렷하다는 건 분별한다는 뜻입니다. 명확하게 구분한다는 것입니다. 이상하게도 똑똑한 사람들이 더 어리석은 행동을 많이 합니다. 분별에 빠지기 때문에 그렇습니다. 자기 꾀에 자기가 넘어간다고 말하죠. 똑똑해서 아주 잘 분별하여 구별해내고 차이를 인지하다 보니 오히려 그 똑똑함에 스스로 걸려 넘어지는 경우가 많습니다. 이상하게도 그래요. 또렷함과 망상 모두 분별을 기반으로 하기 때문에 그렇습니다. 분별 속에 빠지면 망상이요, 분별을 사용하면 또렷함이 되는 것입니다. 똑똑한 것이 그렇게 좋지 않습니다. 똑똑함을 그냥 사용해야 해요. 똑똑함을 자기라 여기면 똑똑한 분별 속에 빠지기 쉽습니다. 또렷함은 어디에도 묶이지 않는 분별이요, 망상은 하나의 기준에 묶여서 꼼짝 못하는 분별이라 보면 되는 것입니다.

그래서 성성함 중에 어지러운 생각을 하지 않는다고 했습니다. 적적寂寂과 무기無記를 대비했듯이 성성惺惺과 난상亂想을 대비하고 있죠. 다시 말하면 적적寂寂은 분별이 없다는 특성이 있어요. 그리고 무기無記도 분별이 없는 특성이 있어요. 그렇지만 적적은 분별을 안 하는 것이고, 무기는 분별을 못하여 어리석거나 멍해지는 것입니다. 마음이 텅 비어서 거기서 빠져나가지 못해서 어떤 분별도 하지 못합니다. 이것은 무기이지 결코 삼매가 아닙니다. 그리고 성성과 난상을 대비시켰어요. 성성惺惺은 아주 명백하게 분별하고 면밀하게 깨어있는 마음입니다. 그런데 난상亂想은 어지러운 생각이에요. 수많은 생각들을 하고, 끊임없이 분별하여 거기에 빠지는 것이 바로 난상입니다. 그러니까 분별한다는 점에서는 똑같지만, 하나는 분별을 사용하는 것이고 하나는 분별 속에 빠진 것입니다. 또렷함 중에 어지러운 망상을 하지 않고, 고요함 중에 멍한 속에 빠지지 않아야 하니 그래서 수련이 필요합니다.

所有妄心이 如何得生일요
소유망심   여하득생

망심이 어찌 생기겠는가?

그러니 분별 속에 빠지는 망심妄心이 어떻게 생기겠습니까?

분별하되 분별에 빠지지 않는 성성惺惺과 적적寂寂

此是卽體卽用滅妄功夫也라
차 시 즉 체 즉 용 멸 망 공 부 야

이것이 즉체즉용으로 망심을 멸하는 공부이다.

이것이 바로 체가 용이고 용이 체인 즉체즉용卽體卽用으로 망령된 마음을 멸하는 공부라고 했습니다. 오늘은 기본적으로 분별에 대해 얘기하고 있습니다. 분별하되 분별에 빠지지 않으면 성성적적惺惺寂寂이고, 분별하되 분별에 빠지면 성성망상惺惺妄想입니다. 이렇게 분별을 잘 쓰는 것이 바로 작용이고, 사실은 따로 어떤 분별이 있는 것이 아님을 아는 것이 곧 체體입니다. 무슨 말입니까? 저 앞의 산이 고요하게 보이지만 가까이 가서 보면 수많은 개미들이 기어 다니고, 낙엽이 떨어지는 소리가 있고, 등산객들이 오가는 끊임없는 움직임이 일어나고 있죠. 그걸 보면 시끄럽습니다. 산은 고요하지도 시끄럽지도 않아요. 그걸 보는 내 감각기와 산 사이의 관계가 고요한지 시끄럽고 복잡한지에 따라서 고요와 시끄러움이 나눠질 뿐입니다. 산에는 고요도 시끄러움도 없는 것처럼, 분별을 통해 수많은 작용이 일어나지만 그 분별은 실제로는 없는 것과 같으니 그것이 바로 체體입니다. 수많은 분별은 그것이 정말 있어서가 아니라 눈과의 작용 때문에 일어날 뿐입니다. 본질적으로 들여다보면 어떤 분별도 없습니다. 그것이 바로 체體죠. 그래서 체가 곧 용이요, 용이 곧 체입니다. 따라서 내 마음에서 수많은 번뇌가 일어나는 것은 거기에 반응하기 때문이고, 그것이 곧 망상입니다. 내 마음이 반응하지 않으면 이미 절대세계에 있습니다. 이미 이 순간 절대인 것입니다. 반응을 하면 시끄러운 망상이 일어나죠.

반응은 왜 일어납니까? 그 무엇을 나라고 여기니까 일어납니다. 어떤 기준을 나라고 여기니까 반응하는 것입니다. 그 '나'가 없으면 깨끗한 분별만 있을 뿐입니다. 그것이 바로 적적성성寂寂惺惺입니다. 적적만 있는 것이 아니에요. 고요만 있는 것이 아닙니다. 고요와 면밀한 분별이 같이 있어요. 진정한 명상에는 아주 면밀한 분별이 있습니다. 아무런 분별도 없는 텅 빈 마음으로 가는 것이 명상이 아닙니다. 그건 적적무성성이죠. 적적만 있어요. 잘못하면 무기無記로 가는 것입니다. 명한 마음으로 가요. 옛날부터 그래서 선정禪定을 조심하라고 했습니다. 선정에 빠지면 게을러집니다. 고요함 속에 안주하려하고 평화 속에만 있으려고 하죠. 그렇지만 또 너무 바쁘게 성성으로만 가면 잘못하면 난상亂想에 빠져요. 계속해서 분별하면 그 분별 때문에 비교가 일어나고, 비교가 일어나면 좋고 나쁨이 생기고, 고락과 집착이 일어나죠. 그것이 난상으로 떨어지는 것입니다. 그래서 줄타기를 잘 해야 합니다. 어떤 움직임도 없어서 마음이 고요한 것이 아니라, 마음에 일어나는 모든 것들이 반응 때문에 일어남을 알기 때문에 고요한 것입니다. 마음에 일어나는 느낌을 작용으로 아는 것이 적적과 성성이 함께 있는 것입니다. 그렇지 않고 느낌이 일어나면 그것이 진짜인 줄 알고 느낌 속에 푹 빠지는 것이 난상에 빠지는 것입니다. 마음의 내용으로 빠지면 난상으로 가고, 그 작용을 보면 적적과 성성이 함께 있습니다. 성성이 없고 적적만 있는 것은 그냥 텅 빈 마음입니다. 아무리 수천 년을 적적 속에 있다고 해도 결코 자신의 본질을 볼 수 없습니다. 그 사람은 그냥 명한 상태입니다. 그러니까 여러분도 아주 면밀하게 자기를 살피되, 그 어떤 것에도 빠지지 않고 그냥 '이것이 이런 작용이구나.'하고 봐야합니다. '아, 난 알았어!' 이러는 순간 다시 난상에 빠지는 것입니다. '알았어!'는 미지가 미지를 정리하는 어떤 흐름 속에 들어가 있다는 말입니다. 우리가 아는 것이 뭐가 있습니까? 예를 들어 여러분이 감지에 대해 아는 건, 어떤 경험들을 감지라 이름 붙여놓고 '난 이제 감지를 알았어.'하는 것입니다. 안다는 건 별거 아닙니다. 그냥 이름 붙이기에요. 경험했어도 마찬가지죠. 느낌에 이름을 붙인 것이 바로 경험입니다. 그 느낌을 느껴봤다는 말이죠. 경험은 느낌으로 이름을 붙인 것이고, 앎은 이름으로 이름을 붙인 것입니다. 결국은 앎도 경험도 우리의 본질에 우리를 데려다 주지 못합니다. 그것들은 그냥 본질로 향하는 길의 하나의 현상들일 뿐이에요.

그런데 우리는 본질로 갈 필요가 없죠. 진심으로 갈 필요도 없어요, 진심은 이미 이 순간 있으니까요. 이미 우리는 진심입니다. 무엇을 통해 알 수 있습니까? 바로 적적성성을 통해. 이 흔들림은 내 눈에 흔들릴 정도의 자극이 들어오기 때문입니다. 움직임이 멈추면 내 눈에는 고요하게 느껴지지만 현미경으로 들여다보면 끊임없는 진동이 여전히 진행 중입니다. 그러면 이것은 지금 이 순간 고요합니까, 흔들리고 있나요? 고요도 흔들림도 아닙니다. 흔들림으로 보는 것은 성성하게 보는 것이고, 고요함으로 보는 것은 적적 속에 있는 것입니다. 그러나 마음은 변함없는 하나의 한 마음입니다. 적적과 성성이 아무런 차이가 없다는 것이 바로 체와 용이 다르지 않다는 즉체즉용卽體卽用이고, 이를 통해 우리는 마음의 상相을 쉴 수 있으니 이것이 바로 무심無心으로 들어가는 아홉 번째 방법입니다.

열번째, 투출체용_모든 현상속에 본질이 드러난다

十은 透出體用이니 謂做功夫時에
십   투출체용   위주공부시

열 번째는 체와 용이 함께 튀어나오는 것이니, 공부시에

오늘은 무심無心으로 들어가는 열 가지 방법 중의 마지막 방법에 대해서 알아보겠습니다. 체體와 용用이 함께 튀어나온다는 말은 모든 현상의 작용 속에 이미 본질이 드러난다는 말입니다. 자, 지금 눈을 감고 자신의 이름을 잊어보세요. 그리고 자신의 몸과 성격도 잊고, 모든 지식과 경험, 그리고 그것들로 인해 생겨난 과거의 흔적들을 다 내려놓으세요. 만들어지고 생겨난 모든 몸과 마음의 내용들을 모두 내려놓는 것입니다. 그러면 이제 남은 것은 무엇인가요? 오직 알 수 없는 그것만 남아있을 것입니다. 조금 전까지 있었던 여러 느낌들이 모두 사라진 뒤에도 여러분이 뭔가를 찾으려는 의도를 놓지 않고 있다면, 거기에는 나눌 수 없는 불이不二의 본질만이 있습니다. '있구나!'하는 순간 나눔이 일어납니다. 그런데 모든 것들은 매순간 불이不二의 본질과 함께 있었습니다. 작용들 속에 본질이 이미 있기 때문이죠. 작용이 있는 그 순간에도 텅 빈 충만함과 같은 본질은 사라지지 않고 있어요. 다만 의식되거나 잡히지 않을 뿐입니다. 있다고 상상하면 이미 잡힌 것이죠. 모든 현상들, 즉 작용 속에 이미 본질인 체가 드러나 있음을 말하는 것이 바로 투출체용透出體用입니다.

不分內外하며 亦不辨東西南北하고
불 분 내 외   역 불 변 동 서 남 북

안팎을 나누지 않고, 동서남북을 분별하지 않으며

따라서 이것과 저것, 안과 밖, 동서남북을 따로 나눌 필요가 없습니다. 모든 작용이 본질의 표현이기 때문이죠. 체體의 표현이라는 측면에서 보면 작용들을 이것과 저것으로 나눌 필요가 없어요. 그저 작용과 체體의 차이만 있을 뿐입니다. 예를 들어봅시다. 이 컵은 흙으로 구운 도자기에요. 이 안경집도 마찬가지로 흙으로 구운 도자기라고 해보면, 두 가지 물건의 체體는 모두 흙이죠. 그래서 흙이라는 측면에서는 두 물건에 아무런 차이가 없습니다. 그러나 작용으로 따지면 첫 번째는 컵으로 쓰이고, 두 번째는 안경집으로 쓰이죠. 작용으로 따지면 다릅니다. 이처럼 모든 작용은 다 다릅니다. 그렇지만 모든 작용 속에 있는 본체는 이 작용이나 저 작용이나 항상 똑같습니다. 그러니 굳이 안과 밖, 동서남북, 이것과 저것을 나눌 필요가 없어요. 이미 드러난 것은 작용입니다. 그 작용은 각기 다른 모습이지만, 그것들이 본질의 표현이란 면에서는 아무런 차이가 없습니다. 현상적으로는 다르지만 본질의 표현이란 점에서는 아무런 차이가 없어요.

將四方八面하야 只作一箇大解脫門하야
장 사 방 팔 면　　지 작 일 게 대 해 탈 문

장차 사방팔면을 단지 하나의 큰 해탈문으로 만들어

지금까지 공부했던 무심無心으로 들어가는 열 가지 방법들이 근본적으로 말하는 것은, 지금 이 순간 여러분들의 본질은 이미 작용하고 있다는 것입니다. 그렇다면 본질을 파악하려면 어디로 들어가야 하겠습니까? 지금 이 순간으로 돌아와야 합니다. 왜죠? 모든 작용은 지금 이 순간 일어나고 있기 때문입니다.

자, 눈을 감고 자신이 어렸을 때 살았던 동네를 떠올려 보세요. 여러분은 이미 마음의 내용 속으로 들어갔습니다. 작용이 그려낸 그림 속으로 들어갔어요. 어렸을 때 살았던 동네를 떠올리면서 동시에 그것을 떠올리고 있는 자기 자신을 살펴보세요. 살펴보려는 의도가 어디에서 일어납니까? 지금 이 순간 이 자리에서 일어나고 있죠? 마음의 내용은 과거와 미래와 현재를 오가지만 작용은 항상 지금 이 순간에서 일어나고 있습니다. 즉 본질인 체體가 작용을 하는 곳이 바로 '지금 여기'라는 말입니다. 본체는 지금 여기서 작용을 하고 있는데, 여러분이 과거, 현재, 미래를 상정하고 그 어딘가에 있다고 여긴다면 내용 속에 들어가 있는 것입니다. 작용을 보는 사람은 결코 과거나 현재, 미래 속에 있지 않습니다. 지금 여기에 있어요. 지금 여기는 현재를 말하는 것이 아니에요. 현재란 무엇인가요? 과거와 미래를 대비시켜 놓은 시점이 현재입니다. '지금 이 순간'은 현재가 아니라 지금 여기일 뿐입니다. 그래서 '지금Now'이라고 하죠. 지금은 영원 자체입니다. 지금 이 순간에 주의에 주의기울이기를 하면 어떻습니까? 어떠한 시간도 의식되지 않고, 오직 무언가 살아있는 지금 이 순간의 생생한 주의 자체만 있을 뿐이죠. 그것이 바로 영원입니다.

그래서 오직 지금 이 순간에만 일어나는 작용에 초점을 맞추어 그 작용의 본질이 본체임을 아는 것이 바로 하나의 큰 해탈문解脫門입니다. 동서남북과 안팎을 나누고, 이것과 저것을 나누고, 수많은 방법과 수많은 장소와 시간을 통해 무언가를 얻고 이루려는 마음은 과거나 현재, 또는 미래에 있는 마음입니다. 그것들은 모두 먼 시간과 먼 장소 속에 있습니다. 그러나 진정한 해탈문은 오직 지금 이 순간에만 있습니다. 왜냐하면 변화는 바로 지금 여기에서 일어나기 때문입니다. 안팎을 나누고 동서를 구분하여 여러 가지 길을 제시한다 해도 결국 진정한 변화는 지금 이 순간 여기에서 일어나게 되어있습니다. '아하!'하고 깨닫는 체험은 여러분의 의식이 생생히 살아있는 지금 이 순간에 일어난다는 것이 바로 '단지 하나의 큰 해탈문'이 의미하는 바입니다. 어디로도 가지 않고, 이것과 저것으로 나누지도 않고, 어제와 내일로 그 시기를 미루지도 않는 때, 바로 지금 여기가 종국의 해탈문解脫門입니다.

그래서 모든 방법들은 지금 이 순간 일어나는 일에 초점을 맞추라고 말합니다. 최종적인 통찰은 결코 분석을 통해 일어나지 않습니다. 그것은 강렬하고 절실한 마음으로 표면의식을 뚫고 심층의 거대한 바다로 들어가 느낌들의 미묘한 틈새로 새어나오는 빛을 보는 것과 같습니다. 우리는 감지 연습을 많이 하지만, 감지로는 결코 최종적인 본질을 볼 수 없습니다. 감지는 현상을 관찰하는 도구일 뿐이에요. 그렇게 마지막까지 현상을 관찰하다가, 나타났다 사라지는 감지들을 보고 있는 그 자체가 알아채지면 번쩍하고 통찰이 일어납니다. 지금 이 순간에.

圓陀陀地體用不分이라 無分毫滲漏하야
원 타 타 지 체 용 불 분   무 분 호 삼 루
원만하고 뚜렷한 경지에서 체와 용을 나누지 않아 털끝만큼도 빈틈없이

현상의 모습은 작용의 내용입니다. 그 현상의 움직임은 작용이죠. 본질인 체體와 나타난 작용인 용用이 나누어지지 않으면 털끝만큼도 빈틈이 없습니다. 빈틈이 있으면 임시적으로 생겨난 자아自我가 고정적으로 존재한다고 믿게 됩니다. 빈틈 때문에 믿음이 생겨요.

자아_원심력적 주의와 구심력적 주의의 결합

존재하는 모든 것은 원심력遠心力과 구심력求心力을 동시에 가지고 있습니다. 원심력은 밖으로 뻗어나가 퍼지려는 힘이고, 구심력은 안으로 응축되어 스스로를 유지하려는 힘입니다. 우리의 자아自我에도 원심력적 주의와 구심력적 주의가 동시에 존재합니다. 이 둘이 함께 작용하여 자아가 존재하는 것처럼 느껴지게 만들죠. 그리고 구심력적인

주의가 좀 더 강할 때 자아가 계속 유지됩니다.

우리 어렸을 때 대보름날 했던 쥐불놀이를 생각해볼까요? 못으로 깡통에 구멍을 많이 뚫어 공기가 통하게 하고 거기에 불씨와 함께 얇은 나뭇조각들을 채워 넣고 철사로 묶어 잡아서 돌리면 불이 활활 타오릅니다. 이때 깡통이 저 멀리로 날아가지 않고 계속 같은 궤도를 도는 것은 손에 잡은 철사줄을 통해 깡통이 구심성의 힘을 받기 때문입니다. 또 계속 돌리니까 손에는 원심적인 에너지가 느껴집니다. 그러면서 깡통은 지속적으로 둥글게 돌아서 원형의 불길이 유지되죠. 이때 불로 만든 원이 존재하는 것처럼 느껴집니다. 눈에 그렇게 보이기 때문이죠. 그러나 그렇게 불로 만들어진 원이 정말 존재하나요? 깡통이 계속 돌면서 작용을 하고 있기 때문에 원형의 불길이 존재하는 것처럼 보일 뿐이죠. 깡통이 밖을 향해 나아가려는 힘이 원심력이고, 손안에 잡혀있도록 하는 힘이 구심력입니다. 내가 깡통을 잡고 있는 힘인 구심력보다 원심력이 더 크다면 깡통은 멀리 날아날 것입니다. 또 원심력이 전혀 없다면 원형의 불길이 형성되지 않을 것입니다. 그러니 구심력과 원심력이 적절한 조합으로 일시적으로 둥그런 불이 형성되어 있다고 말할 수 있습니다.

이것을 우리의 의식적인 측면에 대비해 보겠습니다. 원심적인 주의는 무엇입니까? 바로 여러분들이 무언가를 찾고 얻으려하는 의도입니다. 그러면 찾으려고 애쓰는 이유가 무엇인가요? 내가 깨닫고 내가 뭔가 되기 위해서죠. 그것이 바로 구심력적인 주의입니다. 원심력의 바탕에는 자기를 위하려는 구심력이 항상 형성되어 있습니다. 그렇기 때문에 가상의 자아가 형성되는 것입니다. 평상시에는 이 가상의 자아가 주인이 되어 있죠. 공부의 마지막에도 여전히 자아가 남아있는 이유는 나를 위한 의도를 갖고 있기 때문입니다. 모든 의도는 원심성 주의입니다. 무언가를 찾고 이루려고 하는 의도가 저 밖을 향해있죠. 그런데 무엇을 이루려고 하는 원심성주의 밑에 무엇이 있습니까? 자기를 키우고 성장시키고 확대시켜 유지하려는 '나'를 위한 구심성주의가 함께 있습니다. 구심성 주의와 원심성 주의가 함께 어우러져서 여러분의 임시적인 자아가 생겨납니다. 여러분이 최종적으로 자기를 관찰할 때도 그런 일이 벌어지고 있어요. 그때도 '나'가 있는 것입니다. 그렇게 '나'라는 현상 속에 있으니 그것이 어떻게 현상임을 알 수 있겠습니까? 그러나 모든 의도를 버리고 그냥 순수한 탐구만을 한다면 갑자기 툭 하고 통찰이 오게 됩니다.

의식적으로 무언가에 주의를 쏟으며 추구를 하는 순간 앞을 향한 주의가 사용됩니다. 그와 동시에 자신이 무언가가 되기 위해 추구하는 양상을 띠고 있기 때문에 구심성 주의가 만들어집니다. 이렇게 원심성 주의와 구심성 주의가 만들어낸 것이 허구의 자아입니다. 이 두 가지 주의가, 불 깡통으로 말하자면 구체적으로 존재하는 원형의 불길을 유지하게 하는 힘인 것입니다. 다시 말하자면 추구하는 마음이 원심성 주의를 유지시키고, 나를 위한 의도가 구심성 주의를 일으켜 자아라는 일시적인 현상을 지속적으로 유지하게 합니다. 이때 두 가지 주의의 작용이 멈추면 임시적인 자아는 사라지고 말죠. 그리고 거기엔 작용의 가능성을 늘 품고 있는 원형原型의 텅 빈 본질만이 있습니다. 그것은 있지도 없지도 않은 모습입니다. 본질과 작용을 나누지 않는 마음으로 보면 불 깡통이 이루는 둥근 불길은 있다고 할 수 없습니다. 임시로 존재하는 것이니까요. 깡통을 돌리지 않는다면 그 원형의 불길은 애초에 존재하지 않겠죠. 그러나 불길을 보고 있으면서도 그것이 존재하지 않는다고 아는 것입니다. 왜? 저것이 진짜 존재하는 것이 아니라, 깡통을 돌리는 작용 때문에 나타난 일시적인 현상임을 아는 것입니다. 인연을 통해 지금 현재 나타난 모습임을 아는 것입니다. 그러니 그것이 있어도 괜찮습니다. 작용을 통해 이런 모습이 나타났지만 그 모습은 진짜 있는 것이 아니죠. 없다고 할 수는 없지만 진짜 있지도 않아요.

또한 그런 모습은 본질의 작용이어서 본질과 다르지 않다는 치열한 통찰을 통해 즉각 바로 보면 불이不二의 하나가 있을 뿐입니다. 이때 드디어 불로 만들어진 원처럼 뭔가 구체화되어 드러난 것이 아닌 미지未知에 대해 마음이 문을 열게 됩니다. 그때 미지를 허용하는 마음이 생겨나요. 미지는 단순한 모름이 아닙니다. "미지에 뿌리를 박는다."는 말의 의미는, 알 수 없음에 마음을 편히 열고 안주한다는 것입니다. '무한한 알 수 없음'이라는 미지가 자신의 본질임을 아주 편하게 받아들이고 거기에 안착하는 것입니다. 내가 꼭 알아야 하고 이해하고 싶다면 여전히 원심성 의도가 있는 것입니다. 그리고 그 밑에는 '나'라는 것을 강조하는 구심성 주의가 있습니다. 그것 때문에 미지에 뿌리박지 못하는 것입니다. 아무것도 몰라도 괜찮습니다. 원래 '안다'는 것 자체가 미지로 미지를 정리하는 것에 불과하기 때문입니다. 그 점을 파악하면 앎과 모름에 개의치 않게 됩니다. 만약 뭔가를 잘 안다면 잘 사용할 수 있겠죠. 앎이라는 것은 현상 세계에서 잘 쓰일 수 있습니다. 그렇지만 몰라도 괜찮은 것입니다.

지금 여러분 자신을 살펴보세요. 자기가 존재한다고 느껴지죠? 자신을 살펴보려는 의도가 바로 원심성 의도에요. 그런데 살펴봐서 자리 잡으려는 '내'가 중심을 잡고 있죠? 그것이 구심성 의도입니다. 원심성 의도와 구심성 의도가 동시에 작용하면서 '나'를 살펴보니 마치 '나'라는 것이 있는 것처럼 느껴집니다. 조금 전까지 내 말에 귀 기울이고 있을 때에도 자기 자신이 의식되었나요? 의식되지 않았죠. 왜냐하면 그때는 원심성 주의와 구심성 주의가 조합되지 않았기 때문입니다. 원심성은 항상 밖을 향해 가죠. 대상이 있다는 말입니다. 구심성 의도는 주체를 만들고 원심성 의도는 대상을 향해 나아갑니다. 그래서 주체와 대상은 주의가 움직이는 시작점과 도착점이라고 말해왔습니다.

"원만하고도 뚜렷한 경지에서 털끝만큼의 빈틈도 없이 체와 용을 나누지 않는다."고 했습니다. 체와 용을 나누어 따로 있다고 여긴다면 또 하나의 분별로 떨어지는 것입니다. 지금 여기서 말하는 체와 용은 말로 표현하기 위해 임시적으로 사용하는 상징일 뿐이에요. 정말 체라는 것이 있고 용이라는 것이 있느냐는 말입니다. 모든 용은 체의 드러난 모습이기 때문에 서로 다를 수밖에 없습니다. 그런데 우리가 본질이라고 말하는 것은 변함이 없고 차이가 없어요. 지난 시간에 주먹, 가위, 보자기 모양이 모두 손의 모양인 것과 같아요. 주먹 모양만이 손인 것은 아닙니다. 그러나 우리는 '주먹만이 손이야!'라고 여기기 쉬워요. 여러분 마음속에 슬픔, 분노, 황홀함, 두려움 등의 여러 감정들이 끊임없이 출렁이지만, 그 다양한 감정들은 마음 자체의 모습일 뿐이에요. 모습은 서로 다르지만, 그 각각의 모습들이 마음 자체가 아니라고 말할 수는 없습니다. 무언가가 느껴진다면 이미 마음이 나누어져서 느끼고 있는 상태인데, 이런 작용 자체가 마음의 한 모습입니다. 잘 보세요. 주체와 대상으로 나누어진 마음의 상태도 있고, 무언가에 몰입되어 주체가 흐려진 상태도 있고, 대상은 사라지고 오직 주체만 남은 주의에 주의 기울이기와 같은 상태도 있죠. 이런 다양한 마음의 모습들이 이미 마음 자체라는 말입니다. 마음 자체가 어떤 '모습'을 띤 것일 뿐 마음이 아니라고 할 수 없어요. 모든 것들이 마음입니다. 모든 작용들이 이미 본체예요. 이 점이 철저하게 파악되면 하나의 털끝만큼의 빈틈없이 체와 용을 나누지 않는 상태가 됩니다. 그 어떤 차이도 느끼지 못하니까요.

通身打成一片이니 其妄이 何處得起리요
통 신 타 성 일 편　　　기 망　　하 처 득 기
온몸을 한 조각으로 두드려 만드니 그 망령됨이 어디서 생기리오.

　대장장이가 뜨겁게 달구어진 쇠를 망치로 두들겨서 이어붙인 자국 없이 쇠그릇을 만들어냅니다. 또 천의무봉天衣無縫이라는 말이 있어요. 하늘의 옷은 기운 자국이 없다는 말이죠. 지금 우리가 입고 있는 옷에는 바늘과 실로 꿰맨 자국이 있습니다. 그러나 하늘의 옷은 기운 자국이 없기 때문에 옷 짓는 실력이 대단한 사람을 천의무봉이라 비유했습니다. 통신타성일편通身打成一片에서의 몸은 진리의 몸이라고 비유할 수 있습니다. 오직 한 덩어리라고 했으니 둘이 아니에요. 마음이 주체와 대상으로 나누어진 것 같지만 사실은 그렇지 않음을 의미합니다. 왜? 여러분의 중심이 주체와 대상을 떠나있으면, 주체와 대상은 마음의 작용일 뿐 본래 나눠져 있지 않음을 알아요. 그러나 주체에만 동일시되어 있으면 주체와 대상이 나뉜 것처럼 느껴집니다.

　망념妄念의 기본은 주체와 대상의 나뉨이라고 했죠. 그러니까 마음이 나누어져 있다고 보는 것이 기본적으로 망령됨이에요. 컵을 보면서 '컵은 나와는 달라'라고 여기는 마음이죠. 내 마음에서 느껴지는 컵을 의식하지 않으면 나와 컵을 나눌 수가 없어요. 내 마음에서 느껴지는 컵이에요. 감지죠. 그 마음의 느낌은 언제 생겨납니까? 컵을 보자마자 그냥 생겨나죠. 그리고 그 옆의 꽃을 보는 순간 컵은 사라지고 꽃의 느낌이 생겨납니다. 내 마음의 흔들림이 느껴지죠? 꽃이 흔들리는 것이 아니라 내 마음에서 흔들림이 느껴지는 것입니다. 모두 마음의 작용임을 본다면 망령됨이 일어나지 않습니다. 그렇지만 꽃이 있고, 그 꽃이 흔들린다고 여기는 마음은 꽃과 나를 나누고 그 '나'를 자기라고 여기는 망령된 마음입니다.

古人이 云 하사대
고 인   운

通身無縫하고 上下志團圞이라 하시니
통 신 무 봉   상 하 특 단 란

옛사람이 말하기를
온몸에 기운 자국이 없고 위아래가 온통 둥글다 하시니

기운 자국이 없는 하나의 몸은 천의무봉天衣無縫과 같이 구분되지 않는 오직 하나입니다.

是乃透出體用滅妄功夫也니라.
시 내 투 출 체 용 멸 망 공 부 야

이것이 투출체용으로 망심을 쉬게 하는 공부이다.

원심성 주의와 구심성 주의가 이 순간 임시적인 자아를 형성합니다. 자기를 잘 살펴보세요. 여러분들이 자신을 관찰하는 이유는 무엇입니까? 뭔가를 발견하고 얻으려고 하는 의도가 있기 때문에 관찰한다면 항상 원심성 주의와 구심성 주의가 생겨납니다. 그리고 '나'라는 것이 만들어져서 의식작용이 일어납니다. 이를 모두 하나의 작용으로 파악해야 합니다. 암흑 속으로 가라는 말이 아니라 밝게 보라는 것입니다. 그럼으로써 체와 용이 동시에 튀어나와 망심妄心, 즉 분별하는 마음이 사라지게 하는 것이 투출체용透出體用이니 무심에 이르는 열 번째 방법입니다.

已上十種做功夫法을 不須全用이요
이 상 십 종 주 공 부 법   불 수 전 용

이상의 십종 공부법을 전부 다 쓸 필요는 없고

망심을 없애는 열 가지 방법을 전부 다 쓸 필요는 없습니다. 그 중에 한두 가지만 쓰면 됩니다. 여러분에게 잘 맞고 끌리는 것을 화두로 삼아서 분별하는 마음을 쉬면 돼요. 다시 간단하게 열 가지 방법을 살펴보겠습니다.

1. 각찰覺察
관찰은 보고 살피는 것이니 지켜봄입니다. 보려는 나와 보이는 대상이 나누어진 상태죠. 그래서 의도가 생겨납니다. 내 마음을 살펴봐야 한다는 의도를 가지면 어떻습니까? 살펴질 상태가 있고, 그 상태를 지켜보는 내가 있어서 관찰이 가능해집니다. 그래서 처음에 공부를 시작하는 사람에게는 관찰이 쓸모가 있지만, 최종의 통찰을 향해서 가는 사람은 관찰을 할수록 끊임없는 의도 때문에 여전히 나와 대상의 나눔 속에 있게 됩니다. 그러한 나눔 자체를 각찰해야 합니다. 알아차려야 해요.

각찰, 즉 알아채어 살피는 방법은 단순히 일어나는 일을 보기만 하는 것이 아니라, 어떤 구조와 과정을 거치는지를 깨달아 알아챈 후 살피는 것이라 할 수 있습니다. 그런 과정이 구조 때문에 생겨남을 알아차리는 것이 바로 각찰이에요. 관찰은 주체인 관찰자에 동일시되어 살펴보기 때문에 영원히 관찰 대상과 평행선을 달립니다. 나는 관찰자로 남아있기 때문에 그 주체에 대해서는 뭐라고 할 수 없는 것입니다. 자기가 관찰자로서 보고 있음을 알아차려야 하니 그것이 바로 각찰입니다. 관찰 대상과 관찰자로 나뉜 마음의 구조를 알아차리면서 보는 것입니다.

2. 휴헐休歇

마음이 쉰다는 말의 의미는 마음에 어떤 분리도 일으키지 않는 것입니다. 여기서 잘못 의도하면 분리를 일으키지 않으려는 의도를 또 내겠죠. 마음은 그렇게 교묘합니다. 마음은 어떤 목적이 생기면 그것을 이루려는 의도를 일으켜요. 그런데 모든 의도는 주체와 대상을 일으켜 세운 것이기 때문에 마음이 쉬지 않아요. 그것이 좋은 것이든 나쁜 것이든 의로들 내어 분리시켜 뭔가를 이루려고 한다면 마음은 쉬는 것이 아닙니다. 모든 의도를 쉬는 것이 바로 휴헐입니다. 이렇게 말하면 진정한 쉼이 뭔지 모르는 사람은 또 쉬려는 의도를 세우니 마음은 그처럼 교묘합니다. 일종의 악순환의 고리를 만들죠. 여러분이 아무런 좋고 나쁜 생각 없이 소리를 들으면 거기엔 어떤 주체도 대상도 없이 그저 '들음'만 있는 것처럼, 아무런 판단 없이 그냥 볼 때 그저 '봄'만 일어납니다. 분별없는 '봄', 분별없는 '들음', 분별없는 '받아들임' 이런 것들이 바로 휴헐에 해당됩니다.

3. 민심존경泯心存境

주체는 지우고 대상은 남겨두는 것이니 탈인불탈경奪人不奪境에 해당합니다. 우리의 연습방법으로 설명하자면 주의에 주의 기울이기입니다. 마음은 없애고 경계는 그대로 두는데, 경계가 있든 없든 아무 상관이 없어요. 주의 덩어리인 주체에 주의를 기울이면 점차 주체와 대상의 분별이 사라지고 명료하지만 분별없는 마음으로 갑니다. 점차 태극의 마음으로 간다고 했어요.

4. 민경존심泯境存心

경계인 대상은 지우고 주체는 그대로 유지시키는 것이니 탈경불탈인奪境不奪人에 해당합니다. 우리 연습방법으로는 감각상태와 같습니다. 우리 연습방법에는 이런 공부 방법들이 다 있으니 그 중에 자신에게 맞는 것 하나를 사용하면 됩니다. 감각상태로 가면 대상을 없애고 주체를 남겨두어도 그 주체 또한 저절로 사라지게 됨을 경험하죠. 이는 우리의 경험은 주체와 대상이 짝이 되어 나타나는 느낌의 세계라는 것을 의미합니다.

5. 민심민경泯心泯境

인경양구탈人境兩俱奪에 해당하니 주체와 대상을 모두 없애는 것입니다. 그러기 위해서는 먼저 바깥의 경계를 없애라고 했죠. 우리도 감각연습을 주의에 주의 기울이기보다 먼저 했어요. 왜 먼저 바깥의 경계를 공적하게 할까요? 바깥이라고 여겨지는 것을 우리는 보다 구체적으로 느끼기 때문입니다. 눈과 촉감을 통해 느낌을 아주 구체적으로 잡기 때문이에요. 만약 맨 처음부터 보이지 않는 주의에 주의를 기울이라고 했다면 어땠을까요? 주의를 잡을 수도 없고 느껴지지도 않기 때문에 연습을 제대로 할 수 없었을 것입니다. 그래서 감각을 연습하고 주의를 연습한 다음에 주의에 주의 기울이기를 연습했던 것입니다.

우리는 외부 사물이 항상 밖에 있다고 여기며 살아갑니다. 그런데 손으로 만져서 느껴지지 않는다면, 또는 눈으로 봤을 때 시각적인 느낌이 없다면 그것이 과연 우리에게 존재할까요? 존재하지 않습니다. 그런데도 사람들은 느낌으로 존재하는 것이 아니라 뭔가 실재한다고 믿죠. 그러나 우리 감각기관에 닿아서 느껴지지 않는다면 우리는 그것이 존재하는 줄 모를 것입니다. 다시 말해서 존재하는 모든 것들은 그에 대한 느낌이 있기 때문에 우리는 그것이 존재한다고 여긴다는 말입니다. 그런데도 느낌의 세계라는 것을 쉽게 받아들이지 못해요. 그래서 할 수 없이 먼저 밖에 있다고 여겨지는 대상을 사라지게 하는 감각 연습부터 하는 것입니다.

6. 존심존경存心存境

대상을 그대로 두고 주체도 그냥 두는 방법입니다. 슬픔은 슬픔대로 두고 나는 나대로 있거나 분노는 분노대로 두고 나는 나대로 있는 감정 연습을 했었죠. 그 연습을 통해 그런 감정이 있어도 나는 상관없음을 알았습니다.

지금 이 순간 마음에 무엇이라도 나타난다면 그것은 일종의 경계입니다. 그런데 이 경계를 없애려 하면 또 다른 주체가 나타나서 주체와 대상의 관계는 계속됩니다. 그래서 없애려 하지 않고 그것을 있는 대로 두고 나는 나대로 있었던 것입니다. 자기 마음을 잘 살펴볼수록 존심존경하게 되어서 일상에서 감정을 그대로 두고 자신은 할 일을 하게 됩니다. 주체도 대상도 그대로 두고 가는 것입니다.

마음은 마음대로 두고 경계는 경계대로 두면 그것들이 서로 만나지 않아 부딪히지 않고 주체와 대상의 관계를 맺지 않습니다. 주체와 대상의 관계로 얽히지 않으면 마음의 시뮬레이션이 작동하지 않아요. 만나지 않게 내버려두면 그대로 있어도 상관없지만, 주체와 대상이 만나면 주체가 상대를 대상으로 삼아서 뭘 하려고 하죠. 나와 슬픈 감정이 만나면 아픔이 생겨나거나 도망가려하거나 무언가를 하려고 합니다. 그 과정에서 자아가 강해지고 마음의 분열이 생겨납니다.

7. 내외전체內外全體

안과 밖이 모두 본체입니다. 다양한 세계가 현상으로서 존재하는 것처럼 보이지만 마음의 구분지음을 넘어서면 존재하는 세계라고 여겨지는 것은 아무것도 없습니다. 그저 오직 하나의 우주가 얽혀있는 한 몸도 아닌 불이不二의 세상이 있을 뿐입니다. 그리고 그것을 '있다'고 할 수도 없습니다. '있다'라고 의식하는 나 또한 따로 있지 않고, 그렇다고 없다고도 할 수 없습니다. 마치 쥐불놀이 할 때 불로 만들어진 임시적인 원처럼 없는 건 아닙니다. 그렇지만 원이 존재하느냐 하면 아니죠, 하지만 존재하지 않느냐고 하면 그것도 아니에요. 어떤 작용으로 인해 임시적으로 존재하니까요. 몸과 마음이 얽혀 하나를 이루듯 저 밖의 세계와 이 안의 세계는 구분되지 않습니다. 모든 것은 본체의 모습일 뿐이에요.

8. 내외전용內外全用

안과 밖이 모두 오로지 작용입니다. 가위, 바위, 보라는 손의 모습이

다를 뿐 모두 손이라는 점은 같다는 것에 초점을 맞추면 내외전체內外全體이고, 손이 드러나기 위해서는 늘 가위, 바위, 보 같은 모습을 띠어야 하니 보이는 모든 것이 용用이며, 움직임이라는 점에 초점을 맞추면 내외전용內外全用입니다.

마음은 모습을 띠지 않은 손을 보지 못해요. 손 자체가 마음이기 때문에 그렇습니다. 손 자체가 마음인데 마음이 어떻게 모습이 아닌 자기를 보겠어요? 가위 속에서 손을 보고, 바위 속에서 손을 보고, 보자기 속에서도 손을 보는 것이 바로 작용을 통한 본질의 파악입니다. 슬픈 마음도, 기쁜 마음도, 두려운 마음도 마음의 모습입니다. 마음이 여러 모습으로 변화하며 나타난 것입니다. 손이 어떤 모습을 띤 것과 같습니다. 현상계에서는 모습이 아닌 손 자체는 없습니다. 그래서 현상계現象界라 말하죠. 어떤 모습으로 나타난 세계가 바로 현상계입니다.

우리가 볼 수 있는 모든 것은 작용입니다. 그래서 마음이 드러나기 위해서는 작용이 일어나야만 합니다. 그런데도 우리는 본체를 직접 알려고 하니 얼마나 아이러니한가요. 우린 불가능한 일을 하려고 해요. 모습이 아닌 손은 볼 수 없는데 우리는 손을 보려고 애써요. 마음이 파악해내는 건 손이 작용하는 모양인 손짓입니다. 내 마음에서 일어나는 모든 작용, 마음이 움직이는 모습을 파악해보세요. 내용이 아닌 작용 자체에 관심을 기울이면서 마음의 움직임을 파악하면 모든 파악되는 모습은 작용임을 알게 되고, 그러면 이미 그 사람은 작용을 떠난 것입니다. 모든 것을 작용으로 보면 이미 떠나 있는 사람이에요. 어디에도 동일시되어 있지 않습니다. 아픔이라는 움직임이 작용하고 있음을 느끼면 마음을 떠나게 되죠. 그렇지 않고 '마음이 아파.'라고 한다면 내가 아픈 것입니다.

9. 즉체즉용卽體卽用

아무런 움직임도 느껴지지 않다가 관계가 일어나 작용하여 느낌이 생겨나는 것이 곧 "공적함 속에 은밀한 신령의 밝음이 있다"는 말의 의미입니다. 공적함은 체體이고, 신령한 밝음은 용用인데, 본체가 곧 작용이라고 했습니다. 신령한 밝음은 분별을 통해 일어납니다. 밝음은 분별의 세계이며 어둠은 분별없음의 세계입니다. 분간하지만 분별에 묶이지 않아서 어둠과 밝음이 동시에 있는 것이 바로 깨침의 세계입니다. 절대와 상대가 동시에 있어요. 절대 세계에 가까우면 무지한 어린아이의 세계와 같습니다. 어린아이는 순수해서 분별을 못하죠. 의식이 어둠 속에 있어요. 그러다 나와 너를, 좋고 나쁨을 분별하면 밝음의 세계, 자아가 있는 세계로 나아갑니다. 그리고 집착과 괴로움이 생겨나죠. 밝음의 세계를 넘어가면 또 다른 어둠의 세계인 새벽과 같은 세계를 지나고, 다시 어둠과 밝음이 동시에 존재하는 세계가 나타납니다. 지금 이 순간 텅 빈 분별없는 절대이면서 동시에 하나하나 세밀하게 구별되는 상대이기도 합니다. 표면에는 끊임없는 분별과 차이에 의해 파도가 출렁이지만 밑바닥에는 흔들리지 않는 물이 있습니다. 우리는 표면의 끊임없는 분별과 바닥의 절대가 항상 함께 있는 수직적인 존재입니다. 우리의 세계는 수평과 수직이 함께 있으니, 그것을 누군가는 십자가라고 이름 붙였습니다.

10. 투출체용透出體用

모든 현상, 즉 작용 속에 이미 본질인 체가 드러나고 있습니다.

다시 원문으로 돌아와 살펴보겠습니다.

但得一門하야 功夫成就하면
단 득 일 문　　　공 부 성 취

其妄이 自滅하고 眞心이 卽現하리니
기 망　　자 멸　　　진 심　　즉 현

다만 한 가지만 공부하여 성취하면
망심이 자멸하고 진심이 나타나니

　앞에 제시한 열 가지 중에 한 가지만 선택해서 파고들면 망심이 스스로 멸한다고 했습니다. 망심은 누가 멸망시키는 것이 아닙니다. 분별하는 마음을 없애려고 하면 그렇게 하려는 내가 생겨나죠. 의도 자체가 또 다른 분별을 만들잖아요. 분별 자체가 이미 망심입니다. 자멸自滅한다고 했어요. 스스로 멸하니, 누군가가 멸망시키는 것이 아닙니다.

隨根宿習이 曾與何法에
수 근 숙 습　　　증 여 하 법

有緣인지 卽便習之하면
유 연　　　즉 변 습 지

근기와 과거에 익힌 습성을 따라 어느 법에
인연이 있는지 그것을 따라 익혀가라.

　진리에 대해 들으면 상근기上根機는 한번 들어서 즉각 깨닫고, 중근기中根機는 열심히 하려하고, 하근기下根機는 무시합니다. 그래서 하근기가 무시하지 않으면 진리가 아니라는 말이 있어요. 여러분이 공부에 대해 얘기할 때 누군가 쓸데없는 소리라고 무시한다면 여러분이 진리를 말했다고 볼 수도 있습니다. 자기의 근기, 습관적 패턴에 따라 인연에 맞는 방법이 있습니다.

此之功夫는 乃無功之功이라
차 지 공 부   내 무 공 지 공

非有心切力也니
비 유 심 공 력 야

이 공부는 공부가 아닌 공부이다.
마음을 써서 공력을 사용하는 공부가 아니다.

　망심妄心은 분별하는 마음입니다. 우리는 지금껏 분별하라고 했어
요. 감지를 통해 마음을 살피고 미세하게 분별하고 구조를 파악하라
고 했는데, 사실 이것은 다 망심이죠. 그런 것을 하지 말라는 것입니
다. 그럼 우리는 쓸데없는 일을 한 걸까요? 아닙니다. 지금 하는 작업
이 전부 다 분별을 통해 이루어지고 있음을 알면서 하라는 것입니다.
모든 의도는 분별을 통해 작동합니다. 무언가를 이루고 어딘가에 도달
하려는 의도는 달성해야 할 목표와 그렇지 못한 나를 나누고 있죠. 모
든 의도는 분별에 기반 합니다.

　이 공부는 마음을 써서 공력을 사용하는 공부가 아닙니다. 오히려
그런 의도를 쉬는 것이 제일 먼저 필요합니다. 그 어떤 의도라도 다 망
심인 이유는 무엇입니까? 심지어 공부를 하려는 의도마저도 망심이에
요. 모든 의도는 어딘가를 향하는 원심성의 주의를 동반합니다. 그리
고 그 의도 아래에는 자기를 위하려는 구심성 주의가 생겨납니다. 그
렇게 원심성 주의와 구심성 주의를 통해 허구적인 자아를 계속 유지하
게 하는 것이 바로 의도입니다. 이런 구조를 파악하십시오. 그 의도 속
에 매몰되어서 끌려가지 말고, 의도는 뭔가를 이루려는 나와 나 자신
을 위하려는 마음을 기반으로 한다는 작용을 보세요. 모든 의도는 망
심입니다. 의도는 어떤 계획을 세워 뜻을 두는 것입니다. 어딘가를 향
해 가는 힘입니다. 도착지의 청사진을 가지고 움직여가기 때문에 모든

의도는 분별을 기반으로 하고 있습니다. 의도를 일으키는 순간 원심성 주의와 구심성 주의가 동시에 생겨납니다.

눈을 감고 오늘 자신이 했던 일 중의 하나를 떠올려보세요. 지금 대상을 바라보고 있죠? 대상을 떠올리면 대상을 보고 있는 내가 즉각 생깁니다. 보고 있는 느낌이 있잖아요. 그것이 바로 원심성 주의입니다. 그것이 계속해서 움직이고 있어요. 마음속에 대상이 떠올랐다면 거기를 향해 주의가 움직이는 것입니다. 이쪽에서 저쪽을 보고 있다는 느낌이 있어요. 이쪽에는 구심성 주의가 형성되어 있는 것입니다. 대상을 떠올리면 즉각 원심성 주의와 구심성 주의가 형성되는데, 이는 고정되어 있지 않아서 즉각 사라집니다. 눈을 뜨고 돌아오면 즉각 사라지잖아요. 마음은 이렇게 바로 바뀝니다. 참으로 놀라운 기능이죠. 그중에서도 '나'라고 느껴지는 이 마음은 참으로 놀라운 기능이에요. 잠들 때나 몰입할 때는 사라져서 없지만, 누군가 자극을 주면 순식간에 올라와 반응합니다. 놀랍고 재미있고 유용한 장난감이죠. 동시에 자기를 괴롭힙니다. 그러나 괴롭지 않을 수도 있어요. 거기서 힘만 빼면 되는데 그러지를 못해서 계속 자기가 자신을 괴롭게 만들죠. 우리는 힘 주는 것만 배우고 힘 빼기를 배우지 못했어요. 힘을 빼면 진실이 아닌 것 같거나 이상하게 느껴집니다. 힘을 빼면 나도 아픔도 사라져 거짓처럼 느껴져서 항상 힘을 주는 상태가 자연스러워졌어요. 그래서 자신을 괴롭히는 것이 자연스럽게 되어버렸죠. 물론 공부를 시작하는 사람이나 내적인 생각이나 감정, 느낌에 괴롭힘을 당하고 있는 사람이라면 처음 의도를 갖는 것은 매우 중요합니다. 방향성을 유지해주기 때문이죠. 그러나 공부가 한참 되어서 본질에 다가서려는 사람, 진심에 다가가려는 사람은 모든 '의도'가 자아를 계속 유지게 한다는 점을 통찰해야 합니다. 그래서 이 공부는 마음을 써서 공력을 사용하는 공부가 아니라고 말하는 것입니다. 마음을 써서 공력을 사용하는 공부는 의도를 사용합니다. 진심에 대한 공부는 모두 내려놓고 쉬는 공부입니다. 그것이 바로 망심을 쉬는 것입니다.

此箇休歇妄心法門이 最緊要故로
차 개 휴 헐 망 심 법 문   최 긴 요 고

偏多說하노니 無文繁也니라
편 다 설   무 문 번 야

이 각각은 망심을 쉬는 것이 최고로 긴요하니
치우쳐 많은 설명을 했으나 글에는 번거로움이 없다.

제8장

진심사의
眞心四儀

오늘부터 진심사의眞心四儀에 대해 살펴보겠습니다. 지난 시간까지는 진심이 망령된 마음을 쉬게 한다는 뜻인 진심식망眞心息妄의 내용을 살펴보았습니다. 망령된 마음은 간단히 말하면 나누는 마음입니다. 나누어진 마음이죠. 나누어지지 않은 마음에 금을 그어 마음을 나눠놓으면 이때부터 마음은 움직이기 시작합니다. 밀고 당기는 일이 생겨나죠. 여기서 저기로 가려고 하는 마음이에요. 눈을 감고 부산 해운대를 떠올리는 순간 벌써 마음속에는 '부산을 본다'는 현상이 일어나죠. 다시 돌아오면 부산은 어느새 사라지고 없습니다. 마음이 다시 하나가 되었죠. 이렇게 마음은 즉각 나누어지고 즉각 하나가 되기도 합니다. 마음속에 무언가를 떠올리면 마음은 그 무언가를 보는 나와 무언가로 나누어집니다. 또 어떤 의도를 가지면 그 의도를 이루려는 나와 그 의도의 목적으로 나눠지죠. 그렇게 마음은 둘로 나누어졌다가 합해짐을 끊임없이 반복하면서 움직임을 통해 살아 있으려고 합니다. 끊임없는 분열 속에서 오고감이 일어날 때 마음은 살아있습니다. 아무것도 하지 않고 가만히 있으면 지루하게 느껴지죠. 그런데 지루함이 느껴지는 것은 마음이 나누어져 있기 때문이에요. 지루함을 느끼는 나와 지루함이 느껴지는 대상으로 분열되어 있죠. 그렇게 마음이 분열은 되어있지만 에너지의 움직임이 없는 상태일 때 우리는 지루함을 느끼곤 합니다. 늘 그것이 그것 같고 변함없는 일상 같죠. 에너지 흐름이 없는 상태라고 보면 됩니다. 마음의 분열이 없는 상태에서는 그런 지루함마저도 없습니다. 느낌은 마음이 분열되어 있을 때에만 일어나기 때문이죠. 그러한 망령된 마음을 쉬게 하는 것이 바로 진심眞心이라는 것을 진심식망眞心息妄에서 살펴보았습니다.

망령된 마음을 쉬기 위해서 분열 없는 마음으로 가야하는 것이 아니라, 분열 자체가 환상이고 착각임을 알아야 합니다. 분열 속에 분열 없음이 있다는 것입니다. 마치 배가 수면 위를 지나가면서 바다를 갈라놓는 것처럼 보이지만 사실 물은 한 치도 변함이 없는 것과 같아요. 마음에 수많은 나뉨이 생겨난다 하더라도 진심은 전혀 나누어지지 않음을 우리는 발견하려고 합니다. 마음의 파도를 모두 가라앉혀야만 하나의 마음이 되는 것이 아니라는 말이에요. 수많은 파도의 흔들림 속에서도 물은 전혀 흔들리지 않는 것처럼, 망심이 아무리 흔들리고 나뉘었다 하더라도 진심은 변함없이 있음을 우리는 발견하려고 합니다.

　그런 진심을 발견하기 위한 훈련과 연습 중에 지관법止觀法이 있습니다. 마음의 경계를 모두 멈추는 것입니다. 그러면 어떻습니까? 마음은 나누어져야만 움직임이 생겨나죠. 마음이 나뉘지 않으면 움직임이 멈춥니다. 모든 마음의 움직임이 멈춘 상태를 불교에서는 선정禪定이라고 합니다. 사마타라고도 하죠. 집중법입니다. 무언가 하나에 집중하면 마음은 멈춥니다. 하나에 집중하면 여기저기로 분산되어 뛰어다니던 마음이 정지됩니다. 위빠사나는 이것과 저것이 관계 때문에 생겨난다는 마음의 구조를 통해 모든 현상이 서로간의 인연을 통해 임시적으로 만들어진다는 것을 발견하는 수련법입니다. 지금 마음에 나타난 어떤 느낌은 마음의 구조를 통해 생겨남을 아는 것이죠. '나'라고 하는 느낌도 어떠한 구조 때문에 일어난다는 것을 위빠사나를 통해 볼 수 있습니다.

일상의 움직임 속에서 마음을 살펴볼 때 더 효과적이다

或이 日 前說息妄은 未審커라
혹　 왈　전설식망　 미심

但只坐習이닛가 亦通行住等耶이니까
단지좌습　　亦通行住等耶이니까

日 經論에 多說坐習하시니 所以易成故요
왈　경론　　다설좌습　　　소이이성고

묻기를, 앞에서 말한 식망은 분명하지 않은 것이 있는데

단지 앉아서 익히는 것입니까? 걷고 머무는 곳에서도 통합니까?

답하기를, 경전에 좌습을 많이 말했는데 이는 쉽게 이룰 수 있기 때문이요.

좌습坐習이 쉽다는 말은 그 결과가 훌륭하다기보다는 시작이 쉽다는 뜻입니다. 고요한 곳에 앉아서 자기 마음을 살펴보는 일은 어렵지 않죠. 방해받을 일이 없으니까요. 그러나 움직이면서 일상생활 중에 자기 마음을 살펴보고 망령된 마음을 쉬기란 어렵습니다. 그렇지만 움직이면서 자기 마음을 살펴볼 때 더 효과적입니다. 일상을 살아가면서 흔들리고 움직일 때 일어나는 마음의 분열과 흔들림 없음을 함께 볼 수 있기 때문입니다. 가만히 앉아있으면 고요해지기는 쉽죠. 마치 흙탕물이 가득한 유리잔을 가만히 두면 찌꺼기들은 고요히 가라앉는 것과 같아요. 흙과 분리된 투명한 물과 같은 깨어있는 마음, 또는 의식하는 마음, 순수한 의식의 알아챔은 맑게 드러납니다. 마음의 내용이 모두 가라앉기 때문이죠. 그래서 알아채는 투명한 마음이 가라앉았다가 살짝 흔들리는 흙먼지를 잘 살펴볼 수 있게 되었어요. 그런데 일상으로 돌아오면 어떻습니까? 일상은 끊임없는 흔들림이에요. 물과 흙이 완전히 뒤섞인 진흙탕처럼 끊임없이 혼란스러운 마음이죠. 그러나 거기서 물과 흙의 다름을 발견하면, 즉 투명한 알아차림과 알아차리는

내용이 다르다는 것을 분명히 파악하면 더 이상 마음은 혼란스럽지 않습니다. 그래서 일상 속에서 절대를 발견하는 것이 더 중요합니다.

물론 여기서 말하는 투명한 알아차림도 우리가 알아차림과 내용으로 분리해 놓은 것이기 때문에 본질은 아닙니다. 그러나 최소한 마음의 내용과는 다른 투명함이 있음을 발견할 수 있죠. 전체주의나 주의에 주의기울이기를 하면 다 보이고, 들리고, 느껴지면서도 투명하게 알아채는 느낌이 있음 알죠. 그래서 우리의 중심을 마음의 대상이 아닌 알아챔 자체로 옮겨올 수 있게 됩니다. 그런데 여기서도 깊이 들여다보면 마음은 세 가지로 분리되어 있죠. 마음의 대상, 대상을 알아차리는 투명한 주의, 그 주의 쪽으로 옮겨오는 중심입니다. 이렇게 여전히 마음의 분열이 있지만, 다양하게 변화하는 마음의 대상에 흔들리지 않는 투명한 알아차림을 발견할 수 있는 기회입니다. 그런 투명한 알아챔으로만 있어도 많이 흔들리지 않게 됩니다. 물론 마지막에는 그 투명한 알아챔으로부터도 떠나야 되겠지만요. 왜냐하면 투명한 알아챔도 마음의 분열을 통해 일어나기 때문이죠.

이렇게 움직임 속에서 하는 식망息妄 공부가 사실은 더 효과적인데, 옛날에는 주로 좌선坐禪을 했던 이유는 시작이 쉽기 때문입니다. 지금도 마찬가지로 처음 공부를 시작할 때는 앉아서 자기 마음을 살펴보는 편이 훨씬 낫겠죠. 그러나 어느 정도 마음을 살펴보는 집중력과 관찰력이 생기면, 즉 자기 마음에서 일어나는 현상에 끌려 다니지 않는 상태가 된다면 이제는 움직임 속에서 공부하는 편이 낫습니다. 왜냐하면 그때 마음의 관성이 툭툭 튀어나오기 때문입니다. 움직이고, 부딪히고, 하기 싫은 일을 하면서 살펴보는 공부가 자기 마음에 깊숙이 가라앉은 습習을 제대로 볼 수 있게 합니다.

亦通行住等하니 久久하야 漸成純熟故라
역 통 행 주 등　　　구 구　　　점 성 순 숙 고
또한 걷고 서는 중에도 통하니 오래하여 점차 잘 익혀지기 때문이다.

　무엇을 하든 사실은 아무 차이가 없습니다. 망심을 쉬게 하는 것은 어디서 무엇을 하는지가 아니라 마음의 작용을 보는 데 달려있기 때문입니다. 작용을 보려면 마음이 작용하는 과정 속에 있어야겠죠. 그러나 고요하게 앉아 있으면 마음의 작용이 단순해집니다. 움직이고 사람들과 대화할 때 사람의 마음이 아주 복잡하게 작용하죠. 그럴 때 작용을 더 잘 볼 수 있다는 말입니다. 조용히 앉아있기보다 활발히 움직일 때 망심을 더 잘 볼 수 있고, 그 작용을 파악하기 쉽습니다. 그러나 집중력이 약하거나 처음 시작하는 사람에게는 좌습坐習이 더 좋겠지요.

　그렇다면 망심으로 대변되는 마음의 기본 작용은 무엇일까요? 마음은 끊임없이 진동하고 있습니다. 진동의 기본은 산과 골의 반복이에요. 즉 파동이죠. 한번 오르고 한번 내려가기를 끊임없이 반복합니다. 주역에 일음일양지위도一陰一陽之謂道라는 말이 나오죠. 한번은 음, 한번은 양이 현상계에서 흐르는 움직임이라는 말입니다. 그러한 일이 계속 반복되면 진동입니다. 사물을 궁극까지 깊숙이 파고 들어가면 파동이 나옵니다. 또 인간의 마음을 깊숙이 들여다보면 진동이 나와요. 파동은 의식현상과 물질현상을 모두 아우르는 단어입니다. 의식과 물질, 이 우주에 나타난 모든 현상들은 하나의 현상이기 때문에 하나의 용어로 설명한다면 파동이 가장 근접한 단어입니다. 그래서 커다란 기쁨 속에 있을 때 진동을 느끼게 되죠. 이렇게 마음과 물질은 움직임의 현상입니다. 살아있음은 움직인다는 것이고 움직임의 가장 기본은 파동입니다.

거시적으로 보면 새로움을 찾아가는 마음의 속성에서도 움직임을 볼 수 있습니다. 마음은 무언가에 익숙해지면 지겨워져서 견디지 못하고 새로운 것을 찾아 나섭니다. 왜냐하면 그것이 '나'가 되었기 때문이에요. '나'는 항상 '나 아닌 것'을 찾아 나섭니다. 맨 처음에 무언가가 새롭게 느껴질 때 그것은 내가 아니었죠. 쇼핑중독에 걸린 사람들을 보면 그 사람들은 물건이 정말로 필요해서 사는 것이 아니에요. 새로운 것을 살 때의 기쁨, 마음의 진동을 맛보기 위해서 쇼핑을 합니다. 그래야 '나'를 갱신할 수 있기 때문이에요. 그런데 그것이 내 것이 되면 익숙해져서 마음은 떠날 준비를 합니다. 그렇게 익숙해지는 것들 중에는 '안다'는 생각도 포함됩니다. 안다고 여겨지면 마음은 그 자리에 고정되어 버립니다. 그리고는 곧 그것을 떠나고 싶어 하죠. 그 자리에서 더 깊어지지 못하고 그 레벨에서 바로 다른 곳으로 떠나려고 해요. 변화에는 수평적인 변화와 수직적인 변화가 있습니다. 수직적인 변화는 똑같은 것 속에서 끊임없이 새로움을 발견하는 것입니다. 그래서 모래 한 알에서도 우주를 봅니다. 표면적인 차원에서만 보고서는 다 알았다고 여기면 거기서 끝나죠. 마음이 얼마나 깊어지느냐에 따라 보이는 것이 달라집니다.

수직적인 변화는 마음의 속성이고 우주적인 속성입니다. 그러나 사실은 거기에 어떤 변화도 없음을 우리는 발견하려고 하죠. 수많은 변화는 표면적인 모습이에요. 진심을 알고 나면 그 수많은 변화와 차이들에 사실 그 어떤 차이도 없음을 알기 때문에 "문밖을 나가지 않고서도 우주를 안다."고 말하죠. 모든 차이들은 그저 나타나는 모습의 변화인데, 이를 발견하지 못하면 우리는 끊임없이 마음의 회오리에 휘둘립니다. '저기에 가면 행복할까? 저기에는 뭔가 새롭고 재밌고 신나는 일이 있을까? 여기는 아닌 것 같은데.' 늘 이러죠. 있는 자리에 만족하지 못하고 항상 다른 곳을 찾는 것이 마음 아닙니까? 여기서 만족하지 못하는 사람은 다른 곳에서도 절대 만족할 수 없어요. 잠시는 만족할 수도 있죠. 그러나 좀 있으면 또 똑같이 안다는 마음, 변함없다는 마음, 지겨운 마음에 휘둘립니다. 그런데 그렇게 해서 우주는 우리한테 대체 뭘 바라는 걸까요? 끊임없이 움직이라고 명령하는 것입니다. 그런 움직임이 바로 살아있음이라고.

미시적으로 살펴보면 마음은 항상 분별을 통해 움직입니다. 마음속에서 제주도를 떠올리면 제주도를 보는 나와 제주도로 마음이 나누어지면서 제주도를 향해 가고 있는 주의가 느껴지죠. 움직임이 생겼어요. 제주도를 떠올리지 않았다면 어떻습니까? 그냥 여기 가만히 있겠죠. 그런데 제주도를 떠올리면 마음이 제주도 여기저기를 쏘다닙니다. 한라산, 백록담, 성인봉, 바닷가로 끊임없이 움직이죠. 마음속에서 에너지의 움직임이 생겨납니다. 의식적인 활동은 우리 에너지를 많이 소모합니다. 인체 전체 산소의 25%를 뇌에서 소비한다고 그래요. 의식적인 생각과 마음의 움직임이 물리적인 전체 산소 대사량의 25%를 차지합니다. 그러한 모든 움직임의 가장 기초가 바로 분별입니다. 핸드폰을 보거나 떠올리는 순간 핸드폰을 아는 나가 생겨나고, 핸드폰과 관계되는 수많은 추억과 경험들이 떠오르면서 움직입니다. 에너지가 쓰여요.

이렇게 미시적으로 마음은 분별을 통해 끊임없이 움직입니다. 그러나 사실 아무 분별이 없습니다. 분별이 있다고 착각할 뿐이에요. 예를 들어서 마음에 혼란함이 일어났다가 고요해지면 사람들은 이 둘의 상태를 다르게 여깁니다. 초점이 느낌에 있기 때문이에요. 그러나 마음에 무언가가 나타났다 사라졌다는 것에 초점이 가있으면, 혼란하고 곤란한 마음이나 고요한 마음이나 다 똑같은 나타남일 뿐이죠. 마음에 나타났다는 측면에서는 아무 차이가 없으니까요. 그러니까 초점이 어디에 있느냐에 따라서 수많은 변화가 있다고 볼 수도 있고, 그 어떤 변화도 없다고 볼 수가 있습니다. 초점이 표면적인 마음의 느낌에 맞춰져 있으면 느낌이 달라질 때마다 끊임없는 변화와 차이가 있다고 여기겠죠. 그런데 고요한 느낌, 지겨운 느낌, 황홀한 느낌, 안다는 느낌을 그것들이 나타나지 않은 마음과 구별하면 어떻습니까? 그러면 고요한 마음이던 시끄러운 마음이던 둘 다 마음의 현상에 불과합니다. 수많은 느낌들 간에 아무런 차이가 없어요. 따라서 마음에 뭔가가 나타나기 이전을 보지 못하면, 그 수많은 변화 속에서 자리 잡고 있는 변화 없음을 알아챌 수가 없습니다. 그것이 바로 느낌을 떠난 차원입니다.

이렇게 마음은 거시적으로나 미시적으로나 끊임없이 움직입니다. 그런 움직임 속에서 움직이지 않음을 발견하기 위해서는 좌습坐習보다는 움직이는 일상생활에서 더 유용한 수행을 할 수 있습니다. 그래서 "걷고 서는 중에서도 통하니 오래하여 점차 잘 느껴진다."라고 하였습니다. 식망息妄이 잘 느껴진다는 말이에요.

지법止法_사마타의 핵심

起信論에 云하사대
기 신 론　　운

若修止者가 住於靜處하야
약 수 지 자　　주 어 정 처

기신론에 말하기를
만약 지법을 닦는 자가 고요한 곳에 머물러

지법止法은 사마타를 말합니다. 사마타는 기본적으로 하나에 집중하게 해요. 호흡에 집중하거나 하나의 사물 또는 하나의 문장에 집중하거나 무無에 집중해서 다른 모든 것을 잊어버립니다. 그리고 맨 마지막에 그 하나마저도 잊어버리죠. 그에 반해 관법觀法인 위빠사나는 이것과 저것을 분별하여 그 인연因緣을 파악하고, 이것들이 본질적으로 존재하는 것이 아니라 의존적으로 나타난 임시적인 현상임을 보는 것입니다. 이것이 지혜의 관법인 위빠사나입니다.

지법, 즉 사마타는 일체의 경계를 멈추게 합니다. 경계는 마음속의 나눠짐이에요. 지금 이 순간 집의 안방을 떠올려 보세요. 지금 마음이 안방이라는 테두리를 그리면서 이미지를 떠올려서 경계 지어진 것입니다. 안방과 안방 아닌 것으로 마음이 나누어졌죠. 여기 이 공간이 있어요. 그런데 여기에 이렇게 컵이 있으면 이 공간은 컵과 컵이 아닌 것으로 나눠지죠. 마찬가지로 여러분이 마음속에 뭔가를 떠올리면 그것과 그것이 아닌 것으로 마음이 나눠집니다. 이것이 경계에요. 우리가 인식하는 모든 것들은 모두 마음의 경계를 통해 인식됩니다. 경계를 그려서 어떤 사물이라고 말하는 것입니다. 현상이죠. 경계 지어지지 않은 것은 텅 빈 마음밖에 없습니다. 그러나 그 텅 빈 마음이 느껴진다면 그것 역시 미묘한 경계가 지어져 있기 때문입니다. 텅 빈 마음과 그것을 느끼는 놈으로 나눠져 있잖아요. 마음속에 있는 이 모든 경계를 사라지게 하는 것이 바로 지법입니다. 하나에 집중하면 그것 외의 모든 경계들이 사라지잖아요. 그러고 나서 나머지 하나마저도 사라지게 하면 그때 정말 모든 경계가 사라지겠죠. 그런데 마지막 하나를 없애는 것이 정말 어렵습니다. 왜냐하면 한 가지에 집중할 때에는 마음에 집중하는 뭔가가 있어요. 그런 집중은 누구나 할 수 있습니다. 물론 집중력이 약한 사람은 잘 못하겠지만, 결과적으로 집중할 수 있는 무언가가 있기 때문에 어쨌든 애쓸 수가 있습니다. 그래서 애쓰고 애쓰다가 드디어 이 하나만 남기고 모든 것이 사라졌어요. 여기까지는 크게 어렵진 않아요. 집중할 대상이 있기 때문이죠. 문제는 이놈마저 버려야 하는데, 이놈을 버리려고 하면 그러려는 내가 생겨나요. 모든 의도는 또 다른 마음의 현상이기 때문입니다. 버리려는 의도가 생겨나면 다시 마음은 흐트러지고, 경계가 생겨나겠죠. 그래서 이 마지막 하나는 스스로 사라져야 합니다. 주의에 주의 기울이기를 하면 애쓰면서도 사라지죠. 주의는 투명한 알아챔 그 자체이기 때문입니다. 보통의 호흡관에서는 들숨과 날숨에 주의를 기울입니다. 들숨과 날숨은 여전히 마음의 입체적인 하나의 현상이고, 마음의 대상입니다. 마음이 잡아낼 수 있다는 말이에요. 그런데 주의에 주의 기울이기를 해보면 맨 처음에 주의가 있는 것 같지만 깊숙이 파고들수록 대상이 아니기 때문에 사라지게 됩니다. 살펴보는 주의와 살펴보아지는 주의가 똑같기 때문에 물방울에 물을 덧붙이는 것과 같아서 더 들어가면 하나가 됩니다. 물방울이 서로 맞닿기 전에는 둘인 것 같지만 닿고 나면 하나가 되는 것과 같아요. 그래서 경계가 없어지고 한 덩어리가 되기 때문에 일미一味라고 합니다. 지금 여기서 말하는 일미一味는 분리된 마음인 하나의 맛이 아니라 모든 경계가 사라진 한 덩어리의 마음을 말하죠. 그것이 바로 경계가 멈춘 것입니다. 곧 분별을 사라진 것이죠. 모든 분별이 사라지면 생각과 느낌이 사라져 오직 감각상태가 됩니다. 마음의 상相이 사라지면 우리에게 육체적으로 주어진 감각만 작동을 합니다. 이 감각상태마저도 일종의 미묘한 경계죠. 왜냐면 그것을 경계로 삼아 우리가 감각하니까요. 흔히 말하는 오감五感의 감각이 아니라 깨어있기에서 말하는 감각상태를 말합니다. 마음에 상相이 전혀 없는 상태, 그때는 눈에 보이지만 아무것도 보지 않죠. 보는 자는 없고 '봄'만이 있습니다. 마음의 상相이 없기 때문에 알거나 느껴지거나 의식되지 않습니다. 그냥 눈이라는 감각적인 작용만 있을 뿐입니다. 그런데 여기도 미묘한 분별이 있단 말이에요. 자극이 있기 때문에. 이 자극마저도 사라지면 드디어 삼매와 선정에 들게 됩니다. 이것이 바로 모든 마음을 하나에 집중시키고 마지막에는 그 집중된 하나마저도 내려놓아 선정에 드는 사마타입니다.

端坐正意호대 不依氣息하며
단 좌 정 의   불 의 기 식
단정히 앉아 뜻을 바르게 하되, 호흡에 의존하지 않고,

정의正意, 뜻을 바르게 한다는 것은 명리名利을 구하지 않음이라고 대승기신론에서 말했습니다. 이름이 나기를 바라거나 이익을 바라지 않고, 오직 자신과 타인을 구함에 뜻을 두는 것이 바로 정념正念이고 정의正意입니다. 단정하게 앉아서 오직 자기의 본질을 구하거나 다른 사람의 본질 찾기를 돕는 이레만 뜻을 두는 것입니다. 부처님은 오직 그 일만 하다가 가셨죠. 다른 일은 아무것도 하지 않았어요. 호흡에 의존하지 않는다는 말은 뭘까요? 맨 처음에는 호흡에 의존하죠. 마음이란 것이 뭔지 모르니까 호흡을 관찰합니다. 들숨과 날숨을 관찰하다보면 말이죠, 맨 처음에는 들이쉬는 숨과 내쉬는 숨에 차이가 있어요. 그 사이에 경계가 있기 때문이죠. 들숨이 끝나고 날숨으로 바뀌기 직전에 텅 빈 지점이 있습니다. 마치 자동차 기어가 1단에서 2단으로 넘어가기 직전의 중립과 같은 지점이에요. 호흡이 잠깐 정지합니다. 호흡의

방향전환이 일어나면서 잠깐 호흡이 멈춰요. 이 멈춤을 통해 들숨과 날숨이 경계 지어집니다. 그러나 계속해서 호흡을 관찰하다보면 들숨과 날숨의 경계가 사라져 하나가 되고, 그 사이의 정지와 들숨과 날숨이 다르지 않음을 보게 됩니다. 결국 그렇게 분리시켜서 봤던 것은 마음이거든요. 마음이 그렇게 경계 지었던 것입니다. 그러나 호흡을 계속 관찰하다보면 '봄' 속에 들어가게 되고, 들숨과 날숨과 그 사이의 경계가 사라집니다. 여전히 경계를 가지고 관찰할 때는 마음이 호흡에 의존하고 있는 것입니다. 관찰이 호흡의 경계에 의존합니다. 그런 호흡에도 의존하지 말라는 말입니다.

不依形色하며 不依於空하며
불 의 형 색　　　불 의 어 공

형색에 의존하지 않고, 공에도 의존하지 않으며

형태와 색깔에도 의존하지 않고 심지어는 텅 빈 공空에도 의존하지 않는다고 했어요. 형색形色에 의존한다는 말은 인간 몸의 뼈와 살에 의존해서 본다는 의미입니다. 형태와 색깔이 따로따로 존재한다고 여기는 것입니다. 그러나 진정으로 그것을 보는 주의, 또는 의식과 따로 존재하는 형색은 없습니다. 여러분 앞의 두 가지 사물을 보세요. 그러면 이것과 저것이 다르다고 압니다. 그런데 잘 보면, 이 사물과 함께 사물을 알아채는 주의가 동시에 있죠. 그런 주의 없이 사물을 알 수 있습니까? 감각에서 감지로 나올 때 어떻죠? 사물을 알지 못하는 감각상태에 있다가 감지로 나오면서 사물에 대한 느낌이 생겨나죠. 그 느낌이 선명해지고 명확해질수록 투명한 주의가 쓰이고 있는 것입니다. 주의가 가지 않으면 사물이 있는지 몰라요. 눈은 이것을 보지만 주의가 다른 데 가 있어도 안 보이죠. 마음속에 떠오르지 않습니다. 눈과 이 사물 사이를 이어주는 것이 바로 투명한 주의입니다. 사물을 느끼고, 알고, 경험하려면 주의가 있어야 합니다. 주의를 떨어뜨려놓고서는 사물은 없습니다. 촉감도 마찬가지죠. 사물을 손으로 잡고 있어도 주의가 딴 데 가 있으면 잡은 느낌이 없잖아요. 즉 우리는 주의가 함께 있을 때만 사물을 경험할 수 있습니다. 사물을 알아채는 주의를 빼면 사물이 있을 수 없기 때문에, 의식과 따로 존재하는 사물은 없습니다. 따라서 우리가 형태와 색을 볼 때는 늘 의식이 함께 만나는 것입니다. 의식하게 하는 투명한 주의는 변함없이 사물들과 함께 합니다. 그것이 아니라면 형과 색은 따로 구별되지도 않고 존재하지도 않아요. 형태와 색깔을 구분하는 마음속에, 분별하는 의식 속에 늘 투명한 주의, 투명한 알아챔이 있습니다. 그러니까 형과 색은 투명한 알아챔으로 다 연결돼 있고, 그 속에서만 일어나는 일입니다. 그런데도 우리는 형태와 색깔이 따로따로 존재한다고 생각하면서 그것을 통해 관찰하려고 한단 말이에요. 그것이 바로 형색이 따로 존재한다고 생각하여 의존하는 마음입니다.

공空이란 분별이 사라진 텅 빈 마음입니다. 지금 이 순간 나는 누구인지 찾아봅니다. 그러면 잠시 뭔가 있는 것 같다가 마음은 비어버립니다. 빈 마음이죠. 그러고는 '아, 텅 빈 마음이 이런 거구나!'라고 여겨요. 그것이 바로 텅 빈 공空에 의존하는 마음입니다. 텅 빈 공空이 있다고 느껴요. 지금 느껴지잖아요? 텅 빈 공空에 의존하고 있는 것입니다. 공空이 느껴진다면 이미 망령된 마음이 생겨난 것입니다. 느낌 자체가 이미 분별이기 때문입니다. 텅 빈 마음과 텅 비어있지 않은 마음을 나누고 있잖아요? '아 텅 빈 마음이야!'하는 순간 그 밑바닥에는 텅 비어있지 않은 마음이 배경으로 깔려있어요. 마음은 이미 최소한 두 개로 나누어졌어요. 텅 비어있지 않은 기준과 지금 이 순간 텅 빈 마음으로 나누어졌습니다. 느낌과 의식 자체가 이렇게 분별을 기반으로 하기 때문에, 공空하다 할지라도 그것을 느끼는 것은 그것에 의존하는 분열되고 망령된 마음입니다. 텅 빈 공空에도 의존하지 말라는 것입니다. 공空한 마음에 의존한다면 마음은 이미 분열되어 있습니다.

'아, 그렇구나!' 할 때 마음의 경계가 생겨난다

不依地水火風하며 乃至不依見聞覺知하고
불 의 지 수 화 풍   내 지 불 의 견 문 각 지

지수화풍에 의존하지 않고, 보고 듣고 깨닫고 아는 것에 의존하지 않으며,

지수화풍地水火風은 현상 세계에 존재하는 가장 근원적인 요소입니다. 지금의 과학으로 말하자면 원자, 분자, 양성자, 중성자 같은 그런 기본 요소들을 말하죠. 이 문장은 그런 요소들에도 의존하지 말라는 의미입니다. 중요한 점은 보고 듣고 깨닫고 아는 것에도 의존하지 말라고 했다는 것입니다. '아, 그렇구나!' 할 때 마음에 경계가 생겨납니다. 알아채기 이전과 알아챔으로 마음이 분열되죠. 그저 알아차리고 그 다음으로 도약해야 하는데, 어떤 흔적을 남겨 놓으면 알아챈 마음과 그렇지 못한 마음으로 나뉘어 경계가 생겨나서 마음을 분열시키니 그런 것에도 의존하지 말라고 하였습니다.

一切諸想을 隨念皆除호대 亦遣除想이니
일체제상 수념개제 역견제상

일체의 생각을 일어날 때마다 모두 제거하되, 또 버린다는 생각도 버리니

여기 잘 보시면 '버린다는 생각을 버린다'고 할 때 '제거除'를 쓰지 않고 '견遣'을 썼습니다. 제거하는 것이 아니라 사라져가기 때문이에요. 보통 생각을 없애려고 하면 모든 생각이 점차 사라지지만 맨 마지막에 생각을 없애려고 하는 그 생각이 남습니다. 그마저도 없애라는 것입니다. 앞에서부터 다시 살펴보죠. 일체의 생각이 일어날 때마다 모두 제거합니다. 앞에서 기식氣息, 즉 호흡과 같은 거친 육체적인 상을 제거했지만 여전히 미묘한 느낌과 생각들이 남아있습니다. 그마저도 다 없애는 것이 일체제상一切諸想 수념개제隨念皆除입니다. 역견제상亦遣除想은 논리적으로만 따질 문제가 아니어서 어렵게 느껴질 수도 있습니다. 마음에 올라오는 모든 생각을 잡아서 지워버린다 해도 마지막으로 남아있는, 생각을 지우려고 하는 그 의도를 어떻게 지울 수 있겠습니까? 지우려는 의도가 하나의 생각이라고 알아챘어요. 그러면 또 그 놈을 지우려는 의도가 생기겠죠. 그 의도 또한 하나의 생각임을 알아차리고 지우려하는 과정을 끊임없이 반복하겠죠. 논리적으로는 마지막 생각은 지울 수 없다고 여기겠지만 그렇지 않습니다. 경험적으로는 달라요. 이 생각 저 생각들을 하나씩 지우다보면 마음에 습習이 생깁니다. 생각이란 놈을 잡아서 사라지게 하는 기능이 생겨요. 그러면 모든 것을 다 지워낸 마지막에 자기 또한 하나의 생각이라고 스스로 알게 되면서 자기 자신을 지워버립니다. 의식의 신기한 기능이죠. 그렇게 스스로 사라집니다. 논리적으로는 이해할 수 없는 일이죠. 생각을 없애는 의도마저 없애려고 한다면 메타 의도가 생겨나기 때문에 모든 생각과 의도를 지우는 일이 불가능할 것 같지만, 경험적으로는 가능합니다. 초기에 생각을 없애던 기능이 자리 잡으면, 의도 없이도 무의식적이고 자동적인 과정을 통해 스스로를 사라지게 하는 일이 벌어집니다. 이렇게 해서 없앤다는 생각마저도 없앨 수 있습니다. 다만 그때는 누군가가 없애는 것이 아니라 그저 없어지는 일이 일어나죠. 거기에는 어떤 주체도 없습니다. 주체가 사라지는 과정이기 때문입니다. 따라서 경험도 경험자도 없습니다. 그것은 경험이 아닙니다. 경험자가 없잖아요. 모든 경험에는 경험자가 있죠. '나는 알았어!'라고 믿는 사람은 미묘하게 다시 경험자를 만든 것입니다. 대승기신론식으로 말하자면 안주安住하지 못했다고 할 수 있습니다. 안주安住란 없애려고 하는 의도마저 없앤 상태에요. 사실 그것은 어떠한 상태가 아닙니다. 오직 투명한 살아있음이 끊임없이 진행 중일 뿐입니다.

以一切法이 本來無相하야
이 일 체 법   본 래 무 상

이로써 일체법이 본래 상이 없으니

일체법의 법法은 현상을 의미합니다. 진리로서의 법, 부처님의 설법으로서의 법, 현상계로서의 법은 서로 통합니다. 진리의 법은 어디에서 발견됩니까? 현상 속에서 발견됩니다. 따라서 모든 현상이 이미 법이에요. 또한 법 없이는 현상계가 존재하지 않습니다. 모든 현상계가 이미 법이기 때문에 진리로서의 법은 현상으로서의 법과 통하고, 부처님은 그러한 진리를 설법說法했습니다. 이 세가지 의미가 모두 법法이라는 글자에 포함되어 있어요.

일체의 법이 본래무상本來無相하다고 했습니다. 왜 상相이 없을까요?

이 컵도 상相이 있지 않나요? 무상無相하다고 말한 이유는 이것의 근본으로 내려가서 살폈기 때문입니다. 이것은 이런 저런 조건에 의해 만들어진 모습일 뿐, 실체인 무언가가 없다는 의미에요. 상相이라는 글자가 의미하듯 의존적인 특성을 가졌기 때문입니다. 일체의 법이란 본래 생각할 만한 것도 없으며, 생각할 수 있는 것도 아닙니다. 따라서 그에 대한 생각은 나지도 않았기 때문에 멸할 필요도 없습니다.

念念不生하며 念念不滅이라
염 념 불 생   염 념 불 멸

亦不得隨心하야 外念境界後에 以心除心하고
역 부 득 수 심   외 념 경 계 후   이 심 제 심

생각들이 나타나지 않고 생각들이 사라지지도 않는 것이다. 또한,
생각 따라 밖으로 경계를 생각하지 않으니 이후 마음으로 마음을 없애고

일체에 상相이 없기 때문에 생각들은 나타나지도 사라지지도 않는다는 말입니다. 원래가 있는 것이 아니기 때문에 그래요. 뭔가가 있을 때에만 나타나기도 하고 사라지기도 하겠죠. 자동차를 분해한다고 해봅시다. 네 개의 바퀴가 자동차입니까? 운전대가 자동차인가요? 아니죠. 그럼 엔진이 자동차인가요? 아니죠. 그렇게 하나하나 모든 것을 떼어내어 살펴보면 대체 자동차는 어디에 있습니까? 자동차라는 것은 없습니다. 기능되어지고 있는 무언가일 뿐이죠. 바퀴와 운전대, 엔진, 덮개가 합쳐져서 기능하고 있을 뿐이고, 그런 기능에 경계를 그려서 이름 붙였을 뿐이에요. 마치 '잎', '줄기', '뿌리'라는 이름을 붙여 나무 한 그루를 나눠놓은 것과 같죠. 거기에 어떤 잎사귀, 줄기, 뿌리가 있습니까? 그냥 나무가 있을 뿐이에요. 그런데 우리는 '잎사귀가 있다'고 말합니다. 잎사귀를 떼서 따로 두면 이것이 혼자 존재할 수 있을까

요? 그렇지 않습니다. 그런데도 잎사귀가 있다고 여겨지는 이유는, 경계 지어진 독립적인 존재를 믿게 만드는 마음의 작용 때문입니다. 분리되어 따로 존재한다고 믿어지는 모든 것들이 다 그렇죠. 우리는 나무와 따로 존재할 수 있습니까? 나무가 산소를 공급해주지 않으면 우리는 숨을 쉴 수가 없죠. 우리가 물과 따로 존재할 수 있을까요? 인체의 70%를 물이 구성하고 있죠. 그런데 우리는 물과 몸이 따로 존재한다고 여깁니다. 따로 존재할 수가 없어요. 한 덩어리에요. 우주 자체가 한 덩어리입니다. '따로 존재한다'고 믿는 것은 사람의 마음이니, 그래서 그것을 개념이라고 합니다. 우리가 존재하는 현상계는 경계 지어진 것, 그 이상도 이하도 아닙니다. 그래서 생각을 따라 밖으로 경계를 생각하지 않으면 경계가 하나씩 사라져서 마음을 제거할 수 있습니다. 이심제심以心除心에서 앞의 마음은 경계를 씌워서 현상계가 존재함을 알아차린 마음이고, 뒤의 마음은 경계 지어진 마음입니다.

心若馳散이어든 卽當收來하야 住於正念이니
심 약 치 산   즉 당 수 래   주 어 정 념

마음이 치달아 흩어지면 곧 거두어들여 정념에 머물게 하니

마음이 치달아 흩어지면 끊임없는 경계로 나누어집니다. 정념正念, 즉 올바른 생각은 무엇입니까? 나의 마음을 살펴서 진리를 이루고, 다른 사람을 도와서 진리에 이르게 하겠다는 오직 하나의 마음입니다. 하나에 집중하는 수련이 사마타에요. 사마타는 무언가에 집중하여 머물게 함으로써 모든 감각기관의 작용을 쉬게 합니다. 그를 위해 남겨둔 하나가 정념이지만, 사실 정념의 진정한 의미는 그 어떤 것에도 경계를 두지 않음이니, 엄밀히 말하면 집중도 정념이 아니죠. 다만 처음

에는 어려우니까 정념이라고 하는 상相에 집중하게 하고, 그것이 이루어지면 정념의 진정한 의미인 경계 없음을 통찰하여 마음의 무경계 영역으로 넘어가게 합니다.

是正念者는 當知唯心이요 無外境界며
시 정 념 자　　당 지 유 심　　　무 외 경 계
이 정념이란 것도 마땅히 오직 마음뿐이요, 그 외에 경계란 없으며

　정념正念이라는 것도 따로 있지 않으니 오직 마음뿐이라고 했습니다. 정념도 마음에 '옳은 생각'이라는 이름을 붙여서 만든 하나의 경계죠. 그런 다음에 그 경계에만 집중하게 해서 나머지 경계를 다 사라지게 하고, 나중에는 붙들고 있던 정념마저도 놓아버립니다. 사실 올바른 생각이란 경계가 없음을 아는 것입니다. 모든 것이 마음이 짓는 경계일 뿐이니, 마음의 경계 외에는 구별되는 사물이란 없음을 알아채는 것이 진정한 정념입니다. 그렇기 때문에 밖의 사물이 구별되고, 사람이 구별되며, 감정과 생각과 미묘한 느낌들이 구별된다면, 아직 정념에 들지 않았다고 알아차리면 됩니다. 수많은 마음의 현상을 떠나 경계 없는 마음에 들어가기 위해서 정념에 집중합니다. 드디어 밖에서 어떤 경계도 보이지 않으면, 그렇게 경계 없는 마음에 머무르려는 마음조차도 하나의 경계임을 알아채고 놓아버리게 될 것입니다. 모든 의도는 이미 경계 지어진 마음이니, 모든 의도를 없애려고 하는 마지막 경계마저도 놓아버릴 때야말로 진정으로 정념에 이른 때입니다. 이 말에 모순이 있죠? 모든 의도를 놓으려는 그 마음마저 놓아버린다고 했는데, 대체 누가 놓겠습니까? 여기에 약간의 딜레마가 있지만, 아까 말했듯이 놓고 쉬는 기능을 만들어내는 습이 생기면 마음은 저절로 모

든 경계들을 내려놓을 수 있게 됩니다.

마음의 본체는 상이 없어 붙잡을 수 없다

即復此心도 亦無自相하야 念念不可得이니라
즉 복 차 심　　　역 무 자 상　　　　염 념 불 가 득

또한 이 마음도 스스로의 상이 없으니 생각으로는 얻을 수 없는 것이다.

마음의 본체는 원래 그 자체의 모습인 상相이 없으므로 붙잡을 수가 없습니다. 우리가 잡을 수 있는 것은 모두 마음의 상相이죠. 마음에 뭔가 나타나야만 잡히는 것입니다. 그래서 마음의 구조를 살펴보라고 말하는 것입니다. 마음에 뭔가 나타났다면, 나타난 그것과 그것을 보는 놈으로 마음이 나눠진 것입니다. 그럴 때 느낌이 생겨나죠. 대상과 나 사이의 관계인 느낌, 이것이 바로 마음의 작용이에요. 그런데 이런 상相이 마음의 본질에는 없으니 어떻게 생각을 통해 마음 자체를 알아차릴 수 있겠습니까? 그럼 어떻게 해야 할까요? 모든 것이 일어날 때 어떤 과정을 거치는지를 그냥 보면 됩니다. 그것을 통해 자기 자신 또한 그 과정의 일부라고 알아차릴 때, 마지막 남은 의도가 스스로 가라앉아 버리죠. 모습이 없는 마음은 붙잡을 수 없습니다. 또 스스로 상相이 없다는 말은 경계가 없다는 의미이니 그것을 알아채면 정념에 이르게 됩니다. 처음에 공부를 시작할 때는 밖의 대상을 관찰하고, 그다음에는 내 몸에서 일어나는 일들을 하나하나 구별합니다. 그리고 마음에서 일어나는 일들을 구별하고 경계를 살펴보죠. 그러다가 어느 순간 경계를 살펴보고 있는 자기 자신도 하나의 경계임을 알아차립니다. 지금 자기가 경계를 만드는 일을 하고 있어요. 관찰 자체가 끊임없는

경계 지음입니다. 경계를 구조적으로 살펴보면 마지막 경계가 스스로 사라집니다. 그렇게 한번 사라지고 나서 다시 경계로 돌아오면, 경계를 없애지 않으면서도 자기가 경계임을 알고, 자기가 마음의 한 부분임을 알면서 마음을 쓸 수 있게 됩니다.

사의四儀은 행行 · 주住 · 좌坐 · 와臥의 몸의 움직임을 말합니다. 움직이고 머무르고 앉고 서는 몸의 움직임 속에서 진심이 어떻게 드러나는지 살펴보겠습니다.

若從坐起하야 去來進止에
약 종 좌 기   거 래 진 지
有所施作이라도 於一切時에 常念方便하야
유 소 시 작   어 일 체 시   상 념 방 편
만약 앉았다가 일어나고 가고 오고 전진하고 멈추는 때
어떤 일을 하더라도 일체의 시에 항상 방편을 생각하여

방편은 방법을 말하죠. 우리 방식으로 표현하자면 감지를 발견한 이후에 감지를 하나의 도구로 사용하여 끊임없이 구체적인 관찰을 하라는 말입니다.

隨順觀察하야 久習純熟하면
수 순 관 찰   구 습 순 숙
순리에 따라 관찰하고 오래 익혀 완숙해지면

순리에 따라 관찰한다고 했어요. 관찰에는 순서가 있음을 의미하는 말입니다. 무조건적이거나 막무가내식의 관찰은 빙 둘러 돌아가는 너무도 먼 길이에요. 먼저 할 일과 나중에 할 일을 구별하지 않고 그냥

관찰하면 시간이 꽤 걸립니다. 그러므로 관찰의 순서를 알고서 그 순서대로 관찰하는 편이 좋습니다.

어떤 순서일까요? 먼저 일반적인 실험과 같은 관찰을 살펴봅시다. 구름을 관찰한다면 제일 먼저 관찰하겠다는 의도를 가져야겠죠. 두 번째로 관찰도구인 현미경을 구하고, 세 번째로 구름에 현미경을 맞추고, 네 번째로 바라봅니다.

첫 단계인 의도에는 이 관찰을 통해 무언가를 이룰 수 있다는 믿음이 있습니다. 그런 믿음이 부족하면 의지가 약해지고 관찰을 지속할 수 없어요. 의도와 방법을 통해 분명한 결과를 얻으리라 여기고, 그 방법을 믿는 마음이 있어야 합니다. 두 번째로는 관찰도구가 필요하죠. 도구와 방법도 없이 그냥 관찰하면 어떻겠어요? 우리 방식으로 말하자면, 감지라는 도구 없이 그저 생각으로 바라보면서도 스스로는 관찰한다고 여기겠죠. 하지만 생각으로 하는 관찰은 이 순간에 일어나는 진정한 관찰이 아닙니다. 끊임없이 과거와 미래로 종횡무진 돌아다니면서 생각의 바다를 헤맬 뿐이죠. 그건 진정한 관찰이 아니에요. 관찰은 지금 이 순간 내 감각기관을 통해 여기에서 일어나는 일을 보는 것입니다. 그러나 생각은 결코 여기에서 일어나는 일을 보게 하지 않아요. 늘 지나간 과거나 앞으로 올 미래를 바라보게 할 뿐이죠. 그래서 제대로 된 관찰도구가 필요합니다. 셋째, 관찰의 대상인 구름에 현미경을 대고 명확히 파악해야 합니다. 넷째, 눈을 대고 봐야 합니다. 이렇게 〈관찰의도-관찰도구-대상파악-보기〉의 순서대로 관찰이 일어납니다.

이제 의식적인 관찰을 살펴보겠습니다.

관찰 의도의 단계에서는 이 관찰을 통해 무언가가 이루어지리라는 믿음이 큰 역할을 합니다. 그래서 대승기신론에서도 신성취발심信成就發心을 중요하게 여겼죠. 또 이 진심직설眞心直說의 제1장도 진심정신眞心正信, 즉 진심에 대한 올바른 믿음입니다. 공부의 맨 처음에는 믿음이 아주 중요합니다. 관찰을 시작할 때도 어떤 의미 있는 결과를 위한 강렬한 에너지 결집이 일어나야 하는데 그것이 바로 믿음입니다.

두 번째, 관찰 도구로 우리는 감지를 사용하고 있습니다. 그동안 명확한 의도 없이 무의식적으로 마음을 살피거나 마음에 빠진 채 마음을 보아왔다면 이제 의식적인 관찰을 하려고 합니다. 빠져서 보면 의식적인 통찰로 이어지지 못합니다. 감지는 생각과 이름이 떨어져 나간 느낌, 무의식적인 호오好惡가 붙지 않은 느낌이죠. 그동안 쌓여있는 '나'라는 느낌에 영향 받지 않는 느낌이라고도 표현할 수 있습니다. '나'가 영향을 주기 시작하면 좋고 싫음이 붙어요. 그렇지 않은 순수하게 분별만 하는 상태인 감지를 가지고 관찰을 시작합니다. 의식의 발전과정으로 따지면 현식現識 상태, 즉 대상이 나타나서 하나하나 분별만 되는 상태에서 관찰을 시작하는 것입니다.

세 번째, 대상의 특성을 인지해 대상과 대상의 구조를 파악합니다. 우리가 보려는 것은 마치 구름과 같아서 나타났다 사라지는 모습이니, 그것을 없다고도 할 수 없고 있다고도 할 수 없습니다. 뭔가 존재한다고 느껴질 때 항상 어떤 구조를 띠고 있음을 우리는 보아야 합니다. 구름은 어떤 이유와 조건에 의해 형성되었다가 흩어지는데, 마음도 그렇습니다. 주체와 대상간의 관계에서 뭔가가 나타났다가 사라져요. 고정적인 모습을 띠지 않기 때문에 없는 건 아니지만 있다고도 할 수 없어요. 이런 마음 현상의 특성을 알아서 구조를 파악해야 합니다. 즉 관찰

도구와 관찰대상이 깊은 연관이 있음을 파악해야 한다는 말이에요. 관찰도구인 감지는 느껴내는 능력이고, 관찰대상인 감지는 마음에 나타나는 현상으로서의 느낌이죠. 관찰도구인 감지와 관찰대상인 감지가 깊은 연관이 있습니다.

관찰 행위를 넘어갈 때

이상하게도 관찰하겠다는 의도를 내지 않으면 관찰은 의식적으로 일어나지 않습니다. 즉 관찰자가 생겨나지 않으면 관찰이 의식에 명확하게 기록되지 않아요. 무의식적인 관찰은 일어나죠. 그러나 마음에 쌓는 역할만 할 뿐, 의식적인 통찰로 이어지지 않습니다. 여기서 우리는 관찰자와 관찰대상, 관찰행위가 별개로 존재하는 것이 아니라 마음의 분별이라는 것을 언뜻 알아챌 수 있습니다. 관찰하려는 의도를 가지면 그때 관찰대상과 관찰행위가 생겨나는 것입니다. 이 구조를 보지 않고 관찰만 한다면 마음의 현상에만 초점을 맞추는 것입니다. 강둑에 앉아 흘러가는 강물을 바라봅니다. 끊임없이 흐르는 강물에 부서진 배의 파편과 같은 많은 쓰레기들이 계속 나타났다 사라지죠. 마음의 내용을 관찰하는 건 강물의 쓰레기를 보는 것과 같아서 끝이 없습니다. 마음의 내용은 무한하기 때문이죠. 제대로 된 관찰은 바라보려는 의도를 가져서 흘러가는 강물을 마음의 대상으로 삼을 때 이루어집니다. 마음의 내용을 조성하는 강둑이 생겨나고, 강둑에 '나'라는 관찰자가 생겨나고, 흘러가는 강물이 마음의 대상으로 생겨나죠. 마음에 강물, 강둑, 관찰자가 즉시 생겨나는 것입니다. 마음은 관찰자와 강둑과 관찰 내용을 분리시키는 공간과 같습니다. 그 세 가지로 마음이 나눠지죠. 관찰할 때 일어나는 이런 마음의 구조가 마음에 나타나는 현상들을 의식적으로 보게 하는 도구입니다.

이렇게 나누어지지 않으면 마음에서 일어나는 일을 의식적으로 파악할 수 없어요. 무의식적으로는 늘 강물이 흘러가죠. 어떤 의도를 세우지 않는다면 마음은 그냥 강물로 가득 차있습니다. 환경과 조건에 의해 현상들이 나타나고 서로 부딪히고 사라지지지만 보는 자는 없어요. 그러다 어떤 패턴이 생겨나고, 그에 따라 행동이 일어나고, 내 몸과 마음이 거기에 반응해서 따라다닙니다. 그 강물은 개별적인 강물이 아니라 인간 전체와 생명계에 연관된 강물입니다. 말하자면 바다와 연관된 강물이에요. 바다가 생물계, 무생물계, 광물계 전체의 흐름이어서 모든 것이 하나로 요동치는 물입니다. 강둑이 없으면 그냥 물일 뿐이죠. 그러나 관찰하려고 하면 개인적인 강물이 생겨나서 개별성이 있는 것처럼 느껴집니다. 그런 의도가 없으면 그냥 자연 전체가 하나로 돌아갑니다. 식물이나 동물이 스스로의 개별성을 느껴서 행동하거나 작업하지 않잖아요. 하나의 강물인 것입니다. 그런데 우리가 자기를 살펴보려고 하면, 그림을 그리기 시작하면 강둑이 생겨서 지류支流이 생겨나죠. 표면의 흐름이 나눠지는 것입니다. 심층에서는 존재계 전체가 하나의 바다입니다. 태평양과 육지가 있어서 육지에 생겨난 강이 아니에요. 개별적으로 생겨난 강이 아닙니다. 내가 나를 살펴보려고 하면 태평양 표면에 강둑이 생겨서 다른 바닷물과 나누어진 것처럼 느껴지죠. 그러나 표면에만 강둑이 생겨났을 뿐 바닥은 서로 연결되어 있습니다. 개별의식은 표면에서 보면 강둑에 갇힌 물, 개별적인 물처럼 보이지만 깊이 들어가면 하나로 연결된 물이죠. 관찰을 하지 않을 때는 강둑이 없는 상태와 같아서 원시시대 인간의 마음이나 동물과 다름없습니다. 동물은 느낌대로 행동합니다. 먹을 것이 있으면 먹으려고 하고, 위험하면 도망가려고 합니다. 의식적으로 그렇게 하는 것이 아니라 그저 느낌으로 그렇게 해요. 강물의 흐름대로 하는 것입니다. 그런데 관찰하려는 의식이 생겨나면서 강둑과 강물과 관찰자로 강물이 나누어집니다. 이런 구조를 보라는 것입니다. 마음의 구조를 보면 그때의 관찰자는 자아自我를 대신하는 투명한 놈이죠. 평상시에는 환상 속에 자아가 생겨나 있습니다. 투명한 관찰자로서 나타난 모습을 이해하고 구조를 파악하면, 투명한 관찰자 자체가 마음의 상相이고 임시적인 분별이라는 것도 분명해집니다. 이런 관찰자의 물든 모습이 바로 자아입니다. 관찰자는 투명하여 지켜보는 의도만 있습니다. 색에 물들고, 무게가 생기고, 자기를 보호하려고 하면 자아라고 불리는 개별적인 '나'가 생겨난 것입니다.

관찰자와 관찰내용과 관찰행위 자체는 마음의 분별에 의해 나타난 모습이라고 알아차리면 마음의 구조를 보는 자리에 있는 것입니다. 그냥 관찰만 하면 끊임없이 관찰만 하고 있어요. 하지 않을 때보다는 자제력이 생기지만 여전히 미묘한 억압과 미묘한 분별 속에 남아있는 것과 같습니다. 관찰할 때는 마음의 구조가 어떻게 생겨나는지 보는 것이 필요합니다.

관찰 행위를 통해 마음에서 일어나는 많은 현상을 관찰할 수 있지만, 궁극적으로는 그 모든 현상이 마음 자체와는 관계없다는 통찰이 일어납니다. 관찰이 일어나는 구조를 통해. 의식적이지 않은 관찰을 통해 알게 되는 것은 마음의 내용일 뿐이에요. 관찰이라는 행위는 마음의 구조로 인해서 이루어집니다. 그리고 관찰자는 자아와 비슷한 마음의 구조 중의 일부여서 마음 자체와는 상관이 없습니다. 마음의 본체에는 분별이 없으니까요. 분별의 한 모습인 관찰 역시 마음의 구조임을 알면 마음의 분리된 구조가 생성되는 모습을 통찰하게 됩니다. 이렇게 해서 마음의 내용으로부터 넘어가게 됩니다. 아무리 관찰 내용에 관심을 기울인대도 마음의 구조를 넘어가지는 못해요. 마음의 기능을 통해 구조를 넘어가야 하니, 이것이 바로 순리에 따라 관찰하라는 말의 진정한 의미입니다.

其心이 得住니 以心住故로 漸漸猛利 하야
기 심   득 주   이 심 주 고   점 점 맹 리
그 마음이 안정되게 되니 마음이 자리 잡아 점차 예리해져

　마음이 머무르면 예리해진다고 했습니다. 마음이 안정되면 예리해집니다. 흔들리고 끊임없는 변화 속에 있다가 골격과 중심이 잡혀서 기반이 재정립되면 마음이 안정되는데, 이는 기준이 생겼다는 뜻입니다. 마음이 머무른다는 것은 기준이 생겨났다는 말이에요.

　관찰을 시작하면 관찰대상에 대한 흔적들이 쌓이면서 점차 기준이 생겨납니다. 그러면서 분별이 안 되던 것들이 분별되기 시작하고 마음은 점차 예리해집니다. 기준이 없으면 분별이 없는 혼돈입니다. 그런 혼돈은 자연계에 속해있어요. 그렇게 자연은 혼돈상태인 것 같지만, 느낌 차원에서는 하나로 연결되어 있습니다. 목이 마르면 물이 마시고 싶어지죠. 목마르다고 생각해서가 아니라, 몸속에 물이 부족하면 저절로 목이 말라서 물을 마십니다. 몸 안 수분의 균형이 깨지면 목이 말라요. 내가 목이 마르게 한 것이 아니라 자연체에 속한 몸이 자연의 명령에 의해 목마름을 일으키고, 그로 인해 물을 채우는 자연스런 현

상이 일어납니다. 자연계에 존재하는 하나의 모습인 현상이에요. 자연은 특정한 기준이 없이 전체가 한 덩어리이기 때문에 혼돈입니다. 그러나 질서 잡혀 있기도 하죠. 균형이 잘 잡혀서 굴러가고 있다는 측면에서는 질서이고, 이것저것으로 명확히 분별되지 않는다는 측면에서는 혼돈입니다. 우리는 명확히 분별할 수 있을 때 혼돈스럽지 않다고 느낍니다. 안정되고 질서 있다고 느끼죠. 혼란스러움과 명료함에 대한 느낌은 우리 마음에 분별의 기준이 있는지에 따라 달라집니다. 분별의 기준이 있어서 구별되면 명료하게 느껴지고, 구별되지 않으면 혼돈스럽게 느껴집니다. 그러나 우주 자연에는 혼돈도 질서도 없습니다. 혼돈과 질서를 말하는 건 인간 밖에 없어요. 명료하게 보이고 느껴지면 질서라고 이름 붙이고, 분별하지 못하면 혼돈이라고 이름 붙입니다. 질서와 혼돈은 마음에 일어난 개념일 뿐이에요.

 "그 마음이 안정되게 되니 마음이 자리 잡아 점차 예리해진다."고 말했는데, 머물러서 안정된다는 말은 기준이 생겨났음을 의미합니다. 관찰을 시작하면서 대상에 대한 흔적이 쌓이고, 그것들이 기준이 되어 분별하니까 예리한 분별이 시작됩니다. 아침마다 뒷산에 산책을 갔어요. 몇 달을 계속 산책했는데도 어떤 식물들이 있는지 몰랐어요. 식물이 그냥 있었을 뿐입니다. 뭐가 뭔지 모르니 분별이 안 된 것입니다. 어느 날 그것들에 금을 긋기 시작하고 이름을 붙이기 시작했습니다. 번호를 붙였어요. 뒷산에 오르면서 보이는 식물들에 100번까지 번호를 붙였어요. 번호를 붙이기 전에는 산 아래 있는 3번이 위에도 있다는 것을 몰랐습니다. 그런데 이름을 붙이니까 비로소 의식이 되는 것입니다. 이름을 붙이니까 그 모습이 마음에 쌓이기 시작한 것입니다. 사실 이름을 안 붙여도 무의식에는 다 들어와 있어요. 만약에 나한테

최면을 걸어서 물으면 뭘 봤는지 대답할 수 있겠지만 의식적으로는 분별이 안 되는 것입니다. 그런데 이름을 붙이니까 분별이 되고 예리하게 구분이 됩니다. 1번, 2번에 대한 그림이 장착되어 어떤 기준점을 가지고 같고 다름을 구별하는 것입니다. 마음이 안정되고 자리 잡는다는 건 이렇게 기준이 생겼다는 의미이고, 기준이 생기면 관찰이 예리해지고 명료해집니다.

隨順得入眞如三昧하야 深伏煩惱
수 순 득 입 진 여 삼 매　　심 복 번 뇌]

이치에 따라 진여삼매에 들어 번뇌를 깊이 누르고

아무렇게나 진여삼매에 들지 않습니다. 이치가 있어요. 진여삼매眞如三昧는 '주의에 주의 기울이기'를 통해 주체와 대상이 사라진 마음상태와 비슷합니다. 기본적으로 분리가 없는 마음상태입니다. 이런 진여삼매에 대한 체험은, 마음이 아무리 분리되어있다 하더라도 본질적으로는 전혀 분리되지 않았음을 상징적으로 알아차리게 해줍니다.

信心增長하야 速成不退하리니
신 심 증 장　　속 성 불 퇴

믿음이 더욱 증장되어 불퇴의 믿음을 빨리 얻게 된다.

진여삼매의 경험이 일어나면 번뇌로부터의 자유로움을 언뜻 체험하죠. 그런 체험들이 이 길을 가면 나의 목적이 이루어지리라는 믿음을 강화시킵니다. 불퇴不退의 믿음, 그것은 이 길을 가는 데 있어서 아주 중요한 역할을 합니다. 믿음이 없이 어떻게 이 길을 계속 가겠습니까? 그래서 모든 글에서 믿음을 가장 처음에 두고 있습니다.

唯除疑惑과 不信誹謗과 重罪業障과
유 제 의 혹　　불 신 비 방　　중 죄 업 장

오직 의혹에 잠겨 믿지 않고 비방하며 죄를 지어 업이 두텁고

　의심하여 믿지 않고 비방한다는 것은, 조금의 체험도 없어 믿음이 생기지 않아서 이 방법으로는 되지 않는다고 생각하거나 비판하여 말하는 것입니다. 그것이 왜 죄가 될까요? 첫째, 방편인 자신의 관찰 도구를 믿지 않아서 철저한 관찰이 일어나지 않기 때문입니다. 둘째, 그로인해 믿지 않는 습이 생겨나 앞으로 다른 탐구나 추구에도 부정적인 영향을 미치기 때문입니다. 안 된다는 '나'가 생겨나 강화되어서 지속적으로 장애를 일으키죠.

我慢懈怠如是等人의 所不能入이라 하시니
아 만 해 태 여 시 등 인　　소 불 능 입

교만하고 나태한 사람들은 능히 들어오지 못한다 하였다.

　교만함은 다 안다고 여기는 마음이고, 나태함은 천천히 해도 된다고 여기는 마음입니다. 매순간 마음을 내어 관찰하여 살피지 않고, 시간을 내어 나중에 하겠다는 마음이 바로 나태한 마음이에요. 그렇게 거만하고 나태한 마음을 내려놓고 방법을 알았으면 이제 열심히 하라는 것입니다. 그러면 머지않아 마음의 구조가 보이고 마음의 구조로부터 떨어져 나와서 마음을 잘 쓰면서 살 수 있습니다.

據此則通四儀也라
거 차 즉 통 사 의 야

이에 의하면 네 가지 의(행주좌와)가 다 통하는 것이다.

걸어가고 멈추고 앉고 눕는 행동, 우리 몸의 모든 움직임이 사의四儀에 포함됩니다. 행주좌와行住坐臥는 몸이 할 수 있는 모든 행위를 말하는데 이것이 다 통한다는 말입니다. 진여삼매로 들어가는 길이 모두 통하므로 좌선만 할 필요는 없는 것입니다. 좌선이 쉬운 방법이긴 하지만 좌선이 전부가 아닙니다.

圓覺經에 云 하사대
원 각 경　운

先依如來奢摩他行하야 堅持禁戒하고
선 의 여 래 사 마 타 행　견 지 금 계

원각경에 말하기를
먼저 여래의 사마타 행에 의하여 계율을 굳게 지켜

사마타 집중법을 통해 삼매로 들어갈 수 있습니다. 하나에 집중한 후에 그 하나마저도 사라지게 해서 마음을 텅 비게 하여 진여삼매로 들어가죠. 규율은 사실 중요한 것이 아닙니다. 그러나 수련을 하다보면 규율에 어긋나는 것이 많아집니다. 나를 위하려는 하는 욕심이 자꾸 떠오르면 나를 가라앉히는 보시 바라밀을 합니다. 자기 몸을 청정히 하는 지계 바라밀을 하고, 힘들고 어렵고 괴로워 그만두고 싶으면 인욕 바라밀을 합니다. 어려움을 겪어내며 그냥 그대로 하는 것입니다. 열심히 수련해 나가는 정진 바라밀, 그 다음에 텅 빈 마음으로 들어가는 선정 바라밀, 그 다음이 지혜 바라밀입니다. 사마타를 지나서 위빠사나로 가는 것이 바로 지혜 바라밀입니다. 끊임없는 분별을 통해 모든 것이 나타났다 사라지는 하나의 현상임을 알죠.

安處徒衆하야 宴坐靜室이라 하시니
안 처 도 중　　　연 좌 정 실

此는 初習也요
차　　초 습 야

대중 속에 편안히 거처하고 고요한 방에 조용히 앉는다.
이는 처음 익히는 것이고

　그렇게 계율을 지켜서 드디어 대중 속에서도 편안히 거처할 수 있게 됐어요. 수많은 사람들 이 더 이상 분별되는 사람들이 아니기 때문에 대중 속에서도 마음은 편안하게 거처합니다. 더 이상 각각의 사람들로 분별하는 내 마음을 읽지 않는 것입니다. 그리고 고요한 방에 조용히 앉아서 좌선을 하는 것을 초습初習이라고 했습니다. 처음 익히는 것입니다. 그러니까 초보자한테는 좌선을 권하는 것입니다. 특정한 시간, 특정한 장소에 고요히 앉아서 좌선을 하다보면 습관이 되어서 그 시각에 그 자리에만 앉으면 바로 특정한 레벨의 깊이로 들어갑니다. 그래서 같은 시각, 같은 장소에서 수련을 하라고 권하죠. 그렇지 않고 수련의 장소와 시간이 불규칙하면 특정한 깊이의 마음으로 들어가는 데 오래 걸립니다.

마음이 멈춘다는 것의 의미

　책을 볼 때도 집중해서 읽어야 내용이 머리에 잘 들어오잖아요. 건성건성 읽으면 내용을 잘 모릅니다. 읽긴 읽는데 검은 건 글씨고 지나가는 건 흰 바탕이에요. 대충 하면 한 시간을 그렇게 해도 마음에 남는 것은 하나도 없이 혼란한 마음으로 책을 읽는 것입니다. 약간 정신을 차려서 읽으면 두 줄은 머리에 들어오고 한 줄은 안 들어오고 그렇습니다. 그 다음에 정성을 들여 읽으면 시장바닥에서도 책을 읽을 수 있어요. 아무리 옆에서 계란 사라고 외쳐도 아무 상관없이 책을 읽을 수 있는 마음이 바로 집중된 마음이죠. 그렇게 집중하는 마음의 상태를 만들기 위해서는 어떤 깊이의 레벨로 들어가야 하는데, 그렇게 하기 위해서는 보통의 마음은 일정한 시간을 필요로 합니다. 그런데 일정한 시간에 일정한 장소에서 똑같은 훈련을 하면 그 시간에 그 장소에 앉기만 하면 바로 그 레벨로 들어설 수 있기 때문에 좌선을 하는 것입니다. 조용한 장소에 가서 하죠. 그런데 장소와 시간에 상관없이 언제라도 마음 깊숙이 들어갈 수 있다면 행주좌와行住坐臥하면서 수행합니다. 움직이거나 대화하면서 때로는 졸면서도 깊은 마음속에 들어갈 수 있어요.

집중하고 있으면 옆에 대중이 있든지 없든지 아무 상관이 없습니다. 오직 그것에만 집중하죠. 처음 수련을 할 때 대개는 호흡에 집중합니다. 들숨과 날숨에 집중하다보면 다른 모든 것은 잊어버리죠. 내 의식에는 오직 호흡만 남습니다. 그렇게 호흡에 계속 집중하면 들숨과 날숨의 교차 지점의 중립지대를 알아채게 됩니다. 들숨에는 들어오는 어떤 움직임이 있죠. 의식의 방향이 있는 것입니다. 마찬가지로 날숨에는 나가는 방향의 움직임이 있습니다. 들숨에서 날숨으로 바뀌기 직전에, 자동차로 따지면 1단에서 2단으로 갈 때의 중립과 같은 지점이 있습니다. 자동차의 중립은 기어가 바뀌기 전에 잠시 움직이지 않는 상태죠.

호흡에 집중하는 이유는 약간의 움직임 있어서 집중이 잘 되기 때문입니다. 아무것도 움직이지 않는다면 집중하기 어려워요. 여러분이 해보면 금방 알 수 있습니다. 시각적으로 한 물체에 집중해 보세요. 마음은 끊임없이 움직이는 놈이기 때문에 고정된 것에 집중하기 힘들어 합니다. 그래서 타오르는 불길을 보면 오히려 마음이 고요해지는 것입니다. 불은 끊임없이 움직이잖아요. 움직이는 것을 보면 마음이 고요해지는 이유는 움직이는 마음의 속성이 충분히 만족되기 때문입니다.

가만히 좌선을 하고 있으면 어떻습니까? 끊임없이 생각이 떠오르죠. 그래서 몸은 움직이지 않고 좌선을 하되, 마음으로는 끊임없는 움직임인 호흡에 집중합니다. 호흡은 쉼 없는 움직임이잖아요. 호흡이 늘 비슷하긴 하지만 잘 살펴보면 어떤 차이가 있고 움직임이 있어요. 호흡의 양과 방향과 호흡의 질이 끊임없이 달라집니다. 호흡을 잘 느껴보세요. 그렇게 집중하면서 들이쉬고 내쉬고 하다보면 어느 순간 들숨과 날숨의 중간 지점에 주의가 가게 되면서 갑자기 멈춤이 일어납니다. 자동차 기어를 1단에서 2단으로 변속할 때, 1단의 속도와 2단의 속도가 다른데 바로 이어서 변속할 수는 없어요. 그러면 기어가 깨지기 때문에 중립이 있는 것입니다. 호흡도 마찬가지입니다. 들숨과 날숨이 교차되는 지점에서는 호흡이 중지됩니다. 그래서 오랜 기간 호흡 수련을 하면 호흡이 자꾸 느려집니다. 어떤 곳에서는 2분에 걸쳐 한 호흡을 할 수 있게 되면 굉장한 일이 벌어진다고도 말하죠. 그런 신비한 훈련 기법보다는 마음 자체가 멈춘다는 의미가 뭔지 발견하는 것이 중요합니다. 분별이 없어진다는 것입니다. 마음은 진짜 멈출 수는 없어요. 뇌파가 멈추는 것 봤어요? 뇌파는 잠잘 때도 움직입니다. 뇌가 정지했을 때나 멈추는 것입니다. 우리가 살아있다면 잠 속에서도 마음은 움직입니다. 그런 움직임이 곧 살아있음이에요. 마음을 왜 그렇게 정지시키려고 합니까? 죽으려고 하나요? 마음이 멈춘다는 건 다른 것이 아니라 마음의 경계가 사라지는 것입니다. 분별이 없어져요. 그래서 분별없는 마음을 발견하면 텅 빈 진여삼매로 들어가는 것입니다. 삼매 속에서는 이런저런 구별이 없잖아요. 컵과 탁자가 있지만 감각 상태로 가면 마음은 비어 버려서 그것들이 보이지만 보이지 않습니다. 물론 미묘한 작용은 끊임없이 오고 있어요. 감각적 자극은 계속 되니까 구별은 하지만 마음에 상相이 떠오르지는 않죠. 그런 상태가 우리가 '감각'이라고 이름 붙인 상태인데, 그 상태에 집중하면 눈으로부터 들어오는 자극에 전혀 개의치 않고 마음의 빈 상태가 유지됩니다. 텅 빈 마음을 끊임없이 관찰하는 주의만 있는 상태죠. 그렇지만 비어있는 마음입니다. 분별이 없는 마음, 나누지 않는 마음이에요. 그렇지만 흔들리고 있어요. 분별없이 흔들릴 뿐이에요. 그래서 주의에 주의 기울이기를 하면 분별은 없어지지만 끊임없이 주의가 투입되고 있기 때문에 의식은 명료합니다. 주의가 움직이지 않으면 마음은 졸려요. 마음이 텅 비어있되 명료하다는 건 마음이 움직이되 분열이 없다는 뜻입니다. 명료하지만 살아있는 마음인 일심一心이에요. 그렇지 않고 멍해진다면 분별도 없고 마음도 멈추는 쪽으로 가는 것입니다. 마음이 작동을 안 하고 쉬는 것입니다. 그러면 멍하다 졸리고 그냥 자게 되죠.

永嘉가 云하사대
영 가   운

行亦禪坐亦禪이여 語默動靜體安然이라 하시니
행 역 선 좌 역 선   어 묵 동 정 체 안 연

영가대사 말하기를
다니는 것도 선이요 앉은 것도 선이니 어묵동정에 몸이 편하다.

행선行禪과 좌선坐禪을 말합니다. 말하고, 침묵하고, 움직이고, 멈춰서 고요할 때 모두 몸이 편안하다고 했어요. 행行이 어떻게 선禪이 되

고 삼매가 됩니까? 움직이는데. 움직이면서도 움직임이 따로 있다는 것을 알기 때문에 그렇습니다. 움직이는 내가 있는 것이 아니에요. 전체주의를 하면서 움직이면 어떻습니까? 내가 움직인다는 생각이 없어요, 누가 움직이는지 모르지만 움직임이 일어나고 있습니다. 그냥 전체주의 속에서 걸어가면 아무런 앎이 없이 움직일 수 있습니다. 그런 것이 바로 행선行禪이에요. 좌선한다고 해서 마음이 일심一心으로 들어가지는 않습니다. 그리고 움직이면서도 일심으로 들어갈 수 있어요. 삼매라는 것은 간단하게 말하면 분별없는 마음이에요. 분별이 사라진 마음, 나눠지지 않은 마음이죠. 그런데 우리의 삶이 이미 삼매입니다. 이런 생각들과 저런 느낌만 없다면. 느낌과 생각 속에 빠져있으니까 삼매가 아닐 뿐입니다. 우리가 살아가고 있다는 것 자체가 삼매에요.

지금 손을 탁자에 대고 눈을 감고 느껴봅니다. 어떤 느낌이 있죠. 그런데 여러분의 마음은 이미 손과 탁자를 떠올리고서 그 사이의 느낌이라고 생각합니다. 자기도 모르게 그래요. 그 마음에서 손과 탁자를 지웁니다. 시각적인 이미지를 지우세요. 그리고 손과 탁자 사이에서 생겨났다고 여겨지는 느낌에 대한 정의도 지워버립니다. 지금 있는 건 오직 느낌입니다. 그렇습니까? 어떤 느낌만 있어요. 손이나 탁자, 그것들에 관련된 느낌은 마음이 경계지어놓은 선입니다. 그런 이미지를 다 지워버리면 남는 건 촉각적인 느낌입니다. 시각적인 이미지를 다 지우면 남는 건 촉각의 느낌밖에 없어요. 그건 그냥 느낌이죠. 손이 탁자에 닿아서 느껴지는 느낌이 아니에요. 우리가 경험하는 건 오직 촉각의 느낌입니다. 그러면 지금 이 순간 여러분은 촉각의 느낌인 것입니다. 그리고 지금 여러분은 삼매 속에 있는 것입니다. 분리 없는 그 느낌 속의 존재죠.

이것이 우리의 삶이 이미 삼매라는 말의 의미입니다. 마음으로 경계 지어서 분리시키는 생각과 느낌의 차이만 없다면. 느낌은 있어도 괜찮아요. 감각적인 느낌은 일정합니다. 그리고 감각적인 느낌은 우리가 자연과 어울려 하나가 되어 살아가는 데 꼭 필요한 요소입니다. 자연이 우리에게 부여한 기초적인 요소에요. "너희들은 이런 느낌을 느껴라. 그래야만 자연과 하나로 어울려 돌아갈 수 있다."고 하면서 우리에게 부여한 느낌들입니다. 그렇기 때문에 느낌은 매우 전일적입니다. 뭔가를 느낄 때는 그냥 그 느낌이죠. 사실 시각도 마찬가지입니다. 전에 시각적 실인증失認症에 대해 얘기했었죠. 마음의 상相이 없이 감각만 살아있는 상태입니다. 안다는 생각이 없고 보인다는 생각이 없어요. 사물을 보여주면 보지 못하지만 그걸 던지면 바로 피합니다. 왜 피하는지는 몰라요. 이처럼 알지만 안다는 생각과 마음의 상相이 없는 느낌은 우리를 전일적인 상태 속에 있게 합니다. 생각이 끊임없이 구분하는 마음의 그림을 통해 우리는 세상을 봅니다. 거울을 딱 보면 그냥 하나인데, 생각으로 보면 손잡이, 거울의 위와 바닥이 있죠. 지금 이 말을 듣는 순간 여러분의 마음속에도 분별이 생겨났어요. 마음이 즉각 나누어졌죠. 이 컵 하나를 보면서도 여러 개로 나뉜 마음으로 보고 있습니다. 그렇게 나누어진 마음으로 보니까 뭔가 여러 개가 있는 것 같아요. 원래는 컵 하나인데 우리 마음이 나누는 것입니다.

생각과 분별하는 느낌만 없다면 이미 우리의 삶은 삼매 속에서 일어나고 있는 중입니다. 삼매가 아니라면 분별 속에 있기 때문이에요. 이를 움직임을 통해 살펴보겠습니다. 걷는 중에 느껴지는 '내가 움직인다'는 느낌은 몸과 주변 환경의 대비로부터 옵니다. 앞을 향해 걸어가고 있으면 몸이 전에 있던 주변 환경에서 멀어지잖아요. 그러니까 움직인다고 여겨지죠. 내가 몸을 기준 삼으니까 그렇습니다. 운전을 하고 있다고 생각해 보세요. 자동차를 시속 100㎞로 운전하고 있습니다. 옆 창문을 보면 나무가 쌩쌩 뒤로 멀어져갑니다. 차와 주변 환경에 주의가 머물면 그에 대비해서 내가 움직인다고 느껴져요. 그런데 실제로 나는 어떻습니까? 나는 의자에 앉아서 움직이지 않잖아요. 차와 내 몸을 대비해보면 나는 전혀 움직이지 않아요. 그냥 가만히 앉아 있습니다. 자, 이제 앉아서 핸들을 돌리고 있는 손을 봅시다. 손을 핸들에 대고 움직이죠. 차와 내 몸을 비교해 살펴보면 차는 가만히 있고 내 손은 핸들을 따라서 움직여요. 그러면 나는 손과 핸들과 차의 관계 속에서 내가 움직인다고 여깁니다. 실제로는 어떻습니까?

이제 초점을 마음에 두어 봅시다. 자기 마음을 보세요. 마음이 움직이고 있나요? '나'라는 의식적인 생각과 느낌은 핸들이 움직이고 있는 것과 같이 움직이고 있습니까? 마음은 그저 가만히 몸의 움직임을 보고 있을 뿐입니다. 자동차를 타고 갈 때 내 몸은 안 움직이는 것과 같아요. 그런데 차 속에 있는 내 손은 움직이죠. 몸속에 있는 나를 보세요. 꼭 몸속에 있다고 말할 수는 없겠지만 지금은 그렇다고 하고 보죠. 몸은 움직이지만 나는 움직이지 않아요. 자 이제 주의를 다시 안으로 돌려서 살펴봅시다. 내 마음에 뭔가 생겨났다 사라지죠. 기분 좋은 느낌, 기분 나쁜 느낌, 이런 생각, 저런 생각이 나타났다가 사라져요. 생각이 계속 움직이니까 움직이는 것 같아요. 서울에 가는 생각, 함양에 가는 생각을 하면 그 생각이 계속 움직이죠. 그렇지만 잘 바라보면 생각의 움직임을 다 알아채고 있는 놈이 있습니다. 그놈은 움직이지 않잖아요. 그놈은 생각과 감정이 끊임없이 일어났다가 사라지는 것을 다 지켜보고 있을 뿐입니다.

그렇다면 그 관찰하는 놈은 안 움직이나요? 그놈도 나타났다 사라지죠. 나타났다 사라진다는 것 자체가 이미 움직인다는 뜻입니다. 관찰자라는 놈이 나타날 땐 마음에 구조가 생겨난 것입니다. 관찰 대상과 관찰자로 마음이 나눠져서 관찰이 일어납니다. 마음의 움직임이에요. 이 모든 움직임을 우리는 알아챕니다. 안다고 생각하면 또 아는 놈이 생겨나지만 어쨌든 모든 움직임이 확인됩니다. 그리고 그런 확인이 일어나고 있는 공간은 늘 변함이 없습니다. 그 공간만은 어떻게 해도 변하지 않아요. 변함없는 그 공간에 중심을 잡아 자리하면 우리의 몸과 마음이 무얼 하던 상관이 없습니다. 생각이 일어났다 사라질 때도, 관찰자가 나타났다가 사라질 때도 나는 움직이지 않아요. 그런 움직이지 않음에 뿌리를 내리세요. 표면적인 모든 것은 움직입니다. 자동차가 움직이고, 몸과 손과 생각과 관찰자가 움직여요. 그러나 움직이지 않는 거기에 뿌리박고 있는 나는 전혀 움직이지 않으니 그 속에 있는 것이 바로 삼매입니다. 내가 움직임 속에 있으면 당연히 나는 움직이는 분열 속에 있습니다. 그러나 아무리 움직이고 분열된다 하더라도 근본인 움직이지 않음에 뿌리박고 있으면 나는 움직임 없는 삼매 속에 있는 것입니다. 모든 움직임은 마음의 움직임이고, 마음의 분열 상태를 의미합니다. 분열 없음 속에 있는 것이 바로 삼매이기 때문에, 아무리 움직이고 여러 현상이 생겨났다 사라진다 하더라도 지금 이 순간 전혀 그렇지 않은 것이 동시에 있음을 알면 이미 삼매 속에서 삼매 아닌 것을 확인하고 있는 중입니다.

마음을 보면 몸 안이나 그 어딘가에 정지해 있는 것 같지만 자세히 보면 생겨났다 사라진다는 시간적인 움직임 차원에서 매우 바쁘게 움직이고 있습니다. 그러한 마음의 움직임을 보고 있는 관찰자도 움직이고 있죠. 그놈은 마음의 수많은 내용들이 나타났다 사라져도 여전히 모든 것을 보며 거기에 서있습니다. 이제 관찰자 속으로 들어가면 거기에는 어떤 움직임과 분별이 있습니까?

움직임이 있으려면 이같이 마음에 몸과 몸 아닌 것의 분별이 일어나야 하고, 관찰자와 관찰대상의 분별이 일어나야 하며, 그들 사이의 대비가 일어나야 합니다. 그 모든 분별은 감지와 생각이라는 가상의 도구를 통해 일어납니다. 그러니 어디에 실제로 분별이 있을까요? 자세히 살펴보면 모든 분별은 애매모호해지며 종국에는 사라지고 맙니다. 그러니 애초에 행行도 분별없음이요, 좌坐도 분별없음이어서 모두가 삼매이며, 말하고 침묵할 때도 이미 삼매요, 움직이고 고요할 때도 이미 삼매입니다.

몸은 걸어 다니지만 우리 마음의 핵심은 한 치도 움직이지 않다는 것을 파악한 사람은 움직이지 않는 것입니다. 그래서 길을 걸어가면서도 "나는 한 치도 움직이지 않았다."라고 말할 수 있습니다. 이것이 선禪에서 모순된 듯 보이는 말들을 하는 이유입니다. 그 사람들의 초점은 움직이지 않는 곳에 있어요. 선사의 몸과 마음과 생각은 움직이지만 그의 핵심은 움직이지 않는 곳에 있는 것입니다. 이 세계에는 움직이는 상대相對와 움직이지 않는 절대絕對가 항상 같이 있습니다. 여러분의 핵심이 절대 속에 있으면 아무리 상대가 움직인다 해도 그저 현상일 뿐입니다. 자신의 핵심은 한 치도 움직이지 않으니 이것이 바로 삼매 속에 있는 상대 세계입니다. 그래서 우리의 삶은 이미 삼매이고 선정이기 때문에 다니는 것도 선이고 앉아있는 것도 선이라고 말했습니다.

팔만사천 법문을 설하였지만 한마디도 하지 않았다

어묵동정語默動靜에 몸이 편하다고 했어요. 말을 해도 한 마디도 하지 않았다는 것이 그런 것입니다. 석가모니가 제자에게 "내가 팔만대장경을 설했는데 한마디라도 했느냐?"고 물었습니다. 제자는 한 마디도 하지 않았다고 답했습니다. 말한 사람이 없는 것입니다. 말한 자와 듣는 자로 마음이 나누어지지 않았습니다. 말을 아무리 해도 그의 핵심은 전혀 움직이지 않는 곳에 뿌리박고 있습니다. 표면에서만 말하고 있을 뿐이니 그는 한 마디도 안 한 것입니다. 침묵도 마음의 한 현상이에요. 침묵이라는 현상이 따로 있는 것이 아니라 말이 없는 것이 바로 침묵이죠. 말과 대비되는 현상입니다. 말과 한 쌍을 이루죠. 동정動靜, 움직임과 움직임이 아님도 마찬가지죠. 움직임은 움직이지 않음을 전제로 합니다. 어묵동정語默動靜에 전부 몸이 편안하다는 말은 선정 속에 있다는 말입니다.

행주좌와行住坐臥를 모두 느낌의 세계에서 파악하면, 다시 말해 분열 없는 마음의 세계에서 파악하면 거기엔 어떤 분리도 없습니다. 그래서 이미 선정禪定이므로 행주좌와도 선정이지, 굳이 고요한 방안에 앉아 좌선을 해야만 삼매에 들어가는 것은 아닙니다.

據此컨댄 亦通四儀耳라
거 차　　역 통 사 의 이

이에 의하면 역시 사의에 통하는 것이다

사의四儀는 행주좌와行住坐臥, 즉 우리가 행동하는 모든 움직임을 말합니다. 이 사의四儀에 통한다고 했어요, 뭐가? 진여삼매로 들어가는 길이 다 통한다는 것입니다. 그러니 굳이 앉아서 좌선을 해야만 하는 건 아닙니다. 좌선이 쉬운 방법이긴 하지만 전부는 아니에요. 행주좌와行住坐臥가 전부 다 통한다고 말했습니다.

總論功力컨댄 坐尙不能息心이어든
총론공력   좌 상 불 능 식 심

공부법을 통틀어 말해보면 앉아서도 마음을 쉬지 못하는데

전체적으로 공부에 대해 논의해보면 앉아서도 마음을 쉬게 할 수 없다고 했습니다. 이제 시작단계에 있는 초보는 앉아서도 마음을 고요히 쉬게 하기란 쉽지 않죠. 이상하게도 앉아서 몸을 고요히 하면 마음이 더 움직입니다. 끊임없이 움직이는 불빛을 바라보면 도리어 마음이 고요해지죠. 왜냐하면 마음의 속성이 끊임없는 움직임이기 때문입니다. 그래서 조용히 앉아있으면 마음은 더 시끄러워지죠.

況行住等으로 豈能入道耶리요
황 행 주 등   기 능 입 도 야

다니고 서고 하면서 어찌 도에 들어가겠는가

고요히 앉아있어도 마음이 쉬지 못하는데 하물며 움직이면서 도道에 들기는 더 힘들지 않겠느냐고 했어요. 이런 질문은 도道가 움직임과 따로 있다고 여기는 마음에서 나옵니다. 움직이면 도에 들기 힘들고, 고요하면 도에 들기 쉽다고 여기는 것입니다. 그러나 도는 움직임 속에도 움직이지 않음 속에도 이미 늘 작용하고 있습니다. 우리가 경험하는 것은 도가 작용하는 모습이에요. 그러나 도의 작용은 움직일 때도 움직이지 않을 때도 늘 작용하고 있으니 그것을 발견해야 합니다.

若是用得純熟底人인댄 千聖이 興來라도 驚不起하고
약 시 용 득 순 숙 저 인　　천 성　　흥 래　　경 불 기

만약 공부에 완전히 익숙한 사람이면 천명의 성인이 와도 놀라 일어나지 않고

공부에 익숙한 사람이란 변하는 모든 것 속에서 변함없는 무엇인가가 작용하고 있음을 얼핏 본 사람을 말합니다. 끊임없는 변화만 본다면, 즉 움직임 속에서 움직임만을 본다면 그 사람은 아직 공부를 시작하지 않은 것이나 마찬가지에요. 움직임과 움직이지 않음을 그냥 그대로만 본다면 마음의 작용을 제대로 보지 못한 것입니다. 모든 움직임은 움직이지 않음을 배경삼고 있기 때문에, 그리고 움직임과 움직이지 않음은 결국 마음의 개념이기 때문에 움직임과 움직이지 않음은 항상 같이 나타납니다. 빛과 그림자가, 흰색과 검은색이, 음과 양이, 그리고 주체와 객체가 항상 같이 일어나듯이 움직임과 움직이지 않음도 마음속에 항상 같이 일어납니다. 그렇지만 우리는 마음속의 움직이지 않음에 자리를 잡고 앉아서 움직임을 보기 때문에, 다시 말해 움직이지 않음과 동일시되어 있기 때문에 움직이지 않음은 결코 보이지 않는 것입니다. 움직임만을 볼 뿐입니다. 그렇다고 해서 움직이지 않음이 없는 것이 아니에요. 움직이지 않음은 음지에 나타나있고 움직임은 보이는 곳에 나타나 있는 것입니다. 마음에 이 두 가지 모습이 나타났을 때만 서로 대비되어 안다거나 느끼는 현상이 일어나는 것입니다.

공부에 익숙한 사람은 변함과 변하지 않음이 함께 일어나서 작용하고 있음을 얼핏 봤기 때문에 그에게는 모든 성인들이 이미 성인이 아

니고, 모든 마귀 또한 마귀가 아닌 것입니다. 누군가를 성인이라고 보는 것은 성인이 아닌 마음을 기본으로 삼고 있기 때문이죠. 마귀를 마귀로 보는 것 역시 마귀가 아닌 것을 기본으로 삼고 있기 때문입니다. 똑같은 동류라면 그렇게 보이지 않아요. 성인이나 마귀로 차별하는 마음의 밑바닥에는 그것이 아닌 마음이 깔려 있습니다. 그래서 공부에 익숙한 사람은 성인을 볼 때면, 자신이 그 사람을 성인으로 보는 이유가 성인과 범인을, 또는 성인과 마귀를 차별하는 마음속에 있기 때문임을 압니다. 그런 차별을 떠난 마음에게는 성인도 범인도, 성인도 마귀도 따로 없습니다. 나쁜 이와 착한 이도, 똑똑한 이와 어리석은 이도 따로 없어요. 그 모든 분별은 마음이 나누어 놓은 어떤 기준 때문에 생겨나는 일이고, 그 기준이 사라진 곳에는 어떠한 분별도 없습니다.

萬般魔妖라도 不廻顧어든
만 반 마 요   불 회 고

만 가지 마귀가 와도 돌아보지 않겠거늘

그래서 만 배 가득한 마귀가 와도 놀라지 않고 돌아보지 않습니다. 그것도 마음이 만들어낸 상相이기 때문이죠.

豈況行住坐中에 不能做功夫也리요
기 황 행 주 좌 중   불 능 주 공 부 야

어찌 다니고 멈추고 앉는 중에 능히 공부를 못 하겠는가

행주좌와行住坐臥가 사의四儀입니다. 다니고, 멈추고, 앉고, 눕고 하는 몸의 모든 움직임을 상징삼아서 행주좌와行住坐臥라 했습니다. 그리고 그렇게 움직이는 모든 순간에 쉼 없이 공부가 가능하다고 말합니

다. 그 모든 순간에 의식이 살아있기 때문이죠. 여기서 말하는 의식은 이원적인 개념으로 작동하는 일반적인 의식이라기보다는 일원적인 의식을 말합니다. 늘 배경처럼 있는 투명한 의식이죠. 그리고 어떤 행위에도 머물지 않는 의식입니다. 자신이 움직인다고 의식한다면 그것은 움직임 속에 머물고 있는 의식입니다. 또 자신이 앉아있다고 여긴다면 앉아있음 속에 머물러 있는 의식이죠. 그러나 그렇지 않은 투명한 의식은 행주좌와行住坐臥를 다 지켜볼 뿐입니다. 그것은 마치 어떤 대상에 머물지 않고 순수하게 살아있는 감각과도 같습니다.

예를 들어 저 밖의 대나무가 바람에 흔들려도 감각 상태의 마음에는 흔들리는 대나무가 없습니다. 어떤 소리가 들려와도 귀를 울리는 그 흔적이 마음에 남지 않죠. 모든 행위를 하지만 그 행위를 하는 누군가가 있지 않아요. 보고, 듣고, 맛보지만 내가 그렇게 보고, 듣고, 맛본다고 여기지 않습니다. 그런 느낌은 있지만 그 안에 개인성이 실재한다고 여기지 않아요. '내가 한다'는 느낌은 있어요. 그런데 그것이 느낌이라는 것입니다. '내가 한다'는 느낌은 뭔가를 의식하기 위해서 마음이 주객으로 나누어지고 대상에 주의가 몰려서 나타난 느낌이에요. 책상에 손을 댔을 때 느껴지는 느낌을 '내가 만진다.'고 여긴다면 그것은 착각입니다. 개인적인 내가 책상을 만지는 것이 아니라 비개인적인 마음에 나타난 주객이 그런 느낌을 일으키고 있는 것입니다. '내가 무언가를 만지고 있다는 느낌'이 일어나는 것입니다. 내가 곧 느낌이고, 무언가도 느낌이고, 그 사이에서 일어나는 느낌도 느낌이에요. 어떤 일이 벌어지고 있음을 알 뿐입니다. 진정한 주인은 그 모든 현상이 일어나도록 해주는 배경입니다. 물론 그렇다고 그 배경이 '있다'고 말할 수는 없죠. 왜냐하면 '있다'는 '없다'를 배경으로 하여 읽히는 마음의 현상이기 때문입니다. 그간 이런 의타성依他性에 관한 얘기를 많이 해왔죠. 존재하는 모든 것은 의타적인 관계 속에서만 존재한다고 여겨집니다.

如人이 欲讐恨於人하야
여 인   욕 수 한 어 인

乃至行住坐臥와 飮食動用 하는
내 지 행 주 좌 와   음 식 동 용

一切時中에 不能忘了하며
일 체 시 중   불 능 망 료

어떤 사람이 원수를 갚으려 하여
행주좌와 음식동용에도
일체의 때에 잊지를 못하리니

　어떤 사람이 누군가에게 한을 갚고자 하는 복수심이 강해서 걷고 멈추고 앉고 누울 때에도 잊지 않으며, 마시고 먹고 움직이고 뭔가 사용할 때도 절대로 잊지 않아요. 모든 상황에서도 결코 잊히지 않는 그런 강한 복수심이죠.

欲愛樂於人도 亦復如是 하니
욕 애 락 어 인   역 부 여 시

누구를 사랑하는 것에도 그와 같으니

　누군가와 깊은 사랑에 빠지면 어떻습니까? 밥을 먹거나 잠 잘 때도, 꿈속에서도 오직 그 한 사람밖에 생각나지 않죠. 강력한 첫 사랑에 빠지면 그 어느 때에도 그 사람이 잊히지 않고 마음의 한쪽을 차지해서 깊이 느껴집니다. 이처럼 사랑하는 마음이나 미워하는 마음이 극도로 강하면 마음이 온통 그것으로 가득 찹니다. 그래서 한 치의 틈도 없어지죠. 그러면 앉으나 서나 그것을 잊지 못합니다.

且憎愛는 有心中事로대
차증애   유심중사

尙於有心中에 容得이어는
상어유심중   용득

이같이 미움과 사랑은 유심(마음)의 일이요
오히려 유심중에 이룰 수 있지만

유심有心이란 마음이 이원적으로 분리된 상태를 말합니다. 그래서 뭔가를 만들어 내죠. 일종의 나타난 마음입니다. 지난번에 얘기한 손짓과 같아요. 가위, 바위, 보라는 손짓은 나타난 손의 모습이지만 그 어떤 것도 손 자체는 아니에요. 보이는 손은 반드시 어떤 모습을 띠고 있는 것처럼 유심有心은 그렇게 나타난 마음입니다. 이 나타난 마음도 에너지가 강하면 행주좌와에 잊히지 않습니다. 그렇다면 무심無心이라는 마음은 얼마나 더 한치의 쉼도 없이 나타나 있겠습니까? 드러나지 않은 마음이 한치의 쉼도 없이 나타나 있다는 건 매순간 모습으로 드러날 준비가 되어 있는 마음이라는 말입니다.

유심 속에 이미 무심이 작용하고 있다

예를 들어 봅시다. 아무것도 잡지 않은 상태의 손에는 어떤 느낌도 없습니다. 손에 뭔가 닿으면 드디어 어떤 느낌이 느껴집니다. 이것을 유심有心이라고 해보죠. 그렇다면 손에 그 무엇도 닿지 않았을 때를 무심無心이라고 할 수 있죠. 아무것도 나타나지 않았어요. 유심일 때는 항상 뭐가 있는 것 같죠. 그래서 이 유심이 마음을 가득 채워 버리면 잊히지 않는 것입니다. 마음속에서. 그렇지만 유심이 다 떠난 빈손에는 어떤 감각적인 느낌도 없습니다. 아무것도 안 닿았으니까. 그렇지만 무심은 언제나 있죠. 무언가 닿기만 하면 언제든 알아챌 준비가 되어 있으니까요. 이 손에는 아직 느낌이 없지만. 무심이라는 것은 그와 유사합니다.

무심은 늘 일어나는 일이지만 우리가 알아채지 못할 뿐입니다. 유심만 내려놓으면, 어떤 느낌이 있는 마음만 내려놓으면 매 순간 이미 무심이 있음을 알아채기가 어렵지 않습니다. 사실은 무심이 더 빈틈없는 일상의 마음이죠. 눈에 보이는 것이 없으면 어둠이고, 귀에 들리는 것이 없으면 침묵이며, 손에 만져지는 것이 없으면 무감각인 것과 똑같이 마음에 떠오르는 것이 없으면 무심입니다. 눈에 보이는 것이 없다고 해서 눈이 아무런 작용을 안 하고 있지는 않아요. 만약에 아무런 작용을 하지 않는 죽은 눈이라면 어둠을 보지 못하겠죠. 빛이 없다는 것을 어떻게 알겠어요? 아무것도 보지 않고 있는 눈에 조그마한 빛만 들어와도 즉각 자극이 일어납니다. 이렇게 눈은 늘 빛에 자극받을 준비가 되어 있어요. 칠흑처럼 어두운 한밤의 산중에서는 눈을 뜨고 있어도 보이는 건 아무것도 없습니다. 빛의 알갱이가 조금도 없는 그런 상황이죠. 그런 상태에서도 눈이 작용하지 않는 건 아니죠. 순간 조그마한 빛 알갱이가 지나가도 눈은 금방 알아챌 것입니다. 빛 알갱이가 없을 뿐이지 눈은 작용하는 것처럼 우리의 감각은 항상 열려 있습니다. 아무 소리도 들리지 않다가도 어떤 작은 소리가 들려오면 즉각 알아채죠. 소리가 없는 순간에 과연 귀는 무엇을 느끼고 있을까요? 아무것도 느껴지지 않는다 해도 귀는 늘 느끼고 있습니다. 아무것도 느껴지지 않음을 느끼고 있어요. 어떤 자극이나 앎은 없지만 귀는 늘 열려있는 것입니다. 그렇다면 우리의 마음에 어떤 것도 떠오르지 않을 때 마음은 무엇을 하고 있는 걸까요? 칠흑 같은 어둠 속에서도 눈은 작용하고, 아무런 소리가 없어도 귀는 작용하듯이 마음에 아무 대상이 없는 상태에서도 마음은 열려있습니다. 그런 상태가 늘 지속되고 있어요. 그러니까 뭔가가 떠오르면 즉시 알아채는 것 아니겠어요? 깊은 잠을 자는 상태에서도 마찬가지입니다. 죽지 않는 이상, 완전히 멈춰서 현상계로부터 사라지지 않는 이상 우리의 마음은 늘 열려있어요. 그리고 우리가 현상계에서 사라져도 비개인적인 마음은 늘 이 우주공간에 충만하게 있습니다.

그렇기 때문에 물리현상이 질서 있게 나타나는 것입니다. 아무 이유 없이 질서 있는 물리현상이 나타나겠어요? 비교와 분석, 또는 분별과 구별이 일어나기 때문에 질서와 무질서라는 현상이 일어납니다. 아니면 어떻게 질서와 무질서가 나눠지겠습니까? 우주 밑바닥의 작용을 바라보면 질서와 무질서가 혼잡합니다. 그러나 그것들이 나타났다 사라지며, 질서 잡힌 현상들이 존재한다는 것은 우주적인 분별의식이 있음을 의미합니다. 그렇지 않다면 그저 무질서하게 존재하겠죠. 그래서 우주는 의식적이라고 말하는 것입니다. 아주 근본적인 차원에서 그렇다는 뜻이에요. 인간의 의식처럼 아주 복잡한 의식이 아니라 근본적인 분별이라는 차원에서 그렇다는 말입니다. 하나의 열려있는 마음인 것입니다. 구별해내니까요.

어떤 소리도 들리지 않는 순간에 귀는 소리감각이 없음을 감각하고 있고, 보이는 것이 없어도 눈은 빛을 감각할 준비태세가 늘 되어 있습니다. 마찬가지로 마음에 잡히는 것이 없는 상태에서도 우리의 마음은 항상 무언가를 감각할 준비가 되어있습니다. 그걸 한번 상상해보세요. 마음에 뭔가 떠오른다면 의식이라고 여겨지는 상태로 돌입한 것입니다. 마음에 뭔가 닿으면 의식하죠. 뭔가 있다고 알아요. 심지어는 텅 빈 상태조차도 의식합니다. 그러나 텅 빈 상태 자체일 때는 텅 비어있다는 느낌이 들지 않습니다. 의식하지 못해요. 어떤 사람은 자신이 텅 빔 속에 있다가 돌아왔다고 말하지만, 그것은 텅 비어 있다고 느끼는 미묘한 분열상태 속에 있었던 것이에요. 물론 잠깐잠깐 텅 빔을 느끼지 못하는 상태로 들어갔을 수는 있겠지만요. 이렇듯 텅 빔을 느끼는 마음 자체도 여전히 마음이 분열된 상태입니다. 즉 마음에 뭔가가 닿은 상태인데, 그것마저도 닿지 않은 상태를 여러분은 상상할 수 있겠어요? 여러분이 상상할 수 있다고 한다면, 그 또한 여전히 마음의 어떤 상相이죠. 모습이에요. 그것을 상상하려고 애쓰다가 정말로 그 상태로 들어갈지는 모릅니다. 잘 한번 깊이 상상해보세요. 마음에 어떤 것도 닿지 않은 상태는 무엇일까요? 어떤 건지 알겠다면 그건 여전히 '이런 거다.'라고 마음에 상相을 그린 것입니다. 여러분이 정말로 어떤 마음의 상相도 없는 상태에 들어가게 되면, 결코 '이런 거구나, 알겠어.'하는 소리가 나오지 않습니다. 그냥 그 상태로 있을 뿐이죠.

마음의 본질은 결코 와 닿는 무언가가 아닙니다. 마치 빛 알갱이 하나 없는 어둠속에서 눈만 뜨고 있는 것처럼, 마음의 대상이 전혀 없이 텅 빈 상태에서 마음만 깨어있는 상태를 우리는 삼매라고 합니다. 보통의 감각은 어떤 자극이 와 닿아서 일어납니다. 그러나 마음의 느낌은 그런 방식이 아니에요. 마음이 갈라지면 바로 뭔가 와 닿은 것 같은 그런 느낌이 나는 것입니다. 마음이 둘로 갈라지면 그때부터 마음은 '뭔가가 있다'고 여기죠. 다른 감각과는 양상이 조금 다릅니다. 다른 감각기관은 외부라고 여겨지는 곳에서 형성된 자극이 들어오면 그것을 감각합니다. 그러나 마음은 그 자체가 분열되는 것입니다. 분열이라고 해서 완벽하게 둘로 갈라지는 건 아니고, 갈라지는 현상만 있는 것입니다. 마치 물의 표면이 두 개의 파도로 갈라진 것처럼 마음의 표면이 둘로 갈라져서 나와 대상으로 나누어집니다. 이것이 최초의 분열된 파도에요. 마음의 파도. 이때부터 우리는 의식적이 되는 것입니다. 드디어 내가 무언가를 보고, 듣고, 느낄 수 있는 조건이 만들어지는 것입니다. 실제로는 갈라질 수 없는 마음의 표면적인 갈라짐 이후에 의식 현상이 생겨납니다.

그 이전 상태, 마음에 어떤 것도 떠오르지 않은 상태는 무엇이라도 떠오르면 즉시 감각할 준비가 되어있는 상태죠. 알아차리는 기능만 있는 상태입니다. 칠흑 같은 어둠 속의 눈과 같아요. 그런데 이는 사실 특별한 상태는 아니고 우리에게 늘 존재하는 상태입니다. 존재한다고 말하면 또 뭔가 있다고 오해할까봐 덧붙이자면, 있는 것도 아니고 없는 것도 아니라는 말입니다. '있다'라는 것은 개념으로 나누어진 상태예요. 여러분이 무언가가 '있다'고 의식한다면 여러분은 이미 나누어진 개념 속에 들어가서 아는 것입니다. 그래서 있는 것도 아니고 없는 것도 아니라고 말하는 것입니다. '있다'라고 하는 순간 여러분 마음속에는 '없다'가 형성됩니다. 쌍으로 나타나는 개념이니까요. 없음이 없는 상태에서 있음만 있을 수 없어요. 그렇기 때문에 있다고 말하지 않습니다. "어떤 마음의 분열도 없는 상태가 늘 존재한다."는 말은 상징적이라는 것을 여러분은 잊지 말아야 합니다.

이런 상징적인 '있음'의 상태, 즉 마음이 분열되지 않은 채 분열을 언제든 알아챌 준비가 되어있는 상태는 텅 빔을 느끼는 마음과는 또 다릅니다. 왜냐하면 텅 빈 느낌도 일종의 느낌이니까요. 눈으로 따지면

어떤 미묘한 빛이 있는 상태와 같습니다. 그래서 진정으로 텅 빈 상태
는 칠흑 같은 마음이라고 할 수 있어요. 그러니 어떤 앎도 없습니다.
칠흑 같은 마음에 무슨 앎이 있겠어요? 거기에는 앎도 모름도 없습니
다. '나는 모르겠어.'라거나 '이것은 꼭 알고 싶은데.'라고 한다면 분열
된 마음속에 있는 것입니다. 유심有心 중에서 일어나는 일이죠. 미움과
사랑은 이런 유심, 즉 나누어진 마음속에서 일어나는 일인데도 그것이
아주 강렬하면 마음을 가득 채워서 행주좌와行住坐臥에 한시도 잊지 못
하기도 합니다.

今做功夫는 是無心事니
금 주 공 부　　시 무 심 사

이번 공부는 무심의 일이니

무심無心의 일이란 조금 전에 말한 유심有心의 일이 아니라는 것입니
다. 유심은 이원론에 기반을 두고 있습니다. 주체와 객체라는 마음의
분열에서 시작하죠. 유심과 무심이 교종敎宗과 선종禪宗의 차이를 만
들기도 합니다. 교종은 경전을 통해 가르치고, 선종은 직지인심直指人
心합니다. 선종은 마음의 상相을 가지고 가르치지 않아요. 마음에 일
어나는 모든 것이 마음의 상相일 뿐이라고 직접 가르쳐주죠. 팔만대장
경은 다 교종의 이야기에요. 마음의 내용을 가지고 이야기합니다. 그
래서 수많은 설명을 하는데, 그 모든 설명은 무엇이 있기에 가능하겠
어요? 상相입니다. 마음의 상相을 통해서만 설명이 가능하고 그에 대
한 이해도 가능합니다. 그런 마음의 상相이 없이 직접 찔러주는 선종
의 방법은, 마음의 벽돌을 이리저리 쌓아가며 설명하는 교학의 방법과
는 다릅니다. 팔만대장경의 모든 글귀는 유심의 일이며 마음의 내용일

뿐입니다. 그래서 부처님이 "내가 언제 한번이라도 설법을 한 적이 있느냐?"라고 물었을 때 제자는 "아니오. 한마디도 한 적이 없습니다."라고 한 것입니다. 만약에 경전 속의 설명이 진리라면 그 진리는 마음의 내용에 해당되는 것밖에 안되겠죠. 그러나 진리는 결코 마음의 내용이 아닙니다. 그래서 선종에서는 마음의 작용을 직접 보여주려고 합니다. 비유하자면 텅 빈 공간을 표현하기 위해서 캔버스에 벽과 천장과 바닥을 그려 넣는 것은 유심의 일이고, 무심은 텅 빈 캔버스 그 자체입니다. 그러나 마음은 결코 텅 빈 캔버스 자체를 이해할 수 없습니다. 이해는 분열 속에서만 일어나기 때문입니다. 그러나 선가에서는 그 텅 빈 마음을 직접 경험시켜 줍니다. 결코 마음의 상相으로 설명하지 않아요.

무심은 모든 유심의 배경이 됩니다. 그리고 어떤 내용이 경험되지 않을 때조차도 무심은 거기에 있습니다. 마음이 무의식적일 때에도 이미 무심은 작용하고 있습니다. 빛이 없는 어둠속에서 눈이 작용하고 있는 것처럼, 침묵 속에서도 귀는 작용하고 있는 것처럼 아무런 마음의 대상이 없는 곳에서도 마음은 작용합니다. 여러분이 아무것도 알아채지 못하는 순간에도 마음은 작용하고 있어요. 지금 이 순간 대상 없는 마음이 작용하고 있음을 한번 알아채보세요.

又何疑四儀中에 不常現前也리요
우 하 의 사 의 중　　불 상 현 전 야
어찌 사의 중에 항상 나타나지 않으리라 의심 하겠는가

행주좌와라는 네 가지 몸의 행동 중에 항상 무심이 작용한다는 말입니다.

只恐不信不爲언정 若爲若信하면
지 공 불 신 불 위   약 위 약 신

단지 믿지 않고 행하지 않을까 두려울 뿐이고 만일 행하고 믿으면

이 공부를 할 때 "잘 될까? 잘 모르겠어. 안 되는 것 같아."라고 의심하면 앞으로 나아갈 힘이 사그라지게 됩니다. 그래서 진심직설에서도 대승기신론에서도 첫 부분에서 믿음을 강조했어요. 믿음은 일종의 에너지여서 지속적으로 그 방향으로 갈 수 있도록 힘을 북돋아 줍니다.

캔버스는 한번도 움직인 적이 없다

則威儀中에 道必不失也리라
즉 위 의 중   도 필 불 실 야

행주좌와 중에도 분명 도를 잃지 않으리라.

의심만 하지 않으면 결코 도道를 잃지 않는다고 했어요. 행주좌와行住坐臥는 끊임없는 움직임이고 도道는 전혀 움직이지 않는 것이죠. 다시 표현하면 끊임없는 변화와 한 치도 변함없는 영원함이라고 할 수 있습니다. 의식의 기반인 마음을 포함한 모든 감각기관의 대상들은 끊임없이 움직이고 변화하지만, 그것을 감각해내는 감각기관의 기본상태는 늘 변함없이 비어있습니다. 감각할 채비를 하고 있는 것입니다. 그것이 바로 변화 속의 변화 없음입니다.

지난 시간에 설명한 움직이는 자동차와 그 안의 몸의 관계라고 할 수 있습니다. 또 움직이는 몸과 움직이지 않는 마음, 그리고 움직이는 마음과 변함없이 그대로 있는 마음의 본질이라고도 할 수 있죠. 자동차를 몰고 시속 100㎞로 달려도 내 몸은 달리지 않고 좌석에 앉아있을

뿐입니다. 이런 몸과 자동차와의 관계가 몸과 마음사이에서도 그대로 일어나고 있죠? 여러분이 하루 종일 몸을 움직여도 마음은 꿈쩍도 하지 않고 가만히 있을 뿐이에요. 자, 또 한 층을 더 들어가 보면 마음은 끊임없이 움직입니다. 과거와 현재와 미래를 왔다 갔다 하면서 늘 바빠요. 그렇지만 그 바쁜 마음의 움직임은 마음이라는 감각기관의 대상일 뿐입니다. 마음의 본질은 전혀 움직이지 않아요. 캔버스는 한 번도 움직인 적이 없습니다. 그 위에 그려지는 그림만 나타났다 사라질 뿐인 것입니다. 계속 빙빙 도는 수피댄스를 춰보면 움직이는 느낌과 움직이지 않는 느낌이 동시에 있어요. 그때 움직이지 않음에 초점을 맞추면 전혀 어지럽지 않다는 것을 이전 계절 수업에서 경험해봤었죠. 마찬가지로 초점을 마음의 본질에 맞추고 있으면, 마음이 아무리 지치고 피곤하고 힘들다 하더라도 나는 한 치도 움직이지 않았기 때문에 지치지 않습니다. 지친 건 누구에요? 마음의 현상이에요. 아픈 건 누굽니까? 몸이 아플 뿐 나는 아프지 않습니다. 움직임과 움직이지 않음이 동시에 있을 때 움직이지 않음에 초점을 맞추어보세요. 그러면 움직이지 않음과 움직임이라는 두 가지의 상반된 흐름이 곧 하나의 마음의 현상이고, 그 현상 너머에 현상 아닌 것이 늘 함께 하고 있음을 알 수 있습니다. 물론 이때의 '함께 있다'는 표현도 상징임을 알고서 이 말을 들어야 합니다.

그렇다면 이렇게 변함과 변함없음이 항상 같이 있는데 우리는 왜 도道를 잃어버리는 걸까요? 도道는 한시도 사라진 적이 없고 늘 행주좌와行住坐臥와 함께 하는데 말이죠. 그 이유는 바로 행주좌와라는 움직임과 나를 동일시하는 마음 때문입니다. 움직이면 자신이 움직인다고 여기고, 멈추면 내가 멈춘다고 여기고, 앉으면 내가 앉는다고 여기고, 누우면 내가 눕는다고 여기기 때문이에요. 그렇게 믿는 것입니다. 이러한 동일시를 통해 행주좌와行住坐臥라는 움직임에 빠지면 결코 그 와중에 나타나는 도를 알아챌 수 없습니다. 그러나 이 행주좌와라는 움직임 속에 전혀 움직이지 않는 도가 나타나 있습니다. 눈에 보이는 모든 대상들 그 모두에 눈 자체가 함께 하듯이. 눈이 있기 때문에 눈에 보이는 모든 대상도 있는 거잖아요. 대상들은 매 순간 달라진다 하더라도 그것들을 보는 눈은 변함이 없는 것처럼, 마음에 나타나는 모든 현상들이 매 순간 달라지고 희로애락의 끊임없는 변화가 일어나도 그 순간마다 변함없는 마음의 본질 자체가 늘 함께 하고 있습니다.

우리는 깨어있기의 심화과정에서 거울보기를 통해 '나'라는 의식적인 느낌을 발견했어요. 그때 거울속의 얼굴에서 느껴진 것은 여러분이 자신이라고 여기고 있는 '나'에 대한 느낌이죠. 느낌이니까 마음에 잡히는 것 아닙니까? 거울을 보면 남과 다른 나의 느낌이 잡히잖아요. 그건 마음의 느낌입니다. 그러나 두 살짜리 아이는 아무리 거울을 봐도 어떤 느낌도 느끼지 못할 것입니다. 그런데 우리는 거울을 보면 '내 얼굴이네.'하는 느낌이 잡히죠. 이번에는 중학교 때의 사진을 보면 어떻습니까? 나의 모습이긴 하지만 느낌이 달라요. 그러나 중학교 때는 '이것은 나의 모습이야.'라고 믿었겠죠. 자, 이제 10년 전의 사진을 바라보는 것처럼 여러분의 얼굴을 거울에 비춰보세요. '이 얼굴은 10년 전의 느낌이군.'이라고 느낄 수 있습니다. 지금 거울을 보면서 10년 후에 지금의 사진을 꺼내보는 거라고 생각해봐요. '옛날 모습이네. 옛날에 나라고 느꼈던 느낌이군.' 이렇게 여길 수 있을 것입니다. 이처럼

'나'라고 여겨지는 느낌은 매 순간 달라지고 있어요. 그러나 그 변화가 미묘하기 때문에 10년의 터울을 두고 봐야 비로소 달라졌다고 느껴지는 것입니다. 나의 느낌이 매 순간 달라진다면 그것은 진정한 내가 아니라는 의미입니다. 내 마음에 쌓인 상相, 하나의 느낌이라는 것입니다. 그 느낌은 끊임없이 매 순간 조금씩 바뀌고 있습니다. 우리의 마음이 그 변화를 캐치할 만큼 민감하지 않기 때문에 캐치를 못할 뿐이에요. 그래서 그것이 하나의 느낌이라고 알지 못합니다. 지금 이 순간 나한테서 느껴지는 그 모든 느낌들이 '나'라고 여겨지는 느낌이라는 말입니다. 나 자체가 아니에요. 여러분 자체는 절대로 개별적이지 않아요. 그런데 느낌은 개별적이죠. 왜? 손에 잡혔으니까. 잡힌 모든 것은 분리된 것입니다. 마음에 잡힌 느낌과 자신을 동일시하면 개별적이라고 여기게 됩니다.

거울을 볼 때 느껴지는 느낌은 거울의 이미지가 나한테 전해준 것이 아니라 바로 내 마음속에 떠오른 느낌입니다. 하늘에 날아가는 새를 볼 때 공중에 떠 있는 것 같은 느낌이 느껴지죠? 그 느낌은 과거의 내 경험에서 불러내져서 지금 이 순간 활성화된 느낌입니다. 마찬가지로 거울을 바라볼 때 느껴지는 느낌은, 어떤 빛의 자극이 내 마음을 건드려서 내 마음속에 형성되어 있는 나의 모습이라는 느낌을 불러내서 현상화시킨 느낌입니다. 내 마음의 상相이라는 말이죠. 서 있거나 앉아 있는 몸의 육체적인 감각의 느낌 또한 나라고 느껴지는데, 이 역시 마음의 상相입니다. 촉감적인 자극이 불러일으킨 내 마음의 상相이에요.

거울을 볼 때의 느낌, 즉 내 마음속에 만들어진 '나'라는 상을 계속해서 보고 있으면 마음은 이를 왜곡시킵니다. 계속해서 하나의 똑같은 상을 바라보면 마음은 지치기 때문에 자꾸 왜곡시켜요. 그래서 내 얼굴이 아닌 것 같은 느낌이 들 때가 오고, 그 느낌마저 사라지면 감각상태로 들어가게 됩니다. '나'라는 마음의 대상에 대한 감각상태로 가게 되죠. 그 이전에는 주로 사물에 대한 감각연습을 했는데, 거울연습을 통해 '나'라는 느낌에 대한 감각상태를 연습한 것입니다. 우리는 평상시에 거울 속에서 느껴지는 그림자를 자신이라고 여기며 동일시되어 살아갑니다. 그리고는 진정한 본래 자신의 모습은 잊어버리고 있는 것입니다. 본래 자신의 모습이란 마음에 의해 잡히는 모습이 아니라, 마음이 잡을 수 없는 본래의 모습을 말합니다. 그것을 옛날 선사들은 본래면목本來面目이라고 했습니다. 지금 이 순간 자신이라고 느껴지는 느낌을 지워버리면 남는 여러분의 본래면목은 뭘까요? 잡을 수 없고 그려낼 수도 없는 그 본래의 면목, 그 어떤 마음의 상에도 물들지 않는 본래의 면목은 무엇이겠습니까? 행주좌와라는 마음의 모든 움직임에 결코 물들지 않는 그 무엇이겠죠. 그것이 여러분의 본질, 즉 진심眞心입니다.

제9장

진심소재

眞心所在

망심이 사라진 자리가 이미 진심

진심소재眞心所在는 '진심이 있는 곳'이라는 뜻입니다.

或이 曰 息妄心而眞心이 現矣라 하시니
혹　　 왈 식망심이진심　 현 의

묻기를, 망심을 쉬면 진심이 나타난다 하시니

진심眞心을 직접 찾기보다는 망심妄心을 망심으로 알고, 느낌을 느낌
으로 파악하고, 마음에 나타난 것을 나타난 모습으로 보아야 합니다.
이럴 때에 나타나기 이전이 드러난다고 했어요. '나타난다'고 하지 않
았습니다. '드러난다'고 했어요. 보이거나 잡히거나 마음에 어떤 모습
으로 일어난다는 의미가 아니라 그저 밝혀진다는 말입니다.

"망심을 쉬면 진심이 나타난다."는 말은 어떤 의미일까요? 이미 진
심은 도처에 있다는 뜻이에요. 흰 벽에 검은 점 하나가 있는데, 그 점
에 집중하면 흰 벽이 보이지 않는 것과 비슷합니다. 더 엄밀하게 말하
자면 사실은 흰 벽은 보이지 않습니다. 내 눈이 하얗기 때문이죠. 보는
자 자체가 그것이기 때문에, 그것이 그것을 본다한들 특별하게 뭐가
있다고 여기지 않는 것입니다. 분별되거나 구별되지 않습니다. 검은색
점을 지워야만 그 흰 벽이 드러나게 됩니다. 망심을 쉰 자리가 특별히
새롭게 진심으로 나타나는 것이 아닌 것입니다. 여기서 망심은 분별하
는 마음을 말합니다. 나누는 마음, 주체와 대상으로 나눠진 마음, 이것
과 저것으로 분별되는 마음이에요. 나누어졌기 때문에 분별되고, 분별
되기 때문에 이미 나누어진 마음입니다. 그래서 여러분 마음속에서 무
언가가 나타나고 잡힌다면 그것은 이미 마음에 분별이 일어났다는 의

미입니다. 마음속에서 뭔가 경험된다면, 그것은 경험되는 대상과 경험하는 주체로 마음이 나누어진 것입니다. 그러니 여러분이 경험하는 그 어떤 것도 진심일 수가 없습니다. 본질이 아니에요. 여러분이 경험하는 황홀감은 부산물일 뿐이에요. 어떤 상태가 사라지거나 다른 상태로 넘어갈 때 그런 황홀감이나 기쁨 등이 느껴지기도 합니다.

망심이 사라진 그 자리가 이미 진심이라고 했습니다. 여기서 '나타날 현現'을 썼는데, 그렇다고 해서 마음으로 잡을 수 있는 무언가가 나타났다는 뜻은 아닙니다. 우리가 알지는 못하지만 드디어 진심이 드러난다는 의미죠. 망심이 사라진 자리가 이미 진심이기 때문에 그렇습니다. 진심은 특별히 '있다'고 말할 수 없으며, 그렇다고 '없다'고도 말할 수 없습니다. 진심이 있다고 말할 수 없는 이유는 우리가 그것을 구별하고 잡아낼 수 없기 때문입니다. 또 없다고도 할 수가 없는 이유는 하얀 벽의 검은 점을 제거하면 모두 하얀 벽이기 때문에 그렇습니다. 그 하얀 벽은 늘 있어왔습니다. 결코 사라진 적이 없으며, 다시 새롭게 나타나는 것도 아니에요. 그럴 때 그것을 과연 '있다'고 말할 수 있을까요? 또는 없다고 말할 수 있을까요? 그런 의미에서 "망심을 쉬면 진심이 나타난다."고 말했습니다.

然則 眞心體用이 今在何處이닛고
연 즉 진심체용   금재하처

그렇다면 진심의 체와 용은 지금 어디 있습니까?

망심을 쉴 때 진심이 나타난다고 하는데 그렇다면 진심이 지금 이 순간에는 어디에 있는지 묻고 있습니다. 진심의 본체는 지금 이 순간 어디에 있고, 그 작용은 어디에서 일어나고 있을까요? 여러분의 마음속을 들여다보세요. 지금 여러분 마음속 어디에 진심과 진심의 작용이 있습니까? 사실은 이 질문 속에 이미 답이 있습니다.

망심을 쉬면 진심이 나타난다는 말은 이미 진심이 늘 도처에 있음을 의미합니다. 그런데 잡아낼 수 없는 그 진심을 과연 '있다'고 할 수 있느냐는 것입니다. '존재는 관계'라고 말했습니다. 이 안경집은 그것을 볼 수 있는 눈과 만질 수 있는 손에게만 존재합니다. 안경집이 손을 그냥 통과해 버린다면 안경집은 손에게 존재하지 않는 것이죠. 즉 감각기관과 감각대상 사이의 관계에 의해서만 존재하고 있어요. 그런데 진심을 잡아내고 감각하고 느껴낼 수 있는 감각기관은 없으니 그렇다면 과연 진심은 있는 겁니까, 없는 겁니까? 이런 의미에서 진심은 있는 것은 아닙니다. 진심을 잡아낼 감각기관이 없기 때문이죠. 시각적인 대상은 우리 눈으로 잡아낼 수 있고, 마음이 잡아내는 마음의 모습들에는 '감지'라는 이름을 붙여서 마음의 대상으로 삼을 수 있습니다. 마음에 잡히는 모든 것은 마음의 현상이기 때문에 모두 망심에 해당합니다. 망심을 다 쉴 때에야 비로소 진심이 드러난다는데, 사실 진심이 드러나는지 드러나지 않는지 알 수가 없어요. 그러나 잡아낼 수 있는 방법이 있긴 합니다. 바로 통찰이죠. 통찰을 통해서만 우리는 진심을 확인할 수 있습니다. 그러나 아직 통찰이 일어나지 않은 사람은 알 수 없기 때문에 "그렇다면 망심을 쉬면 드러난다는 진심은 망심이 있을 때는 도대체 어디에 있는 겁니까?"라고 묻는 것입니다.

日 眞心妙體가 遍一切處하니
왈 진심묘체　　편일체처

답하기를, 진심의 묘한 체는 어디에나 두루 다 있다.

그래서 보조국사는 진심의 묘체가 어디에나 언제나 두루 있다고 말합니다. 보편적으로 다 있는 것을 '있다'고 할 수 있을까요? 전 우주에 꽉 차있어서 없는 곳이 없어요. 그것이 없는 시간과 공간이 없습니다. 바늘귀보다 더 작은 곳에도 있고, 거대한 은하보다 더 큰 곳에도 가득 차 있어요. 그래서 노자老子에 보면 "도道는 바늘보다도 작고 우주보다도 더 크다."라고 말했습니다. 없는 곳이 없다는 말이죠.

이처럼 개별성이 없는 진심에 대해 '늘 있다'라는 표현은, 우리 마음으로 구분하는 '있다/없다'를 넘어선 '있다'입니다. 우리는 개별적인 내가 있다고 여기며 살아갑니다. 그 '나'는 다른 모든 이들과는 다르죠. 개별성을 빛에 비유해보겠습니다. 개별성이란 어떻게 보면 돋보기로 한 군데 모아진 강한 빛의 뭉치와 같습니다. 돋보기로 모아져 생겨난 빛의 뭉침은 강도와 거리에 따라서 다양하게 달라집니다. 가변적이어서 일정하게 유지되지 않아요. 우리의 의식에서도 비슷한 일이 일어납니다. 경험의 흔적이 만들어낸 의식적인 돋보기로 집적된 한 점에 강력한 의식의 힘이 투사되면, 그 점이 그 순간의 내가 되어서 주인 노릇을 합니다. 자신이 존재한다는 생각이나 믿고 있는 생각에 강한 에너지가 투사되면, 그 생각이 옳다고 여겨지고 그 생각을 주장합니다. 그런데 전체주의(깨어있기 용어)를 하면 어떻습니까? 주의가 전체에 퍼져나가 있으면 욕을 먹어도 별다른 느낌이 없습니다. 주의가 어떤 생각이나 느낌에 강렬하게 뭉치지 않기 때문에 흔들릴 덩어리가 없어서 그래요. 그런데 평상시에 나에게 누군가가 욕을 한다면 어떨까요? 그 즉시 부정적인 생각이 올라오고, 거기에 강한 주의가 쏠려서 그놈이 주인 노릇을 하면서 흔들리거나 상처받고 상대방에게 대응하는 일이 생깁니다. 우리는 그것을 '개별성'이라 말합니다.

그것은 유전적 경향성과 오감의 경험적 흔적이 만들어내는 의식의 돋보기로 의식의 투명함이 집적되어 한 점에 강력한 의식의 힘이 투사되는 것과 같습니다. 그 경험에 물든 집적된 한 점이 바로 우리가 개별성이라 부르는 캐릭터에요. 그런데 경험의 흔적은 이미 죽어버린 과거입니다. 지금 그 경험을 살아있게 만드는 것은 그것에 의해 집적된 의식의 힘입니다. 전체주의를 하면 그 집적된 과거의 경험에서 주의가 빠져나와서 그 경험의 덩어리는 더 이상 아무런 힘을 발휘하지 못합니다. '내가 옳아!', '이것이 맞아!'라고 생각을 강하게 믿는 마음이 없으면, 그 믿음이 전체로 퍼져나가 버리면, 누군가 그 생각이 틀렸다고 말해도 나는 아무렇지 않습니다.

이런 단순한 실험을 통해 여러분들이 지금 이 순간 자기라고 믿고 있는 것이 어떤 힘이 있는지 느껴보십시오. 지금 이 순간 자신을 한 번 살펴보세요. '나는 지금 의자에 앉아있다.'는 생각이나 '나는 이런 사람이다.'라는 생각을 누군가가 환기시키면 '맞아.'라고 수긍하며 거기에 에너지가 강하게 쏠립니다. 그리고 그 생각이 틀렸다고 말하면 저항하기 시작하죠. 이것이 바로 물든 의식의 빛의 덩어리입니다. 이 빛의 덩어리가 뭉쳐서 집적되기 전의 전체 공간에 널리 퍼져있던 모습은 현재 널리 퍼져있는 빛의 모습과 다르지 않습니다. 의식의 빛 역시 그와 유사합니다. 따라서 의식이 어떤 감정, 생각, 느낌으로 집적되기 이전으로 돌아가면 그 빛은 개별성이 없는 진심 그 자체입니다. 나타난 모든 모습에는 빛이 물들어 작용이 일어나고 있으니 모든 곳에서 작용이 진행되고 있습니다.

여러분이 보는 모든 것들은 자신의 감지가 투사되어 '이것은 무엇'

이라고 자기주장을 하고 있는 것들입니다. 그것이 자기를 확인 시키고 있는 중이에요. '이것은 안경집이야.'하는 마음이 이미 자기를 주장하고 있어요. 내가 하려고 하는 말은 이것이 일종의 자기주장이라고 파악할 때 자유로워진다는 점입니다. 안경집이라는 것을 모르는 상태로 돌아가라는 말이 아니에요. 그렇게 되면 백지화가 될 뿐 아무 쓸모가 없어요. 안경집이라고 알되, '내 마음이 지금 이것을 어떤 모습이라고 주장하고 있구나.' 또는 '내 마음에 형성지어 놓고 그것을 그것으로 알고 있구나. 따라서 이것을 다른 것과 구별하여 분별하고 있구나.'라고 자신의 마음이 지금 분열되어 있음을 파악하라는 말입니다.

이와 마찬가지로 지금 여러분 마음속에 어떤 느낌이 있다면 그 느낌을 그러한 느낌으로 아는 것도 이미 자기를 주장하는 것입니다. 자기라는 것은 특별한 것이 아닙니다. 마음에 나타난 어떤 모습을 움켜쥐고 있는 에너지 덩어리인 것입니다. 에너지의 빛이 거기에 집적되어 강력한 하나의 점을 이루고 그것을 다른 무엇에다가 쏘면서 태워버립니다. 자기를 주장한다는 것은 그것과 다른 것을 태운다는 말입니다. 파괴하고 있어요.

진심의 묘체인 빛은 이미 모든 곳에 있으며, 작용할 때만 나타납니다. 그 나타남 자체도 빛의 한 작용인 감각기관의 기능 때문에 일어나는 현상입니다. 감각기관 역시 하나의 빛의 대상입니다. 즉 의식의 한 작용이에요. 눈이라는 감각기관의 작용은 의식의 한 작용이에요. 물리적으로 비유를 들어봅시다. 바다에 물 소용돌이가 생겨났습니다. 그 소용돌이는 끊임없이 움직이면서 자기 모습을 유지하죠. 끊임없는 물의 움직임이 특정한 형태를 유지합니다. 그런데 지나가던 나무가 이 소용돌이에 부딪히면 소용돌이의 모습이 약간 일그러지죠. 물의 소용돌이가 조금 일그러졌다가 약간 유지되는 것은 바로 감각기관이 무언가를 감각하는 모습이에요. 예를 들어 이 안경집이 물로 이루어졌다고 한 번 가정해 봅시다. 물로 된 안경집을 탁 치면 닿은 부분은 일그러지지만 전체적인 모양은 유지되겠죠. 원자, 양자, 에너지 단위에서 보면 다 그렇지 않겠어요? 그렇게 물 소용돌이나 물로 만든 안경집이나 둘 다 똑같이 물로 되어 있지만 자기 패턴을 유지하는 힘에 의해 지금 무언가로 존재한다고 여겨집니다. 에너지가 특정한 패턴으로 끊임없이 움직이고 있는 모습이 현상계에 존재하는 모습을 물리적인 차원에서 바라본 것입니다. 따라서 감각기관이나 감각대상 모두 에너지 덩어리예요. 에너지 덩어리가 서로 부딪히면서 자기의 패턴을 고집할 때 부딪힘이 일어나고 그 사이에 어떤 느낌이 일어납니다. 만약에 이 안경집이라는 물 덩어리가 물 소용돌이와 부딪혔을 때 그저 물 소용돌이 속으로 흡수되어 버린다면 거기에는 어떤 느낌도 없을 것입니다. 맨 처음에는 약간 있을지 모르겠지만요. 그런데 서로 자기의 패턴을 고집하면 끊임없이 부딪힘이 일어나고. 그때의 부딪힘이 하나의 느낌으로 느껴집니다. 물 소용돌이라는 감각기관 역시 의식의 빛의 한 작용입니다. 우리의 시각, 청각, 미각, 후각적인 감각의 근본 바탕에는 의식의 작용이 있어요. 그렇지 않다면 우리는 무언가를 보고 듣고 느낄 수가 없습니다.

따라서 '나타난다'는 말에는 이미 주체로서의 작용이 포함되어 있습니다. 마음이 최소한 둘로 나누어져서 주체와 대상이 만나서 작용하는 것이 바로 나타남이에요. 이것이 바로 현상계의 나타남의 기본적인 구조입니다. 이를 작용이라고 하는 이유는 이 둘이 모두 나타났기 때문입니다. 나타난다는 것은 어떤 패턴으로 움직이고 있다는 뜻이에요. 그래서 마음에서 나타나는 모든 것은 마음이 움직였기 때문이라고 말하는 것입니다. 주체가 어떤 느낌을 느끼고 대상으로서의 어떤 모습이 존재한다고 여겨지는 이유는 이 둘 사이에 끊임없는 작용이 일어나고 있기 때문이고, 그 작용 속에 각자의 작용도 유지되고 존재합니다. 이 둘 사이의 작용이 없다면 주체와 대상은 사라질 것입니다. 참 오묘하죠. 주체와 대상이 각자 따로 있지 않고 이 둘이 아주 묘한 차원에서 얽혀있어요. 그렇기 때문에 동시에 존재하고 동시에 사라집니다. 그렇지 않다면 주체와 대상이 결코 같이 사라지지 않겠죠. 우리가 감각상태(마음에 상이 없는 상태–깨어있기 용어)로 들어가면 대상이 사라지면서 동시에 자기라는 것이 있는지 없는지 모르는 상태가 되어버리는 것도 주체와 대상이 교묘하게 얽혀있기 때문입니다.

주체와 대상의 작용이 쉬면 이미 본체는 늘 두루 하며, 그 두루 하는 본체가 움직이면 작용이 나타납니다. 작용의 일부인 주체에게만 '나타난다'라는 현상이 일어납니다. 주체에게 대상이 나타나죠. 무언가가 느껴진다는 의미입니다. 내 눈에 무언가가 보인다면 시각적으로 느껴진다는 뜻이죠. 내 귀에 무슨 소리가 들린다면 청각적으로 뭔가 느껴진다는 의미입니다. 이 안경집은 손이라는 촉감에 나타났습니다. 감각기관과 감각대상 사이에 만남이 있다는 뜻이죠. 이것이 '나타난다'는 표현의 뜻이에요. 즉 나타나려면 결국 대상과 주체가 일단 있어야 하고, 그 둘이 만나야 되겠죠. 이럴 때 '나타난다'고 말합니다.

전체와 분리되었을 때만 존재가 가능하다

그것을 생각의 작용에 비유해서 말해봅시다. 우리는 '내가 존재한다.'라는 무의식적인 돋보기에 의해 만들어진 집약된 한 점으로 살아가고 있습니다. '내가 존재한다.'고 여기는 순간 전 우주적인 본질이 존재하는 그 무엇으로 축소되고 제한됩니다. 그래서 '나는 존재해.'라는 생각을 무의식적인 돋보기라고 말하는 것입니다.

전체에서 분리되었을 때만 존재한다고 말할 수 있습니다. 지금 이 순간 자신의 마음속을 한번 들여다보세요. 들여다보면 뭔가가 있는 것 같죠? 존재하는 느낌이 있는 것 같죠? 그 존재하는 느낌이 있다면 뭔가 느껴진다는 것이고, 느껴진다는 것은 의식적인 돋보기에 의해 무한한 의식의 빛이 집적되어서 한계 지어진 모습을 만들어내고 있는 것입니다. 그런데 다시 돌아오면 어떻습니까? 그 느낌은 사라지고 없어요. 내 눈에는 다른 것들이 보입니다.

축소된 한 점으로 살아갈 때, 그 점은 고정된 실체가 아니라 늘 흔들리며, 크기가 변하고, 느낌의 강도가 달라집니다. 그래서 '나'라는 느낌이 대상에 따라 달라짐을 확인해봤죠. 친한 친구를 만날 때의 나의 태도, 부모님을 대하는 나의 태도, 내 자녀들을 만날 때의 나의 태도, 직장의 상사나 부하를 만날 때의 나의 태도는 매 순간 달라지죠. 즉, 그 축소된 집적된 점의 크기와 강도와 느낌이 자꾸자꾸 달라진다는 것입니다. 그렇게 가변적인 축소된 한 점 뒤에는 온 우주에 동일하게 퍼져있는 의식의 빛 자체가 있습니다. '나'라는 것은 마치 드라마의 주인공과 같습니다. 드라마의 주연배우는 진정으로 기뻐하거나 두려워하고, 때로는 치를 떨며 분노합니다. 그렇지만 그런 모습은 다 캐릭터에요. 캐릭터로서 분노하고 두려워하고 기뻐할 뿐입니다. 진정한 모습은 그 캐릭터 뒤에 있지 않습니까? 그 캐릭터가 드라마 속에서 화를 내고 있는 순간에도 그 배우의 본모습은 전혀 화를 내고 있지 않죠. 그렇기 때문에 연기가 끝나면 아무렇지 않게 감정에서 툭 떨어져 나올 수 있습니다. 만약 진짜 화를 냈다면 어떻겠어요? 배우의 본모습이 화를 내고 있었다면 연기가 끝나도 화를 멈추지 못할 것입니다. 간혹 진짜 감정에 빠져서 며칠씩 감정이 이어지는 사람들도 있어요. 배역에 동일시된 것입니다. 진정한 배우는 그 역할에 강하게 동일시되니까, 정말 자기가 슬프거나 기쁜 것처럼 느끼죠. 그렇지만 저 깊숙한 곳에서는 절대로 분노하거나 기뻐하지 않습니다. 자기가 진정으로 분노하거나 기뻐하는 건 아니라고 분명히 알고 있습니다. 화를 내는 그 순간에도.

이처럼 축소된 '나'로서 느끼는 순간에도 우리의 진정한 모습은 '나'라고 여겨지는 그 모습에 전혀 상관없이 그대로 있습니다. 그렇다고 내가 존재한다고 여겨지는 지금의 느낌이 또 전혀 아닌 것은 아니죠. 진짜 모습이에요. 그렇지만 나타난 모습이라는 것입니다. 느껴진 모습이라는 것입니다. 느껴지지 않는, 나타나지 않은 저 뒤의 본질은 이 모습과 전혀 상관없이 지금 이 순간에 늘 그렇게 있습니다. 진심은 언제 어디서나 시간과 공간에 상관없이. 또 드러난 모습과 드러나지 않은 모습에 상관없이, 늘 두루두루 편재해있습니다. 그것이 바로 진심의 묘한 체는 어디에나 두루두루 다 있다는 말의 의미입니다.

늘 있지만 찾는 순간 사라진다

永嘉가 云 하사대
영가   운

不離當處常湛然호대 覓卽知君不可見이라 하시고
불리당처상담연   멱즉지군불가견

영가대사가 말하되
있어야 할 자리를 떠나지 않고 항상 담연히 있지만 찾으면 곧 볼 수 없다

당연히 있어야 할 곳을 떠나있지 않습니다. 늘 그곳에 있다는 말이
죠. 그러나 찾으면 곧 볼 수 없다는 것을 알아요. 이상하지 않습니까?
진심은 있어야할 자리에 늘 있지만 찾으려고 하면 볼 수 없어요. 알
수도 없고. 왜 그렇습니까? 늘 있지만 찾는 순간 사라진다는 말은 무
슨 의미일까요? 왜 찾으면 볼 수 없습니까? 찾는 마음 자체가 돋보기
로 작용하기 때문에 그렇습니다. 돋보기를 들이대지 않은, 빛으로 가
득 찬 이것 자체가 이미 본질적인 마음입니다. 그러나 아직 마음에는
나타나지 않았죠. 예를 들어서 이 공간은 아주 밝은 빛으로 가득 차있
지만 어떤 특정한 빛이 나타나 있진 않아요. 그냥 다 밝을 뿐인데, 여
기에 돋보기를 대면 어떻습니까? 레이저 빛과 같은 진한 한 점의 빛의
덩어리가 생겨나죠. 두루두루 퍼져 있는 빛에서 집적된 하나의 점으로
축소되어 존재하기 시작합니다. 모습이 달라졌어요. 빛의 덩어리가 나
타났어요. 그리고 뭔가를 태우고 움직이고 나타납니다. 그것이 바로
'나'라고 여겨지는 느낌의 실체입니다.

지금 자신의 마음속으로 한번 들어가 봅니다. '나'라는 것이 과연 무
엇인지 찾아봐요. 이 말을 듣는 순간, 자기 내면을 바라보는 순간 바라

보는 나와 보이는 뭔가가 있죠. 뭔가 있는 것 같기도 하고 잡히지 않을 것 같기도 한 그것과 찾아서 잡으려고 하는 나의 의도가 느껴지죠? 느껴지는 그것이 바로 돋보기로 빛을 모아서 나타난 마음의 한 모습입니다. 그런데 우리가 진정으로 찾는 것은 그렇게 맺혀있는 한 점이 아니라 그런 모습이 없는 빛 자체입니다. 그래서 찾는 순간 그 빛은 사라지고 마는 것입니다. 찾으면 그 집적된 점이 생기니까. 찾는다는 것 자체가 의식의 레이저를 만드는 작용이죠. '뭐지?'하면서 살펴보려는 마음은 생겨난 마음이에요. 이런 마음이 사라진 상태가 이미 빛 자체입니다. 그런데 우리는 보통 찾는 마음이 사라진 상태에서도 빛 자체로 있지 못합니다. 늘 뭔가에 집중하고 있죠. 뭔가를 보거나 먹거나 움직이면서 거기에 빠져있어요. 감정과 느낌과 생각에 빠진 것 역시 뭔가에 집적되어 있는 상태입니다. 그러고 있다는 것을 의식하지 못할 뿐이에요. 의식하려면 마음을 한 번 더 나누어야 하니까. 우리는 마음이 나누어지지 않은 상태, 관찰자를 만들지 않은 상태, 즉 2분열 상태로 대부분 살아갑니다. 이런 상태도 이미 뭔가로 집적된 상황입니다. 자기관찰을 하면 3분열로 바뀌면서 자기마음을 살펴보기 시작합니다. 그러면 레이저가 3개가 생긴 것입니다. 대상과 주체와 그 둘 모두를 바라보는 관찰자. 그렇게 생겨난 레이저를 자기라고 여깁니다. 그런데 그 레이저가 특별한 것이 아니에요. 의식적인 빛의 덩어리에요. 찾는 마음 자체가 하나의 돋보기를 만드는 것이기 때문에 찾는 순간 본질을 볼 수 없습니다. 물론 찾지 않아도 당연히 볼 수 없죠. 그렇지만 찾지 않을 때는 그것은 널리 퍼져있습니다. 찾으면 볼 수 없는 이유는 이러한 원리 때문입니다. 우리가 진정으로 찾는 것은 축소되어 맺힌 한 점이 없는, 모습이 없는 그것이기 때문에 찾으면 볼 수 없어요. 보려고 하는 의도를 가지면 즉각 어떤 중심점이 만들어지는데, 그것이 바로 일종의 마음의 돋보기인 주체감입니다.

담연湛然하게 있다고 했어요. 진심이 있어야 할 자리를 떠나지 않고 항상 맑게 있다는 건데, 이는 어디에도 맺히지 않고 고르게 있다는 말이기도 합니다. 고르고 아주 편만하게 편재해있다면 중심이라는 것이 따로 없죠. 무중력 상태와 같아서 어느 한 점으로 모여지지 않아요. 중력이 없는 의식의 상태가 바로 담연湛然히 있는 상태와 같습니다. 그런 맑은 상태에 있다가 중심점이 만들어지면 그 축소된 의식의 점이 주인 노릇을 하려합니다. 그래서 여러분들이 무언가를 찾는 순간에는 이미 맑은 마음에서 떠난 것이죠. 그래서 찾는 마음조차도 내려놓으라고 말하는 것입니다. 마지막에 그렇게 하라는 것입니다. 아직 자기를 철저히 들여다보지 못하거나 들여다보는 자기 자신이 철저히 관찰되지 않았다면 관찰하는 놈을 관찰하도록 내버려두어야 하겠지만, 최종적인 상태에 가서는 늘 살펴보고 알아채려는 의도를 갖고 있는 그놈마저도 내려놓아야 합니다. 보다 정확히 말하자면 내려놓는 것이 아니고 사실은 내려놓아지는 것입니다. 왜냐하면 내려놓으려고 하면 내려놓는 놈이 또 생겨나기 때문이죠. 그렇다면 어떻게 내려놓아지는가? 그렇게 살펴보는 최종적인 관찰자도 마음에 나타난 모습임을 통찰했기 때문에 내려놓아지는 것입니다.

'나는 여전히 모르겠어.'하는 마음에는 알고자하는 의도가 밑바닥에 깔려 있습니다. 알려고 하는 의도가 '나는 여전히 모르겠어'에 힘을 주고 있어요. 그런 구조를 살펴보세요. 알려고 하지 말라는 것이 아닙니다. 알고 싶어 하는 마음이 밑바닥에 깔려있기 때문에 미심쩍어하고 정확히 모르겠다고 여기는 마음이 강한 힘을 받고 있다는 것을 보라는 뜻이죠. 그것이 마음의 현상이고 마음에 나타난 작용이라는 것을 알라는 말입니다. 그런 마음의 작용은 그냥 혼자서 저절로 나타나지 않아요. 물질과 반물질이 동시에 존재하듯이 '나는 여전히 모르겠어'라고 여기는 마음의 밑바닥에는 쌍을 이루는 그 무언가가 있기 때문에 모르겠다는 마음이 긴장감을 유지하면서 존재할 수 있습니다.

"왜?"라는 질문을 떠나야 하는 이유

經에 云 하사대
경   운

虛空性故며 常不動故며
허 공 성 고   상 불 동 고

경에서 말하기를.
허공과 같은 성질 때문이며 항상 움직이지 않기 때문이고

허공과 같은 성질 때문이며 항상 움직이지 않기 때문이라 했습니다. '때문'이라고 한 것은 그 앞에 누군가 왜 그런지 질문을 했기 때문이겠죠? "왜 그렇습니까?"라고 물어보면 "~ 때문이다"라고 대답하잖아요. 그런데 '왜?'라는 질문을 여러분이 잘 살펴봐야 합니다. 여러분은 결코 '왜?'라는 질문을 해서는 안 됩니다. 그런 질문은 자꾸 말로 대답을 들으려고 하는 것입니다. 차라리 '이것이 뭐지?'라고 질문을 던지면 지금 이 순간을 관찰하고 느끼고 맛보는 작업을 하지만, '왜?'라는 질문을 던지면 자꾸 머리가 이렇게 저렇게 굴러가요. 그것은 과거의 블록을 재조합하는 것 밖에는 안돼요. 질문에 대한 답을 들었다고 해서 그 답

이 여러분을 바꿀 수 있나요? 그런 답으로는 어느 누구도 바꿀 수 없습니다. '왜?'는 아무 쓸모도 없는 질문이에요. 물론 물리적인 원리를 파악할 때는 쓸모가 있겠죠. 또 공부를 맨 처음에 시작할 때는 '왜?'라는 질문이 유용하죠. '나는 왜 괴로운가?' 이런 질문을 하며 처음 시작하는 것은 괜찮아요. 그때의 질문은 진정한 실험과 관찰로 자신을 이끌어줍니다. 그러나 '왜?'라는 질문의 역할은 거기까지예요. 이제 실험실에 들어와서는 질문 대신 자신의 마음을 살펴야 합니다. 알고 있는 지식을 가지고 짜깁기하는 대답밖에 만들어내지 않는 질문이 아니라 '이것이 뭐지?'라고 물어야합니다. '뭐지?'라고 물으면 지금 이 순간 살펴봐야 알 거 아니에요? '왜?'는 자꾸 이리저리 꿰어 맞추어 논리를 찾아냅니다. 그래서 '왜?'라고 질문을 하면 부처님은 무기無記라고 했어요. 기록할 가치가 없다는 것입니다.

"허공과 같은 성질 때문이며 움직이지 않기 때문이고"라고 말한 이유는 아마도 "진심의 체體는 왜 잡을 수 없습니까?" 또는 "왜 보이지 않습니까?"라는 질문을 상정했기 때문이겠죠. 그런데 그 질문에 대한 이런 대답이 과연 진정한 답인지도 자문해 봐야합니다. 그저 마음에 또 하나의 재조립된 블록이 생긴 것뿐이죠. 그러니까 여러분은 '왜?'라고 묻지 말고, '이것이 무엇인가?'라고 물으며 지금 이 순간의 마음으로 들어가야 합니다. '그렇게 묻고 있는 마음은 무엇인가?', '이 질문을 하는 놈은 무엇인가?', '이 놈을 찾으려고 지금 생겨난 이 마음은 또 뭐지?'라고 물으며 지금 이 순간으로 자꾸 돌아와야 해요. '왜?'는 자꾸 과거나 미래로 가게 만듭니다. 이유를 찾아내봐야 그것은 마음 자체를 보는 데는 아무 도움이 되지 않습니다. 항상 지금 이 순간으로 돌아와서 지금의 마음을 살펴봐야 합니다. 지금 이 강의를 들으면서도 여러분이 받아들인 단어와 말로 듣지 말고, 자신의 마음에서 일어나고 있는 일을 대비하면서 살펴보세요. 말을 듣지 마세요. 자기 마음을 바라보면서 내가 하는 말을 대비해보라는 것입니다. 진심직설은 지금 이 순간 여러분의 마음을 보면서 들어야 하는 것입니다. 말만 들으면 소용없습니다. 지식밖에 더 되겠어요?

대체 허공과 같은 성질과 움직이지 않는 것이 무엇인지 보라는 것입니다. 지금 이 순간 여러분의 마음속에 허공과 같은 성질이나 움직이지 않는 것이 있는지 바라봅니다. 자 눈을 감고 자기 마음을 들여다보면서 내 말을 들어보세요. 지금 이 순간 움직이지 않는 마음이 보입니까? 움직이지 않는 마음을 보려면 일단 움직이는 마음이 무엇인지 파악해야 하겠죠. 살펴보는 마음은 움직이는 마음이죠. 뭔가를 느끼고 있는 마음도 움직이는 마음입니다. 여러분이 지금 마음속에서 뭔가를 발견했다면 그것들은 모두 움직이는 마음입니다. 그렇게 잡히는 것들은 허공성虛空性이 아니죠. 마음에 잡히는 모든 것들과 움직이는 마음을 다 버린 다음에 남는 것은 무엇입니까? 만약에 또 무엇을 찾았다면 그 역시 마음에 잡혔으니 허공성은 아니겠죠. 그 무엇을 또 찾으려는 마음도 움직이는 마음이니까 부동不動의 마음은 아닙니다. 이렇게 움직이거나 허공성이 아닌 것은 다 버려두고 지금 이 순간 움직이지 않는 마음으로 들어가보라는 말이에요. 마음에 이런저런 움직임이 일어나고 무언가가 잡혀도 그냥 내버려두면 돼요. 일어났다 사라지도록 내버려두고, 움직이지 않고 잡히지 않는 것을 통찰해내야 합니다.

일어나지도 사라지지도 않는 여래장

如來藏中에 無起滅故라 하시고
여래장중   무기멸고

여래장중에는 일어나고 사라짐이 없기 때문이다.

　모든 것이 일어났다 사라지는 곳이지만 그 자체는 일어나지도 사라지지도 않는 것을 여래장如來藏이라 했습니다. 지금 여러분의 마음속에서 모든 것이 일어나고 있습니다. 이런저런 느낌과 생각들과 감정들이 일어났다가 사라져가요. 여러분의 마음은 수많은 데이터들의 작업장입니다. 모든 것들이 나타났다 사라져가도 변하지 않고 늘 있는 그것. 그것이 바로 여래장입니다. 나타났다 사라지는 모든 것들의 본질이 되는 것이 바로 여래의 마음이라는 여래장이죠. 그 어떤 일어남도 사라짐도 없습니다. 지금 이 순간 여러분의 마음에 어떤 일어남이 있다면 그것은 이미 생멸심生滅心입니다. 일어나서 마음에 의해 잡히기 때문입니다. 잡으려고 하는 마음이 잡을 대상을 만들고 그 대상을 느끼는 현상을 일으킵니다. 그 의도가 잡는 주체와 잡히는 대상을 만들고, 그 대상이 느껴지는 현상이 일어나죠. 이것이 마음의 움직임이고 허공성위에 잠시 나타난 마음의 일시적인 모습입니다. 이 모든 것이 일어나는 여래장 자체는 결코 일어나지도 사라지지도 않음을 통찰하세요.

大法眼이 云 하사대
대법안   운

處處菩提路요 頭頭功德林이라 하시니
처처보리로   두두공덕림

대법안 스님이 말하기를
곳곳이 보리의 길이요 사람마다 공덕의 숲이라고 하니

모든 길은 진리의 표현인 도道이고, 모든 사람은 진리의 움직임으로 인해 쌓여진 덕德이라는 말입니다. 그러니 다른 곳에서 진리를 찾거나 다른 사람에게서 덕의 화신을 찾지 말라는 말입니다. 이미 여러분 자신과 가까이에 있는 사람들이 모두 덕의 화신이에요. 한 사람 한 사람을 자세히 보고 깊숙이 느껴보면 그 안에 진리의 덕이 숨겨져 있어 그 공덕이 울창한 숲처럼 가득합니다. 그것을 보지 못한다면 자신에게 그 것을 보는 눈이 아직 생겨나지 않았을 뿐이죠. 눈이 생겨나지 않았는데 어디 다른 곳에 간다고 그것이 보이겠습니까? 지금 여러분 주변에서 그렇게 보지 못한다면 그 어느 곳에서도 사람 속의 덕과 진리의 길을 결코 발견할 수 없어요. 그걸 보는 눈이 있는 사람만이 볼 수 있습니다. 무엇을 느끼려면 그것을 느끼는 감각 기관이 있어야 하듯이, 진리를 보려면 진리를 보는 눈이 있어야 하고, 사람 속에 숨겨진 덕을 보려면 그 덕을 볼 수 있는 눈이 있어야 합니다. 그래서 부처는 부처만을 보고, 도둑은 도둑만을 본다고 합니다.

此는 卽是體所在也요
차　　즉시체소재야

眞心妙用이 隨感隨現호미 如谷應聲이니
진심묘용　　수감수현　　　여곡응성

이는 곧 진심의 본체가 있는 곳이요
진심묘용이 느낌에 따라 나타나는 것으로 골짜기가 소리에 응하는 것과
같다

이렇게 진심의 본체는 이미 도처에 그리고 모든 사람에게 있습니다. 진심의 묘한 작용이 느낌에 따라 나타나는데 마치 골짜기가 소리에 응하는 것과 같다고 했어요. 느낌에 따라 나타나는 것은 이미 마음이 나

뉘졌을 때나 가능한 일입니다. 즉 진심의 묘한 작용은 분리 속에서 일어난다는 말이죠. 그리고 분리는 과거를 기반으로 합니다. '이미 나눠어졌다.'는 말은 시간적으로 일어나있는 상태입니다. 이 나눠진 것들이 만나고 뒤엉켜서 작용을 한다면, 만나고 느낌을 만들고 작용을 일으킬 무언가로 이미 나누어져 있어야겠죠. 과거라는 말입니다. 즉 느낌이 일어나려면 먼저 둘로 나눠져 있어야 하고, 그 둘이 만날 때 비로소 느낌이 일어납니다. 진심묘용이 느낌에 따라 나타난다는 말 속에 깔린 건 진심의 묘한 작용도 결국 과거를 기반으로 하는 분리 속에서 일어난다는 것입니다.

나누어진 둘이 만날 때 어떤 느낌이 일어나는데, 그 느낌은 나누어진 조각들 사이의 관계이고 새로운 조합이며 그것들의 흐름입니다. 따라서 느낌은 시간 속의 일입니다. 그러나 진심은 시간을 초월한 영원 속에 있습니다. 소리들이 순서를 가지고 나타나 특정한 멜로디를 이루듯이 존재하지만 그 모든 소리들이 나타났다가 사라지는 침묵의 공간은 전혀 나타나거나 사라지지 않는 것과 같아요. 침묵은 앞과 뒤라는 순서가 있지 않고 모든 소리들을 초월해 있죠. 침묵에 무슨 순서가 있으며 앞뒤가 있으며 있다가 없다가 하겠어요? 침묵은 이 모든 소리의 나타남을 넘어서 있습니다.

진심묘용은 마치 골짜기가 소리에 반응하는 것과 같다고 했습니다. 골짜기 자체가 소리를 내지는 않죠. 소리가 나는 것은 골짜기 사이에 공간이 있기 때문입니다. 골짜기가 진동에 감응하여 소리가 나요. 소리는 그저 일어납니다. 그런데 우리는 '골짜기가 소리를 냈다.'고 이름을 붙입니다. 우리 마음이라는 골짜기에 이런 일이 벌어지고 있어요.

수많은 데이터가 이런저런 골짜기들을 만듭니다. 그리고 그 골짜기에 부딪친 지금 현재의 상황들이 마음에 현상들을 만들어내고 마음의 소리를 만들어 내서는 '내가 이 소리를 만들어냈어.'라고 이름을 붙입니다. 그렇지만 여러분의 본질인 여래장은 어떤 소리도 일으키지 않았습니다. 마음의 데이터들 사이사이의 빈 공간이 여러분의 본질이에요. 데이터는 공간에 잠시 나타난 마음의 집적된 모습일 뿐입니다. 마음속의 과거 데이터라는 골짜기가 변화라는 진동을 만나 소리로 드러나는 것 뿐입니다. 이렇게 말하면 또 우리 마음은 '그렇다면 이 진동은 왜 일어나는가?'라고 묻겠죠. 그 답을 안다고 해서 무슨 쓸모가 있는 건 아닙니다. 그러니 지금 이 순간 마음의 데이터로 만들어진 마음의 골짜기를 바라보도록 하십시오. 지금 이 순간 여러분 마음속의 여러 느낌들은 과거의 데이터 때문에 생겨납니다.

마음의 데이터로 이루어진 골짜기를 바라보고 그것이 우주적인 진동과 만나서 일으키는 소리를 발견하여, '나'라는 것 또한 그 소리임을 알고 내가 느끼는 모든 희로애락과 느낌들을 통찰하는 것이 바로 진정한 실험이고 공부입니다. 지금 즉시 그렇게 해 보세요. 우리는 이미 진심 자체이기 때문에 거기에 도달하는 그 어떤 방법도 없습니다. 어딘가에 도달하려면 그 곳은 저 멀리 있어야 합니다. 우리는 여전히 진심을 찾아 헤매지만 진심은 그 어디에 가서 찾을 수 있는 것이 아닙니다. 왜냐하면 지금 이미 그것이기 때문이죠. 거기에 도달하는 점진적인 길과 방법이라는 것은 없습니다. 만약에 있다면 그것은 편법이고 착각을 깨트리는 마음의 도구일 뿐이에요. 잠시 마음을 속여서 착각에서 빠져나오게 하는 하나의 방편일 뿐입니다. 그렇지만 묘한 작용에 대해 말한다면 그것에 관한 무수한 점진적인 길이 있습니다. 예를 들어 묘한 작용을 더 세밀하게 사용하거나 또는 대범하게 작용하도록 하는 골짜기를 만드는 것입니다. 그러나 진정한 쓰임은 골짜기가 아니라 골짜기 속의 공간이라는 것을 잊지 말라는 것입니다.

진심은 골짜기 속의 공간과 같으니 골짜기를 아무리 정묘하게 다듬는다 하더라도 진심에는 아무런 변화가 없습니다. 공간 자체는 결코 어떤 변화도 없어요. 진심은 골짜기가 있기 전부터 있어왔고, 골짜기가 있는 지금에도 아무런 차이가 없으며, 골짜기가 어떤 변화를 겪더라도 아무런 흔들림 없이 거기 그대로 있을 것입니다. 그러나 그것을 진정 '있다'고 말할 수 있겠습니까? 다만 '없다'고 할 수 없을 뿐입니다. 그래서 대승기신론에서는 이 본질을 "있는 것도 아니고, 없는 것도 아니며, 있는 것이 아니라고 할 수 없고, 없는 것이 아니라고 할 수 없고, 있고 없음을 넘어서 있다."로 했습니다.

우리가 보는 모든 것은 골짜기입니다. 마음속에서 잡히는 모든 것은 마음의 데이터에요. 거기서 수많은 소리가 나오는 듯 보이지만 진정한 소리의 원천은 골짜기 사이의 공간입니다. 그와 마찬가지로 마음에 생겨나는 많은 느낌과 경험들은 마음의 데이터 자체가 만들어 낸다기보다는 그 데이터들이 관계 맺은 상태 때문에 생겨납니다. 희고 검은 것이 따로 있지 않고, 그 둘이 짝이 되어 이 순간 서로에게 의지하면서 존재합니다. 둘 사이의 관계 때문에 우리는 희고 검음을 알 수 있습니다. 이처럼 모든 마음의 데이터는 의타적입니다. 그 관계성 때문에 느낌이라는 것이 생겨나는데, 마음의 데이터가 연결될 수 있는 이유는 그들 사이에 공간이 있기 때문입니다. 둘 사이에 공간이 없다면 딱 붙어있는 하나겠죠. 하나라면 둘이 아니기 때문에 어떤 느낌도 만들어낼 수 없습니다. 마음은 이것과 이것을 분리해서 구분하죠. 우리가 차이를 느낄 수 있는 이유는 마음의 공간 때문이에요. 이 느낌과 저 느낌이 차이가 나죠. 눈에 보이는 공간이 있다는 것이 아니라 여러분 마음에 이런 느낌과 저런 느낌이 다르게 느껴지는 이유는 그 둘 사이를 구분하는 내적인 공간이 있기 때문이라는 말입니다. 이것과 저것의 느낌의 차이가 분별감인데, 그 분별감이 바로 공간 역할을 합니다.

마음속을 들여다보면 텅 빈 느낌이 있죠. 지금 말하는 공간이라는 것이 그 텅 빈 느낌을 말하는 건 아니에요. 텅 빈 느낌과 꽉 찬 느낌을 분별하게 만드는 것이 바로 지금 말하는 공간입니다. 마음의 공간은 눈으로 보는 공간과는 다릅니다. 마음의 공간이라는 것은 느낌과 느낌을 구별하게 만드는 그 기능이에요. 그 공간은 나타났다가 즉각 사라집니다. 재래식 화장실에 들어가면 처음에는 냄새가 지독하게 나지만 좀 있으면 냄새가 사라지죠? 사실 냄새가 정말 사라지는 것이 아니라 그 냄새에 익숙해져서 구별을 못하는 것입니다. 익숙해져서 그 냄새가 내가 된 것입니다. 그래서 마음의 공간이 없어진 것입니다. 지독한 냄새가 내가 되어 있다가 밖으로 나와 꽃의 냄새를 맡으면 향기롭습니다. 그 순간 공간이 생겨났다가 다시 꽃향기에 익숙해지면 어떻습니까? 더 이상 꽃향기가 안 납니다. 30초, 1분만 지나서 냄새에 익숙해지면 우리는 더 이상 분별해내지 못합니다. 이 안경집을 쥐고 한 시간 있으면 어떨까요? 한 시간이 아니라 일 분만 있어도 온도 차이가 없어지면 이것을 쥐고 있다는 느낌이 별로 없습니다. 쥐었다 놓았다 하면서 안경집을 쥐고 있는 손의 압력 차이를 만들지 않고, 온도의 차이도 없다면 내 손이 안경집을 쥐고 있다는 느낌이 잠시 후 사라지고 말아요. 익숙해져버린 것입니다. 그 압력과 온도에. 압력과 온도와 질감의 차이를 떠나서 안정감을 느끼게 하는 그 무엇이 손에 더 있을까요? 이런 차이 때문에 우리는 구별을 할 수 있습니다. 그러니까 익숙해진 것과 익숙하지 않은 것 사이의 차이를 구별해내는 것이 마음의 공간이라고 이해하시면 됩니다.

알려고 하면 할수록 본질에서 멀어진다

마음의 골짜기들이 서로 연결될 수 있는 것은 그들 사이의 공간 때문입니다. 모든 소리들이 서로 분별되게 하는 침묵의 공간과 같은 마음의 원판 때문이에요. 마음의 원판에는 아무런 차이가 없지만 안이비설신의眼耳鼻舌身意의 경험이 거기에 흔적을 남기면, 마음이 움직이는 관성적인 패턴이 골짜기의 모습이 되어서 차이를 만들어냅니다. 그것이 바로 진심의 묘한 작용이에요. 여러분이 마음속을 들여다보면 항상 어떤 느낌들이 있죠. 의식하던 의식하지 못하던 여러 느낌들이 있어요. 그 느낌들을 의식할 수 있으면 살펴보기 시작한 것입니다. 비록 의식하지 못하더라도 느낌의 차이가 있기 때문에 우리는 눈앞의 물건들에 부딪치지 않고 피하면서 잘 살아갈 수 있습니다. 구별해 내니까요. 그런데 그 구별은 어디에서 일어납니까? 마음속에서 일어나요. 지금 밖으로부터 들어온 자극이 마음에 쌓인 흔적을 불러 일으켜서 그 흔적과 다른 흔적 사이의 구별을 마음속에 투사해서 피하고, 넘어가고, 부딪치고 하는 것입니다.

마음의 묘한 작용은 정교하게 다듬을 수 있고 세밀하게 살펴볼 수 있지만, 진심 그 자체는 결코 변하지도 않고 잡아채거나 알아낼 수 있는 것도 아닙니다. 이미 그것이기 때문이라는 것을 통찰해내도록 하세요. 이미 거기서 일어나고 있어요. 여러분이 알려고 하면 할수록 점점 더 본질에서 멀어지고 있다고 보면 틀림없습니다. 애쓰면서 잡아내려고 하면 할수록 마음은 분리를 일으킵니다. 그런 분리가 모든 것을 잡아내지만 본질만은 잡을 수 없어요. 아무리 해도 그냥 미지로 남아있어요. '나'라는 놈이 보이지 않는 먼 곳에 막연한 대상을 만들어놓고 끊임없이 달려가요. 이것이 바로 여러분 마음이 추구하고 있는 상황입니다. 저 곳으로 열심히 달려가면 뭔가 있을 것 같아요. 보이지도 않고 잡히지도 않는데, 가상의 대상을 만들어 놓고 끊임없이 달려가고 있는 이 놈이 마음의 현상이라는 것을 알아내세요. 진정으로 그걸 확인한다면 이놈이 자기한테서 스스로 힘을 빼겠죠. 본질을 발견하는 것은 결코 어렵지 않습니다. 마음의 구조를 정확하게 파악하고, 그 구조를 감지로 철저하게 느끼면 됩니다. 아직 철저하게 느끼지 못하니까 자꾸 생각 속으로 빠져 들어가는 것입니다. 생각 속에서는 결코 자유로울 수 없습니다.

모든 마음의 움직임이 묘한 작용에 불과하고, 그 작용들은 진심을 바탕으로 일어나고 있으며, 묘한 작용이 멈춘 순간에 진심이 드러납니다. 그렇지만 그 드러남은 분열된 마음속에서 무언가가 나타나는 것과는 다른 차원입니다. 그래서 진심의 드러남은 통찰을 통해서만 알 수 있습니다. 그래서 '깨닫는다'는 표현을 쓰는 거예요 그렇지 않다면 잡는다, 경험한다고 표현하겠죠. 진심은 결코 경험할 수 있는 것이 아닙니다. 경험할 수 있는 것은 모두 마음에 잡히는 것입니다. 그래서 진심 묘용이 느낌에 따라 나타난다고 했습니다. 다른 말로 하면 우리가 감지라고 이름붙인 마음의 그 어떤 느낌도 진심의 묘한 작용인 것입니다. 감지를 따라 묘한 작용이 나타나요. 마음의 데이터가 상황이나 우주적인 변화라는 진동에 응하여서 어떤 느낌을 만들어 내는 것입니다. 여러분이 뭔가를 느낀다면 진심묘용이 일어나는 중이고, 묘용이 있는 곳에는 항상 본 바탕인 진심이 있습니다. 마치 골짜기가 차지한 공간이 늘 있는 것처럼. 골짜기는 장애물일 뿐입니다. 장애물이 있으니까 장애물을 따라 소리가 나는 것뿐이에요. 장애물의 모습대로 소리가 나죠. 그렇지만 진정으로 소리가 나는 것은 공간 때문이라는 것을 잊지 말라는 것입니다. 그렇지만 사람들은 골짜기 때문에 소리가 난다고 생각해요. 물론 골짜기의 모습이 소리를 다양하게 만들기는 하지요. 그렇지만 소리의 원천은 공간이듯 묘한 작용의 원천은 바로 진심입니다.

진심소재眞心所在는 진심이 있는 곳이라는 뜻입니다. 지난 시간에 "망심을 쉬면 진심이 나타난다고 했는데 그러면 망심이 있는 동안에는 진심은 어디에 있는 것인가?"라는 질문을 했었습니다. 그러자 진심은 어디에나 언제나 두루두루 있다고 했어요. 망심이 있든 없든 언제나 두루 편재되어 있는 것이 진심입니다. 그 내용을 오늘은 다른 비유와 예를 들어 설명하겠습니다.

法燈이 云하사대
법 등   운

今古應無墜라 分明在目前이로다
금 고 응 무 추   분 명 재 목 전

법등스님이 말하되
예나 지금이나 떨어지지 않고 분명히 목전에 있다.

떨어지지 않는다고 했는데 어디로 떨어지지 않는다는 말일까요? 생각을 기초로 하는 마음의 내용에 떨어지지 않는다는 의미입니다. 마음의 내용에 떨어진다는 건 드라마 속에 들어가는 것입니다. 우리의 일상은 드라마의 연속이에요. 그간의 마음의 데이터를 짜깁기하여 만들어낸 일종의 스토리입니다. 그 스토리가 잘 맞아 떨어질 때도 있고 안 맞을 때도 있지만, 기본적으로 모든 스토리는 일종의 마음의 그림입니다. 우리가 지금 보고 있는 분별되고 구별되는 모든 느낌의 세계가 일종의 마음의 스토리임이 분명해질 때, 그것이 일종의 망심이라는 것을 알아서 거기로부터 빠져나오게 됩니다. 그래서 스토리를 느끼고 알지만 빠지지는 않아요. 그러나 보통은 스토리 속에 너무 오래 있었기 때문에 거기서 빠져나오는 법을 모릅니다. 그래서 처음에는 삼매를 연습하고 마음을 가라앉혀 빈 마음을 추구하는 것입니다. 그렇지만 빈 마음이 된다고 해서 진심이 발견되지는 않습니다. 빈 마음은 그저 고요한 마음의 상태일 뿐이에요. 빈 마음은 일종의 마음의 그림자와 같습니다. 진심의 그림자와 같아서 진심을 많이 닮아있기는 하지만 여전히 느껴지는 마음의 대상입니다.

마음의 내용에 떨어지는 것과 그 전체가 하나의 마음작용임을 아는 것은 천지차이입니다. 내용에 떨어지면 그 내용이 진실이라고 믿고, 자신도 그중의 부분으로서 존재한다고 여깁니다. 마음의 일부분을 자기라고 여겨요. 즉 '나'라는 것을 하나의 개별적인 존재로 여기는 마음이죠. 내가 경험하는 모든 세계가 마음의 그림일 뿐인데, 그 그림 중의 일부만을 자기라고 여깁니다. 개별화시켜 놓은 것입니다. 마음 전체의 파도 중의 일부를 자기라고 여기고 그 개별화된 마음을 일종의 자기 이미지라고 여기는 마음은 내가 경험하는 전체의 일부분입니다. 자신이 개별적인 누구라고 여겨진다면 마음의 스토리 속에 들어가서 그중 일부와만 동일시된 상황이라고 보면 됩니다.

마음의 작용을 본다는 것은 이 모든 것은 마음의 작용에 의해 나에게 경험되고 있음을 아는 것입니다. 이때의 나는 개별적인 내가 아니죠. 본질적인 마음에 경험되고 있음을 말합니다. 물론 경험이라는 것 자체가 나뉨이니까 여기서 말하는 본질은, 나누어져 나타난 마음이 다른 상대적인 대상 전체와 자기 자신이 마음의 현상으로 경험되고 있음을 알아채는 마음이에요. 이것이 바로 본질로서 마음을 경험하는 것입니다. '마음의 모든 경험을 마음의 작용에 의한 나타남으로 바라보는 것'이 바로 마음의 내용에 떨어지지 않는다는 말의 의미입니다. 그렇게 되면 이미 우리는 진리가 눈앞에서 펼쳐지고 있음을 알게 됩니다. 진리가 펼쳐진 모습인데 그 내용 속으로 빠져들면 환상이고, 그 모두를 마음의 작용으로 알면 내용으로 떨어지지 않는 거예요.

텐세그리티와 마음의 구조

이것을 일종의 텐세그리티tensegrity 구조로 비유해보겠습니다.

토끼 그림을 보면 뼈가 있어요. 그리고 머리뼈, 등뼈, 다리뼈, 꼬리뼈의 사이사이에 직선이 그려져 있죠. 힘줄과 근육의 줄로 이루어진 텐세그리티의 구조입니다. 텐세그리티는 '압축재와 케이블의 조합으로 구성된 구조물로 인장과 압축으로 안정화된 구조 시스템'으로 정의됩니다. 토끼의 텐세그리티 구조는 근육과 힘줄을 한 단위로 보아 각각을 하나의 직선으로 표현했는데, 강한 구조를 이루고 있으며 그 안에는 힘이 존재합니다. 인체의 조직이나 세포, 뼈에도 텐세그리티 개

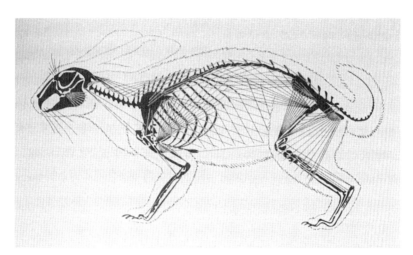

토끼의 텐세그리티 구조를 나타낸 그림. 근육과 건을 한 단위로 간주하여 각각을 하나의 직선으로 나타내고 있다(1957년 영의 저서 The Life of Mammals(포유류의 일생)에서 인용)

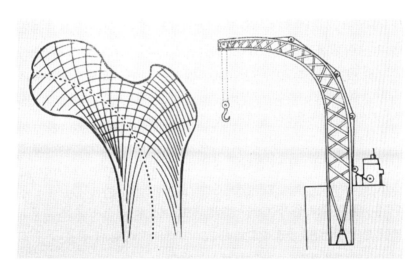

대퇴골두와 크레인. 양자 모두 텐세그리티 구조를 가지며, 압축재와 안장재로 구성되어 있다.

※ 출처: 《놀라운 에너지 의학의 세계》 (제임스 오쉬만, 노보컨설팅)

념이 적용됩니다. 이 구조는 완충제처럼 힘을 받아내는 구조도 되고, 크레인처럼 힘을 사용하는 구조도 됩니다. 뼈는 압축섬유와 인장섬유가 둘 다 사용되어 텐세그리티 구조를 형성하기 때문에 탄성이 있습니다. 지금 현 상태에서 토끼는 아주 안정되어 전혀 힘을 받지 않는 상태입니다. 그런데 토끼의 등에 무거운 짐을 놓으면 어떻게 될까요? 무게감이 짐이 놓여있는 부분에만 실린다면 토끼가 쓰러질 수도 있는데 전체 앞뒤와 좌우로 텐세그리티가 무게감을 분산하여 완충시키고 없애버리기 때문에 잘 견딜 수가 있습니다.

이런 구조를 마음에도 적용해볼 수 있습니다. 생각이라는 골격과 느낌의 결합을 통해 우리 마음에 구조가 형성되는데, 그것이 잘 균형 잡혔을 때 즉 아무런 짐이 없을 때에는 평화로운 마음을 경험합니다. 그러나 평화로운 마음 역시 하나의 마음의 상태죠. 텐세그리티 구조가 형성되었다는 것 자체가 이미 마음에 하나의 구조가 형성되었다는 뜻입니다. 이 구조에 힘이 실려서 어떤 긴장을 일으키는 상태를 우리는 '느낌이 있는 상태'라고 말합니다. 예를 들어 불안구조가 형성되면 우리는 거기서 '불안'이라는 마음의 내용을 경험합니다. 그런데 일종의 긴장된 힘인 불안한 느낌은 지금 마음에 구성된 내용일 뿐이에요. 거기에 형성되는 힘도 특정한 구조가 만들어내는 힘일 뿐 고정적이고 지속적이지 않습니다. 그렇기 때문에 느껴지는 것입니다. 이를 알아차리면 즉시 원상태로 돌아갈 수도 있을 텐데, 그것을 '자기'라고 여겨 동일시하면 그 느낌을 없애거나 밀어내는 과정에서 더욱 더 힘을 주게 되어 이 구조가 고정화되고 더욱 오래 지속됩니다. 구조가 만들어낸 긴장이라는 임시적인 힘을 실체라고 여기는 마음이 바로 내용에 떨어진 마음입니다. 불안은 임시적인 불균형한 구조가 만들어내는 느낌일 뿐이고, 그것은 균형을 잡으면 즉시 사라져버려요. 임시적인 구조가 사라진 자리가 바로 늘 우리 목전에 펼쳐지고 있는 본질의 그림자라고 할 수 있습니다.

가장 안정적인 텐세그리티 상태는 나와 너가 분리되지 않은 태극의 마음상태입니다. 태극도 여전히 미묘한 마음의 상태이긴 해요. 왜냐하면 순수한 의식을 느끼는 상태이기 때문입니다. 삼매 속으로 깊이 들어가면 아무것도 느껴지지 않기 때문에 본질적이라고 할 수 있지만, 만약 삼매를 느낀다면 투명한 마음의 구조 속에 있다고 할 수 있습니다. 그러나 그 상태에서는 누가 뭐라고 한다 해도 마음의 짐이 되지는 않죠. 전체주의 상태에 있을 때 누군가 나에게 욕을 해도 아무런 거리낌이 없는 이유는 마음에 '나'라고 여기는 덩어리가 없기 때문입니다. 그럴 때가 바로 본질의 그림자라고 할 수 있어요. 임시적이고 불균형한 구조에 빠지지 않는다면, 불균형한 불안의 구조 역시 본질의 또 다른 표현이라는 것을 알아챌 수 있습니다. 그래서 예나 지금이나 마음의 내용에 떨어지지 않으면 이미 진심의 본체는 눈앞에 있는 것이나 마찬가지입니다.

두 번째 그림의 오른쪽 크레인을 보세요. 현재는 걸린 것이 없어 크레인에 힘이 실리지 않지만, 만약 걸쇠에 무거운 차량이 걸린다면 그 무게가 지닌 힘을 크레인 전신으로 분산시킬 수 있는 구조를 가지고 있습니다. 이처럼 텐세그리티가 잘 잡힌 구조는 힘을 잘 분산시키고, 그렇지 않은 구조는 불균형해져서 붕괴될 것입니다. 그러나 우리가 말하는 본질이라는 것은 구조 자체가 없습니다. 짐이 전혀 실리지 않았을 때에는 텅 빈 마음처럼 아무런 느낌이 없는 상태이고, 짐이 조금이라도 실리면 어떤 느낌이 있는 상태가 됩니다. 압축과 신장의 변화가 생김으로써 전체 구조에 긴장이 생겨나고 그때 바로 우리가 뭔가를 느끼는 것입니다. 다시 말해 우리가 무언가를 느낀다면 구조가 생겨났다는 의미에요. 구조가 없으면 느낌이 일어나지 않습니다. 그리고 그 구조는 나와 대상으로 구성되어 있습니다. 그런데 우리 마음은 크레인의 구조와는 약간 다릅니다. 크레인은 늘 이런 구조로 유지되지만 우리 마음의 구조는 어떤 대상을 만날 때만 구조가 형성되어서 작동해요. 우리 마음의 구조는 즉시 생겼다가 즉시 사라집니다. 사물처럼 오래도록 고정되어 있지 않습니다.

片雲은 生晚谷하고
편 운   생 만 곡

孤鶴은 下遙天이라 하시니
고 학   하 요 천

조각 구름이 저녁 골짜기에 생기고
외로운 학이 저 먼 하늘에 내린다.

조각구름이 저녁 골짜기에 생기고 외로운 학이 저 먼 하늘에서 내려오는 광경의 자연이 그대로 펼쳐질 뿐, 거기에는 조각구름과 외로운 학을 보는 개별화된 내가 없습니다. 나와 구름과 학의 구별 없이 그저 하나로 흐르고 있음을 묘사한 문장입니다. 주객관계에서 오는 기쁨과 슬픔과 두려움 같은 긴장된 텐세그리티가 없어요. 어떤 느낌도 없는 그냥 자연일 뿐이죠. 그런데 이때 '멋있네!'라고 하면 어때요? 이미 주객관계가 형성되었습니다. 아름다움을 느끼는 나와 아름다운 대상으로 나눠져서 텐세그리티의 불균형이 일어난 상태입니다.

所以로 魏府元華嚴이 云 하사대
소 이 위 부 원 화 엄 운

佛法이 在日用處하며
불 법 재 일 용 처

그러므로 위부의 원화엄이 말하기를
불법은 일상의 사용처에 있다.

그래서 불법佛法은 일상의 사용처에 있다고 말합니다. 그냥 물마시고 나무를 패고 잠자는 일상 속에 나눔 없는 불법, 진리의 드러남이 있어요. 그렇게 오직 하나인 자연으로부터 떨어져서 객客을 만들고 그에 따른 주체가 되어 분별하는 마음속에 떨어지면 그것이 바로 망념입니다. 불균형의 텐세그리티로 가는 것입니다.

在行住坐臥處와 喫茶喫飯處와
재 행 주 좌 와 처 끽 다 끽 반 처

語言相問處와 所作所爲호대
어 언 상 문 처 소 작 소 위

擧心動念하면 又却不是也라 하시니
거 심 동 념 우 각 불 시 야

행주좌와 하는 곳과 차 마시고 밥 먹는 곳
말로서 서로 묻는 곳, 모든 일하는 곳에 있지만
마음을 들어 망념이 움직이면 오히려 그렇지 않다 하니

도대체 무슨 말일까요? 행주좌와行住坐臥하는 모든 곳에 불법이 있는데 마음을 들어 망념妄念이 움직이면 도리어 진리는 없어진다고 했어요. 망념이란 순수자각이 개별성에 물든 모습을 말합니다. 압축과 신장이라는 힘을 받아서 불균형 속에 빠진 마음이죠. 그러니까 균형 잡혀있는 마음의 구조일 때는 상관없어요. 잘 작동합니다. 기능하는 마음으로서의 구조는 괜찮습니다만 이렇게 힘을 받는 상태, 예를 들어 불안한 마음에 계속 머물면 이것이 바로 망념에 빠진 상태라는 말입니다. 불안한 마음에서 즉시 원상태로, 마음이 가장 평안한 일상의 상태로 돌아오면 괜찮습니다. 지금은 아무 일이 없잖아요? 그런데 뭔가를 떠올려 생각하면 불안하고 화나고 기쁘고 슬프죠. 그래도 즉시 원상태로 돌아오면 됩니다. 마음의 구조는 기능을 위한 것이기 때문에 완전히 없어질 필요가 없습니다. 이를 오해해서 명상을 하라고 하면 마음을 다 죽이려고 하는 사람들이 있습니다. 마음을 죽이라는 말이 아니라 균형 잡혀 있는 구조의 상태로 즉시 복원하라는 것입니다. 구조라는 것은 항상 불균형 상태에 빠지게 되어 있습니다. 모든 구조는 힘을 받게 되어있으니 힘을 받아 불균형 상태로 가면 다시 원상태로 돌아오면 됩니다. 주의를 내려놓으면 원상태로 돌아오죠. 그런데 그렇게 하지 못하고 집착하여 에너지를 지속하여 공급하면 계속 불안하고 힘들죠. 붙들고 있던 에너지를 내려놓으면 원상태로 돌아옵니다. 균형 상태에 있는 마음의 구조는 잘 기능하는 마음의 구조이며, 불균형한 구조를 붙잡아서 고정되게 하는 것이 바로 망념입니다.

마음이 좀 아프면 어때요. 뒤돌아서서 잊어버리면 됩니다. 사람은 아플 수밖에 없어요. 내가 경험한 흔적들이 있기 때문에 그 흔적들의 영향을 받아서 마음이 불편할 수밖에 없습니다. 불편함은 어떤 마음의 구조에 힘이 걸린 것입니다. 상황과 조건이 만들어 낸 힘이 걸린 것입니다. 뭔가를 해야 하고, 이루어야 하고 균형도 잡아야 하죠. 또 상대의 경험과 내 경험이 달라서 서로 어그러지면 힘의 불균형이 생겨납니다. 그래도 다시 놓으면 됩니다.

우리 마음에는 항상 균형 잡힌 무언가가 있습니다. 그때는 아무것도 안 느껴지다가 뭔가 마음에 들어오면 딱 느껴지죠. 느낌은 신호입니다. 힘이 생겨나서 마음이 찌그러졌다는 신호. 그 힘을 알아챈다면 거기서 힘을 빼라는 것입니다. 그 힘의 의미를 알았으니까 이제 다시 균형 잡기 위해서 마음을 쓰라는 신호인데, 그러지 않고 계속 투덜거리고 불평만 한다면 불균형한 상태에 계속 에너지를 주는 것입니다. 그 구조를 계속 유지시키는 것입니다.

　하나의 불균형 상태에 집착해서 머문다면 그것이 바로 어딘가에 머무는 마음입니다. 내 마음에서 일어나는 모든 것은 불균형 상태, 긴장 상태를 의미합니다. 균형을 잘 이루고 있던 구조체에 에너지가 실린 것입니다. 짐이 실렸을 때 비로소 뭔가 느껴지는 것입니다. 짐이 전혀 실리지 않은 마음을 평상심이라고 합니다. '평상심이 도道'라는 말을 그간 자주 했죠? 물론 이 평상심도 마음의 구조체입니다. 도道 자체는 아니에요. 그러나 어떤 힘도 걸려있지 않고, 어떤 느낌도 없고, 긴장이 없다는 의미에서 도道와 같다는 것입니다. 일종의 본질의 그림자입니다. 본질의 어떤 모습과 유사하다는 말이죠. 모든 구조체는 일종의 파도이기 때문에 그것이 본질 자체는 아닙니다. 본질이 나타난 모습 중에 어떤 느낌도 없는 일상적인 마음이 바로 평상심이고 도道입니다. 그 평상심에 뭔가가 걸리면 느낌이 일어납니다. 그 신호를 파악하고, 느끼고, 딱 내려놓으면 다시 평상심으로 돌아오게 됩니다. 평상시의 마음은 느낌이 없어야죠. 그렇게 머물지 않고 늘 이 상태로 돌아오는 것이 바로 응무소주應無所住입니다. 머묾이 없는 마음. 그리고 이생기심而生其心한다고 했어요. 마음을 쓴다는 건 이렇게 되었다가 돌아오고, 저렇게 되었다가 돌아오는 것입니다. 그런 기능을 말해요. 물론 이런 돌아옴 자체도 하나의 구조체임을 명확히 파악해야 합니다.

불안이라는 불균형에 머무르면서 그것을 자기라고 여기면 왜곡된 자기 이미지가 생겨나고 쌓입니다. 불안의 압력이 느껴질 때 그 충격을 흡수하여 전체로 골고루 분산시키고 다시 균형 잡힌 상태로 돌아온다면, 불안이라는 불균형 상태를 주장하지 않고 균형 잡힌 구조체로 돌아온다면 마음은 잘 작동합니다. 이것이 바로 '자기라는 생각 없이 순수한 자각을 잘 사용한다.'는 말의 의미입니다. 순수한 자각을 어떻게 쓰겠어요? 순수한 자각은 쓸 수 없습니다. 순수한 자각은 원래의 구조로 즉각 돌아오게 만들 뿐이에요. 이런저런 마음의 상태들이 어떤 구조에 일시적으로 에너지가 머문 상태라면, 자기라는 생각이 없는 순수한 자각은 불안과 슬픔과 기쁨과 두려움의 정보를 얻고 나서 거기에 실린 힘을 빠져나가게 합니다. 힘은 정보를 통해 분산됩니다. 정보라는 것은 일종의 구조에요. 똑같은 재질의 물건이어도 구조가 서로 다르다면 힘을 받는 것도 다르겠죠. 이율곡 선생은 "이理와 기氣가 다르지 않다."고 말했는데, 이는 구조와 힘의 관계를 의미합니다. 이理가 일종의 구조이고, 기氣가 일종의 에너지죠. 에너지는 구조 없이 나타날 수 없고, 구조는 에너지 없이 표현될 수 없기 때문에 이율곡 선생은 이기일원론理氣一元論을 주장했습니다.

불안이라는 압력을 받아서 그 충격을 흡수하여 전체로 골고루 내보내면, 즉 불안한 구조를 안정된 구조로 바꿔주면 불안은 이내 사라집니다. 좀 전에 본 그림의 크레인도 일부분에 실린 힘을 전체로 분산시키는 구조를 가지고 있어요. 분산 자체가 구조에 대한 정보라고 할 수 있습니다. 이런 구조일 때는 힘을 못 받는데 저런 구조이기 때문에 힘을 더 받게 되기 때문에 구조가 힘을 형성한다고 말하죠. 우리가 불안이나 슬픔을 느끼는 이유는 마음의 구조가 특정한 불균형 상태를 이루었기 때문인데, 우리 마음은 그런 느낌이 없는 상태로 다시 돌아가려고 합니다. 균형 상태로 돌아가려고 해요. 불안을 느끼면 불안에서 벗어나고 싶잖아요. 다시 균형 상태로 돌아가려는 움직임이 붙은 것입니다. 그럴 때 불안이라는 불균형한 상태를 주장하지 않고 에너지를 빼면 저절로 원래 구조로 돌아가게 됩니다. 사람 마음의 텐세그리티는 매순간의 자아작동에서 충격을 흡수하고 다시 균형 상태로 돌아가게 하여 아무 일 없는 무사인無事人이 되게 합니다. 수많은 일을 하되 아무 일 하지 않은 듯 하는 사람이 무사인이에요. 앉아서 먹고 놀기만 하고 아무것도 안하는 사람이 아니죠. 내가 한다는 생각 없이 수많은 일을 합니다.

故知體則偏一切處하야 悉能起用이로대
고 지 체 즉 편 일 체 처   실 능 기 용
그러므로 진심의 본체는 두루하여 모두 그 작용을 일으킬 수 있지만

이번에는 텐세그리티로 진심의 본체와 작용을 비교해 보겠습니다. 일단 균형이 잘 잡힌 텐세그리티가 형성된 상태는 본질의 그림자라고 했습니다. 이때는 아무런 느낌이 없습니다. 그러나 어떤 충격이 가해져 오거나 외부의 바람이 불면 불균형이 생겨나고, 그런 불균형이 어떤 느낌을 만들어 내죠. 이것이 바로 작용이 일어나는 모습입니다. 그러나 본체의 그림자인 균형 잡힌 텐세그리티는 늘 그대로 있어요. 예를 들어 말랑한 공을 손으로 누르면 그 힘에 의해 찌그러지지만 손을 떼면 공은 원래의 모양으로 돌아갑니다. 이는 공이 찌그러졌어도 원래의 상태를 지니고 있다는 것을 의미해요. 그러니까 돌아갈 것 아니에요. 눌려있지만 손을 놓기만 하면 본래의 둥그런 상태로 돌아간다는 것은 공에는 원 상태를 회복하기 위한 균형 잡힌 힘이 있다는 말입니다. 그런 힘이 구조 속에 있어요. 외부의 바람이 불어서 불균형이 생겨난다 하더라도 여전히 균형 잡힌 텐세그리티를 포함하고 있습니다. 원래로 돌아가고자 하는 힘 때문에 내 손에 힘이 걸리죠. 만약에 이전의 상태로 돌아가지 않고 찌그러진 모양을 유지한다면 내 손에 어떤 힘도 걸리지 않을 것입니다. 원상태로 돌아가려는 힘이 느껴지지 않는다면 공의 모습은 변형된 것입니다. 그러나 힘이 걸렸다는 것은 원상태의 정보가 그대로 남아있다는 뜻이에요.

이와 마찬가지로 본체의 그림자인 균형 잡힌 텐세그리티 상태는 늘 그대로 있습니다. 비록 겉보기에는 변형이 됐지만 원상태는 늘 그대로 있죠. 작용이 일어났다가 다시 균형으로 돌아가든 돌아가지 않든 텐세그리티는 늘 유지되고 있습니다. 그렇게 유지되고 있는 그 모습이 바로 진심의 본체의 그림자입니다.

불안한 마음 상태가 불안하게 느껴지는 이유는 불안에서 벗어나고자 하는 마음이 포함되어 있기 때문입니다. 그러니까 불안不安이잖아요. 안정으로 돌아가고 싶은 것입니다. 불안이라는 이름이 붙은 이유가 뭐겠어요? 안정되지 않았다는 의미죠. 즉 그 속에는 안정이 들어있습니다. 안정으로 되돌아가려는 힘이 들어있어요. 또 두려움이라는 느낌에는 두려움을 느끼기 이전의 상태가 포함되어 있죠. 두려움이라는 것은 위협을 만난 상황이에요. 그러면 위협을 받지 않는 온전한 상태가 있다는 말이잖아요. 그걸 기준으로 하여 위협을 받는 느낌이 일어날 수 있습니다. 안 그러면 내가 구분을 못 하겠죠. 지금 위협받는 상황인지 아닌지 어떻게 구분하겠어요. 위협받지 않는 온전한 상태의 정보가 내 안에 있고, 그것을 기준으로 삼으니 지금 상황을 위협이라고 느끼는 것입니다. 그러니까 위협받는 상황에는 이전으로 돌아가고자 하는 힘이 이미 작동하고 있는 중입니다. 이렇게 우리가 무언가를 느낄 때는 그 느낌 이전의 상태가 함께 존재합니다. 그 상태가 바로 진심의 그림자와 유사합니다. 그래서 진심의 본체는 어떤 상태에서도 늘 두루두루 있다고 말합니다. 두려움을 느끼든, 불안을 느끼든, 기쁨을 느끼든, 괴로움을 느끼든, 분노를 느끼든 간에 그 안에 이미 기준으로서의 변함없는 상태가 내재되어 있기 때문에 작용이 일어납니다.

但因緣有無不定故로
단 인 연 유 무 부 정 고

妙用이 不定耳언정 非無妙用也니
묘 용 부 정 이 비 무 묘 용 야

다만 인연의 유무가 일정하지 않으므로
묘용이 정하여지지 않을 뿐, 묘용이 없는 것이 아니다

인因은 내적인 원인이고 연緣은 외적인 원인이죠. 그 둘이 결합해서 작용이 일어나는데, 그것이 일정하지 않아서 묘한 작용이 일어나지 않는 것처럼 보일지는 몰라도 그 묘용은 항상 있습니다. 균형 상태의 텐세그리티는 불균형한 상태가 불러일으키는 느낌은 없지만, 그 역시 느낌이 없는 '상태'라는 측면에서 이미 작용입니다. 마음에 구조가 있다는 것 자체가 이미 작용이에요. 여기에 뭔가 딱 나타나면 변화가 일어나서 느낌이 느껴집니다. 그러면 우리는 작용이 일어나고 있다고 말하죠. 하지만 무슨 일만 생기면 작용을 일으키는 그 구조체가 형성되어 있다는 것 자체가 바로 작용이에요. 아직 드러나지 않았을 뿐이죠. 인因은 구조체이고, 연緣은 밖에서 들어온 힘입니다. 인과 연이 만나서 변화와 느낌을 일으키죠. 만약에 인因이 없으면 연緣이 어떤 느낌도 일으키지 않을 것이고, 연緣이 있지만 인囚이 없다면 그냥 스쳐지나갈 것입니다. 인囚과 연緣이 만나야 비로소 느낌이 일어납니다. 그래서 균형 상태의 텐세그리티, 즉 인과 연이 만나지 못한 상태는 불균형으로 인한 느낌이 없습니다. 그렇지만 느낌이 없는 한 상태라는 측면에서는 이미 작용입니다. 텐세그리티 구조 자체가 이미 작용이에요. 기쁨도 슬픔도 없는 상태지만 나와 대상이 마음속에 분별되어 있다면 마음의 구조체가 형성되어 있는 것입니다. 내 안에 손바닥 하나가 형성돼 있어요. 밖에서 오는 손바닥을 만나면 소리가 나고 우리는 어떤 느낌을 느낍니다. 그때 우리는 작용이 일어났다고 여겨요. 그러나 손바닥 하나가 있는 그 자체가 이미 묘한 작용입니다. 그래서 묘용이 서로 만나서 느낌을 일으키지는 않았지만 묘용이 없는 것은 아니라고 말했어요.

무위無爲의 바다는 '함이 없는 함'으로 가득하다

우리 마음에는 태어날 때부터 우주의 재료들이 있습니다. 그걸 여래장如來藏이라고 했어요. 태어날 때부터 마음의 흔적들을 가지고 태어납니다. 부모로부터 물려받은 경향들, 수십억 년 동안 인류 조상으로부터 물려 내려오는 개념들, 생명체로부터 받은 개념들, 그리고 물질체로부터 받은 개념들. 내재된 이런 것들과 인간의 사고와 작용이라는 경향이 덧씌워져서 복잡한 형태로 마음이 작용합니다. 그런 것처럼 묘한 작용은 오랜 시간 쌓아져 내려온 흔적들인 인囚으로 인해서 이미 작용하고 있습니다. 그것이 언제 드러납니까? 예를 들어 사람의 눈이라는 감각기관은 가시광선만 볼 수 있습니다. 자외선은 볼 수 없고 가시광선만 볼 수 있는 경향을 가지고 태어났다는 말이죠. 그렇지만 자외선 안경을 쓰면 자외선이 보이죠. 자외선이라는 원인이 자외선 안경이라는 연을 만나서 눈에 보이는 작용이 생겨난 것입니다. 눈과 자외선 사이에 관계가 맺어져서 작용이 생겨났어요. 그런데 이 관계가 생겨나지 않았더라도 묘한 작용이 있다는 것입니다. 드러나지는 않았어도. 드러남을 우리는 '현상화'라고 표현했습니다.

묘용이 정해지지 않을 뿐 묘용이 없는 것은 아니라고 했습니다. 그보다 더 깊이 들어가면 진심의 체體겠죠. 그러니까 진심의 체는 그 묘용마저도 없는 것이고, 묘용의 본바탕이 되는 것입니다. 그래서 우리는 그 본바탕을 알 수도, 느낄 수도, 경험할 수도 없습니다. 때문에 현상을 현상으로 명확히 파악하면 이미 본체에 가 있는 것이고, 본체가 들어난 것이라 말하죠. 동양철학으로 표현하자면 드러난 작용은 음양陰陽이요, 드러나지 않은 묘한 작용은 태극太極이고, 드러나지도 드러나지 않지도 않은 것은 늘 절대적인 무극無極입니다.

修心之人이 欲入無爲海하야
수 심 지 인   욕 입 무 위 해
마음을 닦는 사람이 무위의 바다에 들어가

무위無爲의 바다는 '함이 없는 함'으로 가득합니다. 모든 행함 속에 '내가 한다'는 생각이 없어요. 그것은 또한 진리의 일상이기도 합니다. 행하는 자 없이 행해지는 모든 일상이 바로 삼매입니다. 삼매라는 것은 나와 대상의 분리가 없는 상태에요. 그러니까 분별이 없는 일상이라면, 늘 내가 만든 일에 몰입되어 있는 상태라면 그는 이미 삼매 속에 있는 것입니다. 일상 속에 나와 너의 구분 없이 행함만 있는 것이 바로 일상 속의 삼매이고 무위無爲의 바다라고 할 수 있습니다. 아무런 움직임이 없는 죽음의 바다가 아니라, 수많은 변화와 흔들림이 있지만 흔들리는 자도, 행하는 자도, 변하는 자도 없습니다.

度諸生死인댄 莫迷眞心體用斯在也니라
도 제 생 사   막 미 진 심 체 용 사 재 야

생사의 바다를 건너고자 한다면 진심체용이 어디에 있는지 몰라서는 안 되리라.

생사生死의 바다를 넘어가고자 한다면 진심의 체體과 용用을 알아야 한다고 했습니다. 진심과 묘용은 일상에 모든 행함 속에 있습니다. 다만 주객主客의 분별 속에 빠지는 순간 망심이 일어나죠. 망심에만 빠지지 않으면 이미 진심과 묘용이 늘 있습니다. 잘 보세요. 느낌은 주체와 대상이 만났을 때 일어납니다. 그런데 주체와 대상이 없이, 즉 내가 한다는 생각이나 분별없이 그냥 자연 속에서 흘러간다면 이미 무위의 삶을 사는 것이고, 거기에는 이미 진심과 묘용이 늘 있습니다. 그러니 일상에서 어떤 불균형이 느껴진다면 스스로에게 질문해 보십시오. "이 느낌이 나인가? 나라는 것이 있나? 이것이 나인가? 나라는 것은 뭐지?" 어떤 느낌이 온다면 그건 불균형 상태가 생겨났음을 의미합니다. 그 불균형 상태를 붙잡고 있는 것이 우리가 흔히 '나'라고 여기는 마음입니다. 불균형 상태가 아니면 '나'는 느껴지지 않아요. 누군가 나를 무시한다는 느낌이 들 때 그 느낌을 들여다보고 물어보세요. 이것이 나인가? 이 느낌이 진짜 있는 건가? 과연 고정되어 유지되는 것인가? 상대에 따라서 나타나는 캐릭터로서의 나, 그 나가 모욕을 받고 상처를 입고 자만심을 느낄 때 자문해보라는 것입니다. 다양한 불균형한 느낌이 진정 존재하는 것인지. 이것이 바로 관성을 다루는 방법입니다. 끊임없이 '나'라는 것이 올라옵니다. 뭔가에 부딪혀서 '나'라는 것이 올라

올 때 '이 '나'는 정말 있는 건가? 이것이 존재하는 거야?'하면서 그것을 바라보세요. 그러면 '나는 이런 사람이야.'라고 스스로를 세뇌시키면서 수십 년을 살아왔던 마음체가 드디어 관성의 베일에서 벗어나기 시작할 것입니다. 그것은 아주 교묘한 세뇌에 불과합니다. 살아가는 환경과 우리에게 주어진 탁월한 마음의 분별성이 만나서 만들어낸 구조체인 것입니다.

나와 대상이라는 구조체가 형성되어서 잘 사용되면 좋은 것입니다. 기능function이죠. 그렇지만 많은 사람들은 나와 대상을 기능으로 사용하지 않고, 그 '나'를 본질적인 '나'라고 여기면서 집착하고 거기에 묶여서 살아가고 있습니다. 항상 스스로에게 질문해보세요. 사람에 따라 이런저런 태도가 나오는데 그 느낌이 진짜 나인가? 마음의 느낌에 대한 관찰은 일상 속에서 관성을 살펴보는 좋은 방법입니다.

(하권에서 계속됩니다.)

이 책은 아래 오인회 회원님들의 후원을 받아 제작되었습니다.
강병석, 김규선, 김선화, 남인숙, 다르마, 문대혁, 민은주, 박치하, 송미경,
송정희, 신주연, 엄채정, 이경아, 이도연, 이미숙, 이미영, 이성진, 이능구,
이지연, 전영지, 종익스님, 최진홍, 황정희 (이상 가나다 순)

니르바나,
번뇌의 촛불이 꺼지다 中

진심직설 강의

지은이 월인越因

펴낸이 이원규

발행일 2024년 8월 15일

펴낸곳 히어나우시스템

출판등록 제 1-24135호 1998.12.21

주소 경남 함양군 서하면 황산길 53-70

전화 (02) 747-2261~2, 팩스 (0504) 200-7261

홈페이지 www.herenow.co.kr

이메일 cpo@herenow.co.kr

ISBN 978-89-94139-21-0, 04190